U0918614

《弥沙塞部和醯五分律》词汇研究

施真珍◎著

图书在版编目（CIP）数据

《弥沙塞部和醯五分律》词汇研究 / 施真珍著 .-- 北京：宗教文化出版社，2023.8

ISBN 978-7-5188-1421-3

Ⅰ．①弥… Ⅱ．①施… Ⅲ．①《五分律》—汉语—词汇—研究

Ⅳ．① B943.4 ② H131

中国国家版本馆 CIP 数据核字 (2023) 第 154477 号

《弥沙塞部和醯五分律》词汇研究

施真珍 著

出版发行： 宗教文化出版社

地　　址： 北京市西城区后海北沿 44 号（100009）

电　　话： 64095215（发行部）　13301083388（编辑部）

责任编辑： 毛宁

版式设计： 贺兵

印　　刷： 中国电影出版社印刷厂

版本记录： 787 毫米 ×1092 毫米　32 开　13.5 印张　320 千字

2023 年 9 月第 1 版　2023 年 9 月第 1 次印刷

书　　号： ISBN 978-7-5188-1421-3

定　　价： 98.00 元

教育部人文社会科学研究
“《弥沙塞部和醯五分律》词汇研究”项目资助
昆明理工大学素质教育中心资助

目录

第一章　绪论

佛教传入中国的确切年代尚无定论，异说颇多，最广泛的说法是东汉永平十年（67），汉明帝派遣使者至西域广求佛像及经典，并迎请迦叶摩腾、竺法兰等僧至洛阳，在洛阳建立了中国第一座佛教寺院白马寺，这也是中国最早的译经道场，由此成为佛教的“祖庭”和“释源”。从魏晋南北朝开始，中国佛教进入兴盛发展阶段，南北朝时佛教已遍布全国，出家、在家佛教徒数量增加很快，出现了“南朝四百八十寺，多少楼台烟雨中”的盛景，而北朝尤其是北魏的佛教发展更为迅猛，北魏《洛阳伽蓝记·序》载：“至晋永嘉，唯有寺四十二所。逮皇魏受图，光宅嵩洛，笃信弥繁，法教逾盛。……京城表里，凡有一千余寺。”至北魏宣武帝延昌年间（512—515），天下州郡僧寺尼院共计 13727 所，北魏末僧尼徒众已计二百万人[①]。

伴随着佛教的传播流行，各种佛教经典也逐渐流传到中土，并由高僧译师翻译成汉文。魏晋南北朝汉译佛经中不但蕴藏着许多优美、生动的寓言故事，而且口语化程度也颇高，对汉语史研究尤其是词汇史研究具有重要的价值，这早已受到了汉语史研究者的重视。

① ［日］镰田茂雄：《简明中国佛教史》，上海：上海译文出版社，1986年，第131 页。

蒋冀骋在《魏晋南北朝汉译佛经语言研究丛书总序》中从语音、口语词汇、语法、俗字研究四个方面论述了此时期汉译佛经材料对汉语史研究的重要性。吕叔湘也曾说过“宗教是以群众为对象的，所以佛经的文字也包含较多的口语成分”，“白话的兴起跟佛教大有关系”①。方一新、王云路则进一步指出：“故东汉以来为数甚多的先唐译经有较大的口语成分，把它们比作汉魏六朝口语材料的聚宝盆，是毫不夸张的。因此，汉译佛经在汉语词汇史的研究方面具有其他中土文献所不能替代的重要而特殊的价值，亟待我们去发掘、利用。”②

第一节　《弥沙塞部和醯五分律》及其译者简介

弥沙塞，优婆毱多五弟子之一。《拾毗尼义钞》卷一云：“弥沙塞者，人名，此人禅思入微，究畅玄旨，着青袈裟。”“弥沙塞”是梵文（Mahisasaka）音译，意译为“化地”“不着有无观”，从其宗所计执而立名弥沙塞部，于佛灭后三百年中从一切有部出。《大集经》云：“我涅槃后，我诸弟子，受持如来十二部经，读诵书写，不作地相，水、火、风相，虚空识相，是故名为弥沙塞部。”③

弥沙塞部，又名化地部、正地部。据《异部宗轮论疏述记》卷一记载：“此部之主本是国王，王所统摄国界地也，化地上之人庶，

① 吕叔湘：《语文常谈》，北京：三联书店，1980 年，第 81 页。

② 王云路、方一新：《中古汉语语词例释 · 前言》，吉林：吉林教育出版社，1992 年，第 2 页。

③ 《大方等大集经》卷二十二。

故言化地。舍国出家，宏宣佛法，从本为名，名化地部。”真谛法师云：“正地部本是王师，匡正土境，舍而弘法，故言正地。”该部所传广律即为《弥沙塞部和醯五分律》，又称《弥沙塞律》《五分律》。其中，“和醯”之梵语未详，意义不明。“据释印顺认为，当时可能把化地部的梵音写为‘弥沙塞和醯’，故应称为‘弥沙塞和醯部五分律’。后来不知怎的把个‘部’字移了上去，乃成为不可解。”[①]该律梵本是由东晋法显大师于狮子国（今斯里兰卡）求得,《高僧法显传》载：“法显住此国二年，更求得《弥沙塞律》藏本，得《长阿含》《杂阿含》，复得一部《杂藏》。此悉汉土所无者。”[②]

《弥沙塞律》因由五部分组成，故称《弥沙塞部和醯五分律》（Mahisasakavinaya）。该律初为三十四卷，现行本共计三十卷，收于《大正藏》第二十二册[③]。内容主要包括：1. 初分。卷一至卷十，为比丘戒法，包括四波罗夷法、十三僧残法、二不定法、三十舍堕法、九十一堕法、四悔过法、百众学法、七灭诤法等，凡二百五十一戒。2. 二分。卷十一至卷十四，为比丘尼戒法，包括八波罗夷法、十七僧残法、三十舍堕法、二百零七堕法、八悔过法、百众学法等，凡三百七十戒。3. 三分。卷十五至卷二十二，包括受戒法、布萨法、安居法、自恣法、衣法、皮革法、药法、食法、迦絺那衣法等九法。4. 四分。卷二十三至卷二十四，包括灭诤法、羯磨法。5. 五分。卷二十五至卷三十，包括破僧法、卧具法、杂法、威仪法、遮布萨法、

① 劳政武：《佛教戒律学》，北京：宗教文化出版社，1999 年，第 134 页。

② 《高僧法显传》全一卷。

③ 大藏经刊行会：《大正新修大藏经》(第二十二册，律部一)，台北：新文丰出版公司，1983 年。

别住法、调伏法、比丘尼法、五百集法、七百集法等十法。其中，自第三分之受戒法至第五分之比丘尼法等十九法相当于《四分律》之《犍度品》，对僧中所行之仪式、行事、羯磨，乃至日常衣食住等规律制条，作分类解说。《弥沙塞部和醯五分律》（以下简称《五分律》）属小乘戒律，在我国流传不广。据近人研究，此律与南传巴利文律藏在内容上极为接近。

《五分律》是一部汉译佛经，由刘宋佛陀什、智胜、竺道生、释慧严等译[①]，现存仅有这一部汉译本。早期的佛经翻译，一般都不是由一个人所完成的，而往往是由几个人合作完成。[②]《出三藏记集》载："《须真天子经》，泰始二年（266）十一月八日于长安青门内白马寺中，天竺菩萨昙摩罗察口授出之。时传言者安文惠、帛元信，手受者聂承远、张玄伯、孙休达。""太康七年（286）八月十日，敦煌月支菩萨沙门法护手执胡经，口宣出《正法华经》二十七品，授优婆塞聂承远、张仕明、张仲政共笔受，竺德成、竺文盛、严威伯、

① 《出三藏记集》卷二："《弥沙塞律》，梵文未译。"章校本解释说："此云'未译'者，特法显生前未译出耳。"同书卷三云："法显以晋义熙二年（406）还都，岁在寿星，众经多译，唯《弥沙塞》一部未及译出而亡。到宋景平元年（423）七月，有罽宾律师佛大什来至京都。其年冬十一月，琅琊王练、比丘释慧严、竺道生于龙光寺，请外国沙门佛大什出之。时佛大什手执胡文，于阗沙门智胜为译。至明年十二月都讫。"今按，据《高僧传》乃是次年四月译出，而《出三藏记集》卷十五《道生法师传》作"景平元年（423）七月"，大概是误将佛陀什到达扬州的时间（景平元年七月）当成了译经的时间。

② 《佛祖统纪》卷四十三记载了译场所置九种译官："第一译主，正坐面外，宣传梵文。第二证义，坐其左，与译主评量梵文。第三证文，坐其右，听译主高读梵文，以验差误。第四书字梵学僧，审听梵文书成华字，犹是梵音。第五笔受，翻梵音成华言。第六缀文，回缀文字使成句义。第七参译，参考两土文字使无误。第八刊定，刊削冗长定取句义。第九润文，官于僧众南向设位，参详润色。"

续文承、赵叔初、张文龙、陈长玄等共劝助欢喜。九月二日讫。天竺沙门竺力、龟兹居士帛元信共参校，元年二月六日重覆。”可见早期的佛经翻译“传言”者不一定就是译主。“传言”的职责，既可以是像沙门法护一样“口宣”（口头把梵文译成汉语），也可以像安、帛二人一样参与译主初译文字的酌定，再“传”给“笔受者”。之后，译经程序有所简化，同载于《出三藏记集》：“《普曜经》，永嘉二年（308），太岁在戊辰，五月，本齐菩萨沙门法护在天水寺手执胡本，口宣晋言。时笔受者沙门康殊、帛法炬。”可见《普曜经》就只由沙门法护本人“手执胡本，口宣晋言”，没有“传言”，没有“劝助”，也没有“参校”，只有笔受者二人。

《高僧传》卷三《佛陀什传》中记载：

> 佛陀什，此云“觉寿”，罽宾人，少受业于弥沙塞部僧，专精律品兼达禅要。以宋景平元年（423）七月届于扬州。先沙门法显于狮子国得《弥沙塞律》梵本，未及翻译而法显迁化，京邑诸僧闻什既善此学，于是请令出焉。以其年冬十一月集于龙光寺，译为三十四卷，称为《五分律》。什执梵文，于阗沙门智胜为译，龙光道生、东安慧严共执笔参正，宋侍中琅琊王练为檀越，至明年四月方竟。仍于大部抄出戒心，及羯磨文等，并行于世。

可见，在《五分律》的译者中，佛陀什应为译主，沙门智胜参译，竺道生和释慧严为参校。佛陀什传文不长，且涉及《五分律》翻译的具体情况，上述故径引原文。除佛陀什外，《高僧传》卷七中也对竺道生和释慧严的生平都有较详细的记载，而因其传文过长，以下只略作简介。

竺道生（约 355—434），晋宋间高僧。俗姓魏，巨鹿（今河北省平乡）人。自幼从竺法汰受业，改姓竺，年方十五便登讲座宣扬佛法，二十岁受僧侣的最高戒律“具足戒”。公元 397 年到庐山向慧远求学，幽栖七年；公元 404 年与慧睿、慧严等同往长安从鸠摩罗什受学。鸠摩罗什门下有“四圣十哲”的尊称，道生即荣列其一。公元 423 年，道生礼请罽宾律师佛陀什与于阗沙门智胜翻译法显在狮子国所得的梵本《弥沙塞五分律》三十四卷及《比丘戒本》《羯磨》各一卷，对律法的弘传贡献良多。《东林十八高贤传》载：“法师道生……师于寺请罽宾律师译《弥沙塞律》，传于世。”公元 434 年十一月，竺道生在法坛上端坐而逝。竺道生独具哲思，以慧解著称，将道家道物的观念，转移而成为佛性的探讨，以为众生皆有佛性，主张顿悟；并由庄子“等成败”“一是非”等齐物思想，而倡《善不受报论》。其所倡之见解，足足影响中国佛学之讨论长达二三百年之久，更被后世推为“涅槃圣”。

释慧严（约 363—443），南朝刘宋高僧。俗姓范，豫州（安徽）人。十二岁为诸生，博晓诗书；十六岁出家，深究佛理；至而立之年，便已饱览群书，声名四起。他听说高僧鸠摩罗什在关中，便前往问学。罗什示寂后，还止建康东安寺，甚为刘宋武帝所重。宋文帝在位时，情好尤密，每见弘赞问佛法。因与帝王之间的善缘，释慧严借此向世人广传佛教，加之帝王信奉佛教勤政爱民，南朝刘宋出现了历史上有名的“元嘉之治”。元嘉二十年（443）慧严示寂于东安寺，终年八十一岁。慧严著有《无生灭论》和《老子略注》等，又与谢灵运、慧观等合译《大涅槃经》，依据《泥洹》本加上了品目，并对文辞和内容都进行了整理，是早期的涅槃师之一。

智胜，经籍中鲜有提及，但在梁释宝唱撰《比丘尼传》卷三中专门有其传文。“智胜，本姓徐，长安人。寓居会稽于其三世。……年将二十方得出家住建福寺，独行无伦，绝尘难范。听受《大涅槃经》，一闻能持。后研律藏，功不再受。总持之誉，佥然改目。自制数十卷义疏，辞约而旨远，义隐而理妙。……胜居寺三十年，永明十年（492）寝疾。……年六十六，葬于钟山。”《比丘尼传》凝篇较小，只录六十五人，入传皆经过严格的遴选，邈邈数百年煌煌千余寺，尼僧纷纭何可万计！故入选之人大都对当时尼僧文化有重要影响，可见智胜为当世名尼。

由佛陀什、智胜、竺道生、释慧严等人所译的《五分律》是佛教律藏的经典代表作之一，与《四分律》《十诵律》《摩诃僧祇律》合称为“四部广律”[①]。而化地部其他的文献，传世的非常少，因此，要了解化地部，《弥沙塞律》也是最重要的资料之一。《五分律》的内容主要是为修行的僧侣制定的日常生活和精神修养等方面的行为准则，但并不是只有枯燥的戒律条文，在记录戒律的同时，也记述了当年制定有关戒条的缘由和经过，从僧尼的衣食住行以至七情六欲，涉及生活的方方面面，并通过文学故事的形式来表现佛教戒律，

① 原始佛教的律藏，分为广律、戒经、律论三大类。到部派佛教时期，根本上座部、根本大众部又各分出许多部派，成十八部、二十部之多，彼部中各有律藏，《律宗纲要》卷下载：“随国大弘，广竖繁昌，血脉相承，难可辨知。”如是虽有十八部、二十部等，但真正流传后世者却又很少，传至东土，律本译成汉文的有五个部派，即：昙无德部《四分律》、萨婆多部（摩偷罗）《十诵律》、摩诃僧祇部《摩诃僧祇律》、弥沙塞部《五分律》、迦叶遗部《解脱律》。其中，萨婆多部有新旧之分，另有萨婆多部（迦湿弥罗）《根本说一切有部律》，由于二者同源于上座部，中国古代历来将其视为同一部派，《十诵律》和《根有律》也被视为同一部派的广律；迦叶遗部唯传戒本《解说戒经》一卷（元魏·般若流支译），广律在中国未传。所以，虽有五部广律，在中国通称为“四律”。

语言通俗易懂，口语性强，是研究中古汉译佛经的宝贵材料。

第二节 选择《五分律》词汇研究的缘由

王云路、方一新在《中古汉语研究》中提到：

在汉语史的研究对象中，历来把重点集中在先秦一段，这是十分自然的。因为从文献典籍的历史来看，先秦离我们最远，语言的障碍最大。许多先秦文献，如果不加注解，可能根本就读不懂。比较而言，汉魏以降的作品就要好懂一些。但是，在实际阅读汉魏六朝的作品以后可以发现，许多先秦使用的词语，在这一时期又产生了新的意义；许多看似普通易懂的词语实际含义并不普通，容易产生误解。另一方面，唐宋以后近代汉语作品中流行的不少新词新义，其源头可以上溯到汉魏六朝。正因为东汉魏晋南北朝时期的文献语言处于这样一种承前启后的阶段，它在汉语史研究中应当占有一个什么样的地位，应该是不言而喻的了。[①]

郭在贻在评价魏晋南北朝词汇研究现状时曾经说过："关于汉语词汇史的研究，魏晋南北朝这一阶段向来是最薄弱的环节。"[②]向熹在谈到中古汉语研究依据时也指出："魏晋以后，书面语和口语的距离日益加大。六朝骈文讲究骈偶、对仗、辞藻和用典，远离了口语实

① 王云路、方一新：《中古汉语研究·前言》，北京：商务印书馆，2000年，第1页。

② 郭在贻：《读江蓝生〈魏晋南北朝小说词语汇释〉》，《中国语文》，1989年03期。

际。……六朝开始出现一种比较接近口语的书面语——古白话。南北朝《世说新语》《齐民要术》、佛经翻译、唐代变文、宋人语录、宋元话本……都是用白话写成，它们是研究中古和近代汉语的主要依据。”[①]可见，汉译佛经是中古汉语的重要语料。朱庆之甚至这样说道：“可以这样认为，如果我们能早一点重视佛典材料的利用，汉语词汇史的研究就可能少走许多弯路，而取得更多的有价值的成果，也许就会对东汉以后汉语的发展演变得出一些与现在不尽相同的认识。……我们同样可以说：不研究汉文佛典，就无法写出真正的中古汉语史，特别是中古汉语词汇史。”[②]在中古汉语词汇研究中，魏晋南北朝时期的文献是很重要的一环，而在魏晋南北朝文献里，汉译佛经是个特殊的存在，它既不同于《世说新语》《搜神记》的白话，跟后来的唐变文、宋话本的白话也有较大的差别。

译经是为了弘扬佛法，广收信徒，为了让佛法不再是高深莫测的呈现，更多地表现为浅显易懂的故事，以便广大的普通教众能够更容易地理解佛经教义，因此在译经过程中就要尽可能少用文言，而尽量趋俗选择当时人们的口语；同时早期的佛经翻译经多是多人合作，口耳相传，这也会不可避免地使用了当时不少的口语；加之佛经原文中有些词在汉语中没有与之相对应的词汇，这也使得译者为了保留佛经原文的内容和形式而结合当时口语自创出一定的词汇；此外其他一些原因的存在，比如有的译者汉语水平不高、笔受者便于记录等，这一切都使得汉译佛经中的口语成分较之同时代中土文

① 向熹：《简明汉语史》，北京：高等教育出版社，1993 年，第 11 页。

② 朱庆之：《佛典与中古汉语词汇研究・前言》，台北：文津出版社，1992年，第 2 页。

献要大得多，而这些口语成分能够在很大程度上反映当时汉语的实际情况。朱庆之教授称汉译佛经语言为“佛经文学用语”“佛教混合用语”①。所谓“混合”，是指译经语言既不同于汉语表达，又不同于原典用语。研究文献表明，译经语料在汉语史研究，尤其是汉魏六朝词汇、语法方面的研究中具有巨大的文献价值。汉译佛经语料可以说是在中古汉语由文言向古白话过渡的特定时期产生的“一种独特的书面语”，较多反映了当时口语的基本面貌。因而要进行较为全面的中古汉语研究，汉译佛经的语料价值就毋庸置疑了。

汉译佛经自二十世纪三四十年代引起语言学界的关注，八十年代以后才作为一种重要的语料受到语言学界的重视。俞理明曾谈到：

> 汉译佛经用语与一般的汉语文献用语比较，有着明显的不同，在传统的小学研究中基本无人涉足。二十世纪以来，在汉语研究领域，佛经逐渐受到重视，最初被用作汉语研究的有效参照，证明汉语音韵或语法、词汇方面的某些现象。到一九八十年代，国内一些研究者把它作为一种基本的汉语语料加以研究，研究者重在对其中的特殊语言现象的描写，强调它的口语性，或者它与现代汉语的源流关系。由此发现，除了借词，后来的汉语中（包括现代汉语）有大量语言成分首见于佛经，不少汉语词汇或语法成分的变化，在佛经中有更丰富、更有说服力的材料，佛经

① 朱庆之：《佛教汉语研究·代前言：佛教混合汉语初论》，北京：商务印书馆，2009 年。

用语的研究受到行内学人的关注。[①]

九十年代以后，人们越来越认识到汉译佛经的重要性。近三十年来国内汉译佛经的词汇研究取得了一定的成果，具体而言，大概可分为以下几类：

1. 汉译佛经词语考释研究。既有佛经专书词语的训释，也有断代或泛时的佛经词语训释。早在二十世纪上半叶，已有一些零星考释，如周一良《论佛典翻译文学》，虽属于概论性的文章，但其中考释了“仁”“曼”“续”“缘”“唐”“呜”“将无”等几个佛典词语。八十年代以后，汉译佛经词语考释研究出现了良好的发展势头。如太田辰夫、江蓝生《〈生经·舅甥经〉词语札记》，颜洽茂《佛教语言阐释——中古佛经词汇研究》，梁晓虹《〈六度集经〉语词札记》《佛经词语札记》，钱群英《魏晋南北朝佛经词语考释》，方一新《〈兴起行经〉语词札记》《〈大方便佛报恩经〉语汇研究》《东汉六朝佛经词语札记》《〈高僧传〉词语考释》《南朝人撰三种〈观世音应验记〉词义琐记六则》，李维琦《〈六度集经〉词语例释》《佛经释词》《佛经续释词》《佛经词语汇释》《隋以前佛经释词》，何亚南《汉译佛经与后汉词语例释》《汉译佛经与传统文献词语通释二则》，董志翘《汉译佛典的今注今译与中古汉语词语研究——以〈贤愚经〉〈杂宝藏经〉译注本为例》，汪维辉《佛经“齐”字解诂》《先唐佛经词语札记六则》《佛经词语考释四则》，张联荣《汉魏六朝佛经释词》，吴金华《佛经译文中的汉魏六朝语词零拾》，蔡镜浩《魏晋南北朝

① 俞理明：《汉译佛经用语研究的深入——读朱庆之教授〈论佛教对古代汉语词汇发展演变的影响〉》，《普门学报》，2004 年 05 期。

翻译佛经中的几个俗语词》、韩小荆《佛经音义同形字辑释》《佛经中的“蚖”和“虺”》，丁庆刚《中古律部汉译佛经词语考释四则》《〈五分律〉疑难字词考辨四则》等。这些考释研究对汉译佛经进行了点校补正，为后续研究提供了蓝本。

2. 在复音词、同义词、反义词、常用词及辞书编纂等方面的研究。如颜洽茂《南北朝佛经复音词研究——〈贤愚经〉〈杂宝藏经〉〈百喻经〉复音词初探》《利用六朝佛典编写汉语语文辞书》，董志翘《汉译佛典中的“形容词同义复叠修饰”》，吴碧云《〈生经〉同义词研究》，季琴《支谦译经中二字式同义连用探析》，竺家宁《西晋佛经词汇之并列结构》，杨建忠《东汉佛经中的反义聚合初探》，张建勇《中古汉译佛经反义词研究》，聂志军《西晋以前汉译佛经中“说类词”连用情况研究》，徐正考、李美妍《菩提留支译经中的言说类词语》，杨继光《中古佛经常用词组合关系考察》，梁晓虹《汉魏六朝译经对汉语词汇双音化的影响》《谈佛经词语与训诂》《汉译佛经与汉语辞书》，汪维辉《〈百喻经〉与〈世说新语〉词汇比较研究》（上），姚红卫《从佛经X然双音词看〈玄应音义〉的训诂价值》，曾绍聪、朱惠仙《中古佛经词语与辞书书证溯源》，周永军《从东汉汉译佛经代词看〈汉语大词典〉疏失》，日·辛岛静志《〈正法华经〉词典》《〈妙法莲华经〉词典》等。这些都是对特定词汇、语义类型的研究，注意到了词与词内部的结构特征和联系，从构词方法、构词规律结合宏观的视野进行了探讨，为汉译佛经词典辞书的编纂提供了有力证据。

3. 词义演变及其原因分析、来源探索的研究。如朱庆之《释“悲”、“哀”》《佛教汉语的“时”和“时时”》《从魏晋佛典看中古“消息”词义的演变》，杜翔《支谦译经动作语义场及其演变研究》，董志翘《中古汉语中的“快”及与其相关的词语》，谭代龙《从义净译经看“至”和“到”在初唐时期的关系》《义净译经卧睡概念场词汇系统及其演变研究》，王云路、吴坚《再论汉译佛经新词、新义的产生途径》，徐朝红、吴福祥《从类同副词到并列连词——中古译经中虚词“亦”的语义演变》，赵礼淑贤《中古佛经中的谦敬词演变探究》，储泰松《中古汉译佛经与汉语“父亲”称谓的来源》，赵长才《“并”在中古译经中的时间副词用法及其来源》，日·辛岛静志《〈道行般若经〉与“异译”的对比研究——〈道行般若经〉与异译及梵本对比研究》等。其中，辛岛静志把《道行般若经》和异译经《大明度经》《摩诃般若钞经》《小品般若波罗蜜经》《大般若波罗蜜经》（第四会、第五会）、《佛母出生三法藏般若波罗蜜多经》等六种异译佛经进行对比，俯瞰从东汉到宋代汉译佛经的语言演变，很有意义。

4. 汉译佛经词汇理论与方法的相关研究。朱庆之《中古汉语研究（二）》中集辑的部分文章对词汇理论展开了探讨，如方一新《20世纪中古汉语词汇研究》在中古汉语词汇断代专题类中专门提到“佛典”类论著，他指出“在词汇史的研究中应进一步注重理论的探索和方法的更新，要根据汉语的实际情况，合理吸收、借鉴当代语言学理论……研究早期佛经词汇，就汉文佛典和梵文原典之间作对比研究，从而更深入地揭示佛经词汇的来龙去脉和发展演变，应该是一条值得重视的新路子。”[①] 王云路在《试说翻译佛经新词新义的

① 朱庆之：《中古汉语研究（二）》，北京：商务印书馆，2005年，第58页。

产生理据》中，通过总结汉译佛经中新词新义的三种不同来源，也提出要结合中土文献去研究汉译佛经的新词新义。梁晓虹在《佛教词语的构造和汉语词汇的发展》中，包括上编《佛教词语的构造》和下编《佛教词语的创造带来汉语词汇发展的历史性转折》，深入细致地分析了与佛教有关的新兴词语及其构造情况，从词汇史的角度，探讨了佛教对汉语尤其是词汇所产生的重大影响。竺家宁的一系列国科会计画，《早期佛经词汇研究：西晋佛经词汇研究》（1995—1996）、《早期佛经词汇研究：三国佛经词汇研究》（1996—1998）、《早期佛经词汇研究：东汉佛经词汇研究》（1998—1999）、《慧琳一切经音义复合词研究》（2000—2001），他认为要充分开发佛经资料，这也是词汇学理论不可缺的部分。此外，董志翘《汉文佛教文献语言研究与训诂学》，张幼军《佛教汉语训释方法探索》，杨德春《汉译佛经的来源、语言性质与汉语分期》等都从系统理论角度进行了探索尝试。

总体来说，随着汉译佛经词汇的研究不断深入，成绩是有目共睹的，但也存在着研究视野有待拓宽、研究方法相对滞后等问题，比如在研究语料上存在明显的局限性，从以上的粗略介绍可以看到，东汉至晋代的汉译佛经关注较多，相比之下南北朝之后的译经研究空间更大，诚如方一新、郭晓妮指出的那样："从以往的研究来看，这方面的研究尚存在视野较窄的问题，空白点尚多……近年来开始重视佛经语料，但多数的研究也集中在几部常见的译经上，缺乏从全局考虑。”[①]再如，研究中零散的、个别的词汇考释较多，而系统的专书词汇研究以及考释某一时期译经词汇的研究相对较少，而只有从个别过渡到整体，点面结合的研究方式才能更好地一探整个中古汉语词汇史的面貌。所以，方一新在谈到对中古汉语词汇研究的展望时，专门提到：“继续加强对专书或专类文献的词汇研究，只有专书、专类的词汇研究透了，才有可能进一步推动中古汉语词汇研究向纵深发展。这方面的工作还大有可为。”[②]魏晋南北朝时期的汉译佛经是中古汉语语料的宝藏，显然还需要投入更多的精力加强对专门佛典的词汇研究，以便在现有的基础上深入进行更为系统、全面的研究。

以上，我们大致勾勒了近年来中古汉译佛经的研究概貌。实际上，佛教典籍包括经、律、论三藏，而在以上的研究梳理中，我们发现，学者往往偏重于经藏的研究，对律藏的注意不够。值得注意的是，律藏中很多经文的口语化程度比起经藏有过之而无不及，律藏是研究汉译佛经的宝贵语料。张永言指出：“就我辈研究方向而言，三藏之中，除‘经’而外，‘律’藏蕴含口语词汇资料颇丰值得注意。……三国至南北朝诸译特别重要，实为探索彼时及唐代俗语词之渊薮。”[③]俞理明曾很详细地阐述过律部译经的语料价值：“律部主要收入戒律并兼收各种佛教故事集。……可以分为三类：一是简

① 方一新、郭晓妮：《近十年中古汉语词汇研究的回顾与展望》，《古汉语研究》，2010 年 03 期。

② 方一新：《20世纪中古汉语词汇研究》，《中古汉语研究（二）》，北京：商务印书馆，2005 年，第 59 页。

③ 郭在贻：《友朋函札选录》，《郭在贻文集》（第四卷），北京：中华书局，2002 年，第 431 页。

略的戒条摘抄，一是解释戒条细则的经文，这两类经文内容枯燥，还有一类是完整的戒律……不仅有很强的故事性，也反映了不少早期僧团的习俗，是佛经中生活气息最浓厚的部分。”[①]

在帅志嵩、谭代龙、龚波等编《佛经文献语言研究论著目录》（1980—2006）中，共收录了1980—2006年间主要在中国大陆公开发表的有关传世佛经文献语言的研究成果，包括论著736篇（部）。我们直接从标题上来看，发现专门对律藏进行研究的论文寥寥无几，只有五篇[②]：龙国富《〈十诵律〉中的两个语法形式》，陈开勇《佛教广律套语研究》，钱群英《佛教戒律文献释词》，俞理明、谭代龙《共时材料中的历时分析——从〈根本说一切有部毗奈耶破僧事〉看汉语词汇的发展》，张建勇《中古律部汉译佛经语词札记》。2007年至今，关于律藏的论著可以说依然是屈指可数。

在汉译律典中，历来持诵最多，影响最大的是《四分律》，不仅是律宗所依据的根本典籍，也是中国所译各种律本中流传最广、影响最大的佛教戒律，甚至在中国所谓“律宗”指的就是四分律宗。南北朝时期，由于佛教内部纷争，受各种原因的制约，在不同的时期和地区，小乘各部律的传播并不平衡[③]。据汤用彤称：“南方在宋代除《十诵》以外，已几无律学。齐梁更然。”[④]与此同时，北方地区则已有不少律师开始从事《四分律》的研习。《续高僧传》卷二十三记

① 俞理明：《佛经文献语言》，成都：巴蜀书社，1993年，第6页。

② 把律藏文献作为引用材料或考释对象的论著，则不在此统计之列，如金素芳《〈经律异相〉词语考释》。

③ “四部广律”《四分律》《十诵律》《五分律》《摩诃僧祇律》都属小乘戒律。

④ 汤用彤：《汉魏两晋南北朝佛教史》，北京：北京大学出版社，2011年，第455页。

载了诸部律本的传授情况：

> 自律藏久分，初通东夏，则萨婆多部《十诵》一本，最广弘持。……其次传本，则昙无德部《四分》一律，虽翻在姚秦，而创敷元魏。……有宋文世，弥沙塞部《五分》一本，开译扬都，觉寿所传，生严其笔。文极铺要，深可宏通，郢匠辍斤，流味无日，可为悲乎。虽闻海滨披述汾愿剖词登往搜求名实乖爽，可惜华典虚度神州……今则混一唐统，普行《四分》之宗，故得终始受随，义难乖隔。

据此，我们可知《十诵律》弘传在先，而《四分律》光大在后，至唐代终于成就《四分律》独尊的局面；而《五分律》基本上无缘得以传播。劳政武曾谈到："奇怪的是，《五分律》也不过比《十诵》《僧祇》稍晚出，但一直没有人去弘扬。……其原因到底如何？文献亦乏记载。近人苇舫认为，此律的部派《律论》未传入中土，且法显带回此律未及译出已圆寂，后人缺乏有力者弘扬。此说颇成理。"①

目前依据我们在中国期刊网、论文索引上检索到的论著来看，四部广律中只有关于《四分律》《摩诃僧祇律》的研究稍多一点，而对于同样重要的《十诵律》《五分律》则少有人问津。尤其是关于《五分律》的语言学论著，只看到两部硕士论文：张伟《〈弥沙塞部和醯五分律〉助动词研究》（2010）和王艳红《〈弥沙塞部和醯五分律〉中双音节新词新义研究》（2015）；而以《五分律》作为语料专门来进行语言研究的单篇论文只有丁庆刚的《〈五分律〉疑难字词考辨四则》。更多的学者则是在讨论汉魏六朝佛经用语时，是把《五

① 劳政武：《佛教戒律学》，北京：宗教文化出版社，1999年，第68页。

分律》作为引用材料的一部分，如俞理明的《汉魏六朝佛经在汉语研究中的价值》、钱群英《佛教戒律文献释词》等，虽然这些研究功不可没，但我们也不可否认，这些研究不可避免地细小繁杂，对于《五分律》来说缺乏结构性和系统性。迄今为止还没有人对《五分律》的词汇进行过比较全面的研究，更别提对《五分律》进行专书词汇研究了，这不得不说是一大遗憾。

而专书词汇研究是很有其必要的。1983 年在山西太原召开的全国语言学科规划会议上，王力、吕叔湘、朱德熙、程湘清等语言学界前辈和广大学者就指出，在汉语史研究方面，要一个时代一个时代地进行，每个时代要选择几部有代表性的作品深入研究，通过这样扎扎实实的研究，把汉语的历史面貌逐步地弄清楚，汉语史研究必须根据各个时期的语言现象来探求整个汉语在各个时期的特点，因而各个时期的专书研究就成为必不可缺的保证。[①]专书研究的一个形象说法是“解剖麻雀”，意思是对每部书作穷尽式的研究，从一个一个的典型来观察某一个时代的语言面貌。徐时仪在谈到专书词汇研究时曾说：

> 词语的考释无疑是词汇研究中的基础工程，但从某种意义上说，如果没有一批重点专书词义的穷尽性分析，没有断代词汇的总体特征的研究，个别词语的考释成果只能是一盘散沙，难以理清词义发展演变的脉络，勾勒出汉语词汇的体系。因而，反映各个历史时期词义面貌的专书词汇的研究可以说是探求汉语词汇在各个时期的特点和总结

① 见该次会议所发《全国语言学学科规划会议纪要》。

汉语词汇发展规律的不可或缺的工作。[①]

《五分律》作为魏晋南北朝时期的一部重要律藏，含有大量体现该时期时代特征的语言信息，反映了汉魏六朝时期的语言词汇面貌。考察《五分律》的词汇问题，对于揭示这一时期汉语词汇的基本面貌，观测汉语词汇的演变轨迹，无疑是十分必要和有意义的。我们正在开始的《五分律》词汇研究，就是要把同类型词语集中起来进行考察，通过这种专书词汇的具体分析，不仅可以反映《五分律》这一部书中的词汇概貌，而且通过多部相关文献的比较，可以对某些语词在这一时期中的特点、出现情况以及词义变化的因素等问题有详细的了解，以便找寻词汇内在的联系和规律。因此，《五分律》词汇研究它的意义不仅体现在对《五分律》这一部书，而是为中古汉译佛经研究甚至是中古汉语词汇研究提供微观和宏观两方面的材料和证据。

第三节　《五分律》的语料特点和语言研究价值

对语言词汇的研究来说，语料的选择是非常重要的。日·太田辰夫认为："在语言的历史研究中，最主要的资料的选择。资料选择得怎样，对研究的结果起着决定性的作用。"[②]朱庆之也说过："一般而论，所有的历史文献都可以成为语言史研究的材料，但并非所有

① 徐时仪：《古白话专书研究的一个楷模——评《〈入唐求法巡礼行记〉词汇研究》，《汉语史研究集刊》第六辑，2003 年。

② ［日］太田辰夫：《中国语历史文法》，蒋绍愚、徐昌华译，北京：北京大学出版社，2003 年，第 373 页。

的历史文献都具有同等的语言史料价值。语言史研究对于史料的价值取向在于它能够全面真实地反映当时语言的实际面貌。”[①]程湘清在谈及如何选好专书时，指出：

> 汉语史断代专书研究的首要工作是确定断代，选好专书。确定断代，是从汉语发展的历史长河中横切一刀，选定一个横断面。选好专书，是从每个横断面——通常都包括一个相当长的历史时代，选择适当的汉语书面语料。是否“适当”，需要具备三个条件：第一，要看口述或撰写某部专书的作者是否属于该断代，这需要作一番专书及作者的辨伪的工作。……第二，要看专书的语言是否接近或反映该断代的口语，这是最重要的一条标准。因为有书面记载以来的整个汉语史都是口语和文言并存的历史，只有接近或反映口语的书面语言才能比较真实地记录汉语的历史面貌。……第三，要看专书的篇幅大小是否具备相当的语言容量。篇幅太小，不足于对词汇、语法、语音各要素进行描写和分析，则不宜确定为专书研究的语料。[②]

用以上三个条件来衡量，汉译佛经《五分律》是完全满足的：

首先，《五分律》是南北朝时期的译经，由刘宋时期佛驮什和竺道生等人译出，时代和译者很明确，译者基本可考，且有明确的翻译起讫时间，可以断定，《五分律》的翻译是在公元423—424年之间。梁僧祐《出三藏记集》、梁释慧皎《高僧传》、梁宝唱《名僧传

---

① 朱庆之：《佛典与中古汉语词汇研究》，台北：文津出版社，1992年，第1页。

② 程湘清：《汉语史断代专书研究方法论》，《汉字文化》，1991年02期。

抄》、唐智升《开元释教录》、唐释道世《法苑珠林》、唐道宣《大唐内典录》、唐释玄奘《大唐西域记》、宋守一《律宗会元》、严可均辑《全梁文》等对《五分律》的译者和翻译流传情况均有明确的记载。历史上虽有爱同、文纲与玄通律师等对其弘传[①]，但因《四分律》盛弘全国，《五分律》终也寂寂无闻，所以历代不存在关于《五分律》的诸多版本流传问题，也不存在被后人修改增补的情况，故《五分律》的文本是非常纯粹可靠的，保持了历史原样。

其次，从语料性质来看，《五分律》和其他汉译佛经的语言一样，在整体上是一种口语和一般文言混合的特殊语言。汉译佛经的翻译方式大多为番僧口译，信士笔受，所以汉译佛经必然是一种比较接近当时口语的通俗文体。董志翘曾指出：

> 随着时间的推移，这种（特殊混合语）译经语言在影响汉语的同时，也受着汉语的影响，逐渐与汉语趋于融合。在这一走向融合的过程中，开始时纯粹的译经语言与纯粹的中土语言差别甚为明显，而与两者均有关系的中土佛教著述在这种融合中起了决定性的作用，这种决定性的作用近乎一种中介作用。[②]

这就很好地解释了为什么汉译佛经文献诸如《五分律》的口语化程度要高于同时期其他中土文献的原因。《五分律》虽然是一部律典，记录了僧尼应守的禁止条文及生活礼仪规范等，但并不枯燥乏

① 《宋高僧传》卷第十四："释爱同。孝和之世神龙中，盛重翻宣。同与文纲等参预译场。……著《五分律疏》十卷。复遗嘱西明寺玄通律师重施润色。"

② 董志翘：《〈高僧传〉词语通释——兼谈汉译佛典口语词向中土文献的扩散》，《汉语史研究集刊》第二辑，成都：巴蜀书社，2000 年，第 251 页。

味，涉及僧尼的衣食住行等生活的每一个角落，内容具有广阔的社会文化生活覆盖面，同时也不是戒律条文的简单罗列，往往采用对话的方式，还穿插了许多比喻性和举例性的小故事，具有很强的故事性和口语性，引人入胜，语言浅显易懂，贴近社会生活，富有生活气息。

最后，从篇幅来看，《五分律》全书三十卷，约27.1万字[①]，篇幅可观，足以反映该时代语言的面貌，能为语言研究提供丰富的语料，同时又不至于工作量太大，适合进行专书的词汇研究。

关于《五分律》的语料特点，我们从《五分律》中摘选一段具体感受一下：

> 有诸比丘食象肉，波斯匿王象死，辄送诸鬼神；以沙门食象肉故，便杀诸象。比丘使净人取肉持还，诸居士见讥呵言："此沙门释子无肉不食，过于鵄鸟！云何啖此不净臭秽，来入我家？无沙门行，破沙门法！"诸长老比丘闻以是白佛。佛以是事集比丘僧，问诸比丘："汝等实尔不？"答言："实尔。世尊！"佛种种呵责已，告诸比丘："从今食象肉，突吉罗！"马肉亦如是。诸比丘食狮子肉、虎肉、豹肉、熊肉，诸兽闻气遂杀比丘。诸居士见，问："何故尔？"有人言："由食其类肉。"便讥呵乃至告诸比丘亦如上。"从今食此四种肉，突吉罗！"诸比丘食狗肉，诸狗闻气随后吠之。诸居士见，问言："狗何以偏吠比丘？"

---

① 张伟《〈弥沙塞部和醯五分律〉助动词研究》"全书约31万字"，据我们自己的统计，《五分律》所有字符数约30.7万，句读数约3.6万，而影印本没有句读，所以实际上《五分律》文本约有27.1万字。

有人言："由食狗肉。"便讥呵乃至告诸比丘亦如上。"从今食狗肉，突吉罗！"诸比丘食蛇肉，诸居士讥呵。善自在龙王化作人身，来诣佛所，稽首白言："我诸龙等有大神力，作种种形色游行世间。今诸比丘食蛇肉，或能是龙伤害比丘。愿佛制诸比丘不食蛇肉！"佛为说种种妙法，示教利喜已，遣还所住。佛以是事集诸比丘，以善自在龙王语告诸比丘："从今食蛇肉，突吉罗！"

以上出自《五分律》第二十二卷第三分食法，主要讲佛家弟子要禁食秽肉这一戒律的制定缘由及经过，以对话为主，语言通俗易懂。这段文字很具有代表性，能从中管窥整个《五分律》的词汇概况，既有佛教词语"比丘""释子""净人""居士""世尊""突吉罗""神力""示教利喜"，如"突吉罗"，梵文"Duṣkṛta"的音译，戒律之罪名，即恶作恶语等诸轻罪，又作"突膝吉栗多""突瑟儿理多""独柯多"，意译为"恶作""小过""轻垢""越毗尼"，乃一切轻罪之总称。"神力"，梵文"Abhijina"的意译，谓佛菩萨所示现的种种神变不可思议之力。"示教利喜"，为"示""教""利""喜"之并称，即佛陀说法教化之四种次第，诸佛菩萨以庄严此四事说法也，《法华经·化城喻品》曰："示教利喜，令发阿耨多罗三藐三菩提心。"

也有相对于佛教词语而言的一般中土词语。其中"稽首""如是""形色"皆是从秦汉沿袭而来的旧词，"稽首"表义"跪拜礼"早见于《公羊传·宣公六年》："灵公望见赵盾，愬而再拜；赵盾逡巡北面再拜稽首，趋而出。""如是"表义"像这样"早见于《礼记·哀公问》："君子言不过辞，动不过则，百姓不命而敬恭，如是则能敬其身。""形色"表义"形体和容貌"早见于《孟子·尽心上》："形色，天性也，唯圣人然后可以践形。"其中"讥呵""呵责"是当时魏晋南北朝流行的新词，据《汉语大词典》，此二词首收书证分别见于《后汉书·宦者传·吕强》："邕不敢怀道迷国，而切言极对，毁刺贵臣，讥呵竖宦。"《三国志·魏志·高贵乡公髦传》："（髦）性情暴戾，日月滋甚，吾数呵责，遂更忿恚。"显然，"讥呵""呵责"是同义叠加的平等联合式复音词，从整部《五分律》来看，"讥呵"共出现172次，"呵责"共出现508次，此外《五分律》中"呵骂"出现9次，如《卷第二·十三僧残法》："诸不信佛法者，种种呵骂：'沙门释子行恶如此，云何自称净修梵行？'"另有"瞋呵"出现7次，如《卷第二十五·卧具法》："后时房主檀越见，瞋呵诸比丘言：'云何独使我房卧具，为水渍烂？'"可见，表"怒责"义，"呵"作为常用语素，其复音化趋势是非常明显的，而在秦汉时期，"呵"却常单独成词，如《史记·田叔列传》："主家皆怪而恶之，莫敢呵。"

"象肉""虎肉""豹肉""熊肉""狗肉""蛇肉"，这些以"肉"为核心语素的双音词则更明显表现了这一时期的复音化趋势，同时我们从"狗肉""诸狗"中也不难感受到《五分律》的口语化特点。"犬"表示"狗"义古已有之，早在甲骨文中即有记载，如《甲骨文合集》（6482）"贞：侑犬于父庚，卯一羊。"后代文献中"狗"逐渐取代了"犬"，如《后汉书》中表示"狗"义"犬"有28例，"狗"31例，尽管"狗"在绝对使用数量上少于"犬"，但在使用范围、组合能力、出现语境方面都比"犬"要占优势[①]；《世说新语》中

① 施真珍：《〈后汉书〉核心词研究》，成都：巴蜀书社，2011年，第107—108页。

“狗”4见而“犬”无[1]；《五分律》中“狗”17见而“犬”无，最具说服力的例证是“狗吠”，见《卷第二十二·食法》：“食前食后、初中后夜，有刀机、男女、狗吠之声。”而在秦汉文献中，我们常见的却是“犬吠”，如《史记·酷吏列传》：“尽十二月，郡中毋声，毋敢夜行，野无犬吠之盗。”《论衡·道虚篇》：“畜产皆仙，犬吠于天上，鸡鸣于云中。”从“犬吠”到“狗吠”的发展，表明了基本词汇在演变过程中，口语词逐渐代替文言词的趋势，这也证实了《五分律》该书语料的口语化性质。

“我诸龙等有大神力，作种种形色游行世间”中“游行”一词，是《汉语大词典》晚收词义之词。《汉语大词典》虽然已经收录了某词的某个义项，但由于所引书证晚于《五分律》，我们认为《五分律》为该义项提供了更早的书证。在《大词典》中收录了“游行”之“逛游；行走”这个义项，但最早的例子是《百喻经·田夫思王女喻》：“昔有田夫，游行城邑，见国王女，颜貌端正，世所稀有，昼夜想念，情不能已。”而《百喻经》是南朝萧齐天竺三藏法师求那毗地译，明显晚于《五分律》。

从以上的分析可知，《五分律》比较真实地反映了当时的语言实际，具有较强的口语性。从语言学研究的角度来看，《五分律》作为中古汉译佛经，具有其他中土文献所不能替代的重要而特殊的价值，是研究中古汉语词汇的宝贵材料，因此我们认为《五分律》具有十分重要的语料价值。通过对《五分律》中某些特定类型的词汇进行

① 周生亚：《〈搜神记〉语言研究》中“古代汉语基本词汇（例词）更迭情况比较表”，北京：中国人民大学出版社，2007年，第9页。

系统的全面爬梳、静态描写和穷尽式研究，不仅有利于揭示《五分律》本身的语言特征，也有利于把中古汉语研究推向深入，这对于研究汉语的发展变化将有重要意义。具体而言，《五分律》词汇研究具有以下几点理论和实际应用价值：

1. 提升对律藏的研究及对汉译佛经语料的性质、特点、地位等问题的认识。《五分律》作为佛家“律法”，其语言与经、论不同，口语性强、生动鲜活，贴近社会生活，富有特色，但目前对《五分律》研究得还不够，尚缺乏全面、系统的专门研究。同时，在对汉译佛经语料的认识和利用等方面，还存在着诸多不足。如：汉译佛经语料到底算是中土语料还是一种“佛教混合语”？[①] 除了口语性、宗教性这些特点之外，汉译佛经语料还有哪些特点？汉译佛经的文体对词汇有哪些影响？译经过程中汉化和梵化究竟哪一个影响更大？汉文佛经用语本身的形成和变化情况是怎样的？跟中土文献相比，汉译佛经语料的地位究竟如何？……《五分律》词汇研究有利于这些问题的深入探讨。

2. 进一步完善对《五分律》文本的校译。一直以来由于对《五分律》缺乏系统研究，相比其他律藏，《五分律》文本的梳理和注释明显不足，很大程度上影响了《五分律》的传播和利用。拿文本的整理来说，我们所依据的《中华律藏》里的影印本是无句读版的，

① 比如俞理明在《汉译佛经用语研究的深入——读朱庆之教授〈论佛教对古代汉语词汇发展演变的影响〉》一文中就认为：“佛教混合汉语的定位需要加以明确。混合语也称‘克里奥耳语’或‘洋泾滨语’，像洋泾滨语原是土著的人群受外来影响，采用了外来语言，并揉人了大量的本土语因素，造成了一种本土化的外语。汉文佛经用语不能定位在这个概念上，因为它虽然变异显著，但仍是汉人用的汉语，是一种含有浓重外语因素的汉语，不同于洋泾滨英语。”

市面上关于《五分律》进行校勘、标点、注释、翻译的本子基本上没有，今注今译皆缺，更多的是只起断句作用的简易句读版，如闽南佛学院太虚图书馆里的南普陀寺龙藏版，这个版本也是我们目前通过比对认为最接近影印版的简体版，我们在一些大型的佛教网站上如“大藏经网”也能看到用现代标点去点校的版本[①]。而古文献的难解，往往就在于句读问题。略举一例句读不当之处，依旧出自于前面摘选的那一段文字，“佛种种呵责已告诸。比丘。从今食象肉突吉罗”，显然，改为“佛种种呵责已。告诸比丘。从今食象肉突吉罗”，文意更为顺畅。除标点外，还有文字类的校勘。略举一例文字有误之处，还是出自于前面摘选的那一段文字，“比丘使净人取肉持还。诸居士见讥呵言。此沙门释子无肉不食。过于鸥乌”，我们发现所有的简体版都作“鸥乌”，但我们查阅《中华律藏》繁体影印版之后，认为应改作“鸥乌”。

3.《五分律》词汇研究，对于中古汉语的古籍整理、字词典的编纂都有很大帮助，具有广阔的应用前景。吕叔湘曾经谈论过词汇研究和词典编纂的关系，他认为“词典是语汇研究的成果”[②]。苏宝荣说的就更具体了：“在语言学的诸多分支学科中，词汇学与辞书学的联系是最为紧密的。词汇学研究的许多课题，都是在语文辞书编

① 《五分律》原文无标点，今天看到的无论是只起断句作用的简易句读版，还是用现代标点去点校的版本，标点都是后人加的。一般来说，这种分歧并不影响词义分析和词性分析。在文中为方便今人阅读，我们采用以现代标点去点校的版本，虽不严谨但利于理解；一旦涉及勘误校正，我们依然会回到最初原始的影印版，用南普陀寺龙藏版与之对比。

② 吕叔湘：《语言和语言学》,《吕叔湘语文论集》，北京：商务印书馆，1983年，第37页。

纂的实践中提出的，而词汇学研究的所有成果几乎都可以在辞书编纂中派上用场。”[①]我们通过核对《汉语大词典》，发现《五分律》中的有些复音词可以补正《汉语大词典》在处理相关词条时所存在的失收词条、列举书证较晚等各方面的问题，从而为《汉语大词典》的订补提供一些有价值的材料。如前面所提到的“游行”一词，在“逛游；行走”这个义项中收录的书证就较晚。再略举一例《汉语大词典》失收之处，如“食厨”，见《卷第二十五·卧具法》：“舍利弗然后以绳量度作经行处、讲堂、温室、食厨、浴屋及诸房舍，皆使得宜。”秦汉文献中多见“庖厨”，“食厨”应该说是南北朝时期流行的口语词，在这一时期佛经中已存在，如《十诵律》：“从今佛前不得着革屣。和尚阿阇梨一切上座前、佛塔中、得道塔中、温室讲堂、食厨门间禅窟、大小便处、洗大小便处、洗浴处、一切多众行处，不应着革屣。若着，犯突吉罗罪。”《摩诃僧祇律》：“当易其姓唱非梨车回门西向，破其食厨，坏其屋檐。周匝一肘。”其后该词进入到中土文献，如《隋书·王劭传》：“纵使百姓习久，未能顿同，尚食内厨及东宫诸王食厨，不可不依古法。”

以上所举之例，仅仅是《五分律》中极少的一部分，但从这些材料中不难体会到《五分律》的语言词汇研究价值。目前学界关于《五分律》的研究成果甚少，可以参考的资料非常有限，这就更凸显了我们研究的价值所在。

---

① 苏宝荣：《词汇学研究对语文辞书编纂的两大贡献》,《辞书研究》，2010年01期。

第四节　研究的材料、思路和方法

一、研究的材料

主要以《五分律》为文献依据，同时把汉魏六朝时期具代表性且口语性较强的文献列为一般参考比较对象，包括佛经文献和中土文献。在对个别词的历时考察上，我们还有针对性地选取了先秦、西汉、东汉、南北朝、隋唐、宋元明清的语料进行了抽样调查，历时语料的范围相对比较广，传世经典，诗词歌赋，笔记小说，辞书注疏等，都在我们的视野范围内。除《五分律》以外，其他研究材料书目大致如下：

先秦文献：《甲骨文合集》《周易》《尚书》《诗经》《周礼》《仪礼》《礼记》《公羊传》《论语》《孟子》《战国策》《韩非子》《吕氏春秋》

汉代文献：《史记》《汉书》《论衡》《东观汉记》

魏晋南北朝文献：《三国志》《搜神记》《后汉书》《世说新语》《洛阳伽蓝记》《高僧传》《六度集经》《普曜经》《百喻经》《贤愚经》《法华经》《十诵律》《四分律》《摩诃僧祇律》①

唐宋文献：《晋书》《隋书》《全唐诗》《敦煌变文》《续高僧传》

---

① 根据颜洽茂在《佛教语言阐释——中古佛经词汇研究》中选取佛经的原则，“1. 译者的本事，生卒基本明确，在历代《僧传》或有关佛教典籍中有记载，确实生活在六朝时期。2. 译经在梁僧佑《出三藏记集》、隋费长房《历代三宝记》等佛经专录中有著录……疑伪之经籍，或失译后附某朝之经籍，或失译人名之经籍则一般不取”，我们主要选取了一些魏晋南北朝时期几位著名译者所译的佛经和律部的译经。

《大唐西域记》《法住记》《五灯会元》

元代文献:《全元杂剧》《宋史》

明清小说:《水浒传》《西游记》《三国演义》《金瓶梅》《东度记》《三言二拍》《儿女英雄传》《红楼梦》《镜花缘》《孽海花》《聊斋志异》

同时，我们也充分利用了网上各种可供检索的数据库资源，如《四库全书》《四部丛刊》的全文检索版以及“国学宝典”“国学大师”等检索软件，可以全文检索出某个语词的出处、词频、语境等。当然由于网上的语料库可能存在录入错误、脱漏以及点校失误等，我们对检索结果还是进行了重新判断筛选。

二、研究的思路

《五分律》具有较高的研究价值，在汉译佛经中具有相当的代表性，也是研究中古汉语词汇的重要资料。目前汉译佛经的语言研究已经成为学术研究的热点之一，但学者关注的多是佛经的经藏，而对律藏则少有人问津。我们试图在这方面略尽绵薄之力，着力对《五分律》进行词汇研究。基本思路如下:

首先，梳理律藏在词汇研究中的研究现状，对《五分律》的研究成果、其他佛经语词考释中涉及《五分律》的相关成果做全面的搜集与整理，充分吸收前人的成果。

其次，对《五分律》的语料进行处理，分门别类地确定各种词汇条目，包括佛教词、复音词、同素异序词、古白话词等。《五分律》作为一部广律，显然佛教词在《五分律》的词汇系统中意义非常;并且《五分律》作为魏晋南北朝时期的一部重要律藏，其复音词在一定程度上可以说是当时词汇面貌的一个缩影。同时，同素逆序词体现了《五分律》复音词的凝固化程度，古白话词就像一面镜子照出了当时词汇发展演变的某些轨迹。这些都有利于更好地揭示《五分律》词汇的总体特征。

最后，依分析所得，对比同期的其他译经和中土文献，描绘《五分律》的词汇概貌，并以小见大，尝试探寻中古汉译佛经词汇系统的特点，以此思索中古汉语词汇研究的相关理论。

三、研究的方法

1. 以共时描写为主，参考历时演变研究。进行共时的静态描写是专书研究最基础的工作，只有描写得科学、全面，结论才比较可靠，揭示规律才能够深入，这是由语言本身的系统性所决定的。王力指出："普通语言学还有这样一个原理：语言的历史发展也是系统的。从一个时代变到另一个时代，是一个新的系统代替一个旧的系统。它不是零零碎碎地变的。所以我们研究语言绝不能零敲碎打，而必须对整个语言系统进行全面的审查。"[①]这是我们在进行共时静态描写时的重要指导原则之一。我们在研究《五分律》词汇时，不仅着重一词一义的诠释，而是把词汇作为一个系统，从语义、语用、语法、使用频率、组合关系、聚合关系、使用范围等多方面进行综合研究。

静态的研究对汉语史来说，是必经的阶段，"还必须抓住某一断代的汉语某一现象上探源、下溯流，作纵向的动态分析"[②]。探寻历时

① 王力：《我的治学经验》,《语言学论文集》，北京：商务印书馆，1985年，第10页。

② 程湘清：《汉语史断代专书研究方法论》,《汉字文化》，1991年02期。

演变的任务是研究词汇在不同历史时期的同异及发展变化。徐时仪认为："划定词义的历时层次，应把共时的静态描写和历时的对比分析结合起来，考察词的有关用法的出现频率及其变化。"[①]我们对《五分律》进行词汇研究正是这一方法的具体实践，我们既对《五分律》中的词汇状况进行共时描写，又在历时层面上选取我们认为有价值的、有代表性的部分词进行历时考察。通过共时和历时两个方面的相互验证，更科学地揭示出《五分律》词汇所独有的特色以及该时期的词汇面貌。

2．比较研究的方法。专书研究不应是孤立的、简单的、就事论事的研究，由于《五分律》是汉译佛经，它的语料性质决定了它既不是纯粹口语也不同于一般文言。学界在使用佛经作为语料时，往往偏重于佛经语言与汉语的同一性，事实上，汉译佛经难免受原本梵文的影响，再加上译者本身的个人语言习惯，因此佛经文献与中土文献在语言的使用上是肯定存在一定差异的，有在佛经中常见而中土文献极少出现的词汇形式和词义，甚至还有一些仅存于佛经的特殊语言现象。有学者就曾指出："佛典文献中的大部分词汇还是汉语中所固有的词汇，但佛典文献词汇与中土文献词汇毕竟又有显著的差异，所以对于二者的相同相异之处进行比较研究可以进一步了解其词汇特点。"[②]因此，佛经文献词汇与中土文献词汇的比较研究可以说是佛经文献词汇研究中不可忽视的内容之一。如果我们简单地只看《五分律》中反映的词汇的使用情况，可能就会得出与当时的

① 徐时仪：《古白话词汇研究论稿》，上海：上海教育出版社，2000年，第329页。

② 于谷：《禅宗语言和文献》，南昌：江西人民出版社，1995年。

语言发展不符的结论。在研究中我们拿《五分律》与同期的其他中土文献做比较，不仅可以突显佛经文献词汇与中土文献词汇的各自特征，比较异同；还可以从历史的高度总结一般性特征。前面我们在研究材料中之所以列出那么多的书目，就是希望通过比较能在大背景下更加清楚地反映《五分律》中词汇的特点，就是试图找到译经语言不同于中土汉语的地方，以此来说明译经词汇对补充、完善中古汉语词汇研究和辞书编纂的价值所在。

3. 穷尽性调查和统计的方法。我们力求对《五分律》的词汇进行穷尽性整理，对词语的分布及使用频率进行统计，并作出相关的统计图表，在此基础上再作定性分析，将列表说明与语言分析相结合。“定量分析对汉语词汇史的研究很有价值。无论是研究共时的现象，还是研究历时的现象，都离不开定量分析。”[①]只有经过大量统计才能让个别的偶然性抵消，让集体的必然性显现出来，从而看出词汇发展的一个大致趋向。这种量化、统计的方法能使我们对《五分律》的词汇面貌有更直观的认识，使研究更加准确、科学，也使研究的结果更接近语言事实。当然我们并不会把词频统计作为唯一依据，同时我们也积极关注如适用范围、组合搭配等句法层面的情况。

4. 传统文献学研究方法和先进数字化技术相结合。梳理文本的过程中，建立相关语料库，同时充分利用数字化文献、计算机相关技术来完成对特定类型词汇的搜索以及词义演变的动态研究。数字化文献与电子版文献在概念上并不完全相同，电子版文献一般只具

① 马莲：《20世纪以来的两汉词汇研究综述》，《南都学坛（人文社会科学学报）》，2005年06期。

备简单的检索、打印、编辑功能，是纸质图书的简单延伸，而数字化文献则可以进行知识的发掘、分析、重组和利用。刘家和在《〈崔述与中国学术史研究〉序》中说道："记得从前有一位学术前辈说过：'上穷碧落下黄泉，动手动脚找材料。'这已很不容易，而现在是要'上穷碧落下黄泉，以求有所新发现'，这就更难上加难了。"[①] 前人阎若璩在他的《潜丘札记》中记载，他撰写《古文尚书疏证》时，其中一句"使功不如使过"，前后足足用了十九年的时间才找到出处。虽然我们研究的主要对象是《五分律》，而不是浩如烟海的古籍之作，可要在三十卷密密麻麻的经文中，快速准确地找到所需要的词汇，难度也可想而知。因此，我们充分结合计算机数字化技术，通过有目的的 Python 编程大大提高查找词汇的效率，比如在考察《五分律》中复音词里的同素异序词时，我们就可以通过编程实现数据的自动化处理，然后再来进行人工鉴别，这无疑就大大提高了词汇信息处理的速度和精度。

① 邵东方：《崔述与中国学术史研究》，北京：人民出版社，1998 年。

第二章 《五分律》中的佛教词语

魏晋南北朝时期是我国历史上佛教的兴盛时期，一方面大规模的上层士人信仰佛教，连皇帝也信佛，甚至有的皇帝还是佛教的超级信徒，如北魏宣武帝、南朝梁武帝；另一方面战乱导致了底层人民对现实社会的失望，转而向佛教寻求精神慰藉，加之此时汉译佛经的大量产生，直接导致了佛教的几何式增长。据《出三藏记集》卷七《合放光光赞略解序》载，《放光般若经》元康元年（291）五月译出，此经"大行华京，息心居士翕然传焉。中山支和上遣人于仓垣断绢写之，持还中山。中山王乃众僧城南四十里幢幡迎经"。当时的盛景可见一斑。与此同时，魏晋南北朝也是中古汉语发展的关键时期，佛典的翻译直接促使了汉人对梵文的研究，进而启发了人们对汉语更深层次的认识。

何九盈认为佛学是影响汉语发展的一个重要因素："中国古代语言学的发生、发展，得助于五个朋友。这五个朋友是：一哲学、二文学、三经学、四佛学、五文字学。"[①]如音韵学中的字母之学应与佛教的传入有直接关系，《隋书·经籍志》载："自后汉佛法行与中国，

---

① 何九盈：《中国古代语言学史》，广州：广东教育出版社，2000年，第421页。

又得西域胡书，能以十四字贯一切音，文省而义广，谓之《婆罗门书》[①]，与八体六文之义殊别[②]。"《高僧传》卷七《慧睿传》载："陈郡谢灵运笃好佛理，殊俗之音多所达解。……于是著《十四音训叙》，条列梵汉昭然可了，使文字有据焉。""条列梵汉"大概就是用汉字与梵文的十四字母进行对照；而既已懂得胡书"能以十四字贯一切音"，就不难悟出反切的道理，反切法与四声说跟佛教有关，这也是大多数学者所肯定的了。

汉语词汇更是深受佛教发展的影响。在译经过程中，要想找到适当的对译词实非易事，译经师在字字句句的斟酌推敲中，希望用最贴切的词汇来阐扬佛法的真正意蕴。对此，梁启超曾有过精彩的论述，他从词语的吸收与创造等方面讨论了佛经翻译文学对汉语词汇的直接影响：

> 初期译家，除固有名词对音转译外，其抽象语多袭旧名……及所研治日益深入，则觉旧语与新义，断不能适相吻合，而袭用之必不免于笼统失真。于是共努力从事于新

① 婆罗门，是梵文"Brah ma ma"的音译，婆罗门本是印度奴隶制时代最高级的种姓，东汉以后也称印度为"婆罗门"。所谓《婆罗门书》即西域字书，"十四字"指梵文的十四个元音。

② 《汉书·艺文志》载有《八体六技》一书，不著撰者及卷数，此书早逸。颜师古注引韦昭："'八体'，即大篆、小篆、刻符、虫书、摹印、署书、殳书、隶书。"与《说文解字·叙》所记的秦书八体一样。王先谦《汉书补注》同意王应麟说，认为"六技"即王莽时的"六书"。唐兰在《中国文字学》中认为："六技或许是六文之误……六文就是六书。"班固也道："汉兴，萧何草律，亦著其法，曰：'太史试学童，能讽书九千字以上，乃得为史。又以六体试之，课最者以为尚书、御史、史书令史。吏民上书，字或不正，辄举劾。'六体者，古文、奇字、篆书、隶书、缪篆、虫书，皆所以通知古今文字，摹印章、书幡信也。"《说文解字·叙》也有相似的记载。可见，这里所说的"八体六文"泛指汉字形体结构。

语之创造。……其见于《一切经音义》《翻译名义集》者即各以千计。近日本人所编《佛教大辞典》，所收乃至三万五千余语。此诸语者非他，实汉晋迄唐八百年间诸师所创造，加入吾国语系统中而变为新成分者也。……由此观之，则自译业勃兴后，我国语实质之扩大，其程度为何如者？[①]

佛经的翻译从东汉末年起直至北宋末年[②]，近千年的历史中留下了汗牛充栋的佛经卷帙，于是乎，一大批佛教词汇涌入汉语。王力曾讲："佛教词汇的输入中国，在历史上算是一件大事。"[③]"佛教用语对汉语的影响是巨大的，个别佛教用语在个别方言里影响特别大。"[④]赵朴初居士在为中国佛教文化研究所编写的《俗语佛源》所作《前言》中，记载了一位青年学者曾经找他谈"佛教与中国文化"时推心置腹的一番对话："现在许多人他一张嘴说话，其实就包含着佛教的成分。语言是一种最普遍最直接的文化吧！我们日常流行的许多用语，如世界、如实、实际、平等、现行、刹那、清规戒律、相对、绝对等都来自佛教语汇。"可见，中古时期涌入汉语的大量佛教词语，不仅是中古汉语词汇的重要组成部分，让我们想不到的是，在今天甚至影响着我们的日常用语，让我们琅琅上口却习焉不察，日

① 梁启超：《翻译文学与佛典》之"六、翻译文学之影响于一般文学"，《梁启超全集》第十三卷，北京：北京大学出版社，1999 年，第 3805 页。

② 马祖毅认为："我国的佛经翻译，从东汉桓帝末年安世高译经开始，魏晋南北朝时有了进一步的发展，到唐代臻于极盛，北宋时已经式微，元以后则是尾声了。"见《中国翻译简史——五四以前部分（增订版）》，北京：中国对外翻译出版公司，2007 年，第 18 页。

③ 王力：《汉语史稿》，北京：中华书局，2004 年，第 598 页。

④ 王力：《汉语史稿》，北京：中华书局，2004 年，第 595 页。

用也浑然不觉。

《五分律》作为一部律部佛经，很显然佛教词语在《五分律》的词汇系统中占有一定的比重，它是《五分律》词汇系统不可分割的组成部分。蒋绍愚在《〈入唐求法巡礼行记〉词汇研究》的序中谈到："专书词汇研究，必须对其中的词汇的性质加以分析。除了文白、新旧的分析之外，还要分析哪些是方言词语，哪些是通语，哪些是专业词语，哪些是一般词语。不做这样的区分，把一部专书的词汇同等对待，这对词汇史的研究是不利的。"同时，佛教词语往往比较晦涩难懂，往往瞠目不能解，而不懂佛教词语便很难真正读懂汉译佛经。就像程伊川序《周易》中所说："得其词而不得其意者有之，未有不得其词而能得其意者。"古人诚不我欺！丁福保在《佛学大辞典·自序三》中也指出："佛经者，其旨微，其趣深，其事溥，其寄托也远。苟欲明其真实义者，必以通其词为始。词者，积字而成之专门名词也。名词既通，讽咏涵濡之，意义自见。否则附会穿凿，虽反复数千百言，不过为摸象之瞽说。庸有当乎？"所以，我们进行《五分律》的词汇研究，专门对其中的佛教词语进行区分和分析是很有必要的。

那究竟哪些是佛教词语？这是我们首先要搞清楚的。王力认为，佛教词语是随着佛教传入而输入汉语词汇里来的借词和译词[①]，杨同军指出："佛教词语主要是指佛教术语、带有佛教色彩或与佛教活动有关的词语。"[②]郭锦桴提出了"佛教文化语言圈"的概念，认为佛教词语"是汉语与佛教文化相适应的社会语言变体，它用于表现佛教

① 王力：《汉语史稿》，北京：中华书局，2004年，第591页。
② 杨同军：《语言接触与文化互动》，北京：中华书局，2011年，第70页。

文化的教义、佛教的宗教制度和仪轨、佛教寺院殿堂及佛像名称等，同时还包括各种佛教中常用的习语。这种佛教文化语言有其特定的使用范围，并有浓厚的宗教予以色彩和表述特点”[①]。虽然学界各种表述不一，但都认为佛教词语是随着汉译佛经的大量产生而大量进入汉语的，反映了佛教思想、文化以及文物制度，区别于中土文献的词汇，具有显著的宗教特色和异域色彩。

关于佛经中的佛教词语，从其内容上看常有这么几种分类：1. 分为两大类：佛教术语与专名用语，如邹伟林《〈普曜经〉词汇研究》，冯翠《〈妙法莲华经〉词汇研究》，胡畔《〈摩诃僧祇律〉词汇研究》等，只不过两大类下面的小类划分不同，邹伟林《〈普曜经〉词汇研究》中，佛教术语分为音译的佛教术语和意译的佛教术语，专名用语分为人名、地名、物名；冯翠《〈妙法莲华经〉词汇研究》中，佛教术语分为四类：表示佛教义理的词和词组、表示佛教徒相关宗教活动的言行举止的词和词组、表示佛教徒日常用具及佛教建筑的词和词组、表示佛教特殊称谓的词和词组，其专名用语无分类；胡畔《〈摩诃僧祇律〉词汇研究》中，佛教术语分为五类：佛教的理论概念、佛教徒的宗教活动、佛教生活中的用具、佛教建筑、佛教称谓，专名用语分为人名、地名、物名，且在人名、地名、物名中又从音译和意译两方面分别进行。2. 分为三大类：佛教义理词、佛教生活词、佛经翻译与注疏词，如李明龙《〈续高僧传〉词汇研究》。3. 分为三类以上的多类，如戴军平《〈十诵律〉词汇研究》中佛教词语分为了十类：佛教的理论概念、佛教徒的宗教活动、佛教徒的法

① 郭锦桴：《汉语与中国传统文化》，北京：商务印书馆，2010年，第145页。

衣 / 法器 / 生活用具及饮食、佛教建筑、佛教称谓、佛 / 菩萨 / 鬼神 / 诸天、人名、地名、物名、度量衡。4. 不分类，如罗晓林《〈撰集百缘经〉词汇研究》，仅抽取一部分佛教词语作了一个简单的列举，并没有全部列出。也有对佛教词语从语言学的角度词语构造的层面进行分类的，如梁晓虹《佛教词语的构造与汉语词汇的发展》中，就将佛教词语分为了音译词、合璧词、意译词、佛化汉词、佛教成语五个部分，并附有佛教俗谚。这些分类各有千秋，给予了我们极大的启发。我们结合《五分律》词汇的特点，考虑到专书词汇穷尽式分析的可操作性的现实需求，从内容上把《五分律》中的佛教词语分为佛教术语和专门用语两大类。

当然，佛教词语与一般词语不能完全分开，做到泾渭分明，二者之间并没有绝对的界限。赵振铎曾谈到古代各个行业的专业用语，认为："大多数专门用语来自当时的全民语言，有时赋予它们以新的涵义，有时利用全民语言的材料组成新词，它的语法规则仍然与全民语言一致。"[①]具体到佛教词语，一方面，佛教要依赖汉语阐述自己的教义，表达佛教特有的文化观念，这些佛教词语肯定异于一般词语；另一方面，随着佛教的传播，有些佛教词语也会慢慢融入大众生活，渐渐为群众所接受，最后进入了一般口语或者方言之中。王力指出："那些佛教专门用语只能通行于钻研佛教经典的少数人中间，不能成为全民的语言。但是，另外有一些词的情形就不同了，它们已经进入了全民的语言里。……它们深入到汉语的血液里，令人不能再意识到它们的来源。这样，它们已经变了质，不能再认为

① 赵振铎：《论先秦两汉汉语》，《古汉语研究》，1994 年 03 期。

佛教用语了。它们的寿命还长得很呢！”[①]王力举了几个例子：世界、现在、因果、结果、庄严、法宝、圆满、魔鬼、功德无量、五体投地等。这几个词人们可能已经不会意识到它们原本来源于佛教了，更容易和汉语原来的词汇视为一体。可见，有些佛教词语是被排斥在全民的汉语之外，而有些佛教词语却被吸收到全民的汉语词汇之中，成为了汉语的一般词语。

为了研究的方便，需要尽可能地将佛教词语与一般词语区分开，我们依据王力的观点，将那些“已经变了质”的排除在外，重点考察“不能成为全民的语言”的佛教词语。因此，本文所谓佛教词语，主要是指佛教术语和在佛经中出现的专名用语。值得注意的是，有些词语即使在全民语言中有出现，但在《五分律》文本中只要被用来表示“佛教意义”、带有“佛教色彩”或与佛教活动有关，我们也将其纳入佛教词语的考察范围。在具体的对《五分律》中佛教词语进行选择的过程中，有一定的难度，有些词语可能模棱两可难以界定，我们主要参考了丁福保《佛学大辞典》及《中国百科全书》《佛学常见辞汇》《俗语佛源》《法相辞典》《翻译名义集》《历代名僧辞典》《唯识名词白话辞典》《阿含辞典》《佛学常见词汇》《汉语大词典》等相关工具书来进行判断。

下面试从佛教术语和专名用语两方面来举例分析《五分律》中的佛教词语。据笔者统计，在《五分律》中，共有佛教词语 1357 条。其中，佛教术语 982 条，专名用语 375 条，无论在数量还是词频上佛教术语均占优势。

---

① 王力：《汉语史稿》，北京：中华书局，2004 年，第 591—593 页。

第一节 《五分律》中的佛教术语

术语是在特定学科领域用来表示概念的称谓的集合，是通过语音或文字来表达或限定科学概念的约定性语言符号，可以是词，也可以是词组，是各门学科中的专门用语。冯志伟曾论述了“语言”“文字”和“术语”的区别：“语言使人类区别于禽兽，文字使文明区别于野蛮，术语使科学区别于常识。……没有术语，就没有科学。……我国是世界上最古老的文明古国之一，在我国古代的光辉灿烂的文化中，也使用了各种术语来表达各种哲学和科学概念。”[①]可见，术语作为人类科学知识在语言上的投射，是与人类社会文明紧密地联系在一起的。正如周有光所说：“术语和文化如影之随形，须臾不离。不同的文化要用不同的术语来说明。吸收外来文化，同时必须吸收外来术语。……如何使术语有效地为文化的传播服务，是历史文化生活中的一个重大问题。”[②]

佛教术语，是佛教在传播过程中形成的一套专门用语，是佛教文化的凝练，是用来表达佛教教义理论或与佛教活动有直接或间接关系的词和词组。佛教术语它承载着佛教理论甚至是中华文化的重要部分。鉴于佛教在中国传统文化中的特殊地位和影响，研究汉译佛经中的佛教术语显然具有十分重要的意义。“专门术语及其历史的研究可以显示语言史跟社会史和文化史之间的联系，因为专门词汇的发展清楚地反映了科学、技术和文化的历史。”[③]从语言学的角度

① 冯志伟：《现代术语学引论》，北京：商务印书馆，2011年，第4—5页。
② 周有光：《文化传播和术语翻译》，《外语教学》，1992年03期。
③ 张永言：《词汇学简论》，武汉：华中工学院出版社，1982年，第102页。

来看，作为弘扬佛教文化的工具，佛教术语不可避免地也会影响汉语词汇系统，汉译佛经的出现使大批佛教术语投射到汉语的词汇中，极大地丰富了汉语词汇系统。

《五分律》中的佛教术语从内容上大概可以分为四个部分：（一）有关佛教理论的词语；（二）有关佛教徒的仪行举止或行为状态的词语；（三）有关佛教徒各种称谓的词语；（四）有关佛教徒的衣食住行等生活所需的词语。以下我们先通过列表对《五分律》中佛教术语的使用情况来进行展示：

表 2-1　《五分律》佛教术语使用数据表

类别	数量	比例
有关佛教理论的词语	421	42.9%
有关佛教徒的仪行举止或行为状态的词语	216	22%
有关佛教徒各种称谓的词语	126	12.8%
有关佛教徒的衣食住行等所需的词语	219	22.3%
总计	982	100%

一、有关佛教理论的词语

《五分律》中有关佛教理论的词语共 421 个，在整个佛教术语中所占比重最大，这些独特的语汇反映了佛教的宗教信念和复杂的思想理论，具有特定的内涵。悉数如下：

单音节：报、禅、常、道、谛、定、堕、福、根、果、慧、见、界、觉、劫、戒、空、苦、腊、力、色、想、识、相、业、缘、罪、漏、缚。

双音节：八法、八戒、八难、八正、败种、薄福、报应、本生、不定、尘垢、出要、初禅、初法、慈忍、慈心、大道、大法、大福、大会、大戒、大利、大身、刀风、道法、道果、道化、道相、道心、道业、道证、德号、定法、恶法、恶色、恶相、恶业、恩爱、一劫、二禅、二法、二根、二罪、法宝、法藏、法戒、法轮、法律、法味、法想、法缘、法幢、法鼓、烦恼、梵行、梵坛、梵天、方便、非法、佛法、佛慧、伏藏、福德、福利、福庆、福事、福业、伽陀、盖缠、功德、共相、果报、行道、呵欲、后世、秽法、火法、火坑、吉祥、坚法、坚信、教敕、戒法、戒行、戒经、戒论、戒律、戒品、戒相、戒缘、界相、经呗、经法、经偈、经戒、经律、经体、净观、净物、净心、净言、究竟、九恼、具戒、苦报、苦际、苦言、苦源、来世、利根、利益、留难、六法、六入、轮转、律仪、妙法、灭摈、灭净、名色、男根、内地、内法、内色、尼犍、女根、女色、毗尼、破僧、普眼、七宝、祇夜、勤苦、轻戒、三宝、三禅、三毒、三法、三火、三戒、三界、三昧、三色、三途、三明、色力、色心、僧跋、僧残、僧事、善法、善根、善利、舍堕、身相、深理、神变、神力、神足、神通、生苦、生死、圣德、圣定、圣法、圣慧、圣戒、圣语、施论、十法、十戒、十利、十善、十众、世界、似法、受记、死苦、死相、四禅、四大、四谛、四法、四方、四供、四事、誓言、天耳、天福、天乐、天眼、外色、王法、威德、威仪、无常、无根、无间、无量、无生、无明、无为、无缘、五宝、五德、五恶、五法、五盖、五戒、五色、五事、五阴、五欲、喜观、系念、相法、邪道、邪见、心法、信心、形色、形相、宿世、须臾、学地、哑法、要法、业报、通法、衣法、仪法、义利、意识、因缘、有缘、有为、愚痴、欲觉、欲界、欲热、欲想、缘法、缘灭、缘生、缘事、正定、正法、正见、正觉、正命、正念、正勤、正思、正业、正意、正语、知见、智慧、中道、众学、咒法、诸漏、罪厄、罪福、罪人、罪相、罪业。

三音节：阿那含、阿毗昙、安乐行、八分戒、八解脱、八敬法、八圣道、八正道、比丘法、比丘戒、波罗夷、波夜提、波逸提、不净观、不净行、布萨戒、慈悲心、慈悯心、大果利、定共戒、二部戒、法眼净、梵动经、非圣语、菩提法、过人法、尽形寿、具足戒、苦圣谛、离衣宿、六斋日、摩那埵、萨婆帝、尼陀那、毗富罗、清净行、三恶道、三十事、沙门果、沙弥戒、身口意、圣道果、圣解脱、宿命明、他心明、漏尽明、十不善、十三事、十善业、十四法、十直道、斯陀含、四堕法、四念处、四圣谛、四依法、四真谛、提舍尼、调伏法、偷兰遮、偷罗遮、突吉罗、未曾有、无学慧、五种见、稀有心、现世报、修多罗、须陀洹、一切苦、一切律、一受食、一种食、一坐食、忧陀那、有漏法、增戒学、增上戒、增上慢、增十经、增一经、正方便。

多音节：阿那含果、阿婆陀那、比丘尼法、比丘尼戒、阐陀鞞陀、大因缘经、二不定法、九次第定、苦集灭道、苦集圣谛、苦灭圣谛、破和合僧、三皈五戒、三解脱门、三明六通、三十二相、僧祇陀经、沙门果经、生死大苦、生天之论、十二头陀、十二因缘、十一切入、受想行识、四譬喻法、四沙门果、四无量处、四无色定、无上正觉、忧波提舍、育多伽婆、八不可越法、波罗提木叉、不定观住定、三明六神通、二百五十戒、苦灭道圣谛、三十七道品、僧伽婆尸沙、十六义品经、波罗提提舍尼、尼萨耆波逸提、三十二大人相、三转法轮十二行。

以上这些有关佛教理论及教义的独特语汇，被赋予了各种佛教的信仰、思想、理论的深层含义，它们是佛教基本观念的支撑。我们抽取一部分作一个简单的说明：

【苦】

梵语“Duḥkha”的意译。音译作“豆佉”“诺佉”“纳佉”。泛指逼迫身心苦恼之状态。苦与乐乃相对性之存在，若心向着如意之对象，则感受到乐；若心向着不如意之对象，则感受到苦。清净论道谓，苦具有嫌恶与空虚二义，即嫌恶及无“常、乐、我、净”之空虚状态，称之为苦。在称“苦、乐、舍”等三受之时，苦指身心所感之苦（广义），配列于五受、二十二根之苦，而可分为身感受之苦（狭义）与心感受之忧两类。“一切行皆苦”乃佛教根本思想之一，亦为四法印之一。

汉语里也有“苦”，但佛教术语的“苦”是“逼恼身心名苦”，它体现了佛教对人生现象的价值判断，佛教认为人生的苦有无量诸苦，世间一切皆苦，无一例外，而佛家的修行，其本质就是拔苦，让众生离苦得乐。佛教在产生时就是围绕“苦”的问题建立其理论的，早期佛教提出的基本教义“四谛”直接论述的问题就是“苦”。苦谛认为现实世界中充满了痛苦，指出人生的根本痛苦与生命现象是不可分离的；集谛指出了人生之所以苦的根源，众生一切痛苦皆可以溯源于贪、嗔、痴三种烦恼；灭谛说明了人生苦恼是可以消除的，断灭一切世俗痛苦的原因之后方可进入涅槃的理想境界；道谛是灭苦的具体途径或手法，解脱人生苦恼就必须修道。在后来的发展中，佛教又围绕“苦”的问题不断提出更深入的学说，它的许多观念都是与对“苦”的思考紧密联系在一起的，或是直接涉及“苦”的问题，或是对“苦”的问题的进一步解释，例如无常、五蕴、十二因缘的理论等。

《五分律》中“苦”共出现219次，可见“生苦”“死苦”“大苦”“生死大苦”“一切苦”“地狱苦”“病苦”“劳苦”“辛苦”“孤苦”“饥苦”“枯苦”“世苦”“困苦”“忧悲恼苦”“怨憎会苦”“爱别离苦”“所求失苦”“五盛阴苦”等。如：

（1）汝等梵行已立，死受天乐。何用久受如此病苦，而不自杀？（《卷第二·四波罗夷法》）

（2）佛言：“彼龟者，调达是也！昔以瞋语，致有死苦；今复瞋骂，堕大地狱。”（《卷第二十五·破僧法》）

【缘】

梵语“Pratyaya”，攀缘之义。人之心识，攀缘于一切之境界也。如眼识攀缘色境而见之，乃至身识攀缘触境而觉之。因而心识为能缘，其境界为所缘，其心识向境界而动之作用，谓之缘。即心攀缘境界也。缘为心对于境之作用，易言之，则为心之虑知。故常曰缘虑，示缘即虑知也。《大乘义章》：“缘者容由藉之义，缘别不同，故分为四：一者因缘，二者次第缘，三者缘缘，四者增上缘。”因缘即为因与缘之并称。因，指引生结果之直接内在原因；缘，指由外来相助之间接原因。一切万有皆由因缘之聚散而生灭，称为因缘生灭法；而由因缘和合所产生之结果，称为因缘和合。一切有为法皆是因缘所生，唯有因，不能生果；唯有缘，亦不能生果；必须因缘和合，方能生果。

“缘”，是佛教理论的精华。佛家讲缘，万物因缘生，万物因缘灭，世间万象都是因缘和合而成。佛教有说“十二因缘”，也叫“缘起说”，认为世间没有任何孤立存在的现象，也没有任何永恒不变的现象，一切现象的产生和变化都因一定的条件，叫做“缘起”。故佛家有云："但见缘起便见法，但见法便见缘起。"诸法因缘生，诸法因缘灭，一切有为法，尽是因缘合和，缘起时起，缘尽还无，不外如是。

《五分律》中"缘"共出现 183 次，可见"缘""缘事""法缘""因缘""大因缘""小因缘""十二因缘""无缘"等。如：

（1）始得佛道，坐林树下，初夜逆顺观十二因缘：缘是，故有是；缘灭，则是灭。(《卷第十五·受戒法》)

（2）佛言："不听无因缘啖蒜！若有因缘啖时，不得在诸比丘上风行、立。"有一比丘以小因缘啖蒜，如来说法不敢往听。(《卷第二十七·杂法》)

另有"尼陀那"一词，梵语"Nidāna"的音译，常意译为"因缘""缘起"，系十二部经之一。《大智度论》："尼陀那者，说诸佛法本起因缘。佛何因缘说此事？修多罗中有人问，故为说是事；毗尼中有人犯是事，故结是戒。一切佛语缘起事，皆名尼陀那。"《五分律》中仅出现 1 次。

（3）拘楼孙佛、拘那含牟尼佛、迦叶佛广为弟子说法，无有疲厌，所谓：修多罗、祇夜、受记、伽陀、忧陀那、尼陀那、育多伽婆、本生、毗富罗、未曾有、阿婆陀那、忧波提舍，结戒，说波罗提木叉。(《卷第一·四波罗夷法》)

【漏】

梵语"Āsrava"，"烦恼"之异称。贪、嗔等烦恼，日夜由眼、耳等六根门漏泄不止，又于生死中流转三界，故此烦恼称为漏。又漏有漏落之义，烦恼能令人落入于三恶道，故称漏。烦恼如漏器漏舍也。因之称有烦恼之法为有漏；称离烦恼垢染之清净法为无漏，如涅槃、菩提，与一切能断除三界烦恼之法，均属无漏。有漏法指诸漏互相随增之法，即指四谛中苦、集二谛之法，诸烦恼于苦、集二谛之相应法及其所缘之境中，互相随顺，互相增长，故称苦、集二谛之法为有漏；至于缘灭、道二谛所生之诸漏，因其互不随增，故灭、道二谛之法非有漏法。无漏法为有漏法的对称，指远离烦恼垢染的清净法。若至三乘之极果，以圣智断尽此烦恼，则称为漏尽。《法华经·序品》："诸漏已尽，无复烦恼。"

"漏"早在先秦就已出现，如《周易·井》："井谷射鲋，瓮敝漏。"孔颖达疏："有似瓮敝漏水，水漏下流，故曰瓮敝漏也。"颜洽茂在《试论佛经语词的"灌注得义"》中指出，"佛教为外来之学，译经师除创造'寂灭''烦恼''解脱''慈悲'等新词或通过音译转写等方式接受外语词表示教义外，大部分是通过'灌注'而使中土语词'佛化'，使之成为佛教名词术语。"[①]在这篇文章里，详细说明了"漏"是一个"利用原有词灌注教义，使之成为佛教名词术语"的例子。

《五分律》中"漏"共29见，表佛教义共出现24次。可见"诸漏""漏尽""有漏法""现世漏""后世漏""漏门""三界漏""一切漏"等。同时《五分律》中也有译经师创造的新词"烦恼"，用例较少，仅出现4次。另有"尘垢"一词，《维摩诘所说经注》："心本清净无有尘垢，尘垢事会而生，于心为客尘也。……心遇外缘烦恼横起故名客尘。""尘垢"喻指烦恼，《五分律》中出现3次。另有"盖

① 颜洽茂：《试论佛经语词的"灌注得义"》，《汉语史研究集刊》第一辑上，成都：巴蜀书社，1998年。

缠”一词,《大方等大集经贤护分》:“除诸烦恼无复盖缠……弃舍盖缠断除尘垢。”可见,“盖缠”为烦恼之异名,《五分律》中1见。另有“缚”一词,《大乘入楞伽经注》:“缚者烦恼也。”烦恼能系缚人,不使得自在,故曰缚。《五分律》中1见。分别列举如下:

(1)二十亿闻佛说已,即于经行处,漏尽无余。(《卷第二十一·皮革法》)

(2)佛告五比丘:“汝等一心求正断烦恼,我先亦一心求正断烦恼,故得成无上正觉!于意云何?色为是常,为无常乎?”(《卷第十五·受戒法》)

(3)优波提舍闻已,心悟意解,得法眼净,便还所住,为拘律陀说所闻法。拘律陀闻,亦离尘垢,得法眼净,即问言:“如来游化,今在何住?”(《卷第十六·受戒法》)

(4)先到和尚、阿阇梨房中,应有所作作之,然后还房若读诵、若坐禅、若经行,以清净心除诸盖缠;和尚、阿阇梨亦不得以小小事留弟子。(《卷第二十七·威仪法》)

(5)时释提桓因以偈答言:“解说一切缚,最上调御士,应供已善逝,我为彼给使。”(《卷第十六·受戒法》)

【生死】

梵语“Samsāra”,音译为“僧娑洛”“缮摩末剌喃”,意译为“轮回”“生死”。凡夫由于有漏或无漏的业因,而于天、人、阿修罗、饿鬼、畜生、地狱等六道迷界中生死相续、永无穷尽。生死轮转,恰如车轮之回转,无止无尽,没有脱出之期,故又称轮回。相对于涅槃而言。又众生沉沦于生死迷界而轮回无穷,犹如大海之无边际,以海为喻,故称为生死海。生死乃苦恼之世界,故亦称生死苦海;

度越生死苦海，而到达涅槃之彼岸，此事极为困难，故又称难度海。《俱舍论》云："如何流转生死？由舍前蕴取后蕴故，如是义宗前已征遣，如燎原火虽刹那灭，而由相续说有流转。如是蕴聚，假说有情，爱取为缘，流转生死。"

生死轮回观被认为是佛教的基础理论，事实上佛教的生死轮回观和我们一般所理解的轮回具有很大的区别。在传统的观念里，轮回的两大要素是：业和我，业力的牵引导致本我的轮回。善业，趋向于三善道轮回，恶业，趋向于三恶道轮回，这就是传统的六道轮回说，也是所谓的一世轮回、两世轮回、三世轮回等。而佛教的轮回观虽然也承认业的存在，但佛教的轮回却是无我的。常言道"万般带不去，唯有业随身"，这里面带不去的是"我"，而轮回的是"业"，佛教认为"我"是根本无明的根源，只有去除我执，才能够达到修行解脱生死轮回的涅槃。

《五分律》中"生死"共出现13次，可见"生死已尽""永沦生死"等。如：

（1）汝所犯恶，永沦生死，终不复能长养善法！（《卷第一·四波罗夷法》）

（2）佛到屈茶聚落，告诸比丘："有四法，我及汝未得时，于生死中轮转无际。何谓为四？所谓圣戒、圣定、圣慧、圣解脱。今既得之，生死已尽，梵行已立，所作已办。"（《卷第二十·衣法》）

【恩爱】

于父母妻子等间互相执着的感恩溺爱之情，称为恩爱。世人沉溺于情爱之中，因而为恩爱所缚，不得解脱，故世界可视为恩爱之监狱。佛教对于爱，基本的分为有污染和无污染二种。有污染即贪爱，如女色钱财等；无染污即信爱，如师长、父母等。佛教主张断爱，但所断的是有染污的贪爱，同时以断除爱念为实践佛法的基础。《圆觉经》云："一切众生，从无始际，由有种种恩爱贪欲，故有轮回。……轮回爱为根本。……末世众生能舍诸欲及除憎爱，永断轮回。"佛教提倡知恩报恩，教人报恩应尽心致力，并主张世人应舍弃恩爱而趋入佛道，能入佛道方为真正之报恩。《法苑珠林》："流转三界中，恩爱不能脱；弃恩入无为，真实报恩者。"《后汉书·襄楷传》记载："浮屠不三宿桑下，不欲久生恩爱。"这是佛教徒把断爱贯彻于日常生活中之一例。

"恩爱"一词，早在先秦就已出现，义犹"仁爱"，如《韩非子·六非》："明主知之，故不养恩爱之心，而增威严之势。"其后出现了"情爱"义，可用如动词，也可用如名词，如汉苏武《留别妻》："结发为夫妻，恩爱两不疑。"《敦煌变文集·伍子胥变文》："其妻既见殷懃，遂乃开门纳受，恩爱还同昔日，相命即归。""恩爱"也是一个被佛化的中土语词，根据颜洽茂的观点，属于"利用原有词组，借形灌义，使之成为佛教名词术语"这一类，"恩爱"一方面以原有身份在中土汉语里继续发挥作用，另一方面由于"灌注"引起了词义重心和词性的转移，由原来表一般义演化为表佛教义的佛教名词术语。

《五分律》中"恩爱"共出现6次，均表佛教义。如：

（1）时彼众中有长者迦兰陀子，名须提那，闻法欢喜，即作是念："如我解佛所说，夫在家者，恩爱所缚，不得尽寿广修梵行；出家无着，譬如虚空。我今宁可以家之信，出家修道。"（《卷第一·四波罗夷法》）

（2）众生乐着三界窟宅，集此诸业，何缘能悟十二因缘，甚深微妙难见之法？又复息一切行，截断诸流，尽恩爱源，无余泥洹，益复甚难。(《卷第十五・受戒法》)

【无为】

梵语“Asaàskṛta”，为者造作之义，无因缘造作曰无为，是“无为法”的略称，指不依因缘和合而成的不生不灭、无来无去、非彼非此的绝对。“无为”原是涅槃之异名，《无量寿经》曰：“无为，泥洹之道。”后世更于涅槃以外立种种无为，于是产生三无为、六无为、九无为等诸说，其中涅槃为无为法中之最胜者。小乘各部派中，说一切有部立择灭无为、非择灭无为、虚空无为，合为三无为。大乘唯识家于三无为外，别立不动、想受灭、真如，合为六无为。大乘佛教，尤其是中国佛教，以无为法为诸法之本体，与“法性”“真如”等为同一含义。

“无为”是汉语词汇系统中一个古已有之的词，既为道家语，也为儒家语，后又被灌注佛教教义成为佛家术语。道家的“无为”，主要是指君主不与民争，顺应民众，不妄为。《道德经》中有十二处提到“无为”，第三章称“为无为，则无不治”，杜光庭《道德经注疏》称：“无为之理，其大矣哉！……谓其私志不入公道，嗜欲不枉正术，循理而举事，因资而立功，事成而身不伐，功立而名不有。”可见，道家的无为并非不作为，而是要顺应自然，“无为而无不为”。儒家的“无为”，指的是主张选能任贤，以德化人。如《礼记・中庸》：“如此者，不见而章，不动而变，无为而成。”《春秋繁露・离合根》：“故为人主者，以无为为道，以不私为宝。”佛教中的“无为”与道家的“无为”、儒家的“无为”在各自的义理和词义的内涵上有着很大的不同，是针对一切有为而言，表示“万法究竟不生不灭”，是超越时空的真如境界，涉及佛教理论体系的基础和其追求的最高境界。

《五分律》中“无为”共出现9次，提到了“无为法”“无为道”，并以此径直表示佛法、佛道。如：

（1）尔时，世尊伸金色臂，招言：“童子来此！此处无为，无有忧厄！”（《卷第十五·受戒法》）

（2）汝岂不闻我所说法：未离欲者能使离欲，已放逸者令不放逸，能断渴爱离有为法，无学离欲向无为道，示人正要毕竟泥洹！（《卷第一·四波罗夷法》）

（3）诸臣讥呵言：“此比丘尼于无为法中出家，着坏色割截衣，而今云何乃索王所着者？王虽无惜，受者自应知量！此辈常说少欲知足，而今无厌！无沙门行，破沙门法！”（《卷第十二·尼律三十舍堕法》）

【偷兰遮】

梵语“Sthūlātyayas”，音译为“窣吐罗底也”，又作“窣吐罗”“萨偷罗”“偷兰遮”“偷罗遮”“吐罗遮”“土罗遮”“萨偷兰祇僧”，略称“偷兰”。梵语“偷兰”，汉语意译为“大”；“遮”，指“遮障善道”；在六道之中，一般以地狱、饿鬼、畜生三者称为三恶道，阿修罗、人间、天上则称为三善道。“偷兰遮”意译为“大障善道”，又被意译为“重罪”“粗罪”“粗恶”“粗过”等。《行事钞》：

《善见》云：“偷兰”名“大”，“遮”言“障善道”，后堕恶道体是鄙恶，从不善体立名者，由能成初二两篇之罪故也。又翻为“大罪”，亦言“粗恶”。《声论》云：正音名为“萨偷罗”，《明了论》解“偷兰”为“粗”，“遮耶”为“过”。……《资持记》释云：《声论》但出梵名而不翻者，与上同故。《优波离问经》云“吐罗遮”者，边国语也。旧记云，彼论具云“萨偷兰祇僧”，此翻“粗罪”。未见本论，不知何出。

偷兰遮属佛制戒六聚之一、七聚之一。“聚”即类聚，谓随犯而制之，聚众律以成类，是佛教戒律学罪名的总聚，即“波罗夷、僧伽婆尸沙、波逸提、波罗提提舍尼、突吉罗”五篇，加上“偷兰遮”便成为“六聚”；于“六聚”中将突吉罗罪分为“恶作”“恶说”二者，即身口二业，如此第六为突吉罗，第七为恶说。偷兰遮在六聚、七聚中的位次，依其罪轻重而定，除突吉罗罪外，凡不包含在五篇之内的其余一切大小、轻重因罪、果罪，皆总称为“偷兰遮”。

《五分律》中“偷兰遮”“偷罗遮”并存，多见“偷罗遮”。如：

（1）时有比丘以肘筑女人身，复有比丘以钵钩牵女人。生疑问佛，佛言：“皆犯偷罗遮。若捉其衣、牵捉其绳杖，亦如是。”（《卷第二十八·调伏法》）

（2）佛言：“听随国音读诵，但不得违失佛意！不听以佛语，作外书语，犯者偷兰遮！”（《卷第二十六·杂法》）

由于《五分律》是弥沙塞部所传的戒律，其中规定了比丘戒二百五十一条和比丘尼戒三百七十条，因此有一些专门描述种种罪行和惩戒方式的佛教术语，除“偷兰遮”外，还有如上述提到的五篇，即：（一）“波罗夷”，梵语“Pārājika”的音译，意译作“断头”“极恶”“不可救药之罪”，《五分律》中只见音译词。（二）“僧伽婆尸沙”，梵语“Saàghāvaśeña”的音译，意译作“僧残”，是戒律中仅次于波罗夷之重罪;《五分律》中多见其音译词，意译词只见于卷节名。(三)"波逸提"，梵语"Pāyattika"的音译，也作"波夜提"，波逸提罪分为尼萨耆波逸提(梵语"Naiḥsargika-prāyaścittika"，意译作"舍堕法")和堕波逸提(梵语"Śuddha-prāyaścittika"，意译作"堕法")二种，犯者将堕于寒热地狱;《五分律》中除"舍堕法、堕法"于卷节名见意译词外，其余皆为其音译词。(四)"波罗提提舍尼"，梵语"Pratideśanīya"的音译，意译作"悔过法"，犯者须向其他比丘忏悔;《五分律》中其音译词出现24次，意译词出现16次。(五)"突吉罗"，梵语"Duṣkṛta"的音译，意译为"恶作""轻垢""越毗尼"，即恶作恶语等诸轻罪;《五分律》中仅见其音译词。这一类表示罪行的佛教戒律类术语，虽有意译，但《五分律》中大都直接采用音译词的形式，由于其专用性较强，且表现为三音节或多音节音译词，具有浓厚的外来语色彩，在发展过程中被排斥在了汉语词汇系统之外。

【修多罗】

梵语"Sūtra"的音译，又作"修单罗""修妒路""修多兰""修单兰多""素怛缆""素呾缆""苏多罗""苏呾罗"。《法华玄义》："'修多罗'，或云'修单兰多'，或云'修妒路'。彼方楚夏，此土翻释不同，或言无翻，或言有翻。"《华严经探玄记》曰："'修多罗'，或云'修妒路'，或言'素怛罗'。此云'契经'。'契'有二义，谓契理合机故;'经'亦二义，谓贯穿法相故，摄持所化故。"意译为"线""经""契经""贯经""法本"。"线"有贯穿义，如珠花等物以线贯穿，便成串而不散失;亦犹佛所说教法，结集成经，贯穿摄持所诠义理，使不散失，便可流传后代。"契"即契合义，言经有契机、契理之胜用，佛所说法皆契合于正理，凡有所说皆与众生机宜相投，故曰契经。既特指九分教或十二分教中之第一类，也可泛指佛典三藏中的一切经藏，凡佛所说之经典，上契诸佛之理，下契众生之机，有关佛陀教说之要义，皆称为修多罗。

《五分律》中“修多罗”共出现9次。如：

（1）佛言：“应五法自观：自观身行清净、口行清净、意行清净、多诵修多罗、善解阿毗昙不？若身口意行不清净，诸比丘便当言：‘汝身口意行不清净，云何住他？’若不多诵修多罗，诸比丘便当言：‘汝从谁闻？何经中说？未能不师人，何能师物？’若不善解阿毗昙，诸比丘便当言：‘汝所说有何义？汝自不知义，云何住人？’”（《卷第十九·自恣法》）

在上例中出现的“阿毗昙”，也是三藏之一，论部之总名，即三藏中的论藏。梵语“Abhidharma”的音译，又作“阿鼻达磨”“阿毗达磨”，略称“毗昙”。意译为“对法”“大法”“无比法”“向法”“胜法”“论”。《出三藏记》曰：“‘阿毗昙’者，秦言‘大法’也。”《玄应音义》曰：“‘阿毗昙’，或言‘阿毗达磨’，或云‘阿鼻达磨’，皆梵音转也。此译云‘胜法’，或言‘无比法’，以诠慧故。或云‘向法’，以因向果故。或名‘对法’，以智对境故。”“阿毗昙”，偶以“阿毗达磨藏”“阿毗昙藏”“对法藏”等见称，泛指佛典三藏中的一切论典，范围很广，包括佛教各派的论著，是佛教高僧大德对佛经的理解和阐释，是后人以殊胜之智慧加以组织化、体系化的论议解释。《五分律》中“阿毗昙”共出现2次。此外，《五分律》中还有“毗尼”一词，即三藏中的律藏。梵语“Vinaya”的音译，又作“毗奈耶”“毗那耶”“鼻那夜”，意译为“灭”“律”“调伏”。《行事钞》曰："'毗尼'，或云'毗奈耶'，或云'毗那耶'，此翻为'律'。或以'灭'翻，从功能为号。终非正译，故以'律'翻之，乃当正义。"毗尼，即佛所说之戒律，佛所制定的教团各种生活规则和律仪，能治众生之恶，调伏众生之心性。由于《五分律》本属律藏，因此"毗尼"出现的频率较高，共出现 91 次。如：

（2）尔时，世尊种种赞叹毗尼、赞叹诵毗尼、赞叹持毗尼、赞叹优波离，说持律比丘有五功德：一、自坚护戒品；二、能断惭愧者疑；三、自住正法中；四、于僧中所说无畏；五、降伏怨敌。（《卷第六·九十一堕法》）

【十二头陀】

"头陀"是梵语"Dhūta"的音译，又作"杜荼""杜多""投多""偷多"。意译为"抖擞""抖拣""洮汰""浣洗"等。《行事钞》曰："《善见》云：'头陀'者，汉言'抖擞'，谓抖擞烦恼，离诸滞着。"《大乘义章》曰："'头陀'胡语，此方正翻名为'抖拣'，此离着行，从喻名之。如衣抖拣能去尘垢，修习此行，能舍贪着，故曰抖拣。"意即抖擞而弃其贪着，除净烦恼尘垢，以修炼身心。头陀即行苦行，十二头陀也称为十二誓行、十二杜多功德、头陀十二法行，指的是佛教僧侣对日常生活所立的十二种苦行修行方式：

（一）在阿兰若处，离世人居处而住于安静之所。（二）常行乞食。（三）次第乞食，乞食时不分贫富之家，而沿门托钵。（四）受一食法，一日一食。（五）节量食，指不过食，即钵中只受一团饭。（六）中后不得饮浆，中食之后，不再饮浆。（七）着弊衲衣，穿着废弃布所作之褴褛衣。（八）但三衣，除三衣外，无多余之衣。（九）冢间住，住于墓地。（十）树下止。（十一）露地坐，坐于露天之地。

（十二）但坐不卧，即常坐。

以上十二种行法中，常行乞食、次第乞食、受一食法、节量食、中后不得饮浆，关乎食事；着弊纳衣、但三衣，关乎衣服；在阿兰若处、冢间住、树下止、露地坐，关乎住处；但坐不卧，关乎威仪。求道者若于此四者无所贪着，则能弃除身心之恶法，专心佛道。此十二种头陀行也是住持佛法的表现，只要有人行头陀行，佛法就能久住于世。

《五分律》中“十二头陀”共出现4次。如：

（1）佛问优波斯那：“汝众清净，威仪具足。云何教化而得如此？”答言：“若人从我求出家者，教行十二头陀：汝当尽形寿作阿练若、乞食、一坐食、一种食、一受食、次第乞食、冢间、粪扫衣、三衣、随敷坐、树下坐、露坐。世尊！若人能尽形寿行如此法，得入我众，我与作师。”（《卷第四·三十舍堕法》）

（2）若言比丘行十二头陀、坐禅、诵经，作诸功德，皆为供养利故，语语突吉罗。（《卷第七·九十一堕法》）

【八不可越法】

巴利语“aṭṭha garu-dhammā”，又作“八敬法”“八敬戒”“八尊师法”“八不可违法”“八不可过法”，单称“八敬”，即比丘尼尊重恭敬比丘的八种法。此法缘于佛陀成道后十四年，姨母摩诃波阇波提瞿昙弥等五百女众要求出家，佛不允许，盖以正法千年，若度女人，则减五百。阿难代为三请，佛即制定八敬法，使向彼说，若能遵守，则听彼等出家，瞿昙弥等顶受世尊法教，遂得戒。由得戒之十缘而正法亦复千载。

《五分律》中“八不可越法”“八敬法”并存，其中，“八不可越法”出现5次，“八敬法”出现9次。各举一二：

（1）佛言：“今听瞿昙弥受八不可越法，便是出家得具足戒。何谓八？比丘尼半月应从比丘众乞教诫人；比丘尼不应于无比丘处夏安居；比丘尼自恣时，应从比丘众请三事见闻疑罪；式叉摩那学二岁戒已，应在二部僧中受具足戒；比丘尼不得骂比丘，不得于白衣家说比丘破戒、破威仪、破见；比丘尼不得举比丘罪，而比丘得呵比丘尼；比丘尼犯粗恶罪，应在二部僧中半月行摩那埵，半月行摩那埵已，应各二十僧中求出罪；比丘尼虽受戒百岁，故应礼拜、起迎新受戒比丘。”（《卷第二十九·比丘尼法》）

（2）佛种种呵责言：“我先不说八敬法，比丘尼应依比丘众安居耶？”呵已，告诸比丘：“今为诸比丘尼结戒，从今是戒应如是说：‘若比丘尼，不依比丘众安居，波逸提。”（《卷第十二·二百零七堕法》）

二、有关佛教徒的仪行举止或行为状态的词语

《五分律》中有关佛教徒的仪行举止或行为状态的词语共216个，涉及比丘和比丘尼在佛教戒律中必须遵从的各种日常修行，包括行持的方式、动作、仪式、活动等。这部分词语基本上都是意译的。悉数如下：

度、敬、念、舍、施、受、赞、哀悯、爱惜、安居、安稳、拔济、变化、别请、别施、别众、不审、布萨、布施、叉手、惭愧、禅定、谄曲、忏悔、长跪、称赞、多闻、成就、持戒、持律、炽然、出家、出现、达嚫、得道、得定、得法、得戒、罢道、等行、等施、谛受、度脱、抖擞、发露、法教、犯戒、放逸、奉行、敷置、恭敬、

供养、皈依、和合、和南、合掌、胡跪、护念、还俗、欢喜、悔过、毁訾、寂定、寂静、寂灭、斥摈、检校、降伏、骄慢、觉观、觉悟、教诫、教授、结戒、羯磨、解脱、解摈、济度、结集、经行、精进、净施、净修、敬顺、敬信、信乐、信敬、信施、久住、空观、苦责、礼拜、礼佛、利养、露坐、论议、灭度、纳受、南无、泥洹、逆顺、偏袒、破戒、乞食、悭贪、勤修、勤行、清白、清净、清明、劝化、染着、如法、入禅、入定、舍定、舍戒、摄取、审定、示导、示现、守戒、受持、受法、受获、受教、受戒、受乐、受施、授戒、睡眠、说法、说戒、说律、说罪、诵戒、诵修、随顺、随喜、随意、诵经、调伏、调心、听法、妄语、违法、闻戒、问讯、污染、无着、悟法、喜敬、现证、邪命、心念、行水、行香、行钵、修道、修德、修善、修习、修行、虚诳、学法、学戒、学道、严身、演说、依止、疑悔、忆持、忆念、忆悟、游戏、游行、游化、赞呗、赞戒、赞叹、正受、正顺、正直、制法、制戒、中悔、咒愿、咒誓、庄严、自归、自利、自在、自恣、作法、作福、作礼、坐禅、禅坐、般泥洹、行本日、跏趺坐、累趺坐、树下坐、随敷坐、阿浮阿那、阿浮诃那、次第乞食、顶礼佛足、皆大欢喜、戒羸不舍、少欲知足、行住坐卧、示教利喜、头面礼足、五体投地、远尘离垢。

【惭愧】

惭与愧的合称，即羞耻过罪，又作“有惭有愧”，与“无惭无愧”相对。汉语中本有“惭愧”一词，早在秦汉时期就可表示内心不安、感到羞耻之义，与梵语中“惭愧”在意义上有相通之处。如《国语·齐语》：“是故大国惭愧，小国附协。”《汉书·贡禹传》：“自念终亡以报厚德，日夜惭愧而已。”佛教传入中国后便灌注佛义成为了佛教专门术语。《俱舍论颂疏论本》曰："惭愧差别，翻此应知。……有敬有崇，有所忌难，有所随属，说名为惭。于罪见怖，说名为愧。……于所所造罪，自观有耻，说名为惭。观他有耻，说名为愧。"虽"惭""愧"并称为"惭愧"，实则"惭""愧"二者略有差别。敬诸功德与有德者，或自省自造之罪恶而感到羞耻，此种皆称为惭，常怀惭念而生善，从而精勤修行；有怖罪之心，或以自造之罪面对他人时引以为耻，则称为愧，常生愧心而止恶，从而忏悔发露。所以，佛教中惭愧能使一切诸行光洁，修行者常怀惭愧，才能生菩提智慧。

弘一法师在《南闽十年之梦影》中曾说：

> 因此我十年来在闽南所做的事，虽然不完满，而我也不怎样地去求他完满了！诸位要晓得：我的性情是很特别的，我只希望我的事情失败，因为事情失败、不完满，这才使我常常发大惭愧！能够晓得自己的德行欠缺，自己的修善不足，那我才可努力用功，努力改过迁善！一个人如果事情做完满了，那么这个人就会心满意足，洋洋得意，反而增长他贡高我慢的念头，生出种种的过失来！所以还是不去希望完满的好！不论什么事，总希望他失败，失败才会发大惭愧！倘若因成功而得意，那就不得了啦！①

弘一法师为什么非要从失败的惭愧中奋进呢？《遗教经论》曰："惭耻之服于诸庄严最为第一。惭如铁钩，能制人非法，是故比丘常当惭耻勿得暂替。若离惭耻，则失诸功德。有愧之人，则有善法。

① 李叔同：《索性做了和尚》，上海：上海三联书店，1995年，第45页。

若无愧者，与诸禽兽无相异也。”一个人如果懂得“惭愧知耻”，其身心会由内而外散发出无上庄严的气息。可见，“惭愧”是佛教中很重要的一种修行方式，对佛弟子来说非常重要，近代的印光大师更自号为“常惭愧僧”。

《五分律》中“惭愧”共出现56次，可见“大惭愧”“惭愧心”“聪明惭愧”“惭愧畏慎”“无有惭愧”等。如：

（1）有诸比丘在道路行，或牵财物，或熏钵时，误杀诸虫，皆生惭愧，亦有悔过出罪者。(《卷第八·九十一堕法》)

（2）诸比丘中有一岁至九岁，聪明惭愧欲学戒者，作是念：“若我和尚、阿阇梨去者当从，不去则止。何以故？若我此请依止，彼当复请，则多事多务，妨废行道。”(《卷第十七·受戒法》)

【多闻】

梵语“Bahu-sruta”的意译，即多闻经法教说而受持之义。汉语中本就有“多闻”一词，与梵语中“多闻”在意义上相通，表示学识广博，见多识广。《荀子·修身》：“多闻曰博，少闻曰浅。”《淮南子·本经训》：“晚世学者，不知道之所一体，德之所总要，取成之迹，相与危坐而说之，鼓歌而舞之，故博学多闻，而不免于惑。”佛教传入中国后便灌注佛义成为了佛教术语。佛陀以前的古印度有博闻传统，其时有语言尚无文字，一切经籍全靠口诵耳听、心记口传，因此当时博学之人就是那些博闻广记之士，尤其专指记诵《吠陀》经文最丰之士；后佛教在运用“多闻”一词时，将所听闻的权威经典由原来的《吠陀》经文改换成了佛陀所说的经典。

冉云华在《佛教中的“多闻”概念——佛学与学佛问题的展开》一文中，通过考察《阿含》《律典》《阿毗昙》、大乘经论和中国佛教著作，认为：

> 佛教从开始就重视知识，更重视知行之间的关系，对寡知的修道者则有严厉的谴责。律典与《阿毗昙》典籍仍然保持早期的看法，更出现了“毗尼多闻”等专门知识；大乘经论则认为多闻可生智慧，主张智慧与多闻并重。中国佛教对多闻持有两种态度：一种遵循大乘佛典的指示，力求智慧与多闻之间平衡；一种为禅宗反智人士的激烈态度，敌视多闻。从这一演变中，我们可以看出佛教的历史主流，主张以学术及智慧并重，达到解脱目的。[①]

《五分律》中“多闻”共出现9次，且多闻的涵义更具体化，指出了多闻对戒律、戒行的重要性，并将“多闻”列为“成就十法”之一、持律比丘具有的“七种宜”之一，认为“多闻”是修道的必经之途。如：

（1）比丘成就十法，僧应差教诫比丘尼。何等为十？一者，戒成就、威仪成就、恒畏小罪；二者，多闻，谛能了达，知佛所说初中后善，善义、善味，具足清白，梵行之相；三者，善能诵解二部戒律；四者，善能言说，畅理分明；五者，族姓出家，诸根殊特；六者，于佛法中，未曾秽浊；七者，举止安详，身无倾邪，被服法衣净洁齐整；八者，为比丘尼众之所敬重；九者，能随顺说法，示教利喜；十者，满二十岁。(《卷第六・九十一堕法》)

（2）持律比丘有七种宜：一、多闻诸法；二、能筹量是法、非

① 冉云华：《佛教中的“多闻”概念——佛学与学佛问题的展开》,《中华佛学学报》，1992年07期。

法；三、善筹量毗尼；四、善摄师教；五、若到他处，所说无畏；六、自住毗尼；七、知共、不共戒。(《卷第十八·布萨法》)

【合掌】

“合掌”又称“合十”，即合并两掌，两手十指相合。原为印度自古所行礼法，犹如中国传统以拱手为敬，后佛教沿用合掌表示一心皈敬、恭敬礼拜之义，合掌遂成为佛教常用仪行之一，用于虔诚礼佛，也是僧侣之间招呼问候对方的一种方式。《观音义疏》曰：“合掌者，此方以拱手为恭，外国合掌为敬。手本二边，今合为一，表不敢散诞，专至一心。一心相当故，以此表敬也。”《法苑珠林》曰：“叉手白佛言者，皆是敛容呈恭，制心不令驰散。然心使难防，故制掌合一心也。”可见，双手合十更有利于集中注意力，达到收摄内心的作用。佛教认为，我们的五眼六根常被假象所惑，我们的内心会借由双手向外攀缘去满足私欲，现双手掌心相合，就能止住双手的妄动，收敛放逸的身心，就能息灭贪嗔痴，故合掌代表的是背尘合觉。透过合掌的肢体动作，除了端正仪容，更能让身心宁静自在。

关于合掌礼佛之文，广见于诸经论中，如《四十二章经》“合掌敬诺，而顺尊敕”，《佛语法门经》“整服右肩，右膝着地，合掌向佛白言”，《善恭敬经》“以十指爪合掌向佛”，《须摩提经》“顶礼佛足右绕三匝，长跪合掌”，《大方等如来藏经》“众会悉见合掌恭敬”，《无量义经》“即前胡跪合掌”，《观无量寿经》“合掌叉手，赞叹诸佛”等。

《五分律》中“合掌”共出现 32 次，可见“胡跪合掌”“长跪合掌”“一心合掌”“叉手合掌”[①]“合掌低头”“合掌曲身”等。如：

（1）既得果已，一心合掌向佛而住。佛说法已，众会各还，莲华色前礼佛足，长跪合掌，白佛言：“于佛法中，愿得出家。”（《卷第四·三十舍堕法》）

（2）教师应往将来，教礼僧足。礼已，将至羯磨师前，教胡跪合掌向羯磨师，从僧乞受具足戒。（《卷第二十九·比丘尼法》）

【游戏】

“游戏”一词早在先秦就已出现，如《韩非子·难三》：“管仲之所谓‘言室满室，言堂满堂’者，非所谓饮食游戏之言也，必谓大物也。”“游戏”也是一个被灌注佛义的中土语词，“戏”即“自在”的意思，“游”与“戏”意同，用于表示佛、菩萨、罗汉徜徉于佛法，彻悟了然、任运自成，圆融无碍的能力。《除盖障菩萨所问经》曰：“常所游戏胜妙法乐，不贪世间诸欲境界，是为菩萨游戏法乐。”因此，佛经中“游戏”与“自在”往往可以连用，如《大方广佛华严经》：“一切诸佛有无边际菩萨行愿，得圆满智，游戏自在，悉能通达一切佛法。”

在《五分律》中，“游戏”是个典型的一词多义的代表。一方面，“游戏”在中土文献中常见的“遨游、游逛”义和“游乐嬉戏”义都有用例；另一方面，“游戏”被赋予了新的佛教意义。一个词同时兼

① 李晶在《从梵汉对勘和同经异译再谈汉译佛典中的“叉手”与“合掌”》一文中，结合同经异译和历代佛典用例，对“叉手”“合掌”的历史演变进行了考察，认为：西晋以后“合掌”的使用逐渐增多，在东晋译经中超过了“叉手”，隋唐以后，“合掌”在佛经中占据主导地位，而世俗叉手礼的盛行导致汉译佛经弃用“叉手”。我们从《五分律》的使用情况来看，“叉手”仅2见，且有一例与“合掌”连用，在使用频率和组合形式上，“合掌”显然都具有绝对优势。

具佛汉几种表达，这给汉语词汇增添了新的色彩和内容。“游戏”虽也是被佛化的中土语词，但它和前面我们所提到“漏”“恩爱”“多闻”“惭愧”不同，“游戏”的核心义位并没有发生变迁，其佛教义也没能取代汉语义位而突显为常用义位，不像“漏”“恩爱”“多闻”“惭愧”这些词，它们在《五分律》里其汉语本义基本不见用例，绝大多数是直接以佛教义呈现的。而“游戏”在《五分律》中共出现 13 次，佛教义却只有 3 例，其余均为在中土文献中常见的汉语本义。分别列举如下：

（1）时彼村人至节会日，男女庄饰，衣服璨丽，出行游戏。（《卷第五・三十舍堕法》）

（2）彼王后时严四种兵，将诸宫人、群臣、太子，畋猎游戏，兵众四散，竞逐诸鹿。（《卷二十四・羯磨法》）

（3）即度与出家受戒，勤行精进遂成罗汉。成罗汉已，游戏诸禅解脱，颜容光发，倍胜于昔。（《卷第四・三十舍堕法》）

【说法】

梵语“dharma-deśanā”，即宣说佛法，以化导利益众生。与说教、说经、法施、法读、法谈、谈义、唱导等同义。说法属于法施，为出家者应行之布施行为。宣说佛法经论者有五种人，《大智度论》卷二曰：“佛法非但佛口说者是，一切世间真实善语、微妙好语，皆出佛法中。如佛毗尼中说：何者是佛法？佛法有五种人说：一者，佛自口说；二者，佛弟子说；三者，仙人说；四者，诸天说；五者，化人说。”《五分律卷第十・百众学法》中也提到“法者：佛所说、声闻所说、仙人所说、诸天所说、及一切如法说者。”

“说法”应为佛经首创，秦汉以前的文献中并未见例，随着佛教的传播和时间的推移，“说法”逐渐地融入了汉语词汇系统，被赋予了比原来佛门中的专用术语更丰富、更广泛的新内涵，渐为社会大众所接受。“说法”在现代汉语中有四义，其一表措词；其二表意见、见解；其三用作动词，表示想办法；其四指说书的方法。对于“说法”的佛教义用法和现代义用法，我们选取了一些魏晋以后的文献进行了粗略的抽样调查，如下表：

表 2–2　“说法”一词在部分代表文献中表义频度统计

文献 / “说法”表义分类	搜神记	世说新语	敦煌变文	五灯会元	全元杂剧	宋史	三言二拍	孽海花	儒林外史	儿女英雄传
佛义用例	0	0	10	160	7	1	12	0	0	0
现代义用例	0	0	0	0	0	7	3	1	2	18

从统计数据来看，“说法”从佛教专门术语发展成为全民汉语习惯用语，这个过程是漫长而清晰的。在所调查的唐宋文献中，“说法”的现代义均无所见，而《五灯会元》由于本身是佛教禅宗史书，所以“说法”的出现频率较之其他中土文献高得多，且全表佛义。直至元《宋史》，可见“三说法”“四说法”的用例，这也是笔者所见到“说法”表非佛义的较早用例，《宋史・食货志下四》：“康定元年（1040）……会河北谷贱，三司因请内地诸州行三说法，亦以盐代京师所给缗钱，籴二十万石止。……八年，河北行四说法，盐居其一，而并边刍粟，皆有虚估，腾踊至数倍。”这里“三说法”“四说法”中的“说法”义虽和现代义还有些差别，但显然已经不同于佛教中的“说法”义。“说法”的现代义在元时初露端倪，明末清初接着酝酿，这一时期“说法”的现代义继续发展，在有的小说中

佛教义和现代义的用例均有出现。如《喻世明言》第十卷：“过了一夜，次日侵早，母子二人，先到县中去见滕大尹。大尹道：‘怜你孤儿寡妇，自然该替你说法。但闻得善继执得有亡父亲笔分关，这怎么处？’”《喻世明言》第三十卷：“瑞卿道：‘朝廷设醮，虽然仪文好看，都是套数，哪有什么高僧谈经说法，使人倾听？’”到了清中后期以后，中土文献中“说法”在表非佛义上使用频率已占明显优势，用例开始逐渐增多，到了《儿女英雄传》中，猛增至18例。如《儿女英雄传》第九回：“十三妹站起来，拍着他的肩膀儿说：‘不许害羞，说话。’张金凤悄声道：‘姐姐！你叫我怎样个说法？此时爹妈是甚么样的心绪？妹子是甚么样的时运？况这途路之中那里还提得到此？’”

《五分律》中“说法”共出现191次，均表佛教义。提到了“说法教诫”“说法经呗”“说法咒愿”“布萨说法”“随顺说法”“围绕说法”“善说法”“竟夜说法”“昼夜说法”“广说法”“临身相近说法”“齐限说法”等，并常见“为某某说法”的组合形式，详细说明了能为其说法的对象。如“为众说法”“为弟子说法”“为汝说法”“为我说法”“为姑说法”“为妇说法”“为此儿说法”“为诸比丘尼说法”“为病比丘尼说法”“为男子说法”“为现胸病人说法”“为病和尚说法”等。也见“不为某某说法”的组合形式，如：“不为覆头人说法，除病”“不为反抄衣人说法，除病”“不为左右反抄衣人说法，除病”“不为持盖覆身人说法，除病”“不为骑乘人说法，除病”“不为拄杖人说法，除病”“不为捉刀人说法”“不为捉弓箭人说法”等。略举一二：

（1）时诸比丘说法少时便止，诸天鬼神谓竟便去；须臾复说，彼复来还，如是非一，便嗔恨言："此诸比丘不齐限说法，如小儿戏！"诸比丘以是白佛，佛言："应作齐限说法，说法竟，应咒愿。"(《卷第十八·布萨法》)

（2）有诸病人欲闻法，诸比丘不敢为说，以是白佛。佛以是事集比丘僧，告诸比丘："听为现胸病人说法。从今是戒应如是说："人现胸，不应为说法，除病，应当学。"(《卷第十·百众学法》)

【达儭】

梵语"Dakñiëā"的音译，又作"哒儭""达亲""大儭""檀儭""达拏"。意译为"布施""财施""施颂"。也可音译加意译，梵汉双举作"儭施""儭财""儭钱"。主要指布施之金银财物等；又指受施主布施之后，为施主说法。前者称为"财施"，后者称为"法施"，二者皆可称"达儭"。《行事钞》曰："《五分》食后施衣物，名为'哒儭'也。《四分》由食竟默去檀越生疑，不知食好不好、足不足。又言，诸外道人皆称叹布施赞美檀越等，佛令上座为说大儭。"

《五分律》中"达儭"仅出现1次。

（1）先不欲与跋难陀者，窃共议言："我等今日，食无不备。某等无故，持施僧物独与一人，阙此达儭，宁无惭愧！"(《卷第五·三十舍堕法》)

《五分律》中更多用的是意译词"布施"。布施的本义为以衣、食等物施与大德及贫穷者；到大乘时代，加上法施、无畏施（即不顾虑自己的安危去解除别人的怖畏），扩大了布施之义，亦指施与他人以财物、体力、智慧等，为他人造福而累积功德以致解脱的一种修行方法。显然，与"达儭"相比，"布施"除了财施、法施外，多了无畏施。布施能使人远离贪心，招感幸福果报。《五分律》中"布施”共出现29次。如：

（2）尔时，彼邑有二优婆塞：一名富阇，二名优楼伽，信乐佛法，见谛得果，常好布施供养沙门。(《卷第三・十三僧残法》)

【庄严】

梵语“Vyūha”的意译，《探玄记》曰：“庄严亦二义。一是具德义，二交饰义。”诸经中载有各种庄严，如《优婆塞戒经》曰“善男子！菩萨修集六波罗蜜，便得如是二种庄严。施戒精进名福庄严，忍定智慧名智庄严。”其中提到福德与智慧二种庄严；《大智度论》曰“若有三种庄严，则为具足无有过者：一者，衣服七宝等；二者，福德；三者，道法。菩萨欲具足三种庄严众生故，先说功德果报，今说功德因缘。”其中提到衣服七宝、福德与道法三种庄严；《净土论》曰：“佛有八种庄严事。菩萨有四种庄严事。”《略论安乐净土义》曰：“如是等法王八种庄严功德成就，如是菩萨四种庄严功德成就，是名众生世间清净。”其中提到四种庄严、八种庄严。这些都是佛菩萨为利益众生不惜身命所累积功德以严饰其身格，称之为庄严。此外，在佛讲经说法之时，以诸种众宝、杂花、宝盖、幢幡、璎珞等布列交饰场地，或于佛殿寺院等堂内以幡盖、花鬘等装饰，在柱壁、栏楯处刻绘天人等种种相，以表示对佛的虔敬之心，也称之为庄严。佛学中亦有多部佛经冠以庄严之名，如《庄严菩提心经》《大庄严论经》《乐璎珞庄严经》《大乘无量寿庄严经》等，此词使用之广，可见一斑。

王力曾举“庄严”为例，指出这是一个已经深入到汉语的血液里，让人不能再意识到其来源的佛教用语。先秦时期“庄”“严”既已见诸文献典籍，虽二者同义，但并不连用，如《论语・为政》：

“临之以庄则敬。”何晏集解引包咸曰：“庄，严也。”《汉书·叙传上》：“嗣虽修儒学，然贵老严之术。”颜师古注：“老，老子也；严，庄周也。”正因为“庄”“严”同义互训，“老庄之术”亦被称之为“老严之术”。后来，译经师把“庄”“严”组合成复音词来翻译佛经。随着佛教的传播，再加上“庄”“严”本是上古汉语古已有之之词，“庄严”这个复音词也自然而然地进入了汉语词汇系统，其“交饰义”在中土文献中就表示为装饰打扮、装束整齐义，此义较早见例为东汉《前汉纪》卷第十四：“王太后皆庄严将入朝，越相吕嘉不欲内属。”

《五分律》中“庄严”共出现16次，同时兼具佛汉两种意义表达，既有其佛教义的用例，也可以表示在汉语词汇系统中的“修饰打扮”义。我们仅从《五分律》的用例情况来看，“庄严”的佛教义只有5例，虽不能以此得出结论，此时“庄严”已融入了汉语的血液里，但显然在《五分律》中其汉语义位突显为常用义位。分别列举如下：

（1）父母闻之，敕其妇言：“汝可庄严，如吾子在家所好服饰。”庄严既毕，父母将之同诣彼林。(《卷第一·四波罗夷法》)

（2）时，迦夷王以钦婆罗宝衣与耆域，耆域即持至僧坊施僧。诸比丘不知云何？以是白佛，佛言：“应受，用庄严塔。”(《卷第二十·衣法》)

【和南】【南无】

“和南”，梵语“Vandana”的音译，又作“婆南”“伴谈”“伴题”“烦淡”“槃淡”“盘荼味”“槃那寐”“畔睇”“畔惮南”“末捺南”等。意译为“皈礼”“敬礼”“恭敬”“度我”“稽首”。系对长上的问讯之语，礼法仪行之一。

“南无”，梵语“Namas”的音译，又作“南牟”“那谟”“南谟”“那摩”“曩谟”“纳莫”等。意译为“敬礼”“皈敬”“皈依”“皈命”“信从”。原为“礼拜”之义，表皈依、信顺，是佛教徒一心皈顺于佛之用语。

《法苑珠林》曰：

“和南”者，梵语也。……或云“皈命”者，义立代于“南无”也，理事符同表情得尽。俗人重“南无”而轻敬礼者，不委唐梵之交译也。……又“南无”者，《善见论》翻为“皈命觉”，亦云“礼大寿”。又“和南”者，《出要律仪》翻为“恭敬”，《善见论》翻为“度我”。准此而言，“恭敬”“度我”义通凡圣，岂“和南”偏在尊师，亦通上圣念救生也。故经中来至佛所，云“南无无所着至真等正觉”，是名口业称叹如来德也。

《大乘法苑义林章》曰：“古云‘南牟’，即是敬礼。应言‘纳慕’或‘纳莫’。……若云‘伴谈’，或云‘伴题’，此云‘稽首’，亦云‘礼拜’。讹名‘和南’。”《玄应音义》六曰：“‘南无’，或作‘南谟’，或言‘南摸’，皆以‘皈礼’译之。言‘和南’者，讹也。”可见，诸经论中多认为“和南”是“南无”的讹名，二者皆可表示稽首、敬礼，以示对佛、法的尊敬和虔信。

《五分律》中“和南”和“南无”都有用例，“和南”2例，“南无”3例；二者在具体用法上稍有差别。“和南”多直接用于口言，在对长上表敬意时，口称“和南”，且表敬意的对象是长老比丘而不是佛、菩萨；而“南无”多直接使用于礼敬的对象之前，且表敬意的对象是佛、菩萨，而不是长老比丘，如“南无佛”“南无如来”“南无婆伽婆”等。各举一二：

（1）复有诸比丘或隔壁障礼，或遥礼，或卧，口言：“和南！”或直举手，或小低头。诸长老比丘种种呵责，以是白佛，佛言：“不应作如是礼！应一心恭敬，脱革屣，偏袒右肩，两膝着地，接足而礼。”（《卷第十六·受戒法》）

（2）须达多闻已，欢喜踊跃，偏袒右肩，遥向佛礼，三反称“南无佛”，竟夜念佛，疲极得眠。（《卷第二十五·卧具法》）

【远尘离垢】

即远离尘垢。尘垢虽喻指烦恼，为烦恼之通称，但此处指八十八使之见惑。据小乘俱舍宗，见惑凡八十八种，称为八十八使之见惑；断八十八使之见惑即得正见，称为“远尘离垢，得法眼净”。这是二乘初果与菩萨初地所得之益。《瑜伽师地论》曰：

> 复次由二种相，当知圣者慧眼清净，谓由远尘及离垢故。由见所断诸烦恼缠得离系故，名为远尘；由彼随眠得离系故，说名离垢。又现观时有粗我慢随入作意，间无间转。若遍了知所取能取所缘平等，彼即断灭。彼断灭故，说名远尘；一切见道所断烦恼随眠断故，说名离垢。复次远尘离垢。于诸法中得法眼时，当知即得十种胜利。

《五分律》中“远尘离垢”共出现20次，有19例其后均有“得法眼净”，余1例因心作是念，当为假设，并未真正实现“得法眼净”，所以单用“远尘离垢”。如：

（1）佛知大众既已喜敬，为说种种妙法，示教利喜，及说佛常所说法苦集尽道。瓶沙王及八万四千人，即于座上远尘离垢，得法眼净。（《卷第十六·受戒法》）

（2）比丘观之，知此妇人须臾之间刀风当发，死堕地狱；若为说法，便于座上远尘离垢。虽见知此，而作是念："佛制不听为女人说法，乃至没命不应有犯。"（《卷第六·九十一堕法》）

三、有关佛教徒各种称谓的词语

《五分律》中有关佛教徒各种称谓的词语共126个，主要包括对佛、经师、教徒、信徒等的各种人际称呼。悉数如下：

佛、僧、阿姨、白衣、本二、比丘、波旬、刹利、大德、大龙、大人、大师、大众、道俗、帝释、法师、法王、法主、凡夫、梵王、梵志、非人、福田、和尚、黄门、净人、居士、教师、离车、力士、律师、罗汉、摩纳、魔梵、魔魔、如来、三佛、三尊、沙门、沙弥、善逝、上座、神明、神圣、声闻、圣人、圣师、师僧、僧众、施主、世尊、释女、释种、释子、四众、檀越、天魔、天女、天神、天子、同师、外道、威神、无上、五师、五众、仙人、贤人、小德、学家、应供、长老、长者、丈夫、姊妹、知识、知者、执事、众生、众僧、尊者、诸天、阿阇梨、阿罗汉、阿姨僧、比丘尼、比丘僧、大比丘、大德僧、大沙门、大威德、等正觉、二部僧、法护者、佛法僧、和合僧、憍尸迦、羯磨僧、金刚神、居士妇、明行足、摩摩谛、魔天王、毗舍遮、辟支佛、婆伽婆、婆罗门、乾闼婆、沙弥尼、圣弟子、世间解、释妇女、四方僧、天帝释、天人师、调御士、修伽陀、优婆塞、优婆夷、旃陀罗、比丘尼僧、善来比丘、调御丈夫、式叉摩那、那罗摩纳、转轮圣王。

【阿姨】

"阿姨"是"阿梨姨"之略称。"阿梨耶"，梵语"Ārya"的音译，又作“阿梨姨”“阿梨夷”“阿哩夜”“阿离耶”“阿离野”“阿梨阿”“阿黎耶”“阿夷”。意译为“圣者”“贤者”“大德”“远恶”。系为通晓佛法的贤德比丘尼之尊称。《翻译名义集》曰：“比丘尼称阿姨师姨者，《通慧指归》云：阿平声即无遏音，盖阿音转为遏也。有人云：以爱道尼是佛姨故，效唤阿姨。今详梵云阿梨夷，此云尊者，或翻圣者。今言阿姨略也。”可见，“阿姨”一词有两种观点，一种认为“阿姨”是梵语音译词“阿梨姨”的省称，将比丘尼圣者称为阿姨。杨森在讨论西北方言“婆姨”与佛教称谓“优婆姨”的关系中曾提到：“西北有不少地方将‘婆姨’音发成了‘婆耶’的音，读音发生变化。”[①]既然西北有的方言中将“姨”音发成了“耶”音，那么译经时将梵语“阿梨耶”写成了“阿梨姨”，进而省称为“阿姨”也就非常有可能了。另一种则认为“阿姨”最初指的是佛教历史上的第一位比丘尼，即佛之姨母大爱道，《释氏要览》：“‘尼’，梵音具云‘比丘尼’，亦名‘除馑女’，天竺以佛姨母摩诃波阇波提（此云‘大爱道’）为始也。今呼尼为‘阿姨’‘师姨’者，此效佛召爱道也。”而“阿”即汉语“阿翁”“阿姑”“阿兄”之“阿”[②]，“姨”即姨母，故而“效唤阿姨”，后“阿姨”泛指长老比丘尼。

“姨”早在先秦就已出现，《左传·襄公二十三年》：“继室以其侄，穆姜之姨子也。”孔颖达疏：“据父言之，谓之‘姨’；据子言之，当谓之‘从母’。但子效父语，亦呼为‘姨’。”《释名·释亲属》

① 杨森：《“婆姨”与“优婆姨”称谓刍议》，《敦煌研究》，1994年03期。

② 孙常叙在《汉语词汇》中专门分析过“阿”作为称名前缀是如何从古汉语中滋长起来的，认为前汉称乳母为“阿母”，“阿”当初可能是有意义的；后汉时代“阿母”已经转成对母亲的通称，此时的“阿”已是称名的前缀。六朝时代“阿”作为称名前缀用得更加广泛。

曰："母之姊妹曰姨。"到了东晋，文献中可见"阿姨"一词，如王献之《东阳帖》："不审阿姨所患得瘥否？极令悬恻。想东阳诸妹当复平安。"此例中"阿姨"即表"姨母"之义。而"阿"作为名词前缀，常用于称谓之前,《通俗编·语辞》曰："古《为焦仲卿妻诗》'上堂启阿母',《木兰诗》'阿爷无大儿'，虽父母亦洁以阿字，盖阿者发语辞，语未出口，自然有此一音。古人以谁为阿谁，亦犹此也。"魏晋时期，随着佛经的大量翻译、佛教文化的广泛流传，先秦以单音节词为主的汉语词汇大大加速了复音化的进程，从这个角度来看，无论是从先秦时期的"姨"到魏晋时期的"阿姨"，还是说音译词"阿梨姨"省称为"阿姨"，这都与当时汉语词汇复音化的趋势是相一致的。

"阿姨"作为一个亲属称谓，可用以称谓母亲的姐妹、妻子的姐妹，也可用以称庶母、继母，还可用来泛称佛门比丘尼。随着佛教的兴盛发展，人们在交际中很可能受佛教"阿姨"泛称的影响，在俗世生活里的"阿姨"一词也渐渐泛化为社交称谓。今天现代汉语中"阿姨"已成为使用频率非常高的社交称谓用语，用于称呼和母亲辈分相同、年纪差不多的无亲属关系的女性，在方言中，母亲的姐妹也可称为"阿姨"。

《五分律》中"阿姨"共出现42次。另，在羯磨时，对现前的长老比丘尼大众，比丘尼唱言中称之为"阿姨僧"，是"阿姨"的复数指称，共出现15次。分别列举如下：

（1）时，旃荼修摩那比丘尼弟子，至师檀越家诈云："师病索三种药粥。"得已，于外自食。其家妇女后往问讯言："阿姨病差不？"答言："我都不病，何以问我？"便以具说。(《卷第二十八·调伏

法》)

（2）有比丘尼产一男儿，不知云何，以是白佛，佛言："听白二羯磨差一比丘尼伴之！"

应一比丘尼僧中唱言："阿姨僧听！此某甲比丘尼生男儿，今差某甲比丘尼伴之。若僧时到僧忍听。白如是。""阿姨僧听！此某甲比丘尼生男儿，今差某甲比丘尼伴之。谁诸阿姨忍，默然；不忍者，说。僧已差某甲比丘尼，伴某甲比丘尼竟；僧忍，默然故。是事如是持。"(《卷第二十九·比丘尼法》)

【大德】

梵语"Bhadanta"，音译为"婆坛陀""婆檀陀"。《释氏要览》曰："《大智度论》云：梵语'波檀陀'，秦言'大德'。"原为对佛菩萨或高僧的敬称；诸部律中则为长老比丘之称。《根本说一切有部毗奈耶杂事》曰："年少苾刍应唤老者为大德。老唤少年为具寿。若不尔者得越法罪。"在我国，不以"大德"一词称佛菩萨，而专为对高僧的敬称。隋唐时期，从事译经的高僧特称大德。《三藏法师传》载："（贞观十九年）夏六月戊戌证义大德谙解大小乘经论为时辈所推者一十二人至。……又有缀文大德九人至。……又有字学大德一人至。……又有证梵语梵文大德一人至。"此外，统领僧尼之僧官，亦称大德。《续高僧传》载："武德之初，僧过繁结置十大德，纲维法务宛从初议。"此后，朝廷敕旨见"大德"称号。《贞元新定释教目录》中提到"临坛大德""名行大德""翻经大德""义学大德""百座大德""法师大德""三学大德""讲论大德""译语大德""三藏大德"，《大唐贞元续开元释教录》中还提到"检校大德""念诵大德""上座大德""道场大德""牒律大德""禅行大德"等名称。近代以来，"大德”一词被广泛使用，凡对有德有行之人，不论其出家、在家，均可以“大德”尊称，“大德”已成为佛教界对有道德且精通佛法之人的一般性礼称。

事实上，“大德”早见于先秦两汉的文献典籍之中，既指至高品德、大节，如《周易·系辞上》：“天地之大德曰生。”《尚书·仲虺之诰》：“王懋昭大德，建中于民，以义制事，以礼制心，垂裕后昆。”又指德行高尚的人，如《礼记·中庸》：“故大德必得其位。”《孟子·离娄上》：“天下有道，小德役大德，小贤役大贤。”由是观之，“大德”当属汉语词汇系统所固有之词，只是后经佛教借用，为社会大众所熟知，并随着佛教文化影响力的加大而广泛流传，加速了在社会生活中的普及程度，甚至后来连道士亦可称之为大德，如《因话录》卷四：“元和以来，京城诸僧及道士，尤多大德之号。”由此以致“大德”往往被人们误认为是佛门专用语而不知其所宗。

《五分律》中“大德”共出现317次。另，在羯磨时，对现前的长老比丘大众，比丘唱言中称之为“大德僧”，是“大德”的复数指称，共出现155次。分别列举如下：

（1）尔时，王舍大臣语左右人言：“汝往跋难陀所，以我名字作礼问讯，持此衣直而供养之。”使受敕，至跋难陀所，语言：“某甲大臣问讯起居，送此衣直供养大德。大德受之！”（《卷第四·三十舍堕法》）

（2）诸比丘不知谁应守僧药，以是白佛，佛言：“僧应白二羯磨差一比丘作守药人。”

一比丘唱言：“大德僧听！今差某甲比丘，为僧作守药人。若僧时到僧忍听。白如是。”“大德僧听！今差某甲比丘，为僧作守药人。

谁诸长老忍，默然；若不忍者，说。僧已差某甲比丘，作守药人竟；僧忍，默然故。是事如是持。”（《卷第九·九十一堕法》）

【福田】

梵语“puëya-kñetra”，谓能生福德之田。佛教以为供养布施，行善修德，能受福报，犹如播种田亩，有秋收之利。“田”以生长为义，如果散播布施、供养等种子，则能结福德之实，能受诸福报，故以田地喻之，在行布施时，将接受布施者称为“福田”。《维摩诘经注》：“我受彼施令彼获大福，故名福田耳。犹大观之，彼我不异。谁为福者？谁为田者？”《大方便佛报恩经》曰：“父母众僧，宜应赞叹软语常念其恩。众僧者，出三界之福田；父母者，三界内最胜福田。”据《优婆塞戒经》《大智度论》《华严经探玄记》等载，受恭敬之佛法僧等，称为敬田；受报答之父母及师长，称为恩田；受怜悯之贫者及病者，称为悲田。此等总称为三福田。另据《杂阿含经》《维摩经》等诸经典所说，还有二福田、四福田、八福田之区别。福田之说虽有多种，然以佛及圣弟子为福田者为其根本，故阿罗汉有应供之称。

“福田”是一个明喻词，其本体“福”是反映佛教教义的理论性术语，喻体“田”则是形象表示事物的名词，和本体“福”之间具有突出的相似性，当二者结合，就能融抽象于形象之中，深入浅出地阐释抽象深奥的佛教义理。“福田”的形象比喻体现了汉民族具象性和相似性思维的特点，陈建民在《语言与文化面面观》一文中提到：“具体性、直观性、形象性是汉人思维的核心，汉人构词因形示义，叫人产生形象的、具体的联想。”[①] 汉民族从造字到构词无不体现形象性，汉语在构词上往往以具体实在、表象可触的客观事物作为心理延伸的基点，译经师在翻译佛经时，不可避免地受到了民族思维习惯的影响。同时，佛教为了更好地传播教义，让普通民众更好地理解和接受，就出现了诸如“福田”通过比喻产生的佛教术语。佛经中各种比喻很多，《大般涅槃经》中提到佛经喻有八种：“一者，顺喻；二者，逆喻；三者，现喻；四者，非喻；五者，先喻；六者，后喻；七者，先后喻；八者，遍喻。”佛教不仅用比喻的形式来说理，还用比喻的形式来造词。从语言学的角度来看，佛教术语的这种比喻造词，能使得汉译佛经的语言更为形象生动、意蕴更为丰富；而且用一些具体的事物来比喻抽象的教义，也更有利于佛家的说法传教。对于佛教术语的这个特色，梁晓虹在《佛教词语的构造与汉语词汇的发展》有非常深入的讨论，此不赘述。《五分律》中类似于“福田”通过比喻产生的佛教术语，还包括“法幢”“法轮”“法鼓”“刀风”“火坑”“菩提法”等。

《五分律》中“福田”共出现16次，既可作主语，又可作宾语，提到了“佛福田”“余福田”“良福田”“求福田”“种福田”“所事福田”等。如：

（1）于是婆罗门心大欢喜，取小床于佛前坐，佛复为说随喜之偈：“一切天祠中，奉事火为最；一切异学中，萨婆帝为最；一切众人中，转轮王为最；一切众流中，大海水为最；一切照明中，日月

① 陈建民：《语言与文化面面观》，《文化与交际》，北京：外语教学与研究出版社，1994年，第205页。

光为最；天上天下中，佛福田为最。”（《卷第一・四波罗夷法》）

（2）诸居士知，便讥呵言：“我等减割身口、妻子之分，种福田中。云何比丘薄我此食，用乞乞人及诸外道，更求美味？此辈本求解脱，离老病死，如何于今反求美好？无沙门行，破沙门法！”（《卷第八・九十一堕法》）

【知识】

“知识”一词早在先秦就已出现，既可以用作动词，表示了解、辨识义，如《墨子・天志上》：“若处家得罪于家长，犹有邻家所避逃之，然且亲戚兄弟所知识，共相儆戒，皆曰：‘不可不戒矣！不可不慎矣！恶有处家而得罪于家长，而可为也！’”也可以用作名词，表示相识的人、朋友，如《吕氏春秋・遇合》：“人有大臭者，其亲戚兄弟妻妾知识无能与居者。”后被佛教借用，并灌注佛义。《法华文句》四上曰：“闻名为知，见形为识，见形为知，见心为识。”《法华经义疏》曰：“知其内德，识其外形。又远众则知，近众则识。”即指知其心识其形，后引申为所知之师友之称。

佛教中的“知识”可分为“善知识”“恶知识”。所谓善知识，指正直而有德行能教导正道之人，善者于我为益，导我于善道者，也称作善友；反之，为人所知的恶人，说恶法邪法，教导邪道之人则称为恶知识，也称作恶友。《根本说一切有部毗奈耶杂事》曰：

> 阿难陀言：“诸修行者，由善友力，方能成办。得善友故，远离恶友，以是义故，方知善友是半梵行。”佛言：“阿难陀勿作是言：善知识者是半梵行。何以故？善知识者是全梵行，由此便能离恶知识，不造诸恶。常修众善，纯一清白，具足圆满梵行之相。由是因缘若得善伴与其同住

乃至涅槃事无不办，故名全梵行。”

《五分律》中“知识”共出现42次，绝大多数用为名词，系“朋友”之异称，提到了“善知识”“恶知识”“知识家”“少知识”“多知识”“我知识”等；用如动词只有4例。各举一例：

（1）（达尼迦）复作是念：“王舍城典材令是我知识，当往从索。”念已，便往语言：“我须材木，可以与我。”（《卷第一·四波罗夷法》）

（2）复有波利邑众所知识比丘来舍卫城，后安居挍一宿不至，于娑竭陀安居。（《卷第二十二·迦絺那衣法》）

相对古汉语和中古佛经的释义，现代汉语中“知识”的词义有了很大的变化，丁福保《佛学大辞典》专门指出：“知识者我所知之人也，非已知事物之理之义也。”而今天“知识”主要用来表示人类认识自然和社会的成果或结晶，包括经验知识和理论知识，即“已知事物之理之义”，与译经中所使用的“知识”一词的含义完全不同。

【姊妹】

“姊”“妹”早在先秦就已出现。《尔雅释亲》：“男子谓女子先生为姊，后生为妹。”王凤阳指出，秦汉之前“姊”“妹”是哥哥、弟弟对姐姐、妹妹的专称，姐妹之间则称呼为“姒”“娣”，在姊妹同嫁的风俗消失之后，“姒”“娣”转而成为同夫诸妻妾之间和妯娌之间的称呼，“姊”“妹”才泛指姐姐、妹妹。这一过程在春秋时代已经发生。[①]如《左传·襄公十二年》：“无女而有姊妹及姑姊妹，则曰：‘先守某公之遗女若而人。’”后用于对年辈相当的女性的通称，《汉

① 王凤阳：《古辞辨》，长春：吉林文史出版社，1993年，第326—327页。

语大词典》在此义项中举例为宋张先《贺圣朝》词："谢家姊妹，诗名空杳，何曾机巧。"

《五分律》中"姊妹"共出现36次，并不局限于指具有血缘关系的同生姐妹，已用作对年辈相当的女性的通称，由此可知《汉语大词典》在此义项上晚收书证。从《五分律》的用例来看，"姊妹"的适用范围较广，既可以用于比丘对一般妇人或近善女的称呼，也可以用于比丘对比丘尼的称呼，也可用于一般妇人对比丘尼的称呼，比丘尼之间也可以相互称之为"姊妹"。各举一例：

（1）时王舍城有一愚信优婆夷，作是见："以淫欲施，是第一施。"便请诸比丘施之，诸比丘言："姊妹！不应尔，是佛所制！"（《卷第二十八·调伏法》）

（2）若比丘，白衣家请食，是中有比丘尼作是语："与是比丘饭，与是比丘羹。"诸比丘应语是比丘尼："姊妹！小却，待诸比丘食竟！"（《卷第十·四悔过法》）

（3）此诸女等，后来投诸比丘尼，作是言："姊妹！我等本非不敬信佛法，于外道出家。诸姊妹不肯见度，逼不获已，入外道耳！"（《卷第十一·十七僧残法》）

（4）尔时，有一少知识比丘尼得未成衣，不知自作，语诸比丘尼言："我不知作衣，愿为作之。"诸比丘尼言："姊妹！我多事，不得作。"（《卷第七·九十一堕法》）

现代汉语的有些方言中，如江淮方言、湘语、吴语、粤语、四川话等，"姊妹"更是可以用到男性身上，意思等同于"兄弟姐妹"。从历时发展的角度来看，"姊妹"语义扩大了。

【学家】

“学家”，专指信乐佛法见法得果的居士。诸部《佛学大辞典》均未收录此词。佛在世时有学家因信乐布施导致财物竭尽，比丘仍经常前往受食，而遭邻人讥呵。佛陀为避于此，且保障学家的生活，免其因供养致困，以是制学家羯磨。当在家学佛证果的居士，因供养而导致财物竭尽时，僧众为他作学家羯磨，宣告比丘不得再到他家接受食物；当该居士恢复财富时，可向僧中乞求解除学家羯磨，再供养僧众。

对于可作学家羯磨的对象，《五分律》中有明确的规定：学家夫妇必须都已证果，且无悭贪心，财物竭尽；若夫妇中有一人未证果，就不得列为作学家羯磨的对象。《卷第十·四悔过法》：“佛言：‘不听处处与余家作学家羯磨！若妇是圣人，婿是凡夫；或妇是凡夫，婿是圣人，皆不应与作学家羯磨。若夫妇俱圣，无悭贪心，财物竭尽，然后乃与作学家羯磨。’”

由于学家已是证果之人，平日总是想供养三宝，对财物布施乃至身肉都在所不惜，所以当学家财物竭尽时，对已作学家羯磨的居士，应予以生活上的照拂。这在《五分律》中也有详细的记载：“若学家财物竭尽，僧有园田，应与令知，使异常限，余以自供；若无园田，僧有异供养时，令其学家作使，得遗余；若复无此，乞食得已，应就其家食，与其所余；若不能尔，应将至僧坊，给其房舍卧具，次第与食，非时浆饮，皆悉与之；若有可分之衣，亦应与分。彼学家妇女，诸比丘尼亦应如是料理。”如此，一方面照顾了学家求佛福田之心，另一方面也维护了学家的生活。

《五分律》中“学家”共出现24次，只见单用或“学家羯磨”

组合。如：

佛种种呵责已，告诸比丘："今为诸比丘结波罗提提舍尼法，从今是戒应如是说：有诸学家，僧作学家羯磨。若比丘于是学家受食，是比丘应向诸比丘悔过：'我堕可呵法，今向诸大德悔过！'是名悔过法。"(《卷第十·四悔过法》)

【摩摩谛】

梵语"Mamati"的音译，又作"摩摩帝"。意译为"寺主""知事"，寺中之知事也。《资持记》："'摩摩帝'是梵语，即知事人。"《行事钞》："寺主，摩摩帝。"《翻译名义集》："'摩摩帝'，或云'毗呵罗莎弭'，此云'寺主'。《僧史略》云：详其'寺主'，起乎东汉白马寺也。寺既爰处，人必主之。于时虽无'寺主'之名，而有'知事'之者。东晋以来，此职方盛，故梁武造光宅寺，召法云为'寺主'，创立僧制。"可见，"摩摩谛"乃是佛教寺院主管的僧职，也就是我们汉语中常说的"住持""方丈"。

《五分律》中"摩摩谛"共出现4次，不见"摩摩帝"，也不见其意译用例。如：

去王舍城不远，一住处有一比丘姓迦叶，作摩摩谛，作是愿："愿四方比丘多来集此，令诸优婆塞、优婆夷因此多作功德！"彼住处宽博，于后所愿得果。(《卷第二十四·羯磨法》)

【明行足】

梵语"vidyā-caraëa-saàpanna"的意译，又作"明善行""明行成""明行圆满""明行"。音译为"婢侈遮罗那三般那"。为佛十号之一。《大智度论》曰："'婢侈遮罗那三般那'，秦言'明行足'。"《佛说十号经》："云何明行足？佛言：'明'，谓天眼明、宿命明、漏尽明；‘行足’者，为如来身口意业。善修满足正真清净，如有大衣钵等自在观照而无爱着，于自愿力一切之行，修令满足，号明行足。”《涅槃经义记》：“云何名‘明行足’者，凡有五潘解。明者，果中三明；行者，名因乘戒慧足会于果，名行足。后明行足是如来体行足者满足行名明行足也。三明者就果解：一、菩萨明者，是果中大道心非下地也；二、诸佛明者，佛明达三世也；三、无明明者，无法无明名无明明也。”

圆满成就的佛陀，具有无穷无尽的智慧和力量，达到至高无上、无与伦比的境界，“佛有无量德，亦有无量名”，据说最初佛有万名，但因众生根基逐渐愚钝，所以从千名、百名遂减为今“十号”。佛教传统认为“佛十号”为：如来、应供、正遍知、明行足、善逝、世间解、无上调御丈夫、天人师、佛、世尊。此中合“无上”与“调御丈夫”，若分，则为十一号。诸经论中亦有将“无上”“调御丈夫”分列为二号，将“佛”“世尊”合为一号者；亦有别开“无上”“调御丈夫”二者，至“佛”正为十号，因具十号之德，为世尊崇，故总称“世尊”，视“世尊”别为尊号者；亦有直接列举十一号者。“调御丈夫”在《五分律》中也作“调御士”。

《五分律》中“明行足”仅2见，皆出现在介绍“佛十号”之时，且《五分律》中均是直接列举的十一号。如：

（1）其邑有婆罗门名毗兰若，波斯匿王以此邑封之，闻佛释种出家学道，成如来、应供、等正觉、明行足、善逝、世间解、无上、调御士、天人师、佛、世尊，普知世间一切心念；为说正法，初中后善，善义、善味；具足清白梵行之相，与诸弟子来游此邑。（《卷第一·四波罗夷法》）

（2）须达多言："我亦闻有佛当出于世，号如来、应供、等正觉、明行足、善逝、世间解、无上、调御丈夫、天人师、佛、世尊。汝今所请为是佛耶？为非佛耶？"（《卷第二十五·卧具法》）

四、有关佛教徒的衣食住行等生活所需的词语

《五分律》中有关佛教徒的衣食住行等生活所需的词语共219个，我们将其细分为5类：与衣有关的衣物、敷坐具；与食有关的食物、药物、食具；与住有关的寝具及居住、修持之处；与行有关的鞋、杖等；其他各种生活所需。悉数如下：

与衣有关的衣物、坐具：袈裟、坏色、坏色衣、染衣、割截衣、法服、法衣、宝衣、僧衣、故衣、家衣、麻衣、被衣、漫衣、内衣、三衣、僧伽梨、优多罗僧、安陀会、拘修罗、僧衹支、五衣、上衣、下衣、舍勒、时衣、非时衣、形服、长衣、重衣、纻衣、坐具、跋那衣、产妇衣、衬身衣、刍弥衣、刍摩衣、粪扫衣、缝衣缕、覆钵巾、覆疮衣、覆冢衣、贯头衣、护髀衣、护蹲衣、护头衣、覆肩衣、火烧衣、劫贝衣、拘摄衣、尼师檀、泥洹僧、牛嚼衣、婆那衣、十种衣、拭体巾、拭手面巾、鼠咬衣、苏摩衣、他家衣、巷中衣、严身具、雨浴衣、杂色衣、冢间衣、作时衣、阿呵那衣、斑劫贝衣、迦絺那衣、拘舍耶衣、俱舍耶衣、婆舍那衣、钦波罗衣、钦婆罗衣、瞿茶伽衣、显节操衣、野蚕绵衣、障壁虱衣、单敷、单敷衣、经行敷、敷经行处衣、修伽陀衣量衣、禅带、腰绳。

与食有关的食物、药物、食具及食所：钵、钵盂、钵支、铁钵、瓦钵、苏摩钵、栴檀钵、僧食、桊食、请食、长食、时食、非时食、前食、后食、正食、时饮、蜜、石蜜、酥、甘露、干姜、果药、消

药、鳣脂、阿摩勒、庵罗果、毕跋罗、鞞醯勒、怛钵那、苷蔗糖、呵梨勒、欢喜丸、蒲阇尼、佉阇尼、佉陀尼、赊陀尼、非时浆、蜜浆、甘蔗浆、庵婆果浆、波楼果浆、俱罗果浆、蒲桃果浆、阎婆果浆、周陀果浆、栴檀糁羹、食囊、食堂、食厨。

与住有关的寝具及居住、修持之处：寺、塔、屋塔、庵屋、草庵、禅屋、神庙、梵宫、骨塔、露塔、无壁塔、塔庙、堂舍、讲堂、重阁讲堂、瓦屋、重屋、阿练若、聚落、布萨堂、大小房、大小屋、方圆屋、招提僧堂、戒场、戒坛、精舍、窟宅、祇洹、僧坊、山窟、舍宅、绳床、蚊蝲、氍毹、敷具、卧具、憍赊耶卧具。

与行有关的鞋、杖等：富罗、杖、锡杖、扑露杖。

其他各种生活、供奉所需：法像、龛像、幡盖、华香、青木香、那毗罗香、屈尸罗香、花囊、络囊、钵囊、衣囊、皮囊、浮囊、革屣囊、漉水囊、针线囊、火炉、舍利、揵椎、揵槌、揵镃、纽钩、户钩、僧鼓、私鼓、香油、杨枝、齿木、澡豆、澡盘、瓦澡灌、承露盘、针筒、漉水筒、灌鼻筒、拘留米、截甲刀、截爪刀、筹、舍罗筹、四方僧鼓、四方僧物。

【袈裟】

梵语“Kañāya”的音译，又作“袈裟野”“迦逻沙曳”“迦沙”“加沙”。意译作“坏色”“不正色”“赤色”“染色”。指着于僧众身上的法衣，以其色不正而称名。《翻译名义集》：“真谛杂记云：袈裟是外国三衣之名，名含多义。或名‘离尘服’，由断六尘故。或名‘消瘦服’，由割烦恼故。或名‘莲华服’，服者离着故。或名‘间色服’，以三如法色所成故。”

《五分律》中“袈裟”共出现12次，可见“袈裟”或“袈裟衣”，比丘和比丘尼均可着之。如：

（1）憍陈如须发自堕，袈裟着身，钵盂在手，是为憍陈如已得出家受具足戒。(《卷第十五·受戒法》)

（2）瞿昙弥与五百释女自共剃头，着袈裟衣，啼泣随后，恒于世尊宿处而宿。(《卷第二十九·比丘尼法》)

除“袈裟”外,《五分律》中还可见“坏色”“坏色衣”“染衣”“割截衣”“三衣”“僧衣”“法衣”“法服”等用以指称袈裟。

因袈裟避青黄赤黑白五正色，而以不正色染坏之，因而坏色即袈裟。袈裟的颜色在诸律中各有异说，然大抵赞同三种坏色之说，即青坏色、黑坏色、木兰坏色，此三种为袈裟之如法色。《佛说梵网经菩萨心地品合注》：“梵语‘袈裟’，此云‘染衣’，亦云‘坏色’，乃出家衣服之都名。青黄赤黑紫色者，律制三种坏色，谓青、黑、木兰。今制五种。按弥沙塞部，若青色衣，以黑木兰点作净；黑衣，点以青及木兰；木兰衣，点以青黑。是名坏色。”《佛遗教经论疏节要》：“坏色者，反顾坏服绝朱紫之华彩，非正色间色故名坏色。”《五分律》中“坏色”共出现15次，既可直接表示袈裟，也可表示与正色相对的坏色，用作“衣”的定语，见“坏色衣”。如：

（3）尔时，诸比丘担负羊毛随路行，路人见之皆讥呵言：“我等家累，担负羊毛；诸比丘亦复如是。徒着坏色割截衣，剃头乞食，与我何异？无沙门行，破沙门法！”(《卷第五·三十舍堕法》)

（4）诸不信乐佛法者，种种呵责言：“我等白衣不修梵行，汝比丘尼亦复如是。空剃此头，着坏色衣！”(《卷第七·九十一堕法》)

染衣，僧衣以坏色染之，因而袈裟也称之为染衣。《慧苑音义》上曰：“袈裟，此云染色衣，西域俗人，皆着白色衣也。”《五分律》

中“染衣”表袈裟义仅2例。如：

（5）即便重围，索诸衣物，皆悉得之。染衣、白衣各着一处，逻人议言：“当先还谁？”有人言：“应先还比丘，王信乐佛法，闻者必喜！”（《卷第九·九十一堕法》）

割截衣，割截为袈裟的制法，即将布割截为小块，再拼合缝缀为袈裟。《行事钞》：“如来所着衣名曰袈裟。……《四分》云：听以刀截成沙门衣，不为怨贼所劫。”《五分律》中“割截衣”共出现10次。如：

（6）时，有婆罗门大臣被冕，斋洁清净，晨朝洗浴，着香熏衣，欲至天祠求复其官，裹头行路，恐见剃发割截衣人。（《卷第十三·二百零七堕法》）

三衣，指僧团所许比丘个人拥有的三种以坏色制成的僧衣。《缁门警训》卷五：“佛制法衣但三：一曰安陀会，二曰郁多罗僧，三曰僧伽梨。此三法衣定是出家之服。非在家者所披。《僧祇》云：三衣者贤圣沙门标识，非俗人所为。……《南山》云：三衣总名。《梵网经》云：披九条七条五条袈裟。”即：（一）“安陀会”，梵语“Antarvāsa”的音译，意译为“中宿衣”“内衣”“裹衣”。即五条袈裟，近身衬体所着，为日常作业和就寝时穿的贴身衣。（二）“郁多罗僧”，梵语“Uttarāsaṅga”的音译，《五分律》中作“优多罗僧”。《慧琳音义》十五曰：“‘郁多罗僧’，梵语僧衣名也。即七条袈裟，是三衣之中常服衣也。亦名上衣。”为入众礼拜、听讲、布萨时所穿。（三）“僧伽梨”，梵语“Saṁghāṭi”的音译，为三衣中之最大者，故称为大衣，乃由九条至二十五条布片缝制而成。入王宫聚落、乞食说法时必服之。僧伽梨中，最下为九条衣，自古通行，今称五条七条九条为三衣，“安陀会”“郁多罗僧”“僧伽梨”之名，反多不用。《五分律》中“三衣”共出现55次。如：

（7）教师因教着衣时，应密如法视，无重病不？复应问：“汝三衣，何者是僧伽梨？何者是优多罗僧？何者是安陀会？”彼若不知，应语：“此是僧伽梨，此是优多罗僧，此是安陀会。”（《卷第十七·受戒法》）

法衣，又作法服、僧衣，僧尼所穿之衣，即袈裟。《释氏要览》上曰：“西天出家者衣，律有制度。应法而作，故曰法衣。”《六物图》：“或名袈裟，或名道服，或名出世服，或名法衣。”《衣钵名义章》：“《章服仪》云袈裟，通称法服。”《五分律》中“僧衣”4见，“法衣”“法服”各1见。

（8）有诸比丘着僧衣，入温室及作食处，入僧中食及左右便利，烟熏污泥。以是白佛，佛言：“不应尔！”（《卷第二十一·衣法》）

（9）比丘成就十法，僧应差教诫比丘尼。何等为十？一者，戒成就、威仪成就、恒畏小罪……七者，举止安详，身无倾邪，被服法衣净洁齐整……十者，满二十岁。（《卷第六·九十一堕法》）

（10）佛言：“听一人即为受，自出一分，余行与众；以己一分，从众中一人贸食。令速去，若不得去，应藏送食人，勿令贼见；若不得藏，应与袈裟披送令去；若复不得，应权剃头，着法服令去。”（《卷第十·四悔过法》）

【迦絺那衣】

“迦絺那”，梵语“Kaṭhina”的音译。又作“迦提”“羯絺那”。意译“坚实”“功德”。迦絺那衣，即赏善罚恶衣。《翻梵语》：“迦絺那衣，旧译曰‘功德’。《声论》曰：‘迦絺那’是外国音，‘衣’是此间语，具存外国音。应言‘迦絺那指婆罗’。‘迦絺那’翻为‘功德’，‘指婆逻’翻为‘衣’，谓‘功德衣’。”据此，显然“迦絺那衣”是一个“合璧词”[①]，一半音译一半意译。

迦絺那衣本由安居功德而来，夏安居期满，照例受功德衣。《律学发轫》下：“迦絺那衣，此云‘功德衣’，亦云‘庆赏衣’。谓前安居人坐夏已满，功德胜故，以此庆赏之。乃七月十六日受也。后安居人，不得。……此衣四周有缘五条，条作十隔，亦现田相。若得新衣，若檀越施衣，若粪扫衣，非死人者。新物揲作净。若已浣，浣已纳作净。即日来，不经宿，不以邪命得，方可受持。受时、舍时，俱当鸣钟集僧羯磨。”《五分律》中专门指出，受功德衣之人可得五种方便利益：别众食、数数食、不白余比丘行入聚落、畜长衣、离衣宿。这在佛制的僧团中，算是特权的享受，因此如果失去了受功德衣的资格，那是很可耻的。功德衣更多的是一种代表和象征意义，受持之后，即予收藏而少有披搭。今日的泰国，仍把解夏受功德衣的古制，看得非常隆重；而中国佛教不重安居，自然也就不重功德衣了。

《五分律》中“迦絺那衣”共出现47次，语法功能颇为单一，仅见作“受”“舍”“得”“失”“持”“与”“作”的宾语。如：

（1）佛以二事集比丘僧，种种赞少欲知足、赞持戒已，告诸比丘：“从今听诸比丘受迦絺那衣。受迦絺那衣得不犯五事：别众食、数数食、不白余比丘行入聚落、畜长衣、离衣宿。若檀越持迦絺那

① “合璧词”是游汝杰提出的概念，指一个双音节合成词的两个语素分别来自不同的语言或方言。也有学者将佛经中的“合璧”词称作“梵汉合成语”“华梵双举”“梵汉双举”“唐梵重标”等。

衣物施僧，诸比丘中少衣者，应白二羯磨与之。”（《卷第二十二·迦絺那衣法》）

（2）有八事失迦絺那衣：一、时竟；二、失衣；三、闻失；四、远去；五、望断；六、衣出界；七、人出界；八、白二羯磨舍。（《卷第二十二·迦絺那衣法》）

【怛钵那】

梵语“tarpaëa”的音译，又作“叹波那”。意译为“饼”“麨”，或“乳粥”“乳糜”，即由米麦炒熟后磨成的粉末所制的食物。《四分律疏饰宗义记》曰：“‘怛钵那’，或为‘叹波那’，此云‘乳粥’。”《翻梵语》：“‘怛钵那’，译曰‘麨’也。”《翻译名义集》：“‘怛钵那’，此云‘麨’。《通慧指归》云：谓将杂米糗碎蒸曝，毋论二种散糗，又将糖蜜持之。”据《佛学大辞典》，《大方便佛报恩经》卷二、《五分律》卷五等皆有提及怛钵那，作为“tarpaëa”的音译；而在《五分律》卷七、《俱舍论称友疏》以及巴利文律藏中，“麨”所对应的梵语却为“sattu”，因此认为《翻梵语》等将“怛钵那”释作“麨”似为不妥。“怛钵那”和“麨”所对应的梵语不一，可见二者在梵语中的所指应该有所区别，但在《五分律》中二者并未在同一上下文中并举出现。此外，《五分律》中“怛钵那”多见与“粥”并举，如此表明，“怛钵那”与“粥”所指并非一也。日·荻原云来《汉译对照梵和大辞典》中，将“tarpaëa”释为令神或祖灵满足之供物，或为滋养物。

《五分律》中“怛钵那”共出现9次。如：

（1）毕陵伽如是辗转四现神足，时诸人民闻见神变，于佛法众生信乐心，施僧前食后食、怛钵那、非时浆、洗浴众具、涂身涂足

及燃灯油。(《卷第五・三十舍堕法》)

（2）诸力士知佛受已，或有一人办一日食，或二日，乃至十日；或二人共办一日，乃至十人共办一日；或但供前食，或但作粥者，或但作怛钵那者。(《卷第二十二・食法》)

【蒲阇尼】

梵语“Bhojaniya”的音译，又作“蒲膳尼”，意译为“正食”。所谓正食，即足可饱足之五种饮食，其具体所指，诸经论中所载不一，有略微差别。《十诵律》：“何等五种蒲阇尼食？一饭、二麨、三糒、四鱼、五肉，如是五种蒲阇尼食。”《行事钞》曰：“《四分》中有五种蒲阇尼（此云正食），谓麨饭干饭鱼肉也。五种佉阇尼（此云不正），谓枝叶花果细末磨食（如随相中）。”这里，“糒”即“干饭”，《书・费誓》“峙乃糗粮”孔安国传“皆当储峙汝糗糒之粮”孔颖达疏：“糒，干饭也。”可见，《十诵律》和《四分律》中五种正食都指的是饭、麨、糒、鱼、肉。也有其他异说，如《南海寄归内法传》一曰：“半者蒲膳尼，半者谓五也，旧云五正者，准义翻也：一饭、二麦、豆饭、三麨、四肉、五饼。”

《五分律》中“蒲阇尼”见1例，“正食”见2例。如：

（1）尔时，有一估客丧妇，作是念：“我今当于何处求索好妇？”时旃荼修摩那比丘尼，有弟子名修摩，色貌殊特，彼见生染着心，作是念：“以食诱之，或可得果。”便语言：“汝若须酥、油、蜜、石蜜、蒲阇尼、佉阇尼，皆从我取。”(《卷第十一・十七僧残法》)

（2）诸比丘既度二小儿已，恒教驱食上乌，而不与正食。诸居士见：“此诸沙门，常赞叹施平等食；而今度二小儿，但令驱乌，不

与正食。”（《卷第十七·受戒法》）

【塔】

梵语“stūpa”，音译作“窣睹婆”“窣堵婆”“窣都婆”“薮斗婆”“数斗波”“苏偷婆”，略译作“塔婆”“偷婆”“兜婆”“佛图”“浮图”“浮屠”，正是所谓“救人一命，胜造七级浮屠”的“浮屠”。意译作“高显处”“功德聚”“方坟”“圆冢”“大冢”“坟陵”“庙”“灵庙”“归宗”“大聚”“聚相”。《玄应音义》曰：“诸经论中，或作‘薮斗波’，或作‘塔婆’，或作‘兜婆’，或云‘偷婆’，或言‘苏偷婆’，或作‘支提浮都’，亦言‘支提浮图’，皆讹略也。正言‘窣睹波’。此译云‘庙’，或云‘方坟’，此义翻也。或云‘大冢’，或云‘聚相’，谓累石等高以为相也。”“塔”原指为安置佛陀舍利等物而以砖等构造成的古印度佛教形式的建筑物，然至后世，多泛指于佛陀生处、成道处、转法轮处、般涅槃处、过去佛之经行处、有关佛陀本生谭之圣地、辟支佛窟，乃至为收藏诸佛经卷、佛像、法器、佛陀足迹、祖师高僧遗骨等而用堆土、石、砖、木等筑成以为供养礼拜的建筑物。

“塔”不见于先秦、两汉以前的文献典籍，当属佛经首创。东晋刘宋时因翻译佛经需要，特以左形右声造此“塔”字，较早见于晋葛洪《字苑》、南朝梁顾野王《玉篇》等。《说文拈字》曰：“‘塔’字诸书所无，唯见于葛洪《字苑》，是晋以前尚无此字也。”

《五分律》中“塔”频频出现，共计47次。既指佛塔，提到了“塔事”“骨塔”“礼塔”“起塔”“出塔”“庄严塔”“供养塔”“金银塔”“塔庙”“露塔”“屋塔”“无壁塔”“塔前”“塔边”等；也表示塔形建筑物，如用于祀祠鬼神的“鬼神塔”。可见，“塔”作为单音佛教术语的同时又是活跃的构词语素，能产性非常强，而双音佛词较单音佛词更容易融入并活跃在汉语词汇系统中。用例略举一二：

（1）佛因此事取一抟泥，而说偈言："虽得阎浮檀，百千金宝利，不如一团泥，为佛起塔庙。"示已，还复故处。佛便以四抟泥，泥塔没处；千二百五十比丘亦各上泥四抟。于是诸比丘欲于所泥处，为迦叶佛起塔。(《卷第二十六·杂法》)

（2）有诸比丘既作鬼神塔，鬼神依之。后坏，鬼神瞋。佛言："已作不听坏，犯者突吉罗！"(《卷第二十七·杂法》)

【卧具】

梵语"Śayanāsana"的意译，又作"敷具"。音译为"世耶那萨喃"。卧时资具，指床榻、被褥、帏帐、枕等寝具。《四分律比丘含注戒本》："卧具，或用坐或用卧。……若比丘僧房中敷僧卧具，谓绳床木床卧褥坐具枕地敷下至卧毡。"也可泛指一切坐卧所需，包括坐卧的处所等，如《阿毗达磨集异门足论》："卧具者，谓院宇房堂楼阁台观，长廊圆室龛窟厅房，草叶等庵，土石等穴，又卧具者，谓床座氍褥眠单卧被，氍毽緂罽枕褐机凳。"亦有诸经论释"卧具"为衣名，如《行事钞》曰："言卧具者，是三衣也。即三衣总名卧具，犹如此方被之相，故取通号。"

《五分律》中"卧具"共出现171次，均表示寝具之义，多见"床卧具""房舍卧具""敷置卧具""敷卧具"等，在这些组合中显然"卧具"不用作衣名。如下例（1）中"卧具"是用于"若坐、若卧"的，例（2）中"卧具"是用于"住"的。

（1）若比丘，于僧房内自敷僧卧具，若使人敷，若他敷，若坐、若卧，去时，不自举、不教人举、不嘱举，波逸提。(《卷第六·九十一堕法》)

（2）夏初日结安居时，六群比丘选择好房、好卧具住。佛言："不应尔！应白二羯磨差一比丘，作分卧具人。"所差比丘应题卧具识，在何处房，随上座次分。(《卷第二十五·卧具法》)

敷具，《根本说一切有部毗奈耶》："敷具者，谓是大床、毡褥、被緂、氍毹、偃枕等。"《毗尼毋论》："敷具者，床绳床草敷木叶敷及道人所有敷具，皆名敷具。"也有诸经论释"敷具"为袈裟之异名，如《佛制比丘六物图》曰："通名者总括经律，名袈裟。……或名卧具，或云敷具（皆谓相同被褥）。"《五分律》中"敷具"共8见，均表示寝具之义。如：

（3）又问："汝今住何处？"答言："阿练若处、山岩、树下、露地、冢间，是我住处。"长者闻已倍生欢喜，叹言："威仪庠雅，所师已胜，乃复住止如斯之处！"又问："敷何敷具？"答言："如尸草、拘尸草、婆婆草、文柔草及树叶等，下至沙土，皆我敷具。"(《卷第二十五·卧具法》)

【富罗】

梵语"Para"的音译，又作"福罗""布罗""腹罗"。《资持记》曰："'富罗'亦靴之类。"《翻译名义集》："'富罗'，正言'腹罗'，译云'短靿靴'。"《玄应音义》十六曰："'腹罗'或作'福罗'，或云'富罗'，正言'布罗'，此云'短靿靴'也。"富罗和居士所着靴有所不同，《五分律》中专门提到了富罗的规制，"诸比丘作鞢大深，诸居士讥呵言：'此比丘所着富罗，如我等靴。'以是白佛，佛言：'不应深作鞢，听至踝上。'"可见富罗是一种短靴，靴筒不能大深，只听至踝上。佛制为防双脚劈裂，或在雪寒之地为防霜雪侵害，听着富罗。同时，在其他律典中也有记载，不得着富罗入塔或佛殿，此乃对尊之仪。如《南海寄归内法传》:“富罗勿进香台。颁之自久。然有故违之类，即是强慢金言。”《行事钞》:“富罗不得入塔者。彼土诸人着者皆起慢心，故不听着。寒雪多处听着靴、富罗。”“寒雪多处听着靴、富罗”这是开缘的情况，不过这种开缘，不是任何时候都可以开的，只有在常常下雪非常寒冷的地方即“寒雪多处”，进入佛殿若脱去富罗可能会受凉，此时才允许穿着富罗进入佛殿。

《五分律》中“富罗”共出现5次。如：

时，毕陵伽婆蹉常一心行，不觉蹴脚趾破。佛见之，告诸比丘:“从今听诸比丘着富罗。”……佛种种赞叹少欲知足、赞戒、赞持戒已，告诸比丘:“从今听雪寒国，着富罗，着革屣。”(《卷第二十一·皮革法》)

【锡杖】

梵语“khakkhara”的意译，也作“声杖”“智杖”“德杖”“鸣杖”“金锡”，略称“杖”，音译为“隙弃罗”“吃弃罗”。比丘十八物之一，即比丘行于道路时应携带的道具。原用于驱赶毒蛇、害虫等，或乞食之时，振动锡杖，使人远闻即知；后世则成为法器之一。《佛说得道梯磴锡杖经》中对于锡杖的名称由来有明确的解释，“是锡杖者，名为智杖，亦名德杖，彰显圣智故名智杖，行功德本故曰德杖。如是杖者，圣人之表式，贤士之明记，趣道法之正幢，建念义之志。”同时，专门提到了持锡杖威仪法，有二十五事，其中涉及持锡杖的几种因由，“一者为蛇虫故，二者为年老故，三者为分卫故。”可见，锡杖并非仅为驱遣害虫等，亦为年老者扶身之用，亦为行乞时警觉护卫之用。此外，二十五事中也涉及持用锡杖的方法规定，包括出入见佛像时、在檀越家时、至人门户时、至室中时等不同情景之时持锡杖的具体做法要求，足见其用法之严。

我国僧人早有持锡杖的习惯。僧人持锡杖巡游诸方，称为飞锡、巡锡；止住一处，称为留锡、驻锡、挂锡。《释氏要览》："今僧游行嘉称飞锡。此因高僧隐峰游五台出淮西掷锡飞空而往也。若西天得道僧，往来多是飞锡。……今僧止所住处，名挂锡者，凡西天比丘，行必持锡杖，持锡有二十五威仪，凡至室中，不得着地，必挂于壁牙上，故云挂锡。"

《五分律》中"锡杖"仅1例，其略称"杖"共出现35次。持杖的三种因由在《五分律》中也均可见用例。如：

（1）复有诸比丘在空树中安居，为毒虫所困。……佛言："听应先以石掷树，若以杖打，听有何声？有何物出？若无异声、无有物出者，然后入中，仰塞泥合得使平立，作土埵，泥四边地，安户作开闭处。"(《卷第十九·安居法》)

（2）尔时，有诸比丘住阿练若处，诸白衣饷食，为贼所劫，便嫌呵言："何以不语我？我若知之，当持杖自卫，亦可不来！"(《卷第十·四悔过法》)

（3）有诸老病比丘须拄杖络囊盛钵乞食。佛言："听从僧乞。"(《卷第二十七·杂法》)

【杨枝】

梵语"Dantakāñṭha"的意译，又作"齿木"，音译为"惮哆家瑟诧""弹多抳瑟搋"。即磨齿刮舌之木片，为佛制比丘十八物之一。《释氏要览》："《僧祇律》名'齿木'。嚼一头碎，用剔刷牙齿中滞食也。"《慧琳音义》："'齿木'，案梵本云'弹多抳瑟搋'，'弹多'此云'齿'，'抳瑟槭'此云'木'，谓'齿木'也。长者十二指，短者六指也。多用竭陀罗木作之。今此多用杨枝，为无此木。”可见，齿木原多用竭陀罗木作，因此方无而多用杨枝，故也称之为“杨枝”。据《五分律》卷二十七杂法所载，除漆树、毒树、舍夷、摩头树、菩提树五种木不应嚼外，余一切木皆可听任嚼用。关于杨枝的尺寸及嚼用之法，在其他诸经论中也有详细记载。如《萨婆多部毗尼摩得勒伽》：“云何齿木？齿木不得太大太小，不得太长太短。上者十二指，下者六指。不得上座前嚼齿木。有三事应屏处，谓大小便嚼齿木，不得在净处树下墙边嚼齿木。”《十诵律》：“佛前不得嚼杨枝。和上阿阇梨前，一切上座前，佛塔前声闻塔前，温室讲堂厨下大门前，厕边安水处小便处，浴室中多人行处，不得嚼杨枝。”在《毗尼母经》中更是专门提到了所谓“嚼杨枝法”。

《五分律》中对于杨枝木的选用、嚼杨枝的五功德、杨枝的具体长短、于何时何处可嚼用杨枝、嚼已唾弃之法等都有明确规定。其中，“杨枝”共出现31次，“齿木”仅1见。如：

（1）有诸比丘不嚼杨枝，口臭、食不消。有诸比丘与上座共语，恶其口臭。诸比丘以是白佛，佛言：“应嚼杨枝！嚼杨枝有五功德：消食、除冷热、涎唾善能别味、口不臭、眼明。”（《卷第二十七·杂法》）

（2）有诸比丘作杨枝太长，佛言：“不应尔！极长听一搩手。”有一比丘嚼短杨枝，见佛恭敬，便吞咽之，佛威神令得无患。佛言：“不应尔！极短听长并五指，亦不应太粗、太细。”（《卷第二十七·威仪法》）

（3）诸比丘言：“佛不听我自杀草木、若使人杀。云何得成？”于是诸比丘，无房舍住，庭草没人，又欠齿木。（《卷第六·九十一

堕法》)

【舍罗筹】

“舍罗”，梵语“Śalākā”的音译，意译为“筹”。《资持记》:“舍罗，草名，以为筹计。”今多以竹、木、铜、铁等作之。《行事钞》曰：

> 《十诵》云：行筹者，为檀越问僧不知数。佛令行筹。不知沙弥数，行筹数之。若人施布萨物，沙弥亦得，虽不往布萨羯磨处，由受筹故。……《五分》：筹极短并五指，极长拳一肘，极粗不过小指，极细不得减箸。有客来不知，行筹收取数之。一人行一人收，乃至收已数之，知数已唱言，比丘若干沙弥若干出家人和合若干人。《四分》云：听行舍罗，此云筹也。

《释氏要览》下曰：“梵音‘舍罗’，此云‘筹’。(律因)有婆罗门问比丘，逝多林住几人？比丘不知。佛言：‘应行筹。’”可见，筹的长短粗细是有一定规制的，主要在教团布萨、羯磨、灭净时用于投票或计算比丘沙弥的人数。

“舍罗筹”显然是合璧词，而且还是一个梵汉同义并举之词，“舍罗”是梵语“Śalākā”的音译，“筹”是汉语词汇中与此梵语意义相近之词，“舍罗”即“筹”，二者同义并举。

《五分律》中“舍罗筹”仅1见，更多的是“筹”，“筹”共出现48次。提到了“行筹”“捉筹”“掷筹”“受筹”“办筹”“取筹”“金银筹”“两种筹”“一筹”“第二筹”“第十筹”等。如：

(1)若和尚出罪之日，弟子应为扫洒、敷坐、办舍罗筹、集僧、求羯磨比丘；若不尔，突吉罗。(《卷第十六·受戒法》)

（2）诸比丘便作金银筹，以是白佛，佛言："应用铜、铁牙、角、骨、竹、木作，除漆毒树。"诸比丘有短作、有长作，以是白佛，佛言："短，应长并五指；长，应长拳手一肘。"（《卷第十八·布萨法》）

（3）僧应作二种筹：一名如法，二名不如法。唱言："若言如法，捉如法筹；若言不如法，捉不如法筹。"唱已行之，自收取于屏处数。若不如法筹多，应更令起相远坐，人人前窃语言："此是法语、律语，佛之所教。大德！当舍非法、非律、非佛所教。"如是语已，复更行筹。（《卷第二十三·灭诤法》）

第二节 《五分律》中的佛教专名

上一节，我们专门探讨了《五分律》的佛教术语。"术语研究的重点是代表若干客体的概念的名称。专名指称的是个体概念，即其概念的外延由单一客体构成。这些客体都是同一类事物的成员，但各具不同的特征。"[①]《五分律》中除了佛教术语外，还有一部分佛教专名，二者一起构成了《五分律》的佛教词汇系统。

历史上自哲学出现语言学转向后，语言哲学家对专名的关注热情异常高涨。"专名本来是语词中最简单的一类：一边是名字，另一边是它所指的东西，两者通过实指之类的方式联系起来。那么，哲学家为什么会对专名问题抱有强烈持久的兴趣呢？因为这里聚集着语言哲学的一些基本问题。……于是，专名问题的讨论形成语言哲

① 周长青：《术语工作的原则与方法》，《科技术语研究》，1999年04期。

学的一条主线。"[①]有的语言哲学家干脆认为名称是"语言之外的符号"(extralinguistic symbols)[②]。而在语言学中我们发现，如今研究汉语词汇史的论著，无论是共时还是历时词汇研究，抑或是专书词汇研究，大都将专名排除在研究范围之外，对其有所忽视，很多佛典词汇研究甚至专门研究的是佛典的佛教术语。吕叔湘曾精辟地指出："词汇不仅指一般用词，也包括专名。例如地名能反映居民迁徙的经过；街巷名能反映过去的工商业活动；人名能反映人们的意识形态，其中包括生活理想、道德准则以及宗教信仰等。"[③]孙银琼在《论专名的语言性质》中，梳理分析了专名和名词、词汇的各种定义、论述，指出专名具有游离性、开放性和属于词法词这三个词汇特点，认为："专名应属于名词或名词性短语，是语言成分，并非语言符号之外的东西，而是语言词汇系统的一部分。"[④]这一结论我们表示基本认同。正因为此，要搞清楚《五分律》中佛教词语的概貌，就有必要对其中的佛教专名进行专门分析。

其实，古人曾经非常重视对名物的收集与考释。陆宗达、王宁在《训诂与训诂学》中指出："所谓名物，早期专指草木鸟兽虫鱼等自然界生物名称，后来才扩展为车马、宫室、衣服、星宿、郡国、

---

① 陈嘉映：《简明语言哲学》，北京：中国人民大学出版社，2013年，第208页。

② 陈嘉映：《论名称》，《中国现象学与哲学评论》第一辑，上海：上海译文出版社，1995年，第8页。

③ 吕叔湘：《南北朝人名与佛教》，《中国语文》，1988年04期。

④ 孙银琼：《论专名的语言性质》，《西南大学学报（社会科学版）》，2015年03期。

山川，以及人的命名等领域。”[①]在古汉语中，对专名的研究多称之为名物研究。古代文献典籍中存在大量的名物词语，而名物研究更是传统训诂的专门之学。《尔雅》《方言》《释名》《说文》都非常重视名物的收集与训诂，尤其是《释名》，其书二十七篇中有近 90% 的比例在训释名物。正如殷寄明指出的：“训诂学史上有《尔雅》类、《释名》类著作近二十种，对名物称谓的考释成为专门之学，我们认为名物学是古代语言研究和文化研究的一个重要扭结点。”[②]

到了近现代，由于种种原因[③]，名物研究较为冷清。现代汉语中，对专名的称谓也转为了专有名词、专名词语、专用名词、专门词语等。如张洁认为：“专名，就是自然语言中的专有名词，它与表示事物或现象的总和的普通名词相对，指的是个人、地方或单位等专有的名词。”[④]刘叔新认为：“代表着反映某一个体对象的特殊概念，不是代表一般的类别概念，成为专指某一特定个体对象的名称，是以称为专名词语。”[⑤]我们在这里对专名进行界定，认为这类词语主要是某一特定领域内与其术语相对的专指某一特定个体对象的用语。在接下来探讨《五分律》的佛教专名时，我们将专名和特指描述语分开，例如“瞿头罗”是人名专名，“象头罗子”是特指描述语；“梵达”是人名

---

① 陆宗达、王宁：《训诂与训诂学》，太原：山西教育出版社，1994年，第68页。

② 殷寄明：《汉语语源义初探》，上海：学林出版社，1998 年，第 249 页。

③ 谭宏姣在《古汉语植物命名研究》中分析了名物考证在当今学界的“寂寞”状态的缘由，认为：“名物研究是传统训诂研究的一个主要方面，但由于研究的对象与任务的特殊要求，即常常与探求名物的得名之由相联系，故在近现代汉语史研究中显得尤为薄弱。”

④ 张洁：《再探〈现代汉语词典〉专名释义》，《学术交流》，2013 年 09 期。

⑤ 刘叔新：《汉语描写词汇学》，北京：商务印书馆，2005 年，第 165 页。

专名，“迦夷王”是特指描述语。它们两两之间是等同的[①]，但“象头罗子”“迦夷王”不在我们这里所说的佛教专名范围之内。

《五分律》中的佛教专名从内容上大概可以分为人名、动物名、植物名、地名、界名、其他等六个部分，共包括375个佛教专名用语，其中人名占绝大多数。这些词语与佛教理论、教义没有直接联系，但是它们是《五分律》佛教词汇系统不可或缺的组成部分，体现了佛经语言所具有的浓厚的异域特色。以下我们先通过列表对《五分律》中佛教专名的使用情况来进行展示：

表2–3 《五分律》佛教专名使用数据表

类别	人名	动物名	植物名	地名	界名	其他	总计
数量	207	12	41	84	13	18	375
比例	55.2%	3.2%	10.9%	22.4%	3.5%	4.8%	100%

一、人名

人名既是代表个人的专用符号，又是一定历史文化的反映。首先人名是一种语言现象，对人名的研究可归入词汇学的专名研究范畴，同时人名更是一种文化现象[②]，具有文化载体的功能。作为历史文献中的人名，当然也就打上了历史时代的烙印。刘叔新在《汉语描写词汇学》中指出：“古今中外的伟人、杰出人物、作出过重要贡献的或家喻户晓的人物，其姓名（包括使用汉姓的汉名和非汉族人

① 分别见《卷第十五·受戒法》：“象头罗子，名瞿头罗。”《卷第二十四·羯磨法》：“邻国迦夷王名梵达，所统处广，兵众强盛，渐渐侵夺，遂吞其国。”

② 按照黄金贵在《古代文化词义集类辨考》中的词汇二分法来看，名物词语属于文化词语。人名、动植物名皆属于名物词。

士的汉译名）可以成为现代汉语词汇的成员。”而汉译佛经中有大量的人名，有些是佛教史上真实存在并为佛教的发展做出过巨大贡献的人，如释迦牟尼、那伽阏剌树那、维摩诘、达摩、弥勒、莲花生、阿僧伽、婆薮槃豆、目连、憍陈如等。这些人名与中国传统人名有着显著的不同，我们可以从中管窥当时译经年代的某些面貌。可见，选择一部佛经对其中的人名进行定量、穷尽的整理和分析是非常有必要的。

近年来，已经有学者在这方面着手关注，如谭代龙《汉译佛经人名研究初论》，作者认为不仅可以从共时的角度分析和描写各佛经中人名的概貌，还可以从历时角度考察这种概貌形成的过程，这有助于观察“佛教混合语”产生、形成和发展的有关细节，对研究汉语词义一定能提供有价值的信息。[①]此外，陈源源《同经异译佛经人名管窥——以〈法华经〉异译三经为例》、张玉海《西夏佛经所见官职名人名述考》、日·田中由起子《南北朝时期源自佛教用语的人名与当时的社会》、石墨林《〈吐鲁番伯孜克里克石窟出土汉文佛教典籍〉〈大谷文书集成·肆〉人名地名索引》，这几篇文章都对佛经中的人名进行了梳理研究。

《五分律》中人名共207个，在整个佛教专名词汇中占有超半数的比例，包括诸佛、佛弟子、比丘、比丘尼及与佛教有关的各人物的名称。这些人名有的是历史上的真实人物，有的是佛经的虚构人物。从人名造词法上看，分为音译、意译两类。其中，音译人名不

① 谭代龙：《汉译佛经人名研究初论》，《汉语史研究集刊》第七辑，成都：巴蜀书社，2005年。

仅数量多，而且出现频率大大高于意译人名。悉数如下：

目连、目揵连、大目揵连、摩诃目揵连、拘律陀、舍利弗、优波提舍、维卫佛、尸叶佛、随叶佛、拘楼孙佛、弥勒佛、拘那含牟尼佛、释迦牟尼佛、迦叶佛、迦兰陀子、须提那、须提那迦兰陀子、孙陀罗难陀、达尼迦、达腻咤、优陀夷、迦留、大迦叶、罗咤波罗、跋难陀、瓶沙王、慈地、弥多罗、罗睺罗、陀婆迦叶、偷罗难陀、释摩男、阿那律、阿难、难提、调达、婆婆、金鞞卢、优波离、众乐、柯炊、頞脾、分那婆、富阇、优楼伽、阐陀、伽毗、莲华色、华色、波阇波提、优波斯那、瞿昙、瞿昙弥、达摩、那邻伽、毕陵伽婆蹉、鹿子、毗舍佉鹿子母、毗舍佉母、毗舍佉、乙师达多、富兰那、沙兰、婆耆罗、般陀、迦留陀夷、须达多、阿梨咤、质多罗、末利、瞿伽梨、毗罗荼、和伽罗母、瞿师罗、萨阇子、伽伽比丘、阿阇世王、波斯匿王、尸利跋、优蹉、修休摩、婆颇、旃荼修摩那、修摩、差摩、跋陀迦毗罗、郁摩、照目、聪目、调伏象、尼楼、长生、象头罗、瞿头罗、尼休罗、净饭、白饭、斛饭、甘露饭、菩萨、难陀、阿难陀、摩诃男、拔提、跋提、吉安、离谓、波利、斯那、须阇陀、郁头蓝弗、阿兰迦兰、优婆耆婆、憍陈如、阿若憍陈如、頞鞞、摩诃纳、耶舍、耶舍迦兰陀子、满足、善博、离垢、牛主、阿夷、伊罗钵龙王、不兰迦叶、郁鞞罗迦叶、释提桓因、阿毗释迦、那提迦叶、伽耶迦叶、沙然、尼揵、骞荼、磨竭陀、耆域、周那、摩诃拘絺罗、摩诃迦旃延、富楼那弥多罗尼子、劫宾那、优陀延、月光、忧陀延、阿范和利、宾祇耶、毗兰若、毗罗若、毗罗耶、跋陀罗、琉璃、释摩南、魔波旬、离婆多、芦夷、沙门亿耳、首楼那、娑竭陀、优为迦叶、毗婆尸、修毗赊、须卑、好少、象行、师子、文荼、罽那、卢夷、长寿、梵达、摩诃波阇波提、摩诃波阇波提瞿昙弥、盘那、卢醯、頞鞞分那、婆薮般那、卢醯伽、卢帝舍、瞿伽离、骞荼陀婆、三闻达多、和修达、拘和离、婆楼、优柯罗、萨遮尼犍子、宾头卢、毕波罗延、禁寐、摩梨尼、富兰那迦叶、末伽离、庐夷、瞿夷、善轻、阿酬、毗竭婆、半迦尸、珠髻、三浮陀、达磨、一切去、不阇宗、长发、婆沙蓝、沙竭陀。

【目连】【目揵连】【大目揵连】【摩诃目揵连】【拘律陀】

“摩诃目犍连”，梵名“Mahāmaudgalyāyana”，略称“大目犍连”“大目乾连”“大目连”“目连”“目揵连”“目伽略”“勿伽罗”“没特伽罗”等。别名“拘律陀”“拘律”“俱哩多”“拘离迦”“拘理迦”“俱离多”。《翻译名义集》：

> 什曰：“目连，婆罗门姓也，名拘律陀。拘律陀，树名。祷树神得子，因以为名。……”《大经》云：“‘目犍连’即姓也，因姓立名目连。何故名拘律陀耶？答：‘本自有名，但时人多召其姓故。’”《净名疏》云：“《文殊问经》翻‘莱茯根’，父母好食以标子名。真谛三藏云‘勿伽罗’，此翻‘胡豆’，绿色豆也。上古仙人好食于此，仍以为姓。正云‘摩诃没特伽罗’。”《西域记》云：“‘没特伽罗’，旧曰‘目犍连’，讹略也。”

目连自幼与舍利弗交情甚笃，曾互约先得悟解脱者必以相告，共竞精进修行，后二人先后皈依佛陀。佛陀最初弘法之时，目连常侍佛之左，舍利弗则侍佛之右。在佛陀诸弟子中，目连被誉为神通第一，佛陀虽不许弟子显异惑众，但对目连的神通却常常称许。目连常代座说法，帮助宣扬佛法，其功甚伟。后被外道暗杀，成为殉教第一人。

《五分律》中以“目连”最为多见，共出现69次。其余，“目揵连”见6例，“大目揵连”见1例，“摩诃目揵连”见1例，“拘律陀”见5例，均指代同一人。因目连与舍利弗感情甚笃、共同侍佛，故例中二人常同时出现。《五分律》中此名在音译对字的选择上，均作“揵”，不见有“犍”。如：

（1）时舍利弗、目连闻此事，往到佛所。佛遥见逆叹言：“善来，舍利弗、目连！汝等可往调达众中，将五百比丘还。”二人受教，礼足而去。（《卷第二十五·破僧法》）

（2）时舍利弗、目揵连游行人间，到王舍城；有一居士闻二人来，便出迎之，头面礼足，却坐一面；为说妙法，示教利喜；居士即请明日作客比丘食，默然受之。（《卷第七·九十一堕法》）

（3）彼比丘尼见办种种饮食，敷好坐具，问言：“为欲请王？为是婚姻？”答言：“今不请王，亦非婚姻，欲供养尊者舍利弗、大目揵连耳！”（《卷第七·九十一堕法》）

（4）尔时舍利弗、摩诃目揵连、大迦叶、摩诃拘絺罗、摩诃迦旃延、阿那律、富楼那弥多罗尼子、罗睺罗、阿难、难陀，此等诸大阿罗汉到世尊所，头面礼足，却坐一面，同声如优波离问佛，佛答亦如上。（《卷第十七·受戒法》）

（5）世尊遥见，告诸比丘：“彼来二人一名优波提舍、二名拘律陀。此二人者，当于我弟子中，为最上首，智慧无量，神足第一。”（《卷第十六·受戒法》）

在上例（5）中，拘律陀被称为“神足第一”，“神足”即“神足通”的简称，显然拘律陀指的就是目连。另，此例中的优波提舍被称为“智慧无量”，优波提舍即为舍利弗。《法华经义疏》一曰：“从母立名，母以眼似舍利鸟眼，故名母名舍利……以世人贵重其母，故呼为舍利子。……父名提舍。逐父为名，故名优婆提舍。”

【迦兰陀子】【须提那】【须提那迦兰陀子】

“迦兰陀子”，梵名“Kalandaka-putra”，又作“羯兰铎迦子”。为中印度毗舍离国迦兰陀村迦兰陀长者之子。本名为“须提那”，梵语“Sudinna”的音译，又作“苏阵那”。《翻梵语》：“‘须提那’，译曰‘好与’，亦云‘善与’。”曾于重阁讲堂听闻佛陀说法而出家，后因与其妇行欲行，佛陀乃制定禁淫之戒。

《五分律》中“迦兰陀子”见4例，“须提那”见15例，“须提那迦兰陀子”见2例，均指代同一人。如：

（1）时，彼众中有长者迦兰陀子，名须提那，闻法欢喜，即作是念：“如我解佛所说，夫在家者，恩爱所缚，不得尽寿广修梵行；出家无着，譬如虚空。我今宁可以家之信，出家修道。”（《卷第一·四波罗夷法》）

（2）时，须提那闻诲悲泣，默然奉命，便与妇同归，在于本室三反行欲，乃有神降：时兜率陀大威德天命终受胎。（《卷第一·四波罗夷法》）

（3）迦叶即问优波离：“佛于何处制初戒？”优波离言：“在毗舍离。”又问：“因谁制？”答言：“因须提那迦兰陀子。”又问：“以何事制？”答言：“共本二行淫。”（《卷第三十·五百集法》）

【摩诃波阇波提】【波阇波提】【瞿昙弥】【摩诃波阇波提瞿昙弥】

“摩诃波阇波提”，梵名“Mahāprajāpati”。又音译作“摩诃钵剌阇钵底”“摩诃卑耶和题”，略称“钵逻阇钵底”“波阇波提”。意译为“大爱道”“大胜生主”“大生主”“大世主”。佛之姨母名。《翻译名义集》：“‘摩诃波阇波提’，此云‘大生主’，又云‘大爱道’，亦云‘憍昙弥’，此翻‘众生’。《西域记》云：‘“钵逻阇钵底”，唐言“生主”。旧云“波阇波提”者讹也。’”《俱舍论疏》：“‘大生主’，旧云‘大爱道’者，讹也。梵云‘摩诃波阇波提’。‘摩诃’此云‘大’，‘波阇’此云‘生’，‘波提’此云‘主’。是大梵王千名中一名也。众生多故名曰‘大生’。梵王能生一切众生，与大生为主，名‘大生主’。从所乞处天神为名。大生主是佛姨母。”姨母本名“摩诃波阇婆提”，以姓呼之，时谓之“瞿昙弥”。“瞿昙弥”是印度刹帝利种族中之一姓，原为释迦族女子的通称，诸经中常以“瞿昙弥”特指佛之姨母。

佛之姨母在《五分律》中不见意译用法，全是音译用法。其中，以“瞿昙弥”最为多见，共出现 18 次。其余，“波阇波提”见 14 例，“摩诃波阇波提”见 2 例，“摩诃波阇波提瞿昙弥”见 2 例，均指代同一人。如：

（1）阿难复白佛言：“佛生少日，母便命终。瞿昙弥乳养世尊，至于长大，有此大恩如何不报？”（《卷第二十九 · 比丘尼法》）

（2）时，波阇波提比丘尼与五百比丘尼来诣佛所，头面礼足，却住一面。佛问瞿昙弥：“颇有上座比丘教诫比丘尼，为说法，有所得不？”（卷第六 · 九十一堕法》）

（3）既受戒已，摩诃波阇波提比丘尼，与五百比丘尼俱到佛所，头面礼足，白佛言：“世尊！我等云何着衣？”佛言：“如比丘法。”（《卷第二十九 · 比丘尼法》）

（4）阿难言：“我非不敬法，但摩诃波阇波提瞿昙弥，长养世尊

至大出家，致成大道。此功应报，是以三请。我于此中亦不见罪相，敬信大德，今当悔过！”（《卷第三十·五百集法》）

【满足】【善博】【离垢】【牛主】

佛陀第六位弟子耶舍的四个友人之名。听闻耶舍出家，四人往至耶舍所，在得知耶舍所修梵行为最胜此道为无量后，在耶舍的将领下，来到佛所，佛为说种种妙法，示教利喜，四人皆于座上远尘离垢，得法眼净，见法得果，受具足戒。受戒未久，四人勤修不懈，均得阿罗汉。尔时世间除五比丘、耶舍父子，再加此四人，共有十一阿罗汉。

此四人之名均为意译人名。由于《五分律》中的意译人名大多出现在故事叙述中，往往并不是佛教史中有记载的真实之人，因而出现的频率较低。《五分律》中此四人名“满足”“善博”“离垢”“牛主”带有明显的佛教教义的色彩，且只出现过1次。如：

尔时，耶舍有四友人：一名满足，二名善博，三名离垢，四名牛主。闻耶舍于沙门瞿昙所，出家修梵行，共议言：“其道必胜！乃使豪族，不顾世荣。我等可共到大沙门所，净修梵行！”（《卷第十五·受戒法》）

二、动物名

《五分律》中动物名共12个，包括狮子名、虎名、鸟名和蛇名，以蛇名居多。从这些动物名的造词法上看，分为意译、音译加类名、音译三类。悉数如下：

善牙、善抓、拘楼荼、拘楼荼鸟、伊罗漫蛇、舍婆子蛇、提楼赖咤蛇、怛车蛇、甘摩罗阿湿波罗呵蛇、毗楼罗阿叉蛇、瞿昙蛇、难陀跋难陀蛇。

【善牙】【善抓】

“善牙”为狮子名，“善抓”为虎名。二者显然都是意译动物名，取自狮子和虎牙尖爪利的特点。《五分律》中，“善牙”5见，“善抓”4见，均出现在佛为告诫比丘勿两舌斗乱而讲的一个有关狮子、虎和狐狸的故事里。如：

过去世时，有狮子名曰善牙，有虎名曰善抓，共作亲厚。有一野狐常随觅食，狮子及虎不与共语。野狐后时，作是念：“今此二兽甚相爱重，我当斗乱，使各求食，所残必多，我当得之。”(《卷第六・九十一堕法》)

【伊罗漫蛇】

“伊罗漫蛇”为蛇名，属于音译加类名的合璧词。其中，音译的部分“伊罗漫”是词义的中心，后面意译的类名“蛇”标明了音译的类属。《翻梵语》：“伊罗漫蛇，译曰疾行。”可见，“疾行”为意译，表明了此蛇的特征，行动疾速。

《五分律》中有比丘为毒蛇所伤杀，佛以蛇咒传之比丘用以自护，其中提到了八种蛇名，其一即为伊罗漫蛇，仅此1见。如：

诸比丘以是白佛，佛言：“彼比丘不知八种蛇名，不慈心向，又不说咒，为蛇所害。八种蛇者：提楼赖吒蛇、怛车蛇、伊罗漫蛇、舍婆子蛇、甘摩罗阿湿波罗呵蛇、毗楼罗阿叉蛇、瞿昙蛇、难陀跋难陀蛇。(《卷第二十六・杂法》)

上例中的其余蛇名，均是音译加类名的方式。这里，前面的音译本身就已对应了梵语中的蛇名，代表了原词的自足意义，后面的类名看起来似乎在义素上有所重复，但实际上为了便于理解却十分必要。周荐曾指出："外语中的某个词本就指某种事物对象，汉语把该外语词译借进来时另加汉语语素复指这一事物对象，如'塔拿格拉'……借进时另加'雀'指明，构成了'塔拿格拉雀'这样一个一半外来词。'塔拿格拉'不能单说和单用，而且只能和汉语语素'雀'组合，在这种情况下意义才明确下来。"①这里所讲的"塔拿格拉雀"和《五分律》中的"伊罗漫蛇""提楼赖咤蛇""怛车蛇""舍婆子蛇""甘摩罗阿湿波罗呵蛇""毗楼罗阿叉蛇""瞿昙蛇""难陀跋难陀蛇"是一个道理，这些蛇名中的音译部分只有和汉语语素"蛇"组合，意义才明确下来。

《五分律》中也有只单用音译而未加类名的情况，如"拘楼荼"，其所指即为拘楼荼鸟，这种现象非常罕见，用于动物名仅 1 例。如：

有比丘见拘楼荼衔肉飞，戏逐令放，生疑问佛。佛言："不犯。然不应于无益处，方便令彼失，犯者突吉罗！"（《卷第二十八 · 调伏法》）

三、植物名

《五分律》中植物名共 41 个，包括树名、草名、华名和林名。从这些植物名的造词法上看，无意译名，鲜有纯音译名，绝大多数都是音译加类名的方式。悉数如下：

多罗树、柯睺树、摩头树、菩提树、漆树、网林树、伊罗树、舍夷树、佉他罗树、尸尸婆树、须摩那树、阎浮提树、跋陀婆罗树、尼拘类、尼拘类树、尼拘律树、如尸草、迦尸草、鸠尸草、拘尸草、

① 周荐：《汉语词汇结构论》，上海：上海辞书出版社，2004 年，第 73 页。

文柔草、婆婆草、兜罗、婆师华、劫贝华、蒲梨华、优钵罗华、阿提多伽华、曼陀罗华、睒婆华、瞻波华、琡耳边华、尸陀林、七法林、娑罗林、舍夷林、阿㝹林、安陀林、阿㝹耶林、菴摩勒林、阿摩勒林。

【兜罗】

梵语“tūla”的音译，又作“堵罗”“妒罗”“蠹罗”，意译为“绵”“细绵”。或音译加意译称之为“兜罗绵”。《慧琳音义》曰：“‘堵罗绵’，梵语，细绵絮也。沙门道宣注《四分戒经》云：草木花絮也。蒲台花柳花白杨白叠花等絮是也。取细软义。”《律戒本疏》：“‘兜罗’，草木华之总名也。”也有释为树名或从色为名，《翻译名义集》：“‘兜罗’，此云‘细香’，《苑音义》翻‘冰’，或云‘兜沙’，此云‘霜’，斯皆从色为名。或名‘妒罗绵’，妒罗树名，绵从树生，因而立称，如柳絮也。”不同经律中对兜罗的种类记述不一。如《四分律》卷十九列举了白杨树华、杨柳华、蒲台三种；《五分律》卷九列举柳华、白杨华、蒲梨华、睒婆华四种；《十诵律》卷十八则列举了柳华、白杨华、阿鸠罗华、波鸠罗华、鸠舍罗华、间阇华、波波阇华、杂摩华等八种。

《五分律》中的植物名中，“兜罗”为少有的音译名，共出现5次。如：

佛种种呵责已，告诸比丘：“今为诸比丘结戒，从今是戒应如是说：‘若比丘，以兜罗贮坐卧具，波逸提。’”兜罗者：柳华、白杨华、蒲梨华、睒婆华。(《卷第十・九十一堕法》)

【尼拘类】【尼拘类树】【尼拘律树】

梵语“Nyagrodha”，音译为“尼拘类”“尼拘律”“尼俱类”“尼拘陀”“尼俱陀”“尼拘尼陀”“尼拘律陀”“尼拘卢陀”等。意译为“无节”“纵广”“多根”。《翻译名义集》:“‘尼拘律陀’,又云‘尼拘卢陀’,此云‘无节’,又云‘纵广’。叶如此方柿叶,其果名多勒,如五升瓶大,食除热痰。摭华云,义翻‘杨柳’。以树大子小似此方杨柳,故以翻之。《宋僧传》云:译之言易也。谓以所有,译其所无。如拘律陀树,即东夏杨柳。名虽不同,树体是一。”《慧琳音义》十五曰:“尼拘陀,此树端直无节,圆满可爱,去地三丈余,方有枝叶。其子微细如柳花子,唐国无此树,言是柳树者讹也。”同书卷二十三又云:“尼拘律树,其树叶如柹,叶子似枇杷子,子下承蒂如柹,然其种类耐老,于诸树木最能高大也。”依《五分律》载,此树高大能覆荫五百车乘。

《五分律》中,多见在音译后面加上类名的“尼拘类树”“尼拘律树”,指称树名直言音译“尼拘类”仅1见。如:

(1)毗舍离有一大树名尼拘类,荫五百乘车,花色比丘尼见,语诸比丘尼言:“我在天上时,琕耳边华如此树大。”(《卷第二十八·调伏法》)

(2)尔时,世尊还归舍夷,未至迦维罗卫城,止尼拘类树下。净饭王出迎,遥见世尊容颜殊特,犹若金山。(卷第二十九·比丘尼法》)

(3)佛言:“过去世时,海边有尼拘律树,覆五百乘车。时有三兽住彼树下:一者雉,二者猕猴,三者象。”(《卷第十七·受戒法》)

四、地名

《五分律》中地名共84个,包括国名、邑名、城名、聚落名、园名、山名、河名和洲名，可见当时城邦林立的现实。从这些地名的造词法上看，无意译名，意译加类名的甚为少见，绝大多数是音译名或音译加类名的方式。悉数如下：

国名：波利国、迦夷国、波旬国、满罗国、摩竭国、婆伽国、舍夷国、苏摩国、陀婆国、鸯伽国、波罗柰国、拘萨罗国、拘舍弥国、摩竭提国、摩偷罗国、伽尸国、须赖婆国、优禅那国、阿那频头国、德叉尸罗国、阿湿波阿云头国、舍夷、波罗柰、拘舍罗。

邑名：跋耆邑、波利邑、阿腊脾邑、阿荼脾邑、跋陀越邑、迦兰陀邑、毗兰若邑、娑鞞陀邑、娑竭陀邑、优善那邑、安那频头邑、讫罗讫列邑、弥那邑、吉罗邑、那罗陀。

城名：迦夷城、拘夷城、舍卫城、王舍城、瞻婆城、跋提罗城、迦维罗卫城、毗舍离城、毗舍离、迦维罗卫、得叉尸罗、舍卫。

聚落名：阿牟聚落、屈荼聚落、波罗聚落、那罗聚落、郁鞞罗聚落。

园名：安陀园、尼拘类园、瞿师罗园、罗阅祇竹园。

山名：乙罗山、阿呼山、耆阇崛山、楞求罗山、首摩罗山、波罗柰山、彼伽耶山、乙师罗山、波楼多山。

河名：恒水、耆罗河、婆罗水、黑暗河、猕猴江、猕猴河、婆求末河、婆求摩河、阿夷罗河、阿夷河、阿耨达池、尼连禅河。

洲名：阎浮提、俱耶尼、郁单越。

【德叉尸罗国】【得叉尸罗】

梵语“Takñasilā”，音译为“德叉尸罗”“得叉尸罗”，也可略称为“德尸罗”。在丁福保《佛学大辞典》中，“德叉尸罗”条释为国名，“德尸罗”条释为城名。我们发现，诸经论中对于“德叉尸罗”

究竟是国名还是城名，记述不一。如在《大庄严经论》《大方等大集经》《杂阿含经》《释迦谱》《佛说奈女耆域因缘经》《过去现在因果经》《阿育王经》《四分律》《菩萨本生鬘论》中皆作“德叉尸罗国”或“得叉尸罗国”，在《佛本行集经》《大般涅槃经》《付法藏因缘传》《诸经要集》《大悲经》《阿育王传》[①]《根本说一切有部毗奈耶》中皆作“德叉尸罗城”或“得叉尸罗城”。而在《根本说一切有部毗奈耶杂事》中“得叉尸罗国”“得叉尸罗城”均可得见，如其卷二十二中载：“于时，北方得叉尸罗国王名圆胜，所治国化安稳丰乐。”但在卷二十三中却载道“得叉尸罗城王名圆胜。于此城中有一倡女，颜容姝妙，善六十四能。”这里“得叉尸罗国王”和“得叉尸罗城王”皆名“圆胜”，可见《根本说一切有部毗奈耶杂事》中“得叉尸罗国”即“得叉尸罗城”。

《五分律》中，“德叉尸罗”其后类名为“国”，而“得叉尸罗”明确标示为城名，二者各1见，其略称“德尸罗”未见用例。如：

（1）有一比丘于德叉尸罗国夏安居竟，到舍卫祇洹，至佛所，头面礼足，白佛言：“如此国歠粥，彼国饮麨浆。愿听诸比丘晨朝饮麨浆。”佛言：“听饮。”(《卷第二十六 · 杂法》)

（2）往昔有城名得叉尸罗。时彼城中彼婆罗门，有一特牛行疾多力；复有居士亦有一牛，与彼无异。(卷第六 · 九十一堕法》)

【婆求末河】【婆求摩河】

“婆求末河”“婆求摩河”在各佛学大辞典中都未见释例，我们

① 《阿育王经》，梁扶南国僧伽婆罗译；《阿育王传》，西晋安法钦译。二者属于同本异译。

检索其他经论，发现《十诵律》中无“婆求末河”，但可见“婆求摩河”，如《卷第四十·明杂法之五》：“尔时，耶舍等五百人，即往婆求摩河边聚落中安居。”除《十诵律》外，余诸经论中皆不见“婆求末河”“婆求摩河”的用例。

《五分律》中“婆求末河”“婆求摩河”均为河名，“婆求末河”见4例，“婆求摩河”仅1例。如：

（1）时，旃陀罗为衣钵故，即以利刀而断其命。有血污刀，持至婆求末河洗之，寻生悔心。作是念：“我今不善，云何为小利故而断持戒沙门性命，得无量罪？”（《卷第二·四波罗夷法》）

（2）佛在毗舍离。时世饥馑，乞求难得，告诸比丘：“各随知识安居。”有诸比丘在婆求末河边安居者，种种因缘，如自称得过人法中说，乃至佛问：“汝等更相赞叹，为实、为虚？”答言：“有实、有虚。”佛言：“虚者，得波罗夷。”（《卷第六·九十一堕法》）

（3）迦叶复问：“于何处制第四戒？”答言：“在毗舍离。”又问：“因谁制？”答言：“因婆求摩河诸比丘。”又问：“以何事制？”答言：“虚称得过人法。”（卷第三十·五百集法》）

上例（1）中，“有血污刀，持至婆求末河洗之”，显然“婆求末河”为河名。从上例（2）和例（3）来看，描述的都是佛制第四戒之始末这一同一事件，例中“婆求末河”即为“婆求摩河”。“婆求末河”“婆求摩河”皆属于音译加类名的方式，其中音译部分同音异字，虽然在词形上表现为书写形式的不一，但多形而一音，二者对应的原梵语词应该是同一的。

【猕猴江】【猕猴河】【猕猴水】

“猕猴江”，又作“猕猴池”“猕猴河”“猴池”“猕猴林”“猕猴馆”。

佛曾于此处说诸经，天竺五精舍之一。《玄应音义》十四曰：“‘猕猴江’，梵言‘末迦咤’，此云‘猴’；‘贺逻驮’，此云‘池’。在毗舍离庵罗侧，昔猕猴为佛共集穿池，今言江者译人义立耳。如言恒河亦作恒江也。”既然有梵言“末迦咤”，显然，“猕猴江”为意译加类名的方式，这种造词法在《五分律》的地名中十分罕见。

《五分律》中可见“猕猴江”“猕猴河”“猕猴水”。其中，“猕猴江”“猕猴河”各1例，“猕猴水”有2例。从下例可看出，猕猴江、猕猴河、猕猴水“如言恒河亦作恒江也”，所指同一，均位于毗舍离，其边有重阁讲堂。如：

（1）佛渐游行到毗舍离，住猕猴江边重阁讲堂。(《卷第二十二·食法》)

（2）尔时，世尊说此偈已，更为说法，示教利喜，从坐而起，向僧伽尸国。辗转游历，后之毗舍离，住猕猴河边重阁讲堂，为诸四众比丘、比丘尼、优婆塞、优婆夷、国王、大臣、沙门、婆罗门供养、恭敬、尊重、赞叹。(《卷第一·四波罗夷法》)

（3）尔时，世尊泥洹未久，大迦叶在毗舍离猕猴水边重阁讲堂，与大比丘僧五百人俱，皆是阿罗汉，唯除阿难。(卷第三十·五百集法》)

五、界名

《五分律》中界名共13个。从这些界名的造词法上看，有纯意译、音译，也有意译加类名或音译加类名的方式。悉数如下：

地狱、畜生、饿鬼、人道、天上、阿修罗、兜率陀、阿鼻地狱、忉利天、虚空、娑婆世界、四天王天、他化自在天。

【地狱】【畜生】【饿鬼】【人道】【天上】【阿修罗】

地狱，又称地狱道、地狱界，有八大地狱、八寒地狱之分类，各类地狱由众生所造各种不同业因，而招感不同果报。畜生，又称畜生道、畜生界，畜生依止处，乃是生前造恶业之愚痴众生所转生处。饿鬼，又称饿鬼道、饿鬼界，乃是生前造恶业多贪欲者所转生处，是遭受不得饮食及受无尽苦之生存境地。人道，即人间、人界，人界者以五戒善因而趣之道途，苦乐相间。天上，指天之世界或神之世界，欲界之六欲天、色界、无色界等诸天。阿修罗，即阿修罗道，意译为“非天”，因其有天之福而无天之德，似天而非天，乃常怀嗔心且好战斗之大力神之生处。以上地狱、畜生、饿鬼、人道、天上、阿修罗均为十界之一，皆是众生轮回的道途。其中，地狱、畜生、饿鬼、人道及天上合称为五道，加阿修罗则称为六道。从造词法上看，除“阿修罗”为音译外，余皆为意译。

《五分律》中用如界名“饿鬼”“人道”“畜生”各仅 1 见，“阿修罗”3 见，“地狱”和“天上”的用例稍多。如：

（1）耆域遍叩，白佛言：“第一叩者生地狱，第二叩者生畜生，第三叩者生饿鬼，第四叩者生人道，第五叩者生天上。”佛言：“善哉！皆如汝说。”(《卷第二十・衣法》)

（2）有比丘共天女、龙女、阿修罗女行淫，生疑问佛。佛言：“皆犯。”(《卷第二十八・调伏法》)

【娑婆世界】

“娑婆”，梵语“Sahā”的音译，又作“沙诃”“索诃”“娑诃楼陀”，意译为“忍”“堪忍”“能忍”“忍土”。《法华玄赞》曰：“梵云‘索诃’，此云‘堪忍’。诸菩萨等行利乐时，多诸怨嫉众苦区恼，堪耐劳倦而忍受故，因以为名。'娑婆'者，讹也。是三千大千世界，号为娑婆世界。"《西域记》曰："索诃世界三千大千国土，为一佛化摄也，旧曰'娑婆'，又曰'沙诃'，皆讹。"根据佛教的说法，佛将"一个日月所照"，称为一个"小世界"，一千个小世界组成一个"小千世界"，一千个小千世界组成一个"中千世界"，一千个中千世界组成一个"大千世界"，每个大千世界过去、现在、未来时时有佛出世，教化着那里的众生。我们所在的"大千世界"即被称为"娑婆世界"，娑婆世界为释迦牟尼佛教化的三千大世界。此界众生安于十恶，堪于忍受诸苦恼而不肯出离，故娑婆世界被称为五浊世间，是三恶五趣杂会之所，是极乐世界净土的对立面；与此同时，释迦牟尼佛则很能忍受劳累，在污浊的"娑婆世界"中不懈地教化众生，表现出大智、大悲和大勇的精神。

《五分律》中"娑婆世界"出现 2 次。如：

佛食已，还彼林中。夜娑婆世界主梵天王自下侍卫，并欲听法。(《卷第十六·受戒法》)

【他化自在天】

梵语"Paranirmitavaśavartina"，音译为"波罗尼蜜和耶越致""波罗尼蜜""波罗维摩婆奢""婆舍跋提"。意译为"他化自在"，其后加类名"天"，略称"他化天"，欲界六天之第六，是佛教欲界六天中最高一层天。《初学记》："六欲天者：一、四天王天；二、忉利天；三、夜摩天；四、兜率天；五、化乐天；六、他化自在天。此之六天，未离欲心，故名欲界。"《慧琳音义》："至第六天，谓欲界顶，即他化自在天是也。"居于此天的众生，不用自己乐具变现，而利用下天化作，假他之乐事，自在游戏，故曰他化自在。《仁王经疏》：

“他化自在天，谓彼天处，于他所化欲境，自在受乐。《智度论》云：自化五尘，而自娱乐，故言化自乐天。夺他所化，而娱乐故，言他化自在天。”

《大藏一览》载：“《阿含经》云：四天王天身长半由旬，衣重半两，寿五百岁，以人间五十岁为一日，身身相近成阴阳。忉利天，身长一由旬，衣重六铢，寿千岁，以人间百岁为一日，相抱成阴阳。……他化自在天身长十六由旬，衣重半铢，寿一万六千岁，以人间一千六百岁为一日，暂视成阴阳。”《杂阿含经》载：“尔时，世尊告诸比丘：人间千六百岁是他化自在天一日一夜，如是三十日一月，十二月一岁，他化自在天寿一万六千岁。愚痴无闻凡夫于彼命终，生地狱、畜生、饿鬼中。多闻圣弟子于彼命终，不生地狱、畜生、饿鬼中。”据此说，欲界六天之人身长、衣重、寿命不同，成阴阳方式各异。他化自在天一日一夜为人间一千六百年，其人寿命一万六千岁，相当于人间寿命九十二亿一千六百万岁。

《五分律》中“他化自在天”仅出现 1 次。如：

彼诸人命终生四天王天，寿尽上生忉利天，辗转至于他化自在天，如是七反，余福来生。尔时织师眷属，今汝等是！（《卷第二十二·食法》）

六、其他

《五分律》中的佛教专名除人名、动物名、植物名、地名、界名之外，我们都将其纳入“其他”类中，包括珠宝名、异类名、酒名、度量衡名等，共 18 个。从这些词的造词法上看，少有意译，多为音译或音译加类名的方式。悉数如下：

摩尼、摩尼珠、摩尼宝、颇梨、阿旁、阇楼伽酒、阎浮檀、阎浮檀金、句楼赊、拘楼舍、拘卢舍、由旬、弓、波罗、阿陀罗、修伽陀八指、修伽陀搩手、搩手。

【摩尼】【摩尼珠】【摩尼宝】

梵语“Maëi”，音译为“摩尼”“末尼”。意译作“珠”“宝”“宝珠”“离垢”“如意”，为珠玉之总称。《慧苑音义》：“正云‘末尼’。‘末’谓‘末罗’，此云‘垢’也，‘尼’云‘离’也，言此宝光净不为垢秽所染也。又云‘摩尼’，此云‘增长’，谓有此宝处必增其威德。旧翻为‘如意’‘随意’等，逐义译也。”《玄应音义》：“‘末尼’，亦云‘摩尼’，此云‘宝珠’，谓珠之总名也。”《佛顶尊胜陀罗尼经教迹义记》：“言日藏摩尼之宝者，亦云‘摩尼珠’，亦云‘无价神珠’。真谛三藏云：宝珠有其三种。一者，如意珠；二者，水晶珠；三者，吐金珠。一言如意珠者，所求皆得谕于佛宝；二水晶珠者，谕于法宝；三吐金珠者，谕于僧宝。……言日藏摩尼之珠者，有其三品，复下中上。下者能雨宝满半阎浮提，中者能雨宝满一阎浮提，上者能雨宝满一四天下。”一般传说摩尼有消除灾难、疾病、饥寒种种之苦，及澄清浊水、改变水色之德。

经论中载有诸种摩尼，如光明摩尼、水清摩尼、方等摩尼、无价摩尼、琉璃摩尼、夜光摩尼、净光摩尼、日藏摩尼、月藏摩尼、月幢摩尼、妙藏摩尼、大灯摩尼、兔角摩尼、金摩尼、如意摩尼、大宝摩尼、金刚摩尼、随色摩尼、日精摩尼、月精摩尼、巧色摩尼、梵摩尼、净摩尼、月光摩尼、明月摩尼、栴檀摩尼、妙香摩尼、香藏摩尼、香焰摩尼、焰光摩尼、胜藏摩尼、焰幢摩尼、普照十方摩尼、莲华藏摩尼、火光摩尼、日焰摩尼等。《五分律》中不作如此细分，统称为摩尼。

《五分律》中“摩尼”见6例，“摩尼珠”见7例，“摩尼宝”见4例。因“摩尼”本身意译为珠、宝珠，显然“摩尼珠”“摩尼宝”都是梵汉同义并举的合璧词。《五分律》中三者混用，有时上下文中即互为换用。如：

（1）我复问言：“汝今欲不复见龙耶？”答言：“尔！”又问：“汝见龙咽下有何等物？”答言：“有摩尼珠。”吾复语言：“龙若来时，汝便合掌向龙作如是语：‘我今须汝咽下摩尼。愿以施我！’”（《卷第二·十三僧残法》）

（2）二十亿白佛言：“世尊！我舍二十亿钱，五百摩尼宝珠，一摩尼宝床，二十夫人，无量彩女。若着一重革屣，人当讥我：‘舍如此财宝，而犹贪受一重革屣。’世尊若听一切比丘着者，我当着之。”（《卷第二十一·皮革法》）

在上例（2）中，虽然单看“摩尼宝珠”可能会认为是如“摩尼珠”一样的梵汉同义并举，但此例中的“摩尼宝床”显然是偏正结构而不是并列结构。“摩尼宝珠”“摩尼宝床”的命名方式应该是一样的。故而，“摩尼宝珠”应看作为“摩尼宝”+“珠”，而不是“摩尼”+“宝珠”。我们查阅了其他经论，发现“摩尼宝”常单用，如《大宝积经》卷五十八：“其摩尼宝，于十方界所未曾有，甚为难得，如是宝名，俱胝岁中说不能尽。”《佛说大乘庄严宝王经》卷一：“所愿皆如意，如获摩尼宝。”《大庄严论经》卷二：“尔时，有人得摩尼宝大如人膝，其珠殊妙世所稀有。”且除《五分律》中可见的“摩尼宝珠”“摩尼宝床”外，还可见“摩尼宝车”“摩尼宝冠”“摩尼宝帐”“摩尼宝钩”“摩尼宝园”“摩尼宝印”“摩尼宝座”“摩尼宝光”“摩尼宝盖”“摩尼宝幡”“摩尼宝网”“摩尼宝鬘”“摩尼宝焰”“摩尼宝轮”“摩尼宝衣”，等等。由此可佐证我们的观点，“摩尼宝珠”“摩尼宝床”确为偏正短语，非并列短语。

【句楼赊】【拘楼舍】【拘卢舍】

梵语“krośa”，音译为“句楼赊”“拘楼舍”“拘楼赊”“拘卢舍”“俱卢舍”“俱虑舍”等，意译为“声”“鸣唤”，古印度长度单位。《玄应音义》：“‘俱卢舍’，诸经中或作‘勾卢舍’，或作‘拘楼赊’，亦作‘拘屡舍’，皆梵音轻重也。谓大牛鸣音，声闻五里，又云‘五百弓’。”《翻译名义集》数量篇第三十六：“拘卢舍，此云‘五百弓’，亦云‘一牛吼地’。谓大牛鸣声所极闻。或云‘一鼓声’。《俱舍》云‘二里’。《杂宝藏》云‘五里’。”《佛本行集经》卷十九：“其蹄声闻一拘卢舍。”由此可知，拘卢舍即牛的吼鸣声或鼓的声响或马蹄声可被听闻到的距离。

那一拘卢舍究竟有多远呢？是《俱舍论》所云“二里”还是《杂宝藏经》所云之“五里”？《玄应音义》中“又云五百弓”和《翻译名义集》中“此云五百弓”里的“五百弓”是否所指一致？我们考察了诸经论，发现依《大乘义章》《翻梵语》《大乘入楞伽经注》《瑜伽论记》《释氏要览》《十诵律》《根本萨婆多部律摄》《根本说一切有部毗奈耶》《释迦如来行迹颂》《俱舍论》《俱舍论颂疏论本》《楞伽阿跋多罗宝经注解》《醒世录》《大毗婆沙论》《杂阿毗昙心论》《阿毗达磨顺正理论》《大唐西域记》《阿毗达磨藏显宗论》《三弥勒经疏》《根本说一切有部百一羯磨》《瑜伽师地论略纂》《说无垢称经疏》《佛祖历代通载》《四分比丘戒本疏》《彰所知论》《续华严经略疏刊定记》《大毗卢遮那经供养次第法疏》等中所载，一拘卢舍之长即五百弓。

然此五百弓非彼五百弓也。如《释氏要览》："凡四肘为一弓。肘长尺八，共长七尺二寸也。五百弓为一拘卢舍。"《释迦如来行迹颂》："肘即一尺五寸，六尺为弓，五百弓为一俱卢舍。"《俱舍论》："谓一肘有一尺六寸，四肘为一弓。一弓有六尺四寸，五百弓为一俱卢舍。"《楞伽阿跋多罗宝经注解》："二尺为一肘，四肘为一弓，五百弓为一拘楼舍。"《翻梵语》："'拘卢舍'，持律者云'五百弓'，弓长中人肘。"在这些例子中，因为一肘所对应的尺寸不同，显然五百弓换算成尺并不一样。还有些经论，只记载了一拘卢舍对应为多少弓，一弓对应为多少肘。如《根本萨婆多部律摄》："四肘成一弓，五百弓为一拘卢舍。"《方广大庄严经》："四肘成一弓，千弓成一拘卢舍。"《摩诃僧祇律》卷十："弓长五肘，二千弓名一拘卢舍。"在这些例子中，由于并没有明确一肘究竟是多少尺，那就更不知所以了。也有经论记载，共时的不同地域对于拘卢舍的长度在认知上存在不同，如《十诵律》卷八："阿练儿处者，去聚落五百弓。于摩伽陀国是一拘卢舍，于北方国则半拘卢舍。"

那为什么会出现以上情况呢？《资持记》释集僧篇："诸部皆云一拘卢舍，而互说不定。大则二千弓，弓长五肘。小则五百弓，弓长四肘。注引了疏翻同本律。然鼓有大小，声有远近，亦不可准。"据此，鼓皮的大小、敲鼓力度的强弱、牛的大小老弱等，这些因素都会导致声音的大小各异，因此可被听到的距离也会有所不同。此外，对拘卢舍所指长度的理解还涉及"尺"本身。自尺度于商代出现，经过周代的发展，从"布手知尺"到"累黍定尺"，以后历代尺度内含的量即实际长度是不一样的。如《瑜伽论记》载："俱卢舍者，即五百弓量。依梁朝尺丈量，一弓长八尺。"其中，明确提到

"依梁朝尺丈量"。丘光明曾结合文字记载和考古出土的各种骨尺、牙尺、木尺、竹尺、铁尺、铜尺等实物，对不同朝代尺的具体所量长度进行了考证。①

以下我们通过图示说明：

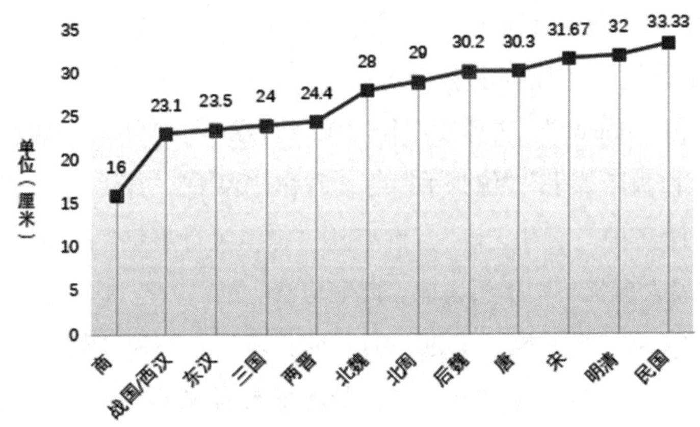

图 2–1　各朝代尺度一览

因此，若经论中未明确指明依据哪朝尺制，那么尺的具体长度所指也就不得而知了。诸经记载中的一弓为四肘、五肘之异，恐也系因各朝代的丈尺不同之故。

《五分律》中"句楼赊"1见，"拘楼舍"2见，"拘卢舍"1见。如：

（1）有诸阿练若比丘不知己界应齐几许，以是白佛。佛言："自然界去身面二句楼赊；若结界，随远近。"（《卷第十八·布萨法》）

（2）至年八岁，王欲教学，作是念："诸艺之中射为最胜，阎浮提界唯有释种。佛为菩萨时射一由旬又一拘楼舍，释摩南射一由旬，

① 丘光明：《中国历代度量衡考》，北京：科学出版社，1992 年。

最下手者不减一拘楼舍。当令吾子就外氏学！”(《卷第二十一·衣法》)

（3）有诸比丘受阿练若十二头陀法不舍，在人间住、受请，乃至受屋舍等。以是白佛，佛言：“一一皆突吉罗！听近聚落，乃至一拘卢舍；若不能，皆应舍。”(《卷第二十七·杂法》)

【搩手】【修伽陀搩手】

梵语“vitastiḥ”，古印度之长度单位。意译作“如來一磔手”“佛磔手”“修伽陀搩手”“佛张手”等，省称“磔手”“搩手”“一张手”。在这些译名中，有用“磔”，也有用“搩”。《行事钞》：“搩，咤革反。谓展大拇指与中指相去也。此字应法。‘搩’字‘扌’边，桀也。‘足’边桀者，此‘磔’字也，痴革反。谓足一举为‘磔’。二义各别。”也有释“磔”如“搩”者，如《慧琳音义》：“磔，开也。张其手，取大指中指所极为量也。”《五分律》中仅见“搩”。

搩手，即以手度物之量也。诸经论中所指不一。有一搩手相当于半肘的，如《方广大庄严经》：“七麦成一指节，十二指节成一搩手，两搩手成一肘，四肘成一弓。”《佛说造像量度经解》：“十二指为搩，亦谓大分。倍搩为肘。”也有一搩手相当于一肘半的，如《根本萨婆多部律摄》：“言佛张手者，中人三张手为佛一张手，当一肘半。”《根本说一切有部毗奈耶》：“此中量者长佛十二张手。佛者谓是大师，此一张手当中人三张手，十二张手长中人十八肘。”《五分律》中则明确指明：“修伽陀搩手者，方二尺。”至于诸部论搩不定的原因，《行事钞》释为：

> 然佛搩手尺量不定，今总会诸部校勘是非。《僧祇》佛搩手长二尺四寸，《明了论》同之。《善见》云：中人三搩

手长佛一搩手。《多论》云：佛一搩手凡人一肘半。《五分》佛搩手长二尺。以上通明尺寸，分量不定者，由翻经有南北二国三藏生处不同故，致多别各相矛盾。今以义约，佛在人倍人，身量同尔，此震旦国法。……佛搩手，依《五分》二尺为定。当律无文，可以用之。

佛搩手“依《五分》二尺为定”，在其他经论中也可见记载，如《律宗会元》：“今依《五分》，佛一搩手长二尺。准唐尺则一尺六寸七分强，此用二尺为搩手。准姬周尺也。”《律宗新学名句》：“一磔手，人一尺佛二尺。”

《五分律》中的“修伽陀搩手”即为我们在其他经论中所见“佛磔手”“如來一磔手”的异称。“修伽陀”，即“善逝”，如来十号之一。《慧琳音义》曰：“‘修伽陀’，或云‘修伽度’，皆梵语声转耳。此云‘善逝’，即如来十号之一称。”《量处轻重仪》载：“《五分》云：如来一搩手，此方则二尺也。”此例中云“如來一磔手”，即为《五分律》中的“修伽陀搩手”。

《五分律》中“搩手”单用可见 10 例，“修伽陀搩手” 8 例。从用例的搭配上看，“修伽陀搩手”仅与“长”组合使用，而“搩手”单用多与“广”“方”搭配，“搩手”单用与“长”搭配《五分律》中仅 1 见。如：

（1）即以是事集比丘僧，告诸比丘：“从今是戒应如是说：‘若比丘，作尼师檀，应如量作：长二修伽陀搩手，广一搩手半；若续，方一搩手。若过，波逸提。’”（《卷第十·九十一堕法》）

（2）有诸比丘作杨枝太长，佛言：“不应尔！极长听一搩手。”（《卷第二十七·威仪法》）

第三节 《五分律》中佛教词语的特点

佛教文化博大精深，佛教语言丰富多彩。丁福保在《佛学大辞典》中，收集了各种佛教文化词语，涉及佛教各种专门名词、术语、典故、人名、物名、仪式名称、比喻词、杂语、故事等，共收词目达三万多条。我们对《五分律》的佛教词语进行了穷尽式调查统计，发现《五分律》中的佛教词条数目也相当可观，共有佛教词语 1357 条，包括佛教术语 982 条，专名用语 375 条。在研究过程中，我们对佛教术语和专名用语采取了分类分析，运用描写语言学的方法，先对它们进行界定，一一列出每类下面所出现的所有佛教词语，使得《五分律》佛教词语的内部结构、成员构成清晰明了。然后选择部分词语进行具体分析，运用词频统计的方法，以量化的方式客观地展示在《五分律》中的存在状态，根据其出现的具体语境，从音节结构、构词语素、组合形式、语法功能等角度分析其结构特征及用法。我们对每个词的着力并不相同，对于那些备受关注、研究成果丰富的佛教词语，通常在总结前人成果的基础上，简要描述其在《五分律》中的使用情况；而对于研究成果相对薄弱的词语，我们选择性地对其中我们认为有价值的部分，或进行历史考察，或结合其他经论、同时期的中土文献进行比较，力求做到详略得当、点面结合。

从整体来看，通过对《五分律》佛教词语的穷尽性分析描写，大致呈现了《五分律》佛教词语的概貌。这对汉译佛经的研究提供了新材料，也为汉语史的研究提供了新参考。当然《五分律》佛教词语研究在这一章中不可能做到尽善尽美，为篇幅和学养所限，有些地方尚未来得及深入展开。但是，即使在这些初步的研究中我们也在发现新的问题，进行新的思考，由此逐步形成了对《五分律》佛教词语特点及语言状况的一个大体的认识。

佛教文化思想体系严密，它为了探求人生的终极价值、宇宙的终极真理，形成了一套系统的宗教理论。佛教语言作为这种宗教文化的载体，自然也有一定的系统性。在《五分律》中，除了从平面角度将佛教词语划分为佛教术语和专名用语两个方面外，我们还可以从纵向的角度将佛教词语划分为四个层次：第一层次是有关佛教理论的词语，体现了佛教的教义、制度，具有深刻的思辨性和抽象性，表现出很浓的哲学意味，是《五分律》中佛教词语的核心部分，也是最内在、深层的部分；第二层次是反映佛教修行、仪轨的词语，它与佛教徒要遵守的戒律规章息息相关，具有一定的内在性，但并不深奥莫测，可以说是佛教语言的中间层部分；第三层次是与佛教徒生活密切有关的词语，包括各种称谓用语和日常生活用语，明显区别于世俗生活用语，带有独特的佛教文化生活气息，可以说位于佛教语言系统的浅层；第四层次是用于专门指称且带有佛教色彩的各种人名、物名、地名等，这部分词语不论是否为佛教徒都会有一定的了解，是佛教语言的最外层部分。

那么，《五分律》中的这些佛教词语有什么特点呢?

首先，《五分律》中的佛教词语肯定表现了佛教词语的一般共同特点[①]，这是毋庸置疑的。

---

① 周淑敏《汉语与佛教文化》一文中提出了佛教语言文化圈的三个明显特点，我们采取了这种说法，并用《五分律》中的佛教词语去力证这三个明显特点。

一、具有鲜明的宗教社团性

佛教词语作为佛教文化建构的标志符号，用于表达佛教的理论体系、佛教的仪礼制度、佛教特有的称谓等，属于佛教宗教团体的语言。大多数佛教文化语言只为佛教团体里的教徒所了解，尤其是表示佛教教义的词语。《五分律》作为一部广律，是佛陀为调伏弟子烦恼，防范僧尼为非作恶所制定的“禁戒”。其中规定了僧团内有关受戒、布萨、安居等仪式、作法，及僧尼的生活礼仪、起居动作等条文，并详解了违戒后应采取的处罚，其依罪之轻重，分为波罗夷、僧残、不定、舍堕、单堕、波罗提提舍尼、灭诤、偷兰遮、突吉罗等。很显然，这些佛教词语对于没有诵读过佛经的人是无从知晓的。

虽然佛教词语是宗教团体的语言，但它并不像一些民间团体的隐语有保密性[①]。佛教团体并不是封闭性的组织，它愿意发展更多的受众去弘扬佛教思想。所以，我们上面所讲的《五分律》中第四层次的佛教词语，就算是非佛教徒也会有一定了解；即使是位于核心部分的《五分律》中第一层次的佛教词语，也会随着佛教文化的普及而逐步进入汉语中，成为人所皆知的汉语词汇。如成就、法宝、方便、生死、智慧等。

二、具有佛理的深奥性

佛教词语与中土一般词语不同，有其特定的语义特征，它同佛

① 如起始于唐宋盛行于明清的民间数字隐语。各行各业为了保证本行业的信息不为外行人知晓，往往会创制以保守内部秘密为功能特点的行业数字隐语。清代翟灏所著《通俗编》卷三十八《识余》，其中就收录了各行业丰富的数字隐语。

理联系在一起，往往蕴含着深邃的哲理性。有一些我们常见的汉语词在佛经中会发生语义的变化，佛经的使用语境会赋予其特定的佛教意义。

“受”在古汉语中其本义是接受、承受，有时候也通“授”，表示教授、授予义，这两种词义在《五分律》中都可见，如《卷第二十二·食法》：“时诸比丘乞得粳米饭，不敢受。以是白佛，佛言：‘听随意受食。’”《卷第十六·受戒法》：“诸比丘将欲受戒人至受戒处，欲为受戒，遇贼被剥，殆死而还。”上例中“受食”“受戒”均是接受之义。《卷第六·九十一堕法》：“后复有诸居士求受诵经，诸比丘言：‘汝之等辈，嫌我音句，不从我受！汝今复来，徒自劳苦！’”上例中“受”为教授之义。除此之外，“受”在佛教义理中是“五蕴”之一，《瑜伽师地论》：“谓蕴有五，则色蕴、受蕴、想蕴、行蕴、识蕴。……云何受蕴？谓或顺乐触为缘诸受，或顺苦触为缘诸受，或顺不苦不乐触为缘诸受。复有六受身，则眼触所生受，耳、鼻、舌、身、意触所生受，总名受蕴。”换言之，“色、受、想、行、识”之“受”指的是人的感官所产生的喜、怒、哀、乐、苦、忧等各种感情。在《五分律》中亦见用例，如《卷第十五·受戒法》：“佛告五比丘：‘汝等一心求正断烦恼，我先亦一心求正断烦恼，故得成无上正觉！于意云何？色为是常，为无常乎？’答言：‘无常！’又问：‘若无常者，为苦？为乐？’答言：‘苦！’又问：‘若苦，为我？为非我？’答言：‘非我！’受、想、行、识亦如是，问答亦如上。”《卷第六·九十一堕法》：“五语者：色无常，受、想、行、识无常。六语者：眼无我，耳、鼻、舌、身、心无我。若比丘为女人说五六语竟，语言：‘姊妹！法正齐此。’从坐起去。更有因缘，还复来坐，为说不犯。”在上例中，“受”显然带有了佛教的教义色彩，如果按照古汉语中“受”的词义去理解，无疑会产生偏差。

又如“法”，在古汉语中多表示法律、规章之义，而在佛教中把一切事物都叫做“法”。《华严纲》：“法谓诸法。任持自性，轨生物解。”《慈悲道场水忏法科注》：“法者，‘轨持’为义，‘轨’则轨生物解，‘持’则任持自性。亦总不出自利利他之道，谓之法也。”这就是说，任何事物必然保持它自己特有的性质和相状，这是能通于一切事物的道理。熊十力在《佛家名相通释》给出的定义是：“‘法’字义，略当于中文‘物’字之意。中文‘物’字，乃至普遍之公名。一切物质现象或一切事情，通名为‘物’。即凡心中想象之境，亦得云‘物’。……故中文‘物’字，为至大无外之公名。佛书中‘法’字与‘物’字意义相近，亦即至大无外之公名。”[①]所以佛经中常见到的“一切法”“诸法”字样，就是“一切事物”或“宇宙万有”的意思。依此，佛根据自己对一切法的了解而宣示出来的言教，它本身也同样具有“任持自性、轨生物解”的作用，所以也叫做法。《五分律》中，“法”有时指一切存在或现象，例如有为法、无为法等，《卷第二十一・皮革法》：“时，沙门亿耳屏处自念：‘如佛所说，在家染着，不能广修梵行；出家无着，犹如虚空。我今何不于无为法中，剃除须发，出家学道。’”有时指某些事物或现象，例如善法、不善法、恶法等，《卷第一・四波罗夷法》：“汝所犯恶，永沦生死，终不复能长养善法！”有时专指佛陀的教法，例如正法、说法、法施

① 熊十力：《佛家名相通释》,《熊十力全集》第二卷，武汉：湖北教育出版社，2001年，第354页。

等,《卷第一・四波罗夷法》:“诸佛世尊善说正法，亦善说譬。”有时也可表示法则、方法，例如哑法、仪法、咒法、比丘法等,《卷第三・十三僧残法》:“时，诸居士亦复相语:‘舍利弗善知咒法，亦复验矣！’于是众人都不信受，无有供养。”显然，佛经中的“法”所指范围广泛，体现了深奥的佛理禅机。

三、符合汉语词汇的构成性

佛教词语均来自古印度的梵语或巴利语。现代语言学研究表明，汉语属于汉藏语系，而梵语是印欧语系印度语族的一种语言，是印欧语系最古老的语言之一。尽管梵语对汉藏语系产生了很大的影响，但毕竟属于不同的语系。作为印欧语系的一支，梵语有繁复的屈折变化，名词有性、数、格各种形式，动词有数、人称和时态的变位，有复杂的词尾变化系统，构词方法以附加法为主等，这都和古汉语有着显著的不同[①]。佛教传入中国之后，面对古汉语的强大阵势，在传习和融会的过程中，不可避免地会发生语言和思维的碰撞、交流。虽然梵语和古汉语在语音、词汇、语法各个方面都有自己的特点，但人类却有着共同的思维基础，梵语佛经经过古汉语的翻译传播，自然会受到古汉语思维方式的影响，历代汉译佛经也就融入了古汉语的特质。此间，某些佛教梵语词的本来面貌也就消失了，渗透到

① 罗美珍在《有关建立汉藏语系的几个认识问题》一文中，开篇即论述了“汉藏语系与印欧语系的不同之处”，认为“除了语言上没有足够的形态特征来证明是从一个语言分化而来以外，很重要的一点是历史、文化背景不同”。

汉语词汇的汪洋大海之中。[①]

通过对《五分律》中佛教词语系统的考察，我们发现其词汇的构成方式十分丰富，除了一部分音译的单纯词外，翻译过程中基本上是按照汉语词汇的组合规则来构词。魏晋南北朝时期作为汉语词汇发展史上承上启下的一个重要阶段，汉语复音化进程空前加快，秦汉间复音词虽不断增长，但直到魏晋南北朝汉语复音化才进入一个新阶段。佛经在汉译的过程中，译经师为了适应这一时期古汉语的语言特点，尽可能在翻译过程中将这些佛教词语汉化，翻译为双音节词，但有时为了更加准确的传达佛教概念和义理，在翻译佛教词语的过程中也保留了一些多音节词。在《五分律》的 1357 个佛教词语中，从形式上看，有单音词 46 个，占比 3.4%，复音词 1311 个，占比 96.6%，其中包括双音节词 736 个，三音节词语 357 个，四音节至九音节的多音节词语 218 个。我们可以看到，《五分律》的佛教词语中以复音词占绝大多数，在复音佛教词语中，又以双音节语词为最，这明显反映了古汉语在此时期的复音化趋势。从构成方式来

① 有学者提出了不同看法。吕建福在《佛教起源于汉藏语系民族文化》中，指出古印度民族大致分属四大人种：尼格罗 – 澳大利亚人种维达类型和尼格利陀类型、达罗毗荼人种、蒙古人种南亚类型和欧罗巴人种地中海类型，其语言分别属于南亚语系、达罗毗荼语系、汉藏语系藏缅语族和印欧语系印度语族，其民族类别也分别为南亚语系民族、达罗毗荼语系民族、汉藏语系民族、印欧语系民族。吕建福从民族学视角提出佛教起源于汉藏语系藏缅语族民族而非印欧语系印度语族民族，并结合孟加拉查克玛人关于释迦族迁徙的传说与历史记载和考古资料的印证，认为尼泊尔释迦族遗裔可溯源释迦牟尼族，确属汉藏语系藏缅语族尼瓦尔族。由此得出结论：原始佛教起源于汉藏语系藏缅语族民族，表现出了汉藏语系民族文化的特征。若照此说，我们可认为早期佛经其语言也表现出了汉藏语系的特点。那么，在译经的过程中，就更容易符合汉语词汇的构成性了。

看，单纯词共330个，占比24.3%；合成词1027个，占比75.7%。在合成词中，数量最多的是偏正式，共561个，占比54.6%；其次是综合式[①]，204个，占比19.9%；联合式169个，占比16.4%；支配式79个，占比7.7%；主谓式11个，占比1.1%；附加式最少，只有3个，占比0.3%。

上述构词方式略举数例为证：

偏正式——八法、大福、佛慧、正见、长跪、中悔、比丘戒、刍摩衣、迦絺那衣。

综合式——欢喜丸、鼠咬衣、青木香、生死大苦、调御丈夫、次第乞食。

联合式——尘垢、成就、结集、禅定、身口意、舍罗筹、示教利喜。

支配式——叉手、持律、悟法、行水、诵经、离垢、罢道、赞戒。

主谓式——心念、缘灭、自归、自利、自恣、世尊、象行。

附加式——阿姨、炽然、师子[②]

可见，在佛教发展译经传播的过程中，汉语既容纳了部分佛教

① 所谓综合式复音词，即用两种或两种以上构词方式合成的综合式三音节词和多音节词。程湘清在《〈世说新语〉复音词研究》"结论"部分中提到："综合式复音词，包括三音词、四音词，从先秦两汉以专词、次专词为主发展到以普通名词和专词、次专词并重，标志着此时汉语复音化走上一个新阶段。"（《汉语史专书复音词研究》，北京：商务印书馆，2003年，第264页。）这里，程湘清并未将《世说新语》中的专有名词计在其中；我们在统计《五分律》佛教词语中的综合式复音词时，把佛教专名用语也纳入在内了。

② 此为人名。《卷第二十二·食法》："有一将军名曰师子，是尼犍弟子。……时，诸尼犍闻师子将军请佛及僧，极设肴膳，生嫉妒心，即于街巷穷力唱言：'师子将军叛师无义，今乃反事沙门瞿昙，手杀牛羊而以供养。'"

借词，同时更多的是将佛教词语汉语化，使之符合汉语词汇的构成方式。

以上简要概括了《五分律》中佛教词语所具有的一般共同特点。接下来，我们从微观入手，尝试结合认知语言学和文化语言学理论，深入分析《五分律》中佛教词语的具体用法及其特点。

1. 从造词法来看[①],《五分律》中的佛教词语分为音译词、意译词和合璧词，各有其特点。

音译词，也称借词。“当我们把别的语言中的词连音带义都接受过来的时候，就把这种词叫做借词，也就是一般所谓音译。”[②]音译词是纯粹的外来词，是用读音相同或相近的汉字转写外族语言而形成的单纯词。在汉译佛经里，那些音译佛教词语中的汉字仅仅只是表音的符号而已，我们从字面上是看不出该音译佛教词语意义的。

《五分律》中存在着大量音译词，这些音译佛教词显示了浓郁的外来色彩。从类别来看，以佛教专名用语中的音译词居多，尤其是人名，如“达摩”“阿难”“跋提”“那邻伽”“优波斯那”“毕陵伽婆蹉”“毗舍佉鹿子母”“富楼那弥多罗尼子”等。从音节来看，主要以复音词占绝大多数，虽也有单音节音译词，但数量很少，如“佛”“塔”“禅”“钵”“劫”等。从词性来看，以名词为主，也有少量动词，如“南无”“和南”“达儭”“布萨”“泥洹”等。

值得注意的是，《五分律》中的音译佛教词表现出一个突出的特

① 孙常叙在其《汉语词汇》（1956年）中构拟出了一套完整的汉语造词法体系，并提出了“造词法”和“构词法”本质上的区别，认为“造词方法是使用具体词素组织成词的方式和方法”。可见，造词法是词语从无到有的创制法，而构词法是词语产生以后就词语本身的结构规律而言的。

② 王力：《汉语史稿》，北京：中华书局，2004 年，第 587 页。

点，即同一个音译词往往有好几种不同的书写形式。如：波逸提/波夜提；偷兰遮/偷罗遮；阿浮阿那/阿浮诃那；拔提/跋提；毗兰若/毗罗若；芦夷/卢夷/庐夷；德叉尸罗/得叉尸罗；尼拘类/尼拘律；句楼赊/拘楼舍/拘卢舍；佉陀尼/佉阇尼；达尼迦/达腻咤；頞鞞/頞髀；婆颇/婆婆；达摩/达磨；不兰迦叶/富兰那迦叶；瞿伽离/瞿伽梨；释摩男/释摩南；摩诃男/摩诃纳；忧波提舍/优波提舍；忧陀延/优陀延。还有一些音译加类名的合璧词，其音译部分也往往对应几种书写形式。如：钦波罗衣/钦婆罗衣；拘舍耶衣/俱舍耶衣；婆求末河/婆求摩河；阿那频头国/安那频头邑；伽尸国/迦夷国；优禅那国/优善那邑。

清人钱大昕早在校勘《元史》时，就曾发现《元史》中一些蒙古语音译的人名、地名在对应的具体汉字上有所差异，但其发音相同或相近，且意思无异所指一致。《十驾斋养新录》卷九专门有一篇“译音无定字”，这个规律性的总结其实不仅适用于蒙古语借词，对于佛教借词同样也是适用的。钱大昕在《元史》中只列举了4个例子说明“译音无定字”①，但此种现象在《五分律》中却比比皆是。关于佛教词语音译写法多样化的原因，梁晓虹指出：“音译词，用来记音的汉字，往往不很固定，一个词会有很多不同的书写形式。……这与译者的梵语水平有关，也由于有古译、旧译、新译之异，而汉字又有古今音、方音之别。但是，在逐渐的使用过程中逐步规范

① “译音无定字”篇中，举了4个例子：我儿/袄儿，北音“我”与“袄”相近；大委正/一克灰正，蒙古语“大”为“伊克”，亦曰“一克”，“委”“灰”音相似；义汗/插汉/察罕/察哈尔；银定歹青/银定歹成。钱大昕通过训诂考证，在考释字义的过程中以语音贯通了异形。见钱大昕：《十驾斋养新录》，上海：上海书店出版社，1983年，第224—225页。

化，最后都会定于一种较通用的写法。”[①]而这种通用写法是怎样确定的，梁也给出了说明：“由于汉字是表意文字，人们一见汉字，常会不自觉地受汉字字义与感情色彩的影响，因而佛教译词一般都选用中性，不引起歧义的汉字。……不过，有时能对音的汉字并不能个个如意，则只能采取从简、从俗，以利于通行的方法。”[②]这种观点与荷兰汉学家许里和的看法不谋而合：“为了避免混淆和误解，传译者似乎已在使用一组便于在音译时使用的有限的符号。由于明显的原因，那些很少出现在标准书面汉语中的字受到优先考虑（譬如‘萨、阗、鞮、勒、伊、昙’等）。”[③]同时，许里和认为存在一个“最早的音译系统”，它甚至可以追溯到西汉的世俗文献，在《汉书》和《后汉书》中的《西域传》里，翻译西域借词中曾使用过的对音汉字大量地被佛教借词所采用。其实，对于单部汉译佛经来说，除了所谓“通用写法”或“音译系统”的影响，还有一个不可忽视的因素，那就是佛经翻译过程中传言者和笔受者的个人习惯。这些音译佛教词，往往会随着译者与年代的不同，在译法上呈现出明显的个人风格与时代烙印。

以《五分律》为例，在佛教徒称谓中，“和尚”共出现 175 次，只见“和尚”而不见“和上”，我们简单考察了“四部广律”中的其他三部，发现都有“和上”的用例，见下表：

---

① 梁晓虹：《佛教词语的构造与汉语词汇的发展》，北京：北京语言学院出版社，1994 年，第 10 页。

② 梁晓虹：《佛教词语的构造与汉语词汇的发展》，北京：北京语言学院出版社，1994 年，第 10—11 页。

③ ［荷］许里和相关专著，南京：江苏人民出版社，1998 年，第 55 页。

表 2–4 "四部广律"中"和尚""和上"使用频度统计

词目＼文献	《五分律》	《四分律》	《十诵律》	《摩诃僧祇律》
和尚	175	309	107	14
和上	0	148	454	324

"四部广律"的译经时代非常接近，显然排除了时代的因素，《五分律》中"和尚"的使用带有强烈的个人偏好。其他诸如《五分律》中只见人名"目揵连"不见"目犍连"，只见度量词"搩手"不见"磔手"等，都应该是个人风格的体现。

在《五分律》的人名中，"调达"共出现 108 次，《释迦谱》："'调达'，亦名'提婆达多'。……《增一阿含》云'提婆达兜'。"在《五分律》中没有"提婆达多""提婆达兜"的用例。我们简单考察了《大正藏》中的本缘部，发现诸经中"调达""提婆达多"的使用情况在不同时期明显不一样，见下表：

表 2–5 《大正藏》"本缘部"各经中"调达""提婆达多"使用频度统计

朝代	文献	调达	提婆达多
东汉	《修行本起经》	10	0
	《中本起经》	4	0
三国吴	《六度集经》	42	0
	《佛说九色鹿经》	2	0
	《撰集百缘经》	0	7
西晋	《生经》	25	0
	《佛说太子墓魄经》	2	0
	《法句譬喻经》	2	0
东晋	《佛说十二游经》	3	0

朝代	文献	调达	提婆达多
后秦	《出曜经》	81	0
	《大庄严经》	0	4
后魏	《贤愚经》	0	15
刘宋	《过去现在因果经》	0	13
隋	《佛本行集经》	3	91
唐	《方广大庄严经》	0	8

由上可知，魏晋以前"本缘部"各经中，除《撰集百缘经》外[①]，这一人名全译作"调达"，在南北朝译经中才慢慢开始出现"提婆达多"，且南北朝之后的译经中更倾向于使用"提婆达多"。这个音译人名因朝代的不同而导致"通用写法"的不同显而易见。《五分律》中仅见"调达"而不见"提婆达多"，显然是沿用了魏晋以前的"通用写法"。

与音译词相对的是意译词，"当我们利用汉语原来的构词方式把别的语言中的词所代表的概念介绍到汉语中来的时候，就把这种词叫做译词，也就是一般所谓意译。"[②]意译词在语音上是汉语式的，但

① 在佛教经录及大藏经中，把《撰集百缘经》(《大正》第4卷，No.200）列为三国吴支谦的译作。目前学术界对《撰集百缘经》的作者与成书年代看法不一。有学者认为确为三国支谦所泽，如吕澂、俞理明等。也有学者认为非支谦所译，如荷兰汉学家许里和，但他没有阐明具体的理由。此外，日本辛岛静志在《〈撰集百缘经〉的译出年代考证——出本充代博士的研究简介》中指出，经过本充代博士的详细地考证，《撰集百缘经》的词汇及形式并不那么古老，"在六世纪初，它还没出现或者还没有为一般人所知"。陈祥明的《从语言角度看〈撰集百缘经〉的译者及翻译年代》，认为"该经的翻译年代不早于西晋，很可能是两晋之际或东晋以降的译作。"季琴的《从语法角度看〈撰集百缘经〉的译者及成书年代》，认为"其成书年代可能晚于三国"。从我们对"调达""提婆达多"在各时期使用频度的统计情况来看，《撰集百缘经》的确与魏晋以前"本缘部"的其他译经存在明显不同。

② 王力:《汉语史稿》，北京：中华书局，2004年，第587页。

词义却是从别的语言中移植过来的。对于意译佛教词，我们要真正理解它们就需与其背后所承载的佛教文化相联系。

《五分律》中的意译词，从类别来看，以佛教术语居多，尤其是表示佛教理论和义理的词，如“败种”“道果”“功德”“因缘”“智慧”“法眼净”“现世报”“苦集灭道”“三明六通”等。从音节来看，主要以复音词占绝大多数。佛教外来语的吸收，王力曾指出，“如果是意译，就更非复音不可。……至于吸收外来语，在绝大多数情况下，就是靠着主从仂语来对译单词。既然是仂语，至少有两个音节。”①《五分律》中虽也有单音节意译词，但数量不多，如“漏”“苦”“法”“受”等。从词性来看，以名词为主，也有一些动词和形容词，如“解脱”“布施”“依止”“示现”“调伏”“觉观”“寂灭”“清净”等。从使用频率来看，《五分律》中更倾向于使用某一个佛教词语的意译词，尤其当其音译词为多音节词时，这也符合语言中的经济原则。如：意译词“等正觉”17 例，而不见其音译词“阿耨多罗三藐三菩提”；意译词“转轮圣王”6 例，而不见其音译词“斫迦罗伐辣底遏罗阇”；意译词“明行足”2 例，而不见其音译词“婢侈遮罗那三般那”；意译词“调御士”2 例，“调御丈夫”1 例，而不见其音译词“富楼沙昙藐娑罗提”；意译词“天人师”2 例，而不见其音译词“舍多提婆摩菟舍喃”；意译词“众生”31 例，而不见其音译词“仆呼善那”等。而当某一个佛教词语的音译词和意译词同时都出现的情况下，这种对比就更显而易见了。如：梵语“Dakñiëā”，音译为“达儭”，意译为“布施”，《五分律》中“达儭”

① 王力：《汉语史稿》，北京：中华书局，2004 年，第 397 页。

仅见1例，而“布施”有29例；梵语“Kañāya”，音译为“袈裟”，意译为“坏色”“染衣”“三衣”“割截衣”“僧衣”“法衣”“法服”等，《五分律》中“袈裟”仅12例，而其意译词共有88例。当然，如果某一个佛教词语没有与之对应的意译词，那就不得不采用其音译词的形式了。王力在谈佛教借词和译词时曾指出：“从佛教用语的具体事例看来，意译比音译更有发展的前途。……意译是汉语的优良传统，因为它简单易懂，容易记忆，所以更容易为群众所接受。”①

在造词过程中采取音译、意译兼顾的方式产生的即为合璧词，《五分律》中的合璧词也体现出了其独有的特色。梁晓虹在《佛教词语的构造与汉语词汇的发展》中，将合璧词分为四种类别：音译加汉语类名；汉词加音译；新造译字加汉语词；梵汉同义、近义连用。这四种类别在《五分律》中都有出现。值得注意的是，在《五分律》佛教专名用语中除了较常见的音译加汉语类名的方式外，还出现了意译加汉语类名的方式，但用例极少，如“黑暗河”“猕猴江”“他化自在天”等。关于《五分律》中梵汉同义、近义连用的佛教词语，除了在前两节中分析过的“舍罗筹”“摩尼珠”“摩尼宝”外，还有：“钵盂”，“钵”为梵语“pātra”的音译，“盂”为汉语；“忏悔”，“忏”为梵语“kñama”（忏摩）的略译，《金光明经文句记》：“‘忏悔’二字，乃双举二音。梵语‘忏摩’，华言‘悔过’。”“塔庙”，“塔”为梵语“stūpa”的音译，“庙”为汉语，《佛祖历代通载》：“塔犹宗庙也，故时称为“塔庙”者是矣。”“僧众”，“僧”为梵语“saṃgha”（僧伽）的略称，意译为“众”；“禅定”，“禅”为梵语“dhyāna”（禅那）的

① 王力：《汉语史稿》，北京：中华书局，2004年，第601页。

略称，“定”为其意译；“阎浮檀金”，“阎浮檀”为梵语音译的树名，于阎浮树下所产之金名为阎浮檀。《大佛顶如来密因修证了义诸菩萨万行首楞严经文句》：“阎浮檀，树名也。或云无翻，此方所无。或翻‘胜金’。果汁入水，沙石成金。此金赩然有光。”

下面，我们重点分析一下《五分律》中的汉词加音译、新造译字加汉语词这两类佛教词语。其中，汉词加音译也可以是音译加汉词，顺序不是固定的，这类里的音译部分往往是略称，和音译加汉语类名里的音译表现为多音节词不同，如“四方僧”“僧物”等；新造译字加汉语词也可以是汉语词加新造译字，这类里的新造译字多表现为单音节词，如“塔事”“骨塔”等。如此，这两类方式的佛教词语看起来和汉语自身词汇体系的词就非常接近了，有时候我们也称之为化梵为汉合璧词，它们的构词能力非常强，具有很高的汉化程度，或者采用符合汉语音节习惯的记音形式，或者创造符合汉字表意特征的书写形式。在《五分律》中，形成了一大批这样的合璧词。略举一二。

汉词加音译，如：

~僧/僧~：四方僧、二部僧、大德僧、阿姨僧、和合僧、众僧、余僧、施僧、骂僧、集僧、请僧、僧众、僧食、僧房、僧坊、僧中、僧事、僧药、僧语、僧物、僧使、僧制、僧地、僧界、僧卧具、僧住处、僧床褥、僧残。

~佛/佛~：三佛、诸佛、念佛、礼佛、成佛、奉佛、侍佛、诣佛、敬佛、请佛、信佛、见佛、舍佛、害佛、供养佛、迎佛、佛塔、佛衣、佛慧、佛所、佛处、佛足、佛边、佛前、佛左右、佛福田、佛法、佛经、佛众、佛徒、佛弟子、佛语、佛制、佛眼、佛意、佛影、佛钵、佛世尊。

新造译字加汉语词，如：

~塔/塔~：余塔、骨塔、金银塔、泥塔、鬼神塔、露塔、屋塔、无壁塔、礼塔、庄严塔、作塔、起塔、出塔、塔物、塔事、塔庙、塔左右、塔中、塔边。

~钵/钵~[①]：石钵、瓦钵、铁钵、木钵、金钵、银钵、铜钵、大钵、佛钵、王钵、衣钵、食钵、一钵、二钵、三钵、四钵、此钵、彼钵、诸钵、满钵、空钵、新钵、好钵、粗钵、持钵、取钵、挂钵、捉钵、擎钵、倒钵、熏钵、行钵、捻钵、覆钵、钵囊、钵中、钵缘、钵食、钵水、钵盂、钵支、钵坯。

2. 从音译词、意译词、合璧词这三类佛教词语的使用情况来看，《五分律》中明显表现出多译并存的现象。

全称与简称并用。如：阿难陀/阿难；阿若憍陈如/憍陈如；摩诃男/释摩男；富兰那迦叶/富兰那；卢醯伽/卢醯；婆薮般那/盘那；那罗摩纳/摩纳；那提迦叶/难提；毗舍佉鹿子母/毗舍佉母/鹿子；摩诃波阇波提瞿昙弥/摩诃波阇波提/波阇波提/瞿昙弥；须提那迦兰陀子/迦兰陀子/须提那；摩诃目揵连/大目揵连/目揵连/目连；耶舍迦兰陀子/耶舍；摩竭提国/摩竭国等。

音译与意译并用。如：达儭/布施；袈裟/坏色；三昧/正定；修伽陀/善逝；泥洹/灭度、钵/盂；僧/众；舍罗/筹；富罗/靴；摩尼/珠；南无/皈依；头陀/抖擞；僧跋/等施；蒲阇尼/正食；

① 《慧琳音义》："钵，字书正作'盋'。服虔《通俗文》云：盋，僧应器也。录文作'钵'，俗字也。"可见，汉语中"盋"字自古即有，为专表佛家器物，则专造一俗字"钵"。

尼陀那/因缘等。

本名与别名并用。如：拘萨罗国/舍卫国，拘萨罗国是本名，即《法显传》所谓之“拘萨罗国”，又称北憍萨罗，其国都为舍卫城，佛久住之；称舍卫国是以首都代国名。王舍城/摩竭提国，王舍城是本名①，摩竭提国是以国王名代国名。《妙法莲华经文句》：“王舍城者……亦云摩竭提，此云天罗，天罗者王名也，以王名国。”优波提舍/舍利弗，《大般涅槃经》：“舍利弗，母名舍利，因母立字，故名舍利弗。”《玄应音义》：“梵言舍利弗，从母为名……或言优波提舍者，从父名之也。”目连/拘律陀，见前【目连】条。

3. 从词汇构造来看，《五分律》佛教词语中出现了同素异序现象。《五分律》佛教词语中复音词的构词方式包括语音构词和句法式构词。语音构词即音译的单纯词；句法式构词主要表现为运用词序的方式，包括偏正式、联合式、支配式、主谓式、补充式，运用虚词方式的附加式较为少见。此外还有由上述任两种构词方式构成的综合式。前面我们已经分析过，这些句法式构成的佛教词语符合汉语词汇的构造特点。句法式构词，大多是由词组慢慢演变成合成词的，词组中的字序在开始时往往不稳定，可以互换；随着使用的频繁，逐渐约定俗成而形成特定的字序。值得注意的是，在《五分律》这些句法式构词的佛教词语中，出现了 5 组字序 AB 和 BA 同现于

① “王舍城”即为“王舍国”，其他诸经纶中常见“王舍国”的用例，略举一二。《佛说七处三观经》：“闻如是。一时，佛在王舍国鸡山中，便告比丘：‘人居世间一劫中生死，取其骨藏之不腐不消不灭，积之与须弥山等。’”《佛说佛大僧大经》：“佛在王舍国。国有富者，其名曰厉。金银众宝、田地舍宅、牛马奴婢，不可称数。”《杂阿含经》：“一时，佛在王舍国时，有婆罗门名为不侵行者，至佛所与佛谈一处坐。”

《五分律》的同素异序词。详如下：

戒法/法戒，其中“戒法”14例，多见“学戒法”的组合形式；“法戒”2例，见“恶法戒”“善法戒”。戒经/经戒，其中“戒经”6例，“经戒”4例，二者所出现的语境有一处完全相同。《卷第十一·十七僧残法》：“若比丘尼，恶性，难共语，与诸比丘尼同学戒经，数数犯罪。诸比丘尼如法如律谏其所犯，答言：‘阿姨！汝莫语我若好、若恶；我亦不以好、恶语汝。’”《卷第三·十三僧残法》：“若比丘，恶性，难共语，与诸比丘同学经戒，数数犯罪。诸比丘如法如律谏其所犯，答言：‘大德！汝莫语我若好、若恶；我亦不以好、恶语汝。’”法缘/缘法，均作动词宾语，其中“法缘”1例，见于“勤于法缘”；“缘法”5例，如“知此缘法”。王法/法王，其中“王法”2例，均见于“随王法”，作宾语；“法王”5例，多用作主语。衣法/法衣，其中“衣法”3例，不见于正文，仅见于《五分律》的卷节标题，卷第二十和第二十一即为衣法；“法衣”1例，见于“被服法衣”。

在上述5组同素异序词中，很显然，戒法/法戒、戒经/经戒、法缘/缘法，这3组在意义和用法上是相同的，尤其是戒经/经戒，甚至出现在同样的上下文语境中；而王法/法王、衣法/法衣这2组在字序颠倒之后，虽然词性没变，但意义发生了变化。《五分律》中同时出现的AB、BA同素异序词，一方面说明这些合成词的构成尚不稳定，还处于形成的过程之中；另一方面其实也凸显了当时汉语复音化的进程，尤其是戒法/法戒、戒经/经戒、法缘/缘法，它们在内容分类上是属于佛教术语中有关佛教理论的词，而有关佛教理论教义的词是佛教词语系统中最深层次的，应该具有相当的稳定性才对，这就更说明了魏晋南北朝时期汉语复音化进入了一个新的阶段。

4. 从词的写法形式来看，《五分律》中存在大量禅数法形成的缩略词。

上古汉语中的数法缩略词其实较少，常见的只有“三光”“四海”“五谷”“五行”“三皇五帝”等。魏晋南北朝时期，随着汉译佛经的出现和传播，涌现出大量的禅数法缩略词。在《五分律》中共见 82 个禅数法缩略词，悉数如下：

一劫、二禅、二法、二根、二罪、二不定法、三宝、三禅、三毒、三法、三火、三戒、三界、三色、三途、三明、三恶道、三十事、三皈五戒、三解脱门、三明六通、三明六神通、三转法轮十二行、四禅、四大、四谛、四法、四方、四供、四事、四堕法、四念处、四圣谛、四依法、四真谛、四譬喻法、四沙门果、四无量处、四无色定、五宝、五德、五恶、五阴、五欲、五法、五盖、五戒、五色、五事、五种见、六法、六入、七宝、八法、八戒、八难、八正、八分戒、八解脱、八敬法、八圣道、八正道、八不可越法、九恼、九次第定、十法、十戒、十利、十善、十众、十不善、十善业、十直道、十三事、十四法、十一切入、十二头陀、十二因缘、三十二相、三十二大人相、三十七道品、二百五十戒。

从上可知，《五分律》中的禅数法缩略词基本上都是由数字加表义理的名词构成。在音节上，有双音节词、三音节词、四音节乃至六音节的多音节词；在内容上，既有反映事物的缩略，如“四事”指衣服、饮食、卧具、汤药，或房舍、衣服、饮食、汤药，此乃供养恭敬诸佛之事物，《合部金光明经》曰：“尽形寿以衣服、饮食、卧具、医药四事供养。"《五分律》中的用例如《卷第三十·七百集法》:"诸优婆塞言:'我等于此语中,无不信乐。今毗舍离,唯有大德是沙门释子。愿受我等尽寿住此四事供养!'"也有反映佛教义理的缩略,如"四谛"指佛教义理中的苦集灭道;"五阴"即五蕴,指色受想行识;"三明六通"即三明与六通,指阿罗汉所具之德等。《五分律》中的这些禅数缩略词大多都有较高的使用频率,且具有高度的概括性,往往包含着丰富的佛教义理,通过缩略词这种简明的形式表达了其繁复的内容。

这一章以《五分律》中的佛教词语作为研究对象,通过分门别类地描绘佛教词语的使用情况,运用统计、归纳、分析的方法,广泛地引用比较佛典文献和中土文献,在对《五分律》中的佛教词语进行穷尽性研究的基础上,总结了《五分律》中佛教词语的特点。在这个过程中,我们不难发现,一方面《五分律》中的佛教词语有其特定的使用范围,带有浓厚的宗教语义色彩和表述特点,另一方面它们也体现了中古汉语复音化的趋势,对中古汉语的复音化进程产生了重要影响,并大大丰富了汉语的词汇系统。本章对《五分律》佛教词语的研究,在一定程度上也为中古汉译佛经佛教词语的深入研究提供了更多的依据。

第三章 《五分律》中的复音词

汉译佛经的语言在促使汉语复音词的发展方面起着重要的、不可低估的作用。

汉语词汇发展史表明，汉语词汇从以单音节词为主过渡到以复音词为主，复音化是汉语词汇发展的总趋势。先秦以前，汉语绝大多数是单音节词，虽然双音化倾向早在先秦两周时期就已经开始了，秦汉间复音词不断增长，但直到魏晋南北朝才取得了突破性进展。魏晋南北朝时期，汉语复音词尤其是双音词剧增，不少单音节词往往已有了双音节词可以代替。如《尔雅·释诂》："疆、界、边、卫、圉，垂也。"郭璞注："疆埸、境界、边旁、营卫、守圉，皆在外垂也。"又如《尔雅·释言》："凌，栗也。栗，戚也。"郭璞注："凌懅，战栗。战栗者忧戚。"

关于汉语词汇复音化的原因，程湘清认为可以从两个方面来分析[①]：从"积极"方面说，是为了更形象、生动地反映客观，进行交际。汉族人民自古就有讲究对称的审美观点，说话行文讲究对偶，

① 程湘清：《先秦双音词研究——对〈尚书〉、〈诗经〉、〈论语〉、〈韩非子〉双音词的考察》，《汉语史专书复音词研究》，北京：商务印书馆，2003年，第36—38页。

增强了语言的表达力，汉语词汇的复音化特点，正和汉民族的习俗爱好、心理素质密切相关。从“消极”方面说，是为了更准确、周密地表达思想，进行交际。上古汉语是以单音节词为主的，主要依靠单音节内部的声、韵、调的曲折变化而产生新词，在当时生产力低下的情况下，语音造词基本能够满足交际需要。随着社会的发展，各种新事物大量涌现，人们需要使用更多的新词去承担表达和交际的任务，而单音节词受语音音节组合数量的限制，单音节词的情况如果不改变，同音词会大量增加，交际中产生歧义是不可避免的。于是，其出路只能是改变单音节构词方式，走向复音化，采用语法造词把单音节有规律地搭配起来构成复音词。

魏晋南北朝时期，是佛教传入以后在中土得以大发展的时期，译经活动已颇具声势，不仅名家辈出，而且译经规模日渐扩大，已经发展到多人合作集体翻译，向大众传播佛经经文的转读、赞呗、唱导等形式也于此时出现。佛经的翻译带来大量多音节的译词和借词；更重要的是，佛教文化还带来许多新概念、新事物，译经师往往需要创造新词去转译佛经中的各种复杂语义。在这一过程中，必然会创造出许多复音的新词汇。可以说，魏晋南北朝时期复音词的大量涌现是佛教文化深入广泛影响的直接结果，当时的佛经翻译不仅推动了汉语复音化的进程，同时也在汉译佛经中保留了中古汉语复音化的痕迹。从整个词汇发展史来看，语言随着社会的发展而发展，词汇必然会越来越丰富纷繁，即使没有汉译佛经的影响，汉语也会逐渐走上复音化的道路，只不过，随着佛经的大量翻译、佛教文化的广泛流传，客观上促使了汉语词汇复音化的加速发展。中古时期的汉译佛经保留了大量的复音词，这一现象不仅具有时代特征，更是顺应了词汇的发展规律。

竺家宁曾指出：

> 佛经可以反映我们汉语从单音节走向复音节的一个重要转折点，一个重要标志。复音节词，在中古汉语的数据当中，没有像佛经保留得这样完整、保留得这么丰富的。……中国的语言发展，先秦时代是以单音节为主，到了中古汉语，逐渐走向双音化。最能反映这种变化的材料，就是佛经了。因此，这个领域的研究，在汉语史上具有重要的意义。在佛经文句的阅读上，由两个字组合而成的双音节词，往往分开来看，两个字都认识，合起来却十分陌生。先秦未见这样的组合，现代也没有，单单出现在中古的佛经语言当中。这种情况，我们就必须要研究它，把它弄明白。另一种情况是，某个复合词佛经出现，现代也在使用，表面看并不陌生，然而它的意义和用法都不一样了，也就是这个复合词随着时代的变迁，发生了演化。这种情况在阅读佛经的时候最容易用自己的语感去解读，因而误解了佛经的意义。所以，复合词的研究是一项重要的课题。①

方一新也说过：

> 东汉六朝是汉语词汇发展史上值得重视的时期，这一时期产生了大量的新词新义，复音词急剧增加，词汇量大

① 竺家宁：《佛经语言研究综述——词汇篇》，台北：《佛教图书馆馆刊》，1995 年第 44 期。

> 大扩大，丰富了汉语词汇宝库，满足了文化传播和社会交流的需要——这些变化在中土文献中广泛存在，在汉译佛经中也同样明显。近些年来，有关的研究成果日见增多，对佛典价值的认识也在不断深入之中。从现有的情况看，在这一领域里要做的工作还很多。加强对包括佛典在内的东汉六朝词汇的研究工作，仍应当是今后词汇史研究领域的重要课题。[①]

梁晓虹也认为："东汉迄唐是汉语词汇从单音化向双音化过渡的重要阶段，也是翻译佛经运动得以发展并臻于鼎盛的时期，因此，在研究汉语双音化问题时，翻译佛经的位置就显得极为重要。"[②]

可见，对中古汉译佛经复音词的研究是非常有必要且有价值的。《五分律》作为魏晋南北朝时期的一部重要律藏，叙事和对话中的口语成分多，其复音词中保存了大量的外来词、口语词，比较能反映这个时期的词汇面貌。同时，译经复音词是译经词汇的一个重要分支，我们对《五分律》的词汇研究当然也就绕不开对《五分律》复音词的考察了。系统地描写分析《五分律》中的复音词，有助于我们了解《五分律》的词汇概况，在一定程度上也能反映出当时汉语词汇发展变化的特点，不管是对专书词汇研究还是断代词汇研究来说都有较大的意义。

对复音词进行研究，究竟哪些是复音词？复音词的划分标准又是什么？这是我们首先要搞清楚的问题。王力在谈到汉语复音词的

---

① 方一新：《东汉六朝佛经词语札记》，《语言研究》，2000 年 02 期。
② 梁晓虹、徐时仪、陈五云：《佛经音义与汉语词汇研究》，北京：商务印书馆，2005 年，第 112 页。

构成时，曾指出："目前词和仂语的界限还没有定论。"[①]布龙菲尔德说过："在词和短语之间可以分成很多层次，却往往不能定出严格的区别。"[②]索绪尔也说过："语言的特征就在于它是一种完全以具体单位的对立为基础的系统。我们对这些单位既不能不有所认识，而且不求助于它们也将寸步难移；然而划分它们的界限却是一个非常微妙的问题。"[③]这些论述都表明了划分复音词与短语的难度。有很多学者曾对一些重要文献中的复音词进行过统计研究，然而，对复音词的统计结果却大出所料，各家对同一部文献中复音词的统计结果存在很大的差异。比如：《诗经》的复音词数量，马真统计有 712 个，程湘清统计有 726 个，向熹统计有 900 多个，李仕春统计有 1326 个。《论语》的复音词数量，马真统计有 159 个，程湘清统计有 183 个，杨伯峻统计有 307 个，向熹统计有 200 多个，占全部词语的 15%；李仕春统计有 213 个，占词汇总数的 15.9%；蒋冀骋统计有 378 个，占调查字数的 2.4%。《论衡》的复音词数量，向熹采用程湘清统计的数目 2300 个；李仕春统计有 1589 个，占词汇总数的 47.2%；蒋

① 王力：《汉语史稿》，北京：中华书局，2004 年，第 401 页。

② ［美］布龙菲尔德著，袁家骅、赵世开、甘世福译：《语言论》，北京：商务印书馆，1997 年，第 283 页。

③ ［瑞士］索绪尔著，高名凯译：《普通语言学教程》，北京：商务印书馆，2003 年，第 151 页。

冀骋统计只有 270 个，占调查字数的 7.5%。[①] 按理说，对同一部文献的统计结果不应有这么大的差异。张联荣在谈到汉语词汇的复音化时，也注意到了这种现象，认为："其中可能有技术方面的原因（如人工与电脑），计算方面的原因（如蒋冀骋以字数为分母计算百分比），但最重要的原因恐怕还是对复音词的标准掌握不大一样。"[②]

关于复音词的判定标准，这是语言学界长期关注的一个重要问题，学界一直没有统一的认知，各家众说纷纭。周法高在《中国古代语法·构词编》自序中就说："我对于'复词'一章，写得并不满意。原因是找不到一个确切可靠的客观标准来。"[③]20 世纪 80 年代以前，学者是按多种标准来判定复音词的。如王力较早地指出了复音词和仂语具有不同的特点，以是否能被隔开和是否能转成连系式作为区别二者的方法[④]；曹伯韩指出在区分词和短语时，要把语法、意义、语音、独立性等因素结合起来，一起作为成词的条件[⑤]；张世禄从意义、语言组织和声音形式三个方面，提出了具体区别复音词和

① 数据分别来源于马真：《先秦复音词初探（续完）》,《北京大学学报》（哲学社会科学版），1981 年 01 期；向熹：《简明汉语史》（上册），北京：高等教育出版社，1993 年，第 406 页；蒋冀骋：《论近代汉语的上限》,《古汉语研究》，1991 年 02 期；程湘清：《〈论衡〉复音词研究》,《汉语史专属复音词研究》，北京：商务印书馆，2003 年，第 101—105 页；李仕春：《从复音词数据看上古汉语构词法的发展》,《北京化工大学学报（社会科学版）》，2007 年 01 期；李仕春：《从复音词数据看中古汉语构词法的发展》,《宁夏大学学报（人文社会科学版）》，2007 年 03 期。

② 张联荣：《汉语词汇的流变》，郑州：大象出版社，1997 年，第 163 页。

③ 周法高：《中国古代语法·构词编》，台北："中央研究院"历史语言所，1961 年，第 18 页。

④ 王力：《中国语法理论》，北京：中华书局，1954 年，第 55—56 页。

⑤ 曹伯韩：《字·词·短语》,《语文学习》，1954 年 08 期。

短语的三条标准[①]；赵元任强调除了结构的单一性、意义的专门化外，见次的频率也是应考虑的因素之一[②]；陆志韦运用扩展法和插入法，认为扩展到不能再扩展了，中间不能插进任何东西，留下的小片段就是词[③]；周法高主张从构成份子间结合性的强弱、出现的次数、能否拆开以及意义特点几个方面着手区别古汉语的复音词与短语[④]；此外，易熙吾、钟梫等也都从意义标准、语法特点等方面分析了复音词与短语的区别方法[⑤]。在这一时期，虽然学者对复音词的判定标准进行了多方探讨，提出了各种标准，但却并没有达成共识。

20世纪80年代以后，学界在复音词的判定标准上逐渐形成两种主要观点：一种是坚持以意义标准为主来确定复音词，一种是倾向综合运用各种标准来确定复音词。坚持以意义为主判断复音词的学者以马真、张双棣、徐正考、陈涛、朱广祁、伍宗文等为代表，如马真在研究先秦复音词时指出："总之，我们认为，划分先秦的复音词，主要应从词汇意义的角度来考虑问题……这是最可行的办法，其他方面的标志都只能作为参考。"[⑥]张双棣在研究《吕氏春秋》复音词时指出："确定先秦汉语复音词，意义标准是至关重要的，是决定性的。即使判断结构上结合得紧不紧密，也要靠意义。所谓的

---

① 张世禄：《词汇讲话》，《语文知识》，1956年02期。

② 赵元任、吕叔湘：《汉语口语语法》，北京：商务印书馆，1979年，第90页。

③ 陆志韦等：《汉语的构词法》，北京：科学出版社，1964年，第6—8页。

④ 周法高：《中国古代语法·构词编》，台北："中央研究院"历史语言所，1961年，第308—315页。

⑤ 分别见易熙吾《汉语中的双音词》（下），《中国语文》，1954年01期；钟梫《谈怎样分别词和短语》，《中国语文》，1954年12期。

⑥ 马真：《先秦复音词初探》，《北京大学学报（哲学社会科学版）》，1980年05期。

拆开和插入论是不适用的。”[①]与此相对的是，以朱德熙、吕叔湘、唐钰明、范晓、周生亚、向熹、程湘清、郭锡良、王云路、张万起等为代表的学者，主张在意义标准之外还要考虑结构、频率、语法作用等因素。如朱德熙曾指出：“过去有些语法书就是从意义方面来给词下定义的。……问题是什么叫‘一个意义’。……这个问题可以引起无休止的辩论，很难得到公认的答案，可见单凭意义来确定词和非词的界限是行不通的。”[②]吕叔湘也指出：“由于汉语缺少发达的形态，因而在做出一个决定的时候往往难于根据单一标准，而是常常要综合几方面的标准。”[③]程湘清则提出：“我们在确定词的标准时，既要重视语法结构，也不能忽略词义的重要性。规定标准要从多方面着眼。……具体到认定一个双音词，就要从语法形式、词汇意义、修辞手法以至使用频率等多方面进行考虑。”[④]

综观上述观点，我们发现，即使是主张综合运用各种标准来确定复音词的学者，其实也是认同意义标准的，只是对于各标准之间的关系存在不同看法，是某一标准具有压倒性优势还是有主有从？是平起平坐还是相互补充？从汉语的特点出发，意义标准显然是不能忽视的；但作为汉语，特别是古代汉语，虚词有较大的灵活性，词序的作用比一般孤立语更为重要。古汉语的词是既具有词汇属性，

① 张双棣：《〈吕氏春秋〉词汇研究》，济南：山东教育出版社，1989年，第169—170页。

② 朱德熙：《语法讲义》，北京：商务印书馆，1982年，第14页。

③ 吕叔湘：《汉语语法分析问题》，北京：商务印书馆，1979年，第12页。

④ 程湘清：《先秦双音词研究——对〈尚书〉、〈诗经〉、〈论语〉、〈韩非子〉双音词的考察》，《汉语史专书复音词研究》，北京：商务印书馆，2003年，第40页。

又具有语法属性的。所以，我们认为研究实践中综合运用多种标准来确定汉语复音词更为符合汉语的实际。

在接下来进行的《五分律》复音词研究中，我们参考了先贤学者的观点和当前的研究成果，结合《五分律》自身语言状况的特点，选择主要依照程湘清先生的标准[①]。下面仅就《五分律》提出判定其中复音词的方法：一、语法结构上，观察音节之间是否结合紧密，是否能拆开或者随意扩展，考虑其结构的稳固性；二、词汇意义上，观察在特定上下文语境中的音节组合是共同代表一个概念，还是每个音节各代表一个概念；三、修辞特点上，观察处于相同句式、相同位置上的音节组合的性质。

至于出现频率或者见次率，我们认为对断代复音词研究更具有典型性，而对于专书复音词来说，可能会受到文献语料的限制。如"内人""中表"，在《五分律》中都只出现1次，见《卷第十·四悔过法》："尔时，长者瞿师罗信乐佛法见法得果，常供养佛及比丘僧，彼于后时财物竭尽，中表亲戚，送食与之。诸比丘犹到其家取满钵去，其家内人不堪饥苦。"但实际上"内人""中表"早在秦汉间就已经是复音词。《礼记·檀弓下》："今及其死也，朋友诸臣未有出涕者，而内人皆行哭失声。"郑玄注："内人，妻妾。"《文选·让中书令表》："臣于陛下，后之兄也。姻娅之嫌，实与骨肉中表不同。"李周翰注："中表，内外姨舅兄弟也。"显然，"内人"不是"里面的人"，"中表"不是"中间和表面"，二者都是复音词，表达的是一

① 程湘清认为区别双音词和双音词组，可以从四个方面入手：从语法结构上区别，从词汇意义上区别，从修辞特点上区别，从出现频率上区别。

个新的概念。又如“呵辱”，在《五分律》中仅出现1次，见《卷第三·十三僧残法》：“于是调达生忿恨心：‘云何世尊于大众前，乃作如此底下呵辱？’”虽然词的出现频率一般要高于短语，但却不能因见次率低就以此判定不是复音词。“呵辱”犹“呵骂”，它是由两个表达基本相同概念的单音词合成而来，尽管只出现1次，却已具有双音词的资格。果然，在《汉语大词典》中也收录了此词。所以，我们并不把见次率当作确定《五分律》复音词的一个原则方法，仅仅只看作是一个参考因素。

复音词并不是一朝一夕突然形成的，我们在考察《五分律》复音词的过程中，肯定会碰到一些正处于凝固过程中的双音组合，因为汉语构词方式的改变不是突变的，而是渐变的，它需要有一个长期积累、结合、演变的过程，就如王力所说的“仂语的凝固化”，常常会经过“仂语→复合词→复音词”[①]这条道路。一个短语到底在哪一刻真正演化成为了一个复音词，具体研究实践中是不好确切把握的。在这种情况下，复音词和短语之间没有绝对界限。我们以发展的眼光，把这种处于仂语凝固化过程中的结构看作是词，如此更有利于说明词汇复音化现象以求更深入地探寻词汇复音化的规律。

《五分律》译出的南北朝时期，是汉语复音词大量形成的时期，各种构词法进一步完善，新兴的附加成分出现较多，同素异序词大量产生，这些都是认定复音词时应该考虑的重要方面。为了更准确地反映出《五分律》中复音词的面貌，我们在判定《五分律》中复音词的时候，还会依据文献具体的上下文来考量。同时，由于译经

① 王力：《汉语史稿》，北京：中华书局，2004年，第401页。

语料的特殊性，在复音词中有不少是佛教词语，其中，佛教词语中的专名用语暂不纳入讨论范围，佛教术语中的音译词和半音半意的合璧词，如“三昧”“南无”“达儭”“布萨”“泥洹”“钵盂”“忏悔”等，也暂不纳入讨论范围；之所以不排除佛教术语中的意译词，是因为意译词的构词元素和规则都来自于汉语词汇。此外，我们研究的复音词仅限于双音节复音词，不包含三音节及多音节复音词。研究过程中，我们借助了诸多工具书，如《汉语大词典》《古代汉语词典》《故训汇纂》等，进一步对《五分律》中的复音词进行确认，以求确定的复音词尽可能地真实可靠。

本章拟仿造程湘清先生专书复音词研究的架构，从结构和意义两方面对《五分律》的复音词进行描写和分析。

第一节　从结构看《五分律》中的复音词

据我们调查，《五分律》中各种结构形式的复音词共计 3554 个，其中语法造词 3506 个，占 98.6%，语音造词 48 个，占 1.4%。语法造词中运用词序方式造词的 3443 个，占语法造词的 98.2%，其中包括联合式 1489 个，偏正式 1351 个，补充式 94 个，支配式 458 个，主谓式 51 个；运用虚词方式造词的 63 个，占语法造词的 1.8%，其中附加前缀构成的 21 个，附加后缀构成的 42 个。语音造词 48 个，其中包括重叠式 25 个，非重叠式单纯词 23 个。

下面分联合式、偏正式、补充式、支配式、主谓式、附加式、重叠式、非重叠式单纯词等八种结构方式[①]，分别加以讨论。

一、联合式

《五分律》中联合式复音词数量居各类复音词之首，共有 1489 个，占全书复音词数的 41.9%，占语法造词数的 42.5%，占运用词序方式造词数的 43.2%。其构成特点和发展状况，我们从语义、词性和语序三个方面进行描写和分析。

（一）语义构成

从构成联合式复音词的两个语素的意义分量来看，或相当或稍有差异，程湘清先生把意义分量基本相当的称作平等联合词，意义分量有所区别的称作不平等联合词[②]。

1. 平等联合词

平等联合词可区分为相同意义联合、相类意义联合、相反意义联合三类。在《五分律》中，以相同意义联合为大宗，相反意义联合数量最少。

相同意义联合，即构成复音词的语素在某个义位上是相同或相

---

① 葛本仪根据汉语造词、构词的逻辑基础，将双音词分成“同义关系、同位关系、对立关系、从属关系、限定关系、支配关系、判断关系和重合关系”等七种关系。这种分类更注重两个语素之间在语义上的融合关系，反映在构词上，就是联合式、偏正式等形式。

② 程湘清先生认为：“所谓‘不平等’系相对而言，因为它不同于偏正结构，仍具备联合结构的基本特征，只不过两个语素的意义之间相互作用、彼此制约的程度有所差异罢了。”见《〈论衡〉复音词研究》，《汉语史专书复音词研究》，北京：商务印书馆，2003 年，第 106 页。

近的。如：

（1）诸婆罗门作是念："我等志杀此女，今得之矣！"便语王言："此梦不吉！或当失国，或以命终。"王又问："颇有方便免斯灾乎？"（《卷第二十六·杂法》）

（2）尔时，有一小儿，父母教就师学书及诸技术，彼师兼使余作，又数与杖，便舍师归。（《卷第十七·受戒法》）

（3）汝等以此致诤，令僧不和别住，生诸尘垢。当畏此事，应令彼人自见罪悔过！（《卷第二十四·羯磨法》）

（4）难处名四衢道中多人聚戏处、淫女处、市肆处、放牧处……险岸处、水汤湙处、社树大树处、好园田处、坟墓处；或逼村，或去村远，道路险巇，是名难处。（《卷第二·十三僧残法》）

（5）菩萨寻觉，观诸妓直更相荷枕，或露形体如木人状，鼻涕，目泪，口中流涎，琴瑟筝笛纵横在地；又见宫殿，犹如丘墓。（《卷第十五·受戒法》）

（6）阿那律先好容貌，既得道后，颜色倍常。寡妇见之，作是念："我今便为已得好婿！"（《卷第八·九十一堕法》）

（7）此诸外道沙门、婆罗门，尚知三时，夏则安居；众鸟犹作巢窟，住止其中；而诸比丘不知三时，应行、不行。（《卷第十九·安居法》）

（8）诸比丘欲作露塔屋塔无壁塔，欲于内作龛像，于外作栏楯，欲作承露盘，欲于塔前作铜铁石木柱，上作象狮子种种兽形，欲于塔左右种树。（《卷第二十六·杂法》）

（9）诸居士讥呵言："余外道尚知俱就请、俱时食；而沙门释子，反无法则！我等不知谁已食，谁未食？"（《卷第二十七·威仪

法》）

（10）其王强取五百童女，破其当世，以此因缘无数百千万岁堕大地狱，苦毒烧煮，余报受此五百痈疮。（《卷第二十八·调伏法》）

以上为名词。

（11）复有诸比丘种种作，泥土污身，衣被垢秽，以此益疲，作是念："佛听作时数浴者，疲极必差，衣被净洁。"（《卷第九·九十一堕法》）

（12）佛言："听依有持律比丘处安居。若持律住处房舍迮狭，听近持律七日得往返处，于中心念，遥依持律而安居。"（《卷第十九·安居法》）

（13）我畏见此不吉人，而今乃为掷屎所灌，必是我命不吉祥事；然我要当至波斯匿王所，言杀秃婢！（《卷第十三·二百零七堕法》）

（14）众人欢喜，即和麨蜜，俱诣树下，遥见世尊姿容挺特，诸根寂定，有三十二大人之相，圆光一寻犹若金山，前礼佛足奉上麨蜜。（《卷第十五·受戒法》）

（15）尔时，诸比丘畜高床，老病比丘上下床时，堕地破伤或露形体。诸白衣见，讥呵言："此诸沙门，如王如贵人，奢豪无俭。"（《卷第十·九十一堕法》）

（16）有诸比丘用食钵除粪扫、盛残食、盛过中饮、盛香及药，或不洗举，或着日中，或着地，或着危险处。（《卷第二十七·威仪法》）

（17）梦见猕猴坐金床上者：尔时国王用非法治政，暴虐无道。（《卷第二十六·杂法》）

（18）时，波利国有贩马师，驱五百匹马，夏初来至，热时已到，见此邑清凉，水草丰茂，便共停止，养食诸马。(《卷第一·四波罗夷法》)

（19）佛言："以五法住他自恣：以实，不以虚；以时，不以非时；以有利益，不以无利益；以慈心，不以恶意；以柔软语，不以刚强。"(《卷第十九·自恣法》)

（20）本谓此处安稳，而今反成恐怖之地，水中火然，未足为喻。白衣在家，犹耻此事，云何比丘乃作是恶？(《卷第二·十三僧残法》)

以上为形容词。

（21）复作是念："佛称赞舍利弗、目连，而毁呰我！"复生恶心向舍利弗、目连，是第二损其神足。(《卷第三·十三僧残法》)

（22）有诸住处，塔中幡盖盈长，弃于庭中，纵横践踏。(《卷第二十七·杂法》)

（23）诸比丘尼应筹量观察，此比丘尼堪畜众不？若不堪，不应与作畜众羯磨；若堪，应与作。(《卷第十三·二百零七堕法》)

（24）太子答言："有大怨敌，汝不知耶？老病死怨，怨之大者！汝速被马，勿得稽留！"(《卷第十五·受戒法》)

（25）欲授戒者，偏露右肩，脱革屣，礼僧，右膝着地，作是白："大德僧听！我某甲，从某甲和尚受具足戒，今从僧乞受具足戒。愿僧济度我。"(《卷第十六·受戒法》)

（26）佛告阿难："勿复啼泣！魔蔽汝心，是故尔耳！今听女人出家受具足戒，当应随顺我之所制，不得有违；我所不制，不得妄制！"(《卷第二十九·比丘尼法》)

（27）佛在王舍城。尔时，诸比丘弃捐饭食，诸居士讥呵：“此诸比丘如小儿食！”（《卷第十·百众学法》）

（28）诸比丘便浣皮囊，烂坏虫生，白佛。佛言：“不应浣皮囊，应反揩拭，若净善；若不净，勿复畜。”（《卷第二十一·皮革法》）

（29）佛与大众前后围绕往到其家就座而坐，好少大臣手自斟酌，而诸比丘皆不能食。（《卷第二十二·食法》）

（30）吾闻其语，倍复忧毒，佛虽泥洹，毗尼现在，应同勖勉共结集之；勿令跋难陀等别立眷属，以破正法。（《卷第三十·五百集法》）

以上为动词。

《五分律》中的相同意义联合词，除名词、形容词、动词外，还有少量副词。

（31）邻人语言：“汝信敬沙门方当穷困！”（《卷第十·九十一堕法》）

（32）长老大迦叶晨朝着衣持钵入城乞食，居士见之悉皆逃走；迦叶怪之，问于行人。（《卷第二·十三僧残法》）

（33）不信乐佛法者，咸皆言：“快由敬沙门，致有此事。若复亲近，剧当过是。”（《卷第七·九十一堕法》）

对于相同意义联合词，绝不能理解为两个语素的意义是没有一点差别的等同，虽然有的语素之间甚至可以互训，对此也要辩证地看待，注意大同中的小异。如：

“丘墓”“坟墓”，《说文·土部》“坟，墓也”。段玉裁注：“析言之，则墓为平处，坟为高处。”《方言》卷十三：“冢，秦晋之间谓之坟，自关而东谓之丘。”可见，虽然“坟”“墓”“丘”都作坟墓讲，但高者为坟，平者为墓，二者的表象不同；而“坟”“丘”则反映了不同地区方言习惯用语的区别。

“痈疮”，《说文·疒部》：“痈，肿也。”《释名·释疾病》：“痈，壅也。气壅否结裹而溃也。”《释名·释疾病》：“疮，戕也。戕毁体使伤也。”《正字通》：“疮，刀伤者成疮。”可见，“痈”乃气血壅积所致，症状上红肿突出；“疮”最初指刀戟之类所造成的创伤，后来“疮”扩大为指称凡有溃烂化脓症状的皮肤病，遂成为“痈”之类毒疮的总名。如《后汉书·章帝八王列传》“头不枇沐，体生疮肿”。

“丰茂”，《说文·生部》：“丰，草盛丰丰也。”《玉篇·艸部》：“茂，草木盛。”虽然都可表示生长繁盛貌，但相对来说，“丰”多用于草，“茂”多用于树，尤其是当二者对举时，如《盐铁论·轻重》“茂林之下无丰草，大槐之间无美苗”，班固《典引》“甘露宵零于丰草，三足轩翥于茂树”，《论衡·自纪》“丰草多华英，茂林多枯枝”，《少室山房集》“五言律为尤胜，如茂林丰草幽谷长松，味之亡穷索之逾远”。可见，“丰”“茂”在应用的对象主体上各有侧重。

“吉祥”，《说文·口部》：“吉，善也。”《说文·示部》：“祥，福也。一云‘善’。”段注：“凡统言则灾亦谓之祥，析言则善者谓之祥。”《周易·系辞下》“吉事有祥”，李鼎祚集解引虞翻曰：“祥，吉祥也，吉之先见者也。”可见，“吉”即无凶夭，而“祥”最初有吉有凶，如《尔雅·释言》“祺，祥也”郝懿行义疏：“‘祥’之一字本兼凶吉二义。书序云：亳有祥桑谷。此以妖怪祥也。周语云：袭于休祥。此以福善为祥。”“祥”后来逐渐由中性词变成褒义词，专指“吉祥”。《庄子·人间世》“吉祥止止”，成玄英疏：“吉者，福善之事；祥者，嘉庆之征。”“祥”已成为“吉”的同义词。

“啼泣”,《说文·水部》:“无声出涕曰泣。”《国语·晋语一》“优施教骊姬夜半而泣”，董增龄正义引徐铉曰：“泣，哭之细也。”可见，“泣”指无声落泪或小声啜泣。《说文·口部》：“啼，号也。”段注：“号，痛声也。”《慧琳音义》卷七十六“号啼”注引《文字集略》云：“啼，哭而无节也。”可见，“啼”指痛心无节地放声大哭、声泪俱下，且“啼”还可以用于表示鸟兽的呼号，如左思《蜀都赋》“猩猩夜啼”。虽然“啼”“泣”都表示因痛苦而哭，但哭的方式、状态和所表达的心境稍有差别，同时“啼”在适用主体上更为宽泛。

“稽留”,《说文·田部》:“留，止也。”停止在某处不动叫“留”，与“去”反义相对。《说文·稽部》：“稽，留止也。”徐注：“禾之曲止也，尤者异也。有所异处，必稽考之，即迟留也。”虽然都表示留止不去，但“留”侧重于客观叙述,“稽”则带有一定的主观色彩，多因主观上不愿或外界阻力不让而延迟不去，如陆游《冬夜不寐》“明晨炊米尽，吾起不容稽”,《后汉书·马援传》“此子何足久稽天下士乎”，可见“稽”“留”在动作行为的感情色彩上略有不同。

通过上述辨析，我们发现，尽管是相同意义联合词，但也只是基本意义相同，其语素在事物表象、方言习惯、行为情态、适用范围、感情色彩等方面可能存在细微差别。当然了，词义在不断地发展，有些构成相同意义联合词的两个语素，可能在最初基本意义不同，但随着词义的演变，在《五分律》的时代早已变成同义了，如前面分析过的“痈疮”“吉祥”。

相类意义联合，即构成复音词的语素虽然义位不同，却包含着某个相同的义素。《五分律》中相类意义联合词并不少见，仅次于相同意义联合词。如：

（1）佛在王舍城。尔时，跋提城有长者名文荼，有大福德，妇、儿、儿妇及奴婢，皆有福德。(《卷第二十二·食法》)

（2）过去世时，空闲处有一池水，有一大象入池取藕，净洗而食，色力充足。(《卷第二十五·破僧法》)

（3）诸比丘于露地布萨，为风雨、蚊虻所困。以是白佛，佛言:“听当中央房，来往易处，如上白二羯磨结作布萨堂。”(《卷第十八·布萨法》)

（4）尔时，彼国又有贼难，诸白衣骨肉分离，备诸痛恼。(《卷第二·四波罗夷法》)

（5）诸白衣见，恶贱讥呵言:“诸比丘尼无可度、不可度，度如此辈污人床席！无沙门行，破沙门法！”(《卷第十四·二百零七堕法》)

（6）尔时，彼估客复作是念:“我先以食诱彼比丘尼，日月浅近是以不果？今当更以食诱引，久意或回！”(《卷第十一·十七僧残法》)

（7）米中有谷不知云何？佛言:“听畜臼杵，令净人簸之。”(《卷第二十六·杂法》)

（8）若学家财物竭尽，僧有园田，应与令知，使异常限，余以自供；若无园田，僧有异供养时，令其学家作使得遗余。(《卷第十·四悔过法》)

（9）佛即遥责诸居士:“汝愚痴人！如何讥呵异国诵经，音句不正？”(《卷第六·九十一堕法》)

（10）有住处不闭户，失衣钵。佛言:“应作关钥，令人不知开。”(《卷第二十七·杂法》)

以上为名词。

（11）须达长者既到舍卫，作是念："何处极好堪作精舍？唯此城童子祇林，园果美茂，其水清洁，流泉浴池，香华悉备，当买作之。"（《卷第二十五·卧具法》）

（12）阿那律言："却后七年，佛不必在；又我危脆性命难保，王今云何以此为期？"（《卷第三·十三僧残法》）

（13）王言："家法云何？"答言："以衣敷地，行上舁之。"王言："可尔！"即敕为敷；又为敷细软衣为座，令坐其上。（《卷第二十一·皮革法》）

（14）复有长者子，名曰耶舍，本性贤善，厌离世间，喜乐闻法。（《卷第十五·受戒法》）

（15）即便还归，语其妇言："汝可更作粗恶之食，慈地等来，门外敷座，使婢下之。"（《卷第三·十三僧残法》）

（16）彼人亦以偈答："我有此妙技，弓箭应心手，杀一辄生喜，以何应致悔？吾本行此路，为人除怨害，不自顾身命，以成勇健名。"（《卷第二十五·破僧法》）

（17）于是推访，遇见一女，颜容雅妙，视瞻不邪，甚相敬爱，便往求婚。（《卷第四·三十舍堕法》）

（18）有一肥大比丘命过，诸比丘举着生草上，脂出流漫，杀诸生草。（《卷第二十一·衣法》）

（19）时，彼居士语左右言："此人无厌，难养、难满。我发心所与，五倍、六倍犹不惬意。先虽厚善，于今薄矣！"（《卷第四·三十舍堕法》）

（20）四大增损，饮食不能，气息羸微，命在漏刻，故谓之病。

(《卷第十五·受戒法》)

以上为形容词。

(21)犹如年少男女净洁自喜沐浴身体，着新净衣。(《卷第二十九·比丘尼法》)

(22)佛种种赞叹少欲知足已，告诸比丘："从今若合药如此者，听非时服。"(《卷第二十二·药法》)

(23)时，诸比丘为作人作食，不敢尝，或咸或淡，作人嗔恨不肯复作。(《卷第八·九十一堕法》)

(24)于是优陀夷取衣裁缝，经时不得，彼比丘尼来问："大德！衣已成未？"优陀夷言："先已有要，何故来催？"(《卷第七·九十一堕法》)

(25)时，王舍、舍卫二城中间，有一住处，诸居士以施诸比丘，无有住者。佛言："听诸白衣请摩摩谛，留住护视，供给所须。"(《卷第二十五·卧具法》)

(26)佛言："无杀心，不犯；瞋他比丘得波逸提罪。从今不听相瞋、未相悔谢共道行，犯者突吉罗！"(《卷第二十八·调伏法》)

(27)阿难言："我非欲使女人先礼舍利，恐其日暮不得入城，是以听之。我于此中亦不见罪相，敬信大德，今当悔过！"(《卷第三十·五百集法》)

(28)若比丘寄衣与余处比丘，比丘虽先闻知，衣未入手不犯长衣。(《卷第二十一·皮革法》)

(29)以是白佛，佛言："不听依止如上诸人！唯听依止如法比丘。"(《卷第十六·受戒法》)

(30)何谓别众羯磨？应来不来，应嘱授不嘱授，羯磨时得呵人

不同，而强羯磨。是名别众羯磨。(《卷第二十四·羯磨法》)

以上为动词。

《五分律》中的相类意义联合词，除名词、形容词、动词外，还有少量数词。

(31)佛因此事取一抟泥，而说偈言："虽得阎浮檀，百千金宝利，不如一团泥，为佛起塔庙。"(《卷第二十六·杂法》)

(32)佛答我言："当来过于百千亿万岁，有释迦牟尼佛出现于世，彼佛当记汝得解脱时！"(《卷第十五·受戒法》)

上例中，"百千""亿万"均言其数量之多，非确数。

这些相类意义联合词，其语素原来属于不同的义位，合成后则凸出了共同的义素，代表一个更加概括的概念。据程湘清先生对《论衡》《世说新语》及敦煌变文的复音词研究，这些文献中，相类意义联合词在不断地发展，《论衡》中已出现不少，《世说新语》中已经得到广泛的运用，到了敦煌变文里更是大量的出现了；但整体上基本名词居多，形容词、动词较少。我们发现在《五分律》中，形容词和动词有了很大发展，名词已不占明显多数，这三类词性相类意义联合词差不多平分秋色；此外，出现了少量相类意义联合数词。

相反意义联合，即构成复音词的语素在某个义位上是相反相成的。《五分律》中，相反意义联合词以名词为最，动词次之，形容词较少；在整体数量上不及相同意义联合词和相类意义联合词。如：

(1)彼言诤比丘亦应共议："若僧如法、如律作齐限，今日、明日、后日灭我等事者，我等当于僧中具说本末，委僧灭之。"(《卷第二十三·灭诤法》)

（2）佛告诸比丘："琉璃王愚痴！却后七日，当受害学人罪，其眷属大小亦俱并命。"（《卷第二十一·衣法》）

（3）阿难、阿酬二众于是各别，不复和合六年之中共安居，住处皆不布萨自恣。声闻遐迩，彻于梵天。（《卷第二十八·调伏法》）

（4）若乞乞儿、乞狗、乞鸟，应量己食多少取分，然后减以乞之；不得取分外为施。（《卷第八·九十一堕法》）

（5）跋难陀白佛言："看我住床！"佛呵责言："汝愚痴人！如何安生死窟宅，无求出意？汝不应自畜高床，敷锦绣褥，犯者突吉罗！"（《卷第十·九十一堕法》）

（6）此树有神，众人畏敬，夙夜虔恭，不敢堕慢。（《卷第三·十三僧残法》）

（7）若白衣唤，应详察，彼使是可信人不？又应审问，知其虚实；若犹有疑，至门，应先问其家："竟为唤不？"然后乃入。（《卷第十四·二百零七堕法》）

（8）时，诸比丘与比丘诤理，辨是非。（《卷第九·九十一堕法》）

（9）时，观者四塞，各各议言："今二龙斗，看谁得胜。"外道辈言："象龙力大，必胜于人。"佛弟子言："人龙道尊，象必降伏。"空辩无征，遂乃积敛金钱，共赌胜负。（《卷第三·十三僧残法》）

（10）彼于后时财物竭尽，中表亲戚，送食与之。（《卷第十·四悔过法》）

以上为名词。

（11）尔时，世尊默然受之，即以佛眼普观世间，见诸众生根有利钝：有畏后世三恶道者；有能受法，如大海者；有若莲华萌芽在泥，出水未出水不污染者。（《卷第十五·受戒法》）

（12）尔时，诸比丘尼着卑身衣，使形浓纤得中，生爱欲心，乃至今为诸比丘尼结戒，亦如上说。(《卷第十四·二百零七堕法》)

（13）诸比丘便羯磨无知比丘，不别衣好恶。(《卷第二十·衣法》)

（14）如是丑名、善誉充塞一国。迦留后时以信出家，诸咨问者日月更甚，乃至波斯匿王亦自亲诣咨问国事，喜怒之声转倍于前。(《卷第二·十三僧残法》)

以上为形容词。

（15）此宝非父余财，亦不营得。我于高楼上眠，眠觉便在我前。(《卷第二十一·皮革法》)

（16）佛言："应与边房；若不足者，与中房。不得令彼上座无有住处！"阿难受教即敷令住。(《卷第二十四·羯磨法》)

（17）时，瞿师罗到僧坊，白诸比丘言："我归三尊，不复更求诸余福田。愿诸大德来往我家！"(《卷第十·四悔过法》)

（18）尔时，修休摩比丘尼、婆颇比丘尼，常共行止，后婆颇命过，修休摩为之悲泣。(《卷第十一·八波罗夷法》)

（19）尔时，世尊与无央数众围绕说法，莲华色见众多人往反出入，谓是节会，当有饮食，便入精舍。(《卷第四·三十舍堕法》)

（20）是比丘应白僧言："大德僧听！我某甲比丘，以金银及钱卖买，犯舍堕。今于僧中舍。白如是。"(《卷第五·三十舍堕法》)

以上为动词。

值得注意的是，上述相反意义联合词大致可分为两种：

一种是语义相反的一般并列复词，两个语素的意义贡献不分伯仲。如"本末"指始末，包括主要的和次要的，"具说本末"即详细讲述整个事情的缘由；“大小”指大和小、长和幼，“其眷属大小”即包括老小长幼的所有眷属；“多少”指多和少，“量己食多少取分”即依据自己食量的具体多少取分，多食多取，少食少取；“虚实”指虚假和真实，“又应审问，知其虚实”即通过审问来辨别或虚或实；“利钝”指优劣，“根有利钝”即受教者的根性、资质有优劣之分，从后文的列举说明中也可看出是有利有钝，如畏后世三恶道者为“钝”，如大海、莲华者为“利”；“喜怒”指喜和怒，“喜怒之声”即上文所指的“丑名、善誉”；等等。

一种是语义相反的偏义复词，在特定语境中，实际只取一个语素的意义，另一个语素只起陪衬音节的作用。如“遐迩”指远近，我们联系下文“彻于梵天”，可知“声闻遐迩”主要指声闻远播，义偏在“遐”；“生死”指生和死，联系前文所言“看我住床”以及下文“不应自畜高床”可知“生死窟宅”主要指住的地方，义偏在“生”；“胜负”指胜败、高下，联系上文“今二龙斗，看谁得胜”，可知“共赌胜负”主要赌的是谁得胜，义偏在“胜”；“眠觉”指睡醒，与上文“眠”对举，联系其后“便在我前”，也知“眠觉”义偏在“觉”；“无有”指无和有，这里用如动词，义偏在“无”，“不得令彼上座无有住处”即不能让彼上座没有住处，双重否定即为肯定，意为定令彼上座有住处，后文“阿难受教即敷令住”可佐证；“来往”指来去、往返，这里义偏在“来”，显然，“愿诸大德来往我家”是希望大德来我家而不是离开我家；等等。

2. 不平等联合词

不平等联合词是由属于基本词汇的语素与属于一般词汇的语素

联合构成的，可分为前制后不平等联合词和后制前不平等联合词两类。由于基本词汇中的语素构词能力强，不平等联合词在《五分律》中也比较活跃。从数量上看，《五分律》中的前制后不平等联合词要多于后制前不平等联合词。

前制后不平等联合词，其结构为一般词汇的语素加基本词汇的语素。举例如下：

（1）有诸比丘执作，尘土污身须浴。佛言："听浴。"（《卷第二十五·卧具法》）

（2）长者复言："密为我治，当雇汝百千金钱。"（《卷第十七·受戒法》）

（3）尔时，诸比丘尼与白衣及外道妇女同衣卧，身体相触，生爱欲心，不乐梵行，遂致反俗、作外道者。（《卷第十四·二百零七堕法》）

（4）跋难陀复为说法，临别白言："长老！明日见顾蔬食。"（《卷第四·三十舍堕法》）

（5）妇忽作是念："愿得日初出时，四衢道中，四种兵战，磨刀汁饮。"（《卷第二十四·羯磨法》）

以上"执作"为动词，余为名词。

（6）有诸比丘住处狭小，不得避厕。以是白佛，佛言："若住处狭小，听以衣物遮之，令不相妨。"（《卷第二十七·威仪法》）

（7）时，瓶沙王有庵罗果园，三时茂好，长以花果施诸比丘，随所须用。（《卷第二十六·杂法》）

（8）佛言："不应不悔过！应作如是悔过：偏袒右肩，右膝着地，以两手捧师足，极自卑下，白言：'我小，我痴！后不敢复

作！’”（《卷第十六·受戒法》）

（9）彼有神庙是游戏处，众人竞赍美食，就中观看；或经信宿，肴膳丰多。（《卷第八·九十一堕法》）

（10）诸人言：“我实欢喜，作诸供养！务令饮食种种甘美，亦当以衣布施众僧。”（《卷第五·三十舍堕法》）

以上为形容词。

（11）时，诸比丘闻琉璃王诛杀舍夷国人，以是白佛。（《卷第二十一·衣法》）

（12）城中人见，皆大怖惧，恐石落地，莫不驰走。（《卷第二十六·杂法》）

（13）时，王与末利夫人同寝未起，夫人见阿难来，即便狼狈被衣下床，所被之衣极细而滑，不觉堕落惭羞蹲地。（《卷第九·九十一堕法》）

（14）尔时，有长者名迦留，聪明利根，善断人疑，舍卫城人凡有所作，乃至婚姻无不咨问，言与，便与；不与，便不与。（《卷第二·十三僧残法》）

（15）诸释于后掘去堂土，更为新地，然后请佛及僧于中设食，演说妙法。（《卷第二十一·衣法》）

（16）我心劬劳，实兼家国！（《卷第十五·受戒法》）

（17）尔时，有五百贾客从优禅那国来，道路迥绝，绝粮三日，前遣马使募求熟食。（《卷第七·九十一堕法》）

以上为动词。

后制前不平等联合词，其结构为基本词汇的语素加一般词汇的语素。举例如下：

（1）若有远行比丘入村乞食，便不及伴，至迥道中，或遇八月贼，或失道径，愿听远行比丘受我远行食，我亦尽命供给舍卫城远行比丘食。（《卷第五·三十舍堕法》）

（2）时诸比丘闻调达遣人害佛，皆持器杖，卫护世尊，分部相着，各在一面。（《卷第三·十三僧残法》）

以上为名词。

（3）彼比丘应将僧所差比丘往捉白衣手，谢言："我先作下贱声相加，我今悔过。受我悔过！"（《卷第二十四·羯磨法》）

（4）寡妇言："我是族姓，年在盛时，礼仪备举，多饶财宝；欲为大德给事所当，愿垂见纳！"（《卷第八·九十一堕法》）

（5）然后乃往欲受戒人所，语言："汝莫恐怖，须臾当着汝于高胜处！"（《卷第二十九·比丘尼法》）

以上为形容词。

（6）于是目连为现神变：分身百千，还合为一；石壁皆过，履水如地；坐卧空中，如鸟飞翔。（《卷第三·十三僧残法》）

（7）何谓在前？所谓若行若立若坐若卧若睡若觉若去若来、若前后视瞻、若屈伸俯仰、若着衣持钵、若食饮便利、若语若默，常一其心，此是我教。（《卷第二十·衣法》）

（8）诸佛世尊善能说喻，示现现事。（《卷第二十九·比丘尼法》）

以上为动词。

（二）词性构成

《五分律》中的联合式复音词，从词性构成上看，依然保持了构成复音词的单音语素词性同复音词词性相一致的特点[①]。其中数量最多的是动词性语素联合构成动词，其次是名词性语素联合构成名词，再次是形容词性语素联合构成形容词。还有少量的副词性语素联合构成副词、数词性语素联合构成数词。当然也存在语素同复音词词性不一样的情况，这种情况的复音词数量虽然不多，但却有多种构成方式。

1. 动 + 动→动

（1）比丘尼言："听汝处处按摩，但不得行欲！"（《卷第十一・八波罗夷法》）

（2）复有众多比丘尼渡河取牛屎，既渡，水涨不得还，为贼抄掠。（《卷第十一・十七僧残法》）

（3）汝勿出迎沙门瞿昙，沙门瞿昙应来见汝！（《卷第二十二・食法》）

（4）诸比丘虽闻佛语，犹诤不息，便于食上高声骂詈，更相打击。（《卷第二十四・羯磨法》）

（5）彼见法已，受三自归，奉持五戒，从坐起，头面礼足，右绕而退。（《卷第七・九十一堕法》）

（6）梵达侵夺我国，我与汝母逃走至此，其日已久，汝复长大；彼或得闻，父子便当一时并命。（《卷第二十四・羯磨法》）

（7）念已，收敛衣钵，入火光三昧，身中出烟。（《卷第

① 据程湘清先生对《诗经》《论衡》《世说新语》《敦煌变文集》的复音词研究，在复音词的词性上，都表现出相同的规律，即某词性的复音词是由同词性的单音词联合构成的。

九·九十一堕法》)

（8）洒扫房中，遍泥其内。自浣衣服，洗浴身体，然后入。(《卷第二十七·杂法》)

（9）毗舍离诸园观中，此园第一。我修此园本欲为福，今奉世尊，愿垂纳受！（《卷第二十·衣法》)

（10）王即放之，呵责断事人言："若后复有如此断事，当如向治汝！"(《卷第九·九十一堕法》)

（11）即敕二人："往视菩萨于何憩止？吾当出诣。"(《卷第十五·受戒法》)

（12）至期，一日至于六日，论说余事，皆使结舌。(《卷第十七·受戒法》)

（13）尔时，诸比丘尼同学病，不看视故，或不时差或至命过。(《卷第十三·二百零七堕法》)

（14）复有诸比丘欲治护空中树，于中安居。(《卷第十九·安居法》)

（15）主人见已，问诸比丘："此比丘尼有何相犯，齐声驱遣？"(《卷第十·四悔过法》)

（16）若有欲住其自恣者，僧应为如法检校，使得自恣而去。(《卷第十九·自恣法》)

（17）问言："今欲令我何所施作？"答言："姊妹可戴此饼，随我施佛及僧。"《卷第二十六·杂法》)

（18）大唤言："比丘强牵挽我，我不从之，辄便攫我，破衣伤肉。"(《卷第二十六·杂法》)

（19）若比丘上厕时应一心，看前后左右，至厕前謦欬弹指，令

厕中人、非人知；厕中人亦应弹指謦欬。(《卷第二十七·威仪法》)

(20)时彼比丘闻佛当来，作是念："此诸居士不信乐佛法，无大讲堂，佛与大众当于何住？"即集共议，便自斫伐草木，而营理之。(《卷第二·十三僧残法》)

2. 名 + 名→名

(1)跋难陀言："如人以象马布施，不与鞍鞯。汝亦如是，云何种种肴膳供养，惜此一衣而不见与？"(《卷第四·三十舍堕法》)

(2)有诸比丘住海岸边，材木难得，无可作屋。彼多有大鱼骨，欲取作之。(《卷第二十五·卧具法》)

(3)有诸白衣以田宅、店肆布施僧，诸比丘不敢受，便复讥呵言："此诸比丘不堪受供养！"(《卷第二十六·杂法》)

(4)尔时，差摩比丘尼到舍卫城，在露地布萨，为风雨、尘土、蚊虻所恼。(《卷第十二·尼律三十舍堕法》)

(5)阿范和利中道相逢，不避其路，诸离车言："何以不避，使车马相突。"(《卷第二十·衣法》)

(6)子孙之爱彻过骨髓，如何诸比丘诱窃人子，而度为道？(《卷第十七·受戒法》)

(7)善自在龙王化作人身，来诣佛所，稽首白言："我诸龙等有大神力，作种种形色游行世间。(《卷第二十二·食法》)

(8)若阿练若处比丘，应善知四方相，应善知机宜，应善别星宿知时节早晚。(《卷第二十七·威仪法》)

(9)尔时，大迦叶着粪扫衣，于街巷处处，拾弃食而食。(《卷第八·九十一堕法》)

（10）王闻此语，心即调柔，即舍王位以付太子，出家学道，在城左右山林树下。（《卷第十八·布萨法》）

（11）作是语已，出于余处，先为陀婆作恶名声，然后至王舍城，到其妹尼弥多罗所。（《卷第三·十三僧残法》）

（12）阿酬答言："我是沙门，是释种子！自可依诸经律，共判此事。"（《卷第二十八·调伏法》）

（13）船者，皮船瓶船木船箄筏尽名为船。（《卷第一·四波罗夷法》）

（14）今当敛物，随日供设；非我种族，不听豫之！（《卷第二十·衣法》）

（15）众生乐着三界窟宅，集此诸业，何缘能悟十二因缘，甚深微妙难见之法？（《卷第十五·受戒法》）

3. 形 + 形→形

（1）时跋难陀在彼众中色貌姝长，而舍利弗形容短小。（《卷第十七·受戒法》）

（2）第一夫人有子，名曰长生，顽薄丑陋，众人所贱。（《卷第十五·受戒法》）

（3）尔时迦夷王者我身是，聪睿大臣者舍利弗是，野狐王者调达是。（《卷第三·十三僧残法》）

（4）作是念已，便起游行，逢一羸瘦野狐，便欲杀之。（《卷第三·十三僧残法》）

（5）即前礼佛足，右绕而去，向彼龙所，作是念："我今当降此龙，令不坏形，而使其身微细如槠。"（《卷第九·九十一堕法》）

（6）因缘者：恐怖走时，老病疲极不及伴时，水狭浅、有桥船处，畏男子处，是名因缘。(《卷第十一·十七僧残法》)

（7）诸上座被僧差已，共作是议："何许地闲静平旷，可共于中论毗尼法？"(《卷第三十·七百集法》)

（8）便至虎边，而说偈言："善抓汝雄猛，生处色力妙，善牙说汝恶，我闻心不喜。"(《卷第六·九十一堕法》)

（9）后时邻国遣使，使白王言："我闻王有庵罗果园，三时茂盛。愿见其果！"(《卷第二十六·杂法》)

（10）佛度彼岸而说偈言："精进为舟筏，能济深广河；孰有睹若斯，不发信敬心。"(《卷第二十·衣法》)

4. 数 + 数→数

（1）既作王已，复作是念："我今为兽王，不应以兽为妇。"便乘白象，帅诸群兽不可称数，围迦夷城数百千匝。(《卷第三·十三僧残法》)

（2）又语迦叶："现汝神变！"即复示现种种神化：分身百亿，还合为一。(《卷第十六·受戒法》)

5. 副 + 副→副

（1）诸居士见，作是言："我等煮茧，比丘亦尔。沙门释子与我何异？此等常说慈忍众生，而今亲自煮茧。无沙门行，破沙门法！"(《卷第五·三十舍堕法》)

（2）尔时，瓶沙王作五岁一闰，外道、沙门、婆罗门皆悉依承，而诸比丘独不肯用。(《卷第十八·布萨法》)

需要指出的是，《五分律》中有不少联合复音词同其构成语素单音词的词性不一致。有以下 14 种结构方式。其中主要是动动联合构成名词，形形联合构成名词。

1. 动 + 动→名

（1）尔时，世尊告诸比丘：“汝等各随知识，就彼安居。莫住于此，受饥馑苦。”(《卷第二・四波罗夷法》)

“知识”指朋友，相识的人。

（2）尔时，那罗摩纳为摩竭国人所共宗敬，皆言：“此摩纳有大知见，必能解之！”便共往请。(《卷第十五・受戒法》)

“知见”指见解、见识。

（3）使受敕，至跋难陀所，语言：“某甲大臣问讯起居，送此衣直供养大德。大德受之！”(《卷第四・三十舍堕法》)

“起居”指作息、日常生活。

（4）时彼长者重着好衣，将诸傧从，从城中出，问讯世尊及诸比丘。(《卷第四・三十舍堕法》)

“傧从”指侍从的人。

（5）优波离所将比丘有先还者，佛如常法问已，又问：“优波离游行处，供养丰足不？”(《卷第九・九十一堕法》)

“供养”此处用如名词，指供养的物品。

2. 形 + 形→名

（1）世尊即嗅二华，得二十行下，余一华得九行下。耆域须臾来至佛所，白言：“药得下不？下为多少？”(《卷第二十・衣法》)

（2）我某甲比丘作粗恶语加某甲白衣，犯突吉罗罪，今向长老悔过！（《卷第二十四·羯磨法》）

（3）佛浣衣竟，于虚空中晒。（《卷第十六·受戒法》）

（4）去未久，优波离作是念："诸释豪强，若知剃诸人发，必当杀我。如此贵族尚能舍家，我今何为不舍剃具及诸宝衣，随彼而去？"（《卷第三·十三僧残法》）

（5）佛种种呵责彼比丘："汝愚痴人，所作非法！贪食臭秽，失于无量法味之利！"（《卷第二十七·杂法》）

3. 动 + 动→形

（1）随叶佛与千弟子游恐怖林，所以名曰恐怖林者，未离欲人入此林中衣毛皆竖，是故名曰恐怖林也。（《卷第一·四波罗夷法》）

（2）须达多闻已，欢喜踊跃，偏袒右肩遥向佛礼，三反称南无佛，竟夜念佛，疲极得眠。（《卷第二十五·卧具法》）

4. 动 + 形→形

（1）善能言说，畅理分明。（《卷第六·九十一堕法》）

（2）举止安详，身无倾邪，被服法衣净洁齐整。（《卷第六·九十一堕法》）

5. 形 + 形→动

（1）彼尼揵比丘问跋难陀经律，悉不能答，便轻贱佛法，谓诸比丘都无所知，还复外道。（《卷第十七·受戒法》）

（2）诸比丘欲庄严布萨堂，悬缯散华，兼施僧过中饮，亦因施

衣物；又欲以偈，赞叹佛法僧。(《卷第十八·布萨法》)

6. 动＋形→动

（1）夫人复白王言：“少染世荣，迷昧道业，即此促期，唯与苦会。”(《卷第十八·布萨法》)

（2）时，跋提王与阿那律、阿难、难提、调达、婆婆、金鞞卢等甚相爱重，若有所为，誓不相违。(《卷第三·十三僧残法》)

7. 形＋动→名

（1）过去世时，有迦夷国王，好喜布施，给诸穷乏。(《卷第二·十三僧残法》)

（2）念已往到其所，语言：“我欲买园，宁能见与不？”答言：“若能以金钱布地令无空缺，然后相与。”(《卷第二十五·卧具法》)

8. 动＋形→名

我作是念：“彼比丘必曾受我乃至一种供养，便生欢喜，增益善根。”(《卷第五·三十舍堕法》)

9. 形＋名→名

佛与大众从坐起去，渐渐北行，向罽那编发外道住处。(《卷第二十二·食法》)

10. 名＋动→名

说法时众会不得尽闻，以是白佛，佛言：“应敷高座在上说法。”

（《卷第十八·布萨法》）

11. 名 + 名→形

尔时，诸比丘无上下坐，不相恭敬。（《卷第十七·受戒法》）

“上下坐”指是否受尊敬的席位。

12. 形 + 名→形

诸白衣讥呵言：“酥令人悦泽，世人所食。云何比丘尼不求法味？贪着嗜美，求好颜色，与淫女何异？无沙门行！破沙门法！”（《卷第十四·八悔过法》）

13. 数 + 数→副

诸长老比丘种种呵责：“汝等云何见蛇再三出，犹故不避，致令啮死？”（《卷第九·九十一堕法》）

14. 动 + 动→副

众人来看，有信、有不信。信者言：“此比丘爪长，必作此事。”不信者言：“此女人由来不良，谤比丘耳！”（《卷第二十六·杂法》）

（三）语序构成

《五分律》联合式复音词中，存在着同素异序现象，可以分为两种情况：一是《五分律》中语序 AB 和语序 BA 都存在的，二是和现代汉语 AB 相比，《五分律》中只有语序 BA 的。

1. 语序 AB 和语序 BA 都存在

语序 AB 和语序 BA 的词义基本不受语序的影响，某种程度上可以说是等义词。共有 62 组。悉数如下：

【缘法、法缘】

（1）见此义已，即说偈言："生缘法皆尔，梵志初始禅，既知此缘法，能除一切疑；生缘法皆尔，梵志初始禅，既知此缘法，能除一切苦；生缘法皆尔，梵志初始禅，破魔之暗冥，如日升虚空。"（《卷第十五·受戒法》）

（2）跋难陀言："汝常信乐，勤于法缘。今日何故忽重俗事？"（《卷第四·三十舍堕法》）

【戒法、法戒】

（1）有一比丘自恣日犯突吉罗罪，向余比丘说，半云是突吉罗，半云是恶说；二部中各有持律、聪明智慧、有惭愧心、乐学戒法，共争不决，以住自恣。（《卷第十九·自恣法》）

（2）戒法者：所受不缺戒，不生恶法戒，成就善法戒、定共戒。（《卷第一·四波罗夷法》）

【戒经、经戒】

（1）若比丘尼恶性难共语，与诸比丘尼同学戒经，数数犯罪。诸比丘尼如法如律谏其所犯，答言："阿姨！汝莫语我若好若恶，我亦不以好恶语汝。"（《卷第十一·十七僧残法》）

（2）若比丘恶性难共语，与诸比丘同学经戒，数数犯罪。诸比丘如法如律谏其所犯，答言："大德！汝莫语我若好若恶，我亦不以好恶语汝。"（《卷第三·十三僧残法》）

【容颜、颜容】

（1）尔时，有王名优陀延，善知相法，有一夫人名月光，容颜姝妙音伎兼人。（《卷第十八·布萨法》）

（2）成罗汉已，游戏诸禅解脱，颜容光发，倍胜于昔。（《卷第四·三十舍堕法》）

【香华、华香】

（1）须达长者既到舍卫，作是念："何处极好堪作精舍？唯此城童子祇林，园果美茂，其水清洁，流泉浴池，香华悉备，当买作之。"（《卷第二十五·卧具法》）

（2）尽寿不着华香涂身，是沙弥戒。（《卷第十七·受戒法》）

【棘刺、刺棘】

（1）佛言："不应和尚、阿阇梨前着革屣，犯者突吉罗！有因缘于和尚、阿阇梨前着革屣无犯。若地有棘刺、若地有刺脚草、若地有沙石、若病时、若暗时。"（《卷第二十一·皮革法》）

（2）时，诸住处无有篱障，牛马唐突，坏经行处。佛言："听周围作篱，掘堑。"牛马犹故得入。佛言："听种刺棘作援。"（《卷第二十五·卧具法》）

【污泥、泥污】

（1）皆竞持时食、非时食、七日食、终身食奉佛及僧，积于中庭，遂成大積，纵横狼藉，尘土污泥，鸟兽集啖。（《卷第二十二·食法》）

（2）得食已，出聚落离人远，应下钵着地，脱僧伽梨抖擞去尘，若有泥污，应净除拭，还摄着肩上。（《卷第二十七·威仪法》）

【心中、中心】

（1）调达自以五法为道，不受其语，不着心中。(《卷第二十五·破僧法》)

（2）昔吾从波旬国，向拘夷城；二国中间，闻佛世尊已般泥洹，我时中心迷乱，不能自摄。(《卷第三十·五百集法》)

【树林、林树】

（1）尔时，世尊游娑罗树林。时有一猕猴，从树上下，取佛钵欲持去，诸比丘捉，不听。(《卷第八·九十一堕法》)

（2）父母语言："汝何用毁形在林树间？可还舍道，在家修善。"(《卷第一·四波罗夷法》)

【忧愁、愁忧】

（1）然后令其父子两得相见，父语子言："汝起还家！汝母失汝，忧愁殆死！"(《卷第十五·受戒法》)

（2）时，至被摈比丘所，语言："汝莫愁忧！我已助汝遮僧羯磨。僧不从我，我便起去，是为羯磨不成。"(《卷第八·九十一堕法》)

【珍奇、奇珍】

（1）若人百年之中，右肩担父，左肩担母，于上大小便利极世珍奇衣食供养，犹不能报须臾之恩。(《卷第二十·衣法》)

（2）其人复言："与我作妇，当以奇珍相与，衣服极丽，饮食随时，要令无乏。"(《卷第十一·十七僧残法》)

【困苦、苦困】

（1）又诸比丘尼见优波离，瞋骂言："坐此比丘恒问世尊，此戒应作二部僧持作一部僧持？佛便令作二部僧持，由此使我多受困

苦。”（《卷第十八·布萨法》）

（2）又有诸病比丘牵病乞食，病辄增剧，诸比丘尼语言：“莫自苦困，从我受食！”（《卷第十·四悔过法》）

【见识、识见】

（1）尔时，诸比丘度属官人，后入王舍城乞食，诸居士见识，讥呵言：“云何沙门释子度属官人？此辈无可度不可度者。无沙门行，破沙门法！”（《卷第十七·受戒法》）

（2）王言：“汝年少修道，识见明决，必得生天。若还相见，当遂汝意。”（《卷第十八·布萨法》）

【盲聋、聋盲】

（1）佛种种呵责言：“云何比丘尼盲聋喑哑种种诸病，而畜弟子，不能教诫，不能摄取，使弟子愚暗无知不能学戒？”（《卷第十三·二百零七堕法》）

（2）尔时，诸比丘尼虽满十二岁，而聋盲喑哑种种诸病，无所知，而畜弟子，不能教诫、不能摄取，弟子愚暗无知不能学戒。（《卷第十三·二百零七堕法》）

【恼热、热恼】

（1）尔时，有阿练若贼杀一住阿练若处比丘，从是以后，心常恼热，犹如热灰自炮其身，昼夜苦痛无有暂宁。（《卷第十七·受戒法》）

（2）沙门释子等行正法，净修梵行，我若于彼出家，可得离此热恼。（《卷第十七·受戒法》）

【寒雪、雪寒】

（1）时，离婆多在陀婆国人间游行，遇寒雪脚冻坏，还到祇洹，

头面礼佛足，却坐一面。(《卷第二十一·皮革法》)

（2）有诸比丘雪寒中行，脚冻坏。以是白佛，佛言："听用酥、盐、熊膏涂，以熊皮作靴。"(《卷第二十一·皮革法》)

【败坏、坏败】

（1）有诸比丘有亲里比丘尼，衣服败坏，乞得衣段，而不知作。(《卷第七·九十一堕法》)

（2）善法比丘作是念："此恶长者意已坏败，由来请僧要先语我，而今请舍利弗、目连等五百比丘，不使我知！"(《卷第二十四·羯磨法》)

【短乏、乏短】

（1）离婆多有一弟子名曰达磨，常侍左右，跋耆诸比丘便往其所，语言："我有沙门所须之物，若有短乏，便可取之！"(《卷第三十·七百集法》)

（2）时，瓶沙王亦欲令诸比丘游行教化，语言："愿为游行，若有乏短，当敕所在供给所须。"(《卷第十八·布萨法》)

【远近、近远】

（1）佛以是事集比丘僧，问彼比丘："所欲倩人去此远近？"答言："去此三由旬。"(《卷第五·三十舍堕法》)

（2）琉璃王问左右言："诸释去此近远？"答言："去此一由旬。"(《卷第二十一·衣法》)

【怖惧、惧怖】

（1）调达惊起，骂言："是恶欲比丘！始有善意，如何忽生恶心，以方便将我比丘去？"便大怖惧，热血从鼻孔出，即以生身堕大地狱。(《卷第二十五·破僧法》)

（2）陶师便多作合烧，开灶口视，皆成金钵，惧怖言："此是大沙门神力！若王闻者，必当谓我多有金宝。"（《卷第二十六·杂法》）

【畏怖、怖畏】

（1）时，诸居士入房观见，便大畏怖，谓是跋耆豪族游集，便问行人："此是何等贵人服饰？"（《卷第五·三十舍堕法》）

（2）仙人后时游行人间，弟子守窟，龙亦如前日来恭敬，弟子怖畏即大羸瘦。（《卷第二·十三僧残法》）

【厌恶、恶厌】

（1）又阿阇世王有一健将，力当千人，时人号曰千人力士，厌恶世苦，作是念："诸沙门释子等行正法，我当往彼出家以尽苦源。"（《卷第十七·受戒法》）

（2）有五事不能看病：不知病所宜药；不能得随病食；不能为病人说法，示教利喜；恶厌病人屎尿涕唾；为利故看，不以慈心。（《卷第二十·衣法》）

【爱重、重爱】

（1）诸比丘！罗咤波罗父母爱重，尚以出家不还求索；况诸居士于汝无亲，而多求乎？（《卷第二·十三僧残法》）

（2）昔有族姓子，名罗咤波罗，父母重爱；自以出家，不从父母有所求索。（《卷第二·十三僧残法》）

【敬畏、畏敬】

（1）一切覆藏名为覆藏。若于和尚、阿阇梨、所敬畏人间覆藏，不名覆藏；于余人间覆藏，名为覆藏。（《卷第二十三·羯磨法》）

（2）信乐佛法者便言："此树有神，众人畏敬，夙夜虔恭，不敢堕慢；而诸比丘伐之无疑，一切色心晏安如故，可谓大神大贵可

重。”（《卷第三·十三僧残法》）

【羞惭、惭羞】

（1）有诸比丘不系下衣入聚落，堕地露形，诸女人笑之，羞惭。（《卷第二十六·杂法》）

（2）时，王与末利夫人同寝未起，夫人见阿难来，即便狼狈被衣下床，所被之衣极细而滑，不觉堕落惭羞蹲地。（《卷第九·九十一堕法》）

【骑乘、乘骑】

（1）不为骑乘人说法，除病。（《卷第十四·尼律百众学法》）

（2）诸比丘不敢，以是白佛，佛言：“从今听老病比丘骑乘，但不得乘骑雌畜生。”（《卷第二十一·皮革法》）

【合和、和合】

（1）有比丘风病应合和小便、油、灰、苦酒，用摩身体。以是白佛，佛言：“听合和摩之。”（《卷第二十二·药法》）

（2）诸佛常法，客比丘来皆加慰问，问言：“汝等安居和合，乞食易得，道路不疲耶？”（《卷第二·四波罗夷法》）

【度量、量度】

（1）若比丘得新衣，应先浣，舒张度量，然后裁截。（《卷第二十七·威仪法》）

（2）舍利弗然后以绳量度作经行处、讲堂、温室、食厨、浴屋及诸房舍，皆使得宜。（《卷第二十五·卧具法》）

【吞啄、啄吞】

（1）绝餐六日，余命漏克，数日之间，当弃中野，鸱鸟吞啄，虎狼竞食。（《卷第一·四波罗夷法》）

（2）佛知其念，从耆阇崛山来下，见乌啄吞其血。问阿难："何故有此血，乌竞啄之？"（《卷第二十一·皮革法》）

【乞求、求乞】

（1）佛种种呵责："汝等应修少欲知足，不应多事乞求无厌。"（《卷第二·十三僧残法》）

（2）诸比丘食后集议言："彼比丘尼幸能多得饮食，我等何烦余处求乞？但当日日共随其后！"（《卷第十·四悔过法》）

【言语、语言】

（1）此诸比丘从何处来？低头默然，状如孝子，不知与人交接言语。（《卷第三·十三僧残法》）

（2）彼比丘后复入村乞食，二比丘尼于巷中见，礼拜问讯，乃共语言。（《卷第七·九十一堕法》）

【说言、言说】

（1）去后，旧住比丘向诸居士说言："汝等应生欣庆心，有如是如是好比丘住此安居！"（《卷第二十七·威仪法》）

（2）言说者：说生过恶，赞叹死好。因此死者，波罗夷。（《卷第二·四波罗夷法》）

【敬信、信敬】

（1）时，罗睺罗至那罗聚落，为一优婆塞深所敬信，为起房。（《卷第二十五·卧具法》）

（2）不信乐佛法者，咸皆语言："汝信敬沙门，致此重罚。若复亲近，方当剧是。"（《卷第四·三十舍堕法》）

【济拔、拔济】

（1）佛言："有五法住他自恣，后无悔：怜愍故、利益故、欲济

拔故、使从恶戒出故、住全戒中故。”(《卷第十九·自恣法》)

（2）教言：“我某甲，求某甲和尚受具足戒；今从僧乞受具足戒。愿僧拔济我，怜悯故！”如是三乞。(《卷第十七·受戒法》)

【嘱付、付嘱】

（1）尔时，诸比丘尼在毗舍佉母所，作精舍安居竟，无所嘱付，空寺出行。(《卷第十三·二百零七堕法》)

（2）毗舍佉母言：“置使烧尽！先诸比丘尼不付嘱出行，致使失火。后还，复过长说所失物，贻我恶名！”(《卷第十三·二百零七堕法》)

【扫除、除扫】

（1）时，五百家日差一人，扫除房舍，承受所为。(《卷第五·三十舍堕法》)

（2）听畜七种粗钵：一以盛饮食、二以盛香、三以盛药、四以盛残食、五以除唾、六以除扫、七以除小便。(《卷第十二·尼律三十舍堕法》)

【聚集、集聚】

（1）寒时，诸比丘聚集，患寒。佛言：“听作温室。”(《卷第二十五·卧具法》)

（2）大雨时，诸比丘无集聚处。佛言：“听作大堂。”(《卷第二十五·卧具法》)

【聚积、积聚】

（1）尔时，诸比丘尼多聚积器物，前后屋中，处处皆有；遇火烧屋，辇出诸物，无有极已。(《卷第十二·尼律三十舍堕法》)

（2）六群比丘便多积聚药，诸白衣讥呵言：“此诸沙门为欲作

医？为欲贩卖？自言小欲知足，而无厌已！”(《卷第二十六 · 杂法》)

【畜积、积畜】

（1）汝今云何畜积非法？（《卷第四 · 三十舍堕法》)

（2）此诸比丘即遥呵责难陀跋难陀：“如何出家积畜宝物，以殃我等？”(《卷第五 · 三十舍堕法》)

【隐避、避隐】

（1）佛言：“听在隐避处眠，应语知识比丘：‘我在某处眠，若有僧事呼我！’”(《卷第十八 · 布萨法》)

（2）有一住处布萨，诸比丘在隐避处说戒，客比丘来不知处所。以是白佛，佛言：“若无难事，不应避隐处说戒。”(《卷第十八 · 布萨法》)

【伤破、破伤】

（1）彼女醉醒，自见身体处处伤破，作是念：“此人必当见杀！”(《卷第十一 · 十七僧残法》)

（2）尔时，诸比丘畜高床，老病比丘上下床时，堕地破伤或露形体。(《卷第十 · 九十一堕法》)

【杀伤、伤杀】

（1）于是其妇即说偈言：“‘虽有利弓箭，未曾落一发；杀伤既狼藉，如何不生悔？’”(《卷第二十五 · 破僧法》)

（2）诸外道见，讥呵言：“沙门释子自云慈念，而今云何伤杀生命？”(《卷第二十一 · 衣法》)

【诵读、读诵】

（1）又诸比丘亦与诸比丘尼衣，令浣染打，时诸比丘尼以此多事，妨废诵读，坐禅行道。(《卷第四 · 三十舍堕法》)

（2）诸比丘尼为供养故，不敢辞惮，便多事多务，妨废读诵，坐禅行道，诸居士见闻讥呵。(《卷第五 · 三十舍堕法》)

【擯斥、斥擯】

（1）便白王言："王之四子并有威德，我子虽长，才不及物，承系大业必为凌夺！若王擯斥四子，我情乃安！"(《卷第十五 · 受戒法》)

（2）于是罗睺罗白佛言："世尊！何须三问陀婆？但当斥擯此比丘尼。"(《卷第三 · 十三僧残法》)

【顿止、止顿】

（1）既至旷野顿止之处，通夜办之，明日晨朝，于一象荫下敷一比丘座，最大象荫敷世尊座。(《卷第二十二 · 食法》)

（2）王即严驾，出诣菩萨止顿山下，王步上山，至菩萨所。(《卷第十五 · 受戒法》)

【宿止、止宿】

（1）我今不能门到户至，当作一客舍，令在家出家人任意宿止，于中择取。(《卷第八 · 九十一堕法》)

（2）时，瓶沙王作是念："佛止宿处，我当即以此处施佛，立于精舍。"佛知其意，暮宿迦兰陀竹园。(《卷第十六 · 受戒法》)

【截断、断截】

（1）众生乐着三界窟宅，集此诸业，何缘能悟十二因缘，甚深微妙难见之法？又复息一切行，截断诸流，尽恩爱源，无余泥洹，益复甚难。(《卷第十五 · 受戒法》)

（2）典材令言："若王已相与，随意取之。"达尼迦便取城防大材，断截持去。(《卷第一 · 四波罗夷法》)

【舒张、张舒】

（1）时，诸比丘作衣，不舒张裁便截之，或长或短或偏邪，不得成衣；更索不能得。(《卷第二十七·威仪法》)

（2）彼洲上丛草中，有雉生一鷇，父母见火欲至，便舍而去。其鷇于后，张舒翅脚示火神。(《卷第二十七·杂法》)

【视瞻、瞻视】

（1）何谓在前？所谓若行若立若坐若卧若睡若觉若去若来、若前后视瞻、若屈伸俯仰、若着衣持钵、若食饮便利、若语若默，常一其心，此是我教。(《卷第二十·衣法》)

（2）复有一病比丘，无瞻视者，由此命过。(《卷第十六·受戒法》)

【见闻、闻见】

（1）时王与诸群臣于高楼上，遥见菩萨以为奇雅，顾语众臣："未曾见闻若斯人比，必是神圣！"(《卷第十五·受戒法》)

（2）臣观古今，未曾闻见，人王之女与下贱兽。(《卷第三·十三僧残法》)

【污秽、秽污】

（1）有诸老病比丘，不能自持取草束倚坐，污秽房中。以是白佛，佛言："不应倚草束，听作隐机禅带。"(《卷第二十·衣法》)

（2）此等出家求道清净，如何秽污如此好处，断人乐事？(《卷第十三·二百零七堕法》)

【洒扫、扫洒】

（1）洒扫房中，遍泥其内，自浣衣服，洗浴身体，然后入。(《卷第二十七·杂法》)

（2）僧既与行摩那埵，应晨起扫洒比丘尼住处诸房，泥治壁地，应有水处皆取令满，诸有可作皆应作之。(《卷第二十九·比丘尼法》)

【缝染、染缝】

（1）若至春余一月，先有许施雨浴衣者，知识比丘应为往语言："今是缝染作雨浴衣时。"(《卷第五·三十舍堕法》)

（2）有诸比丘于厕边坐禅、眠卧、染缝衣服、受经、经行，妨诸比丘上厕。诸比丘以是白佛，佛言："不应尔！"(《卷第二十七·威仪法》)

【破裂、裂破】

（1）有诸比丘未入村及出村，草木钩衣破裂，尘土入叶中，欲反着不敢。(《卷第二十·衣法》)

（2）诸居士作是议："我等何方令彼比丘受我施衣？正当裂破火烧，处处着街巷中，伺其入聚落时，语言：'汝看左右，若有所见取之。'"(《卷第二十一·衣法》)

【啼哭、哭啼】

（1）舍利弗不为受，如是遍至五百比丘所，皆不与受，便啼哭还归。(《卷第十六·受戒法》)

（2）佛以天眼观见，问舍利弗言："此摩纳何故哭啼而归？"(《卷第十六·受戒法》)

【泣涕、涕泣】

（1）佛渐游行到舍卫城，住于祇洹，瞿昙弥及五百释女泣涕在门。(《卷第二十九·比丘尼法》)

（2）阐陀涕泣长跪，白言："相师昔记太子，当为转轮圣王，七宝千子，王四天下，正法御世，不用兵杖，自然太平；而今云何弃

此王位，脱身宝衣，受苦山野？”（《卷第十五·受戒法》）

【敬承、承敬】

（1）诸人等闻其此唱，知佛世尊当从此过，皆大欢喜，敬承其语。（《卷第二十五·卧具法》）

（2）即如其念，便自严饰，于王入时，倍如承敬。（《卷第十五·受戒法》）

【引诱、诱引】

（1）调达闻之，心无惭愧，犹以巧言引诱其意；遂便迷没，受悦其语。（《卷第三·十三僧残法》）

（2）尔时彼估客复作是念：“我先以食诱彼比丘尼，日月浅近是以不果？今当更以食诱引，久意或回！”（《卷第十一·十七僧残法》）

【即便、便即】

（1）跋难陀言：“若能去者，当与汝衣。”达摩言：“先与我衣，然后当去。”即便与之。（《卷第四·三十舍堕法》）

（2）阿难及一须陀洹比丘既不受筹，便即出去，往到佛所，头面礼足，以是事白佛。（《卷第二十五·破僧法》）

【共同、同共】

（1）诸比丘尼以是白佛，佛言：“不应为解羯磨，应白二羯磨差一比丘尼伴之，共语、共同行止。”（《卷第二十九·比丘尼法》）

（2）船师见之，便讥呵言：“汝等同共出家，不能相护，况于余人！无沙门行，破沙门法！”（《卷第七·九十一堕法》）

【皆悉、悉皆】

（1）复欲见其妇福德之力，即取一器饭着于妇前，妇取分布，一切军众皆悉充足，犹不减尽。（《卷第二十二·食法》）

（2）佛在毗舍离。有一住处下湿，时十七群比丘在一房中安居，去时不举僧卧具，悉皆烂坏。(《卷第六・九十一堕法》)

【自手、手自】

（1）若比丘，无病，在街巷中，从非亲里比丘尼自手受食。是比丘应向诸比丘悔过：“我堕可呵法，今向诸大德悔过！”(《卷第十・四悔过法》)

（2）长者手自下食，食毕行水，与家大小于佛前坐。(《卷第二十二・食法》)

2. 只有语序 BA

同现代汉语的语序 AB 比较，《五分律》中只有语序 BA 的共有 67 个。悉数如下：

【女母】

毕陵伽便结草，变成二金华鬘，与彼女母，语言：“天下有二种金胜：阎浮檀金及神足所化。汝可持此与女令着。”(《卷第五・三十舍堕法》)

【梁栋】

地上物者：物在地上，若床架、机凳、户楣、梁栋，乃至屋上树上，如是等尽名地上物。(《卷第一・四波罗夷法》)

【音声】

耆域善别音声本末之相，佛将至冢间，示五人髑髅。(《卷第二十・衣法》)

【园田】

若学家财物竭尽，僧有园田，应与令知，使异常限，余以自供；

若无园田，僧有异供养时，令其学家作使，得遗余。(《卷第十·四悔过法》)

【材木】

典材令言："我于材木不得自由。"问言："由谁？"答言："由王。"(《卷第一·四波罗夷法》)

【容仪】

便着新衣往至佛所，遥见世尊容仪挺特，有三十二大人之相，圆光一寻，犹若金山，即生信敬，前礼佛足，却坐一面。(《卷第二十·衣法》)

【家国】

佛昔出家，尚有难陀，不能令我如今懊恼。难陀已复出家，余情所寄唯在此子。今复出家，家国大计永为断绝，未能忘情，何能自忍？(《卷第十七·受戒法》)

【苦痛】

若居士还见，必生恶心向余比丘，使其长夜受诸苦痛；我当遣人，往白世尊。(《卷第四·二不定法》)

【虫蚁】

吾从今宁自失命，不故杀生，况杀人乎！不故伤虫蚁，况女及诸人等乎！(《卷第二十六·杂法》)

【宠荣】

阿那律言："若王出家，吾愿乃果；贪着宠荣，吾则永沦。愿王三思，不违先誓！"(《卷第三·十三僧残法》)

【过罪】

其暗钝者心转怀忿，作是念："我今亦当伺其过罪！"(《卷第

八·九十一堕法》)

【径路】

汝初开漏门，为此大恶，波旬常伺诸比丘短，汝今便为开魔径路，摧折法幢，建立魔麾。(《卷第一·四波罗夷法》)

【毛羽】

我言:“汝便还彼，众鸟暮来，合掌向言:‘我今须汝毛羽，可以见与。’”(《卷第二·十三僧残法》)

【众会】

时，彼众会皆悉唱言:“沙门释子更相憎嫉，见调达多得供养，便作是语。”(《卷第三·十三僧残法》)

【日时】

诸比丘尼晨朝着衣持钵，到请家方相问大小，日时遂过，居士讥呵:“此诸比丘尼正似婆罗门女！相问知经多少多者为大。我今设供，日时已过，当如之何？”(《卷第二十九·比丘尼法》)

【算计】

尔时，十七群童子父母爱念，母作是言:“我子不惯勤苦，体性软弱，教何技术得终安乐？”父言:“当教算计、书画！”(《卷第九·九十一堕法》)

【义旨】

尔时，大众虽闻佛与迦叶各说一偈，未悟义旨，犹有疑虑。(《卷第十六·受戒法》)

【意故】

时，十七群童子为贼所抄，父母啼哭懊恼。毕陵伽婆蹉乞食见之，问其意故，具以事答。(《卷第二十八·调伏法》)

【虚空】

于是婆罗门从床下出作不净行，比丘尼即觉，踊升虚空；时婆罗门，便于床上，生入地狱。(《卷第四·三十舍堕法》)

【室家】

菩萨久后复敕御者，严驾游观，出西城门，逢见死人，舁尸在前，室家男女哀号随后。(《卷第十五·受戒法》)

【奢豪】

诸白衣见，讥呵言："此诸沙门，如王如贵人，奢豪无俭。"(《卷第十·九十一堕法》)

【吉凶】

诸比丘问卜相师，欲自知吉凶。佛言："不听，犯者突吉罗！"(《卷第二十六·杂法》)

【速疾】

调达见此，益瞋忿言："汝何儜困，速疾灭去！"即自捉大石推下害佛。(《卷第三·十三僧残法》)

【殊特】

时，旃荼修摩那比丘尼有弟子名修摩，色貌殊特，彼见生染着心，作是念："以食诱之，或可得果。"(《卷第十一·十七僧残法》)

【净洁】

譬如少年好喜净洁，澡浴涂身，着新净衣，忽以三尸婴加其颈，脓血逼身，虫流满体。(《卷第二·四波罗夷法》)

【秽浊】

尔时，世尊因跋提而说偈言："快哉阿罗汉，无复恩爱缚，已破欲恚痴，无复诸结网；既到于泥洹，无有秽浊心，不染着于世，解

脱无诸漏……”(《卷第三・十三僧残法》)

【齐整】

去聚落不远，其地平正，有好软草，以钵着上已，抖擞僧伽梨及中下衣，齐整着之。(《卷第二十七・威仪法》)

【饶富】

迦留语言：“汝可以女与某甲婚，其家饶富，必得安乐。”(《卷第二・十三僧残法》)

【热闷】

复有比丘，浴室中浴，热闷倒地。(《卷第六・九十一堕法》)

【微轻】

尔时，有一摩纳害母，思维罪重，常有悔惧，不知云何得灭此罪？念言：“沙门释子等行正法，净修梵行，我若于彼出家，罪应微轻。”(《卷第十七・受戒法》)

【微细】

我今当降此龙，令不坏形，而使其身微细如槠。(《卷第五・九十一堕法》)

【澡洗】

若持律比丘有衣物应代担，为办澡洗水，拭手脚巾，为作浴具，设过中饮，请说法。(《卷第十八・布萨法》)

【摩触】

妇既入房，优陀夷亦复如前，种种摩触，久久乃出。(《卷第一・四波罗夷法》)

【别离】

诸比丘尼语言：“汝莫如是！一切有为悉皆磨灭，如佛所说，

恩爱别离无长存者。若有为法不坏不散，无有是处！”（《卷第十一·八波罗夷法》）

【救解】

诸人若有官事，能为救解，莫不欢喜言：“我蒙阿姨恩得免罪厄，今有所须，当以相奉！”（《卷第十二·尼律三十舍堕法》）

【担负】

有一比丘山居，惯乐担负羊毛，道路疲极，既至僧坊庭中倒地。（《卷第五·三十舍堕法》）

【论议】

诸比丘见，莫不叹伏，问言：“汝与人论议，以非为是。意为谓是，为知非耶？”（《卷第六·九十一堕法》）

【唤呼】

尔时，舍卫城十七群童子不满二十，毕陵伽婆蹉与受具足戒，不堪忍饥唤呼求食，如戒缘中说。（《卷第十七·受戒法》）

【斗战】

有诸比丘往斗战处取死人衣，军人讥呵言：“此诸比丘欲令我等多杀人！”（《卷第二十一·衣法》）

【骂詈】

僧犹应筹量：“若我等与作不见罪羯磨，不共住不共布萨，自恣作诸僧事，以此致诤更相骂詈，令僧不和别住，生诸尘垢。”（《卷第二十四·羯磨法》）

【骂辱】

善法比丘闻已，便嗔恨言：“长者苦见骂辱，何宜复住？今当远去！”（《卷第二十四·羯磨法》）

【说譬】

诸佛世尊善说正法，亦善说譬。说犯淫者，如针鼻决不可复用，如人命尽不可复活，如石破不可复合，如断多罗树心不可复生。(《卷第一·四波罗夷法》)

【飞腾】

宾头卢便飞腾虚空。复语言："飞腾虚空，亦不与汝！"(《卷第二十六·杂法》)

【藏积】

瞿伽离见，语诸比丘："世尊赞叹舍利弗少欲知足，而今藏积我等所无。"(《卷第二十六·杂法》)

【藏隐】

其夫暮还，莲华色问："君有新室，何故藏隐不令我见？"(《卷第四·三十舍堕法》)

【备豫】

有诸比丘欲私作盖，佛言："听作！方圆随意，木作头子，除漆树；若叶若草作覆，亦听十种衣一一衣覆之。僧、四方僧及私皆听畜，亦听长一以为备豫。"(《卷第二十七·杂法》)

【祀祠】

有诸比丘祀祠鬼神，佛言："不应尔，犯者突吉罗！"不得为鬼神及外道师作塔亦如是。(《卷第二十七·杂法》)

【承奉】

弟子应承奉和尚。(《卷第十六·受戒法》)

【卫护】

时，诸比丘闻调达遣人害佛，皆持器仗，卫护世尊，分部相着，

各在一面。(《卷第三・十三僧残法》)

【问讯】

时，旃荼修摩那比丘尼弟子，至师檀越家诈云：“师病索三种药粥。”得已，于外自食。其家妇女后往问讯言：“阿姨病差不？”(《卷第二十八・调伏法》)

【嫉妒】

或复有言：“此辈沙门恐比丘尼夺其食分，是故如是！同共出家，而相嫉妒，自不相善，况于余人！”(《卷第十・四悔过法》)

【弃捐】

佛在王舍城。尔时，诸比丘弃捐饭食，诸居士讥呵：“此诸比丘如小儿食！”(《卷第十・百众学法》)

【改悔】

彼二比丘，后正顺于僧，改悔自责，求解呵责羯磨。诸比丘以是白佛，佛言：“僧应白四羯磨与解。”(《卷第二十四・羯磨法》)

【还归】

跋难陀得衣还归所住，诸比丘见，语言：“汝福德人，得此好衣。”(《卷第四・三十舍堕法》)

【合会】

慈地见之复欲诽谤，后从耆阇崛山下，见二猕猴合会行欲，便作念言：“我今当与彼二猕猴作假名字，雄者名陀婆，雌者名偷罗难陀。”(《卷第三・十三僧残法》)

【减割】

于是六群比丘，遍语城中诸居士、居士妇言：“有诸比丘从波利邑来，欲觐世尊，遇劫失衣。汝等可共减割施之。”(《卷第四・三十

舍堕法》)

【结集】

吾闻其语，倍复忧毒，佛虽泥洹，毗尼现在，应同勖勉共结集之；勿令跋难陀等别立眷属，以破正法。(《卷第三十·五百集法》)

【反逆】

若王子中有反逆者，必复疑是比丘所教。(《卷第九·九十一堕法》)

【解了】

吾今已成无上正觉，应共一心听受教诫，汝若随顺无违无逆，不久当得族姓出家，净修梵行，现证道果！生死已尽，梵行已立，所作已作，解了五阴，止宿泥洹。(《卷第十五·受戒法》)

【守摄】

行人见之，讥呵言："此非出家语论之处，何不住阿练若处，守摄诸根？"(《卷第十·九十一堕法》)

【量计】

汝家财富，天下所知，但我私宝，积没人首，况父母物，孰能量计？(《卷第一·四波罗夷法》)

【疗治】

尔时，阐陀比丘常出入诸家，为说法料理官事疗治众病，国王大臣长者居士无不亲敬。(《卷第三·十三僧残法》)

【卖买】

诸居士便讥呵言："白衣卖买，七日犹悔。如何沙门须臾不得？形服与人异，而贩卖过于人。"(《卷第五·三十舍堕法》)

【难问】

尔时，差摩比丘尼聪明机辩，难问诸比丘。诸比丘不能答，便大羞耻。(《卷第十四·二百零七堕法》)

【迫胁】

余估客见，便助迫胁言："汝若不欲为他作妇，何故受他饮食？若必不能，当夺汝衣钵！"(《卷第十一·十七僧残法》)

【弃舍】

彼梵志宿世善神，即于空中为说偈言："佛始出世间，天上天下尊。如何汝遇之，而反弃舍去？"(《卷第十五·受戒法》)

【随顺】

佛种种呵责："汝等所作非法，不随顺道！"(《卷第二十三·灭诤法》)

通过穷尽式地展示、统计《五分律》中的同素异序词，对于其中的同素异序现象，我们总结如下：

第一，《五分律》共有同素异序词 129 个，其中动词最多，名词次之，形容词最少。AB、BA 同时在本书中应用的有 62 组，占 48.1%；只用 BA 的有 67 个，占 51.9%。

第二，AB、BA 同在本书中应用的，有时出现在同一卷中，如《卷第二·十三僧残法》的"爱重、重爱"，《卷第十三·二百零七堕法》的"盲聋、聋盲""嘱付、付嘱"，《卷第十六·受戒法》的"啼哭、哭啼"，《卷第十七·受戒法》的"恼热、热恼"，《卷第十八·布萨法》的"隐避、避隐"，《卷第二十一·皮革法》的"寒雪、雪寒"，《卷第二十五·卧具法》的"聚集、集聚"等。有时甚至在同一句话中同时应用，如"骑乘、乘骑"，见《卷第二十一·皮革法》："佛言：'从今听老病比丘骑乘，但不得乘骑雌畜生。'"有时虽然出现在不同卷中，但其上下文语境完全一样，如"戒经、经戒"，见《卷第十一·十七僧残法》"若比丘尼恶性难共语，与诸比丘尼同学戒经，数数犯罪"；《卷第三·十三僧残法》"若比丘恶性难共语，与诸比丘同学经戒，数数犯罪"。有时虽然上下文语境有略微差别，但意义和用法并无二致。如"远近、近远"，见《卷第五·三十舍堕法》："佛以是事集比丘僧，问彼比丘：'所欲倩人去此远近？'答言：'去此三由旬。'"与《卷第二十一·衣法》："琉璃王问左右言：'诸释去此近远？'答言：'去此一由旬。'"AB、BA能在同一书甚至同一卷同一句同一语境中出现，说明它们不管是语序AB还是BA，在意义和用法上是相同的，应当看作是同一个词。但我们也注意到，有少数词在颠倒语序后，词性发生了变化。如前例中"珍奇"为形容词，"奇珍"为名词；"见识"为动词，"识见"为名词；"秽污"为动词，而"污秽"前例中为动词，有时则为形容词，如《卷第十·百众学法》"尔时，诸比丘以食手，捉净饭器，肥腻污秽，余比丘恶之"。也有极个别词在颠倒语序后，词性不变而意义发生了变化。如《五分律》中"合和""和合"都用为动词，《卷第二十二·药法》"有比丘风病应合和小便、油、灰、苦酒，用摩身体"中"合和"为"掺和、混合、调制"之义；《卷第二·四波罗夷法》"汝等安居和合，乞食易得，道路不疲耶"中"和合"为"和睦"之义。如《五分律》中"视瞻""瞻视"都用为动词，《卷第二十·衣法》"前后视瞻"中"视瞻"为"观看、瞻望"之义；《卷第十六·受戒法》"复有一病比丘，无瞻视者，由此命过"中"瞻视"为"看护、照顾"之义。

第三,《五分律》中只有语序 BA 的,有的 BA 和现代汉语中的 AB 在词义、词性上略有不同。如“意故”在《五分律 》中用作名词,《卷第二十八 · 调伏法》“毕陵伽婆蹉乞食见之,问其意故,具以事答”中“意故”意为“缘故”;现代汉语中“故意”多用作副词,意为“有意识地(那样做)”,用作名词时是法律专门用语,指行为人认识构成犯罪之事实而决心使其发生或任其发生之意思状态。“算计”在《五分律 》中用作名词,《卷第九 · 九十一堕法》“父言:‘当教算计、书画’”中“算计”意为“算术”;现代汉语中“计算”用作动词,意为“运算”;虽现代汉语也有“算计”一词,但用作动词,在意义上多表示“考虑、筹谋”,且带有一定的贬义。又如“问讯”在《五分律 》中用作动词,《卷第二十八 · 调伏法》“其家妇女后往问讯言:‘阿姨病差不’”中“问讯”是“问候、慰问”之义;现代汉语中“讯问”虽也用作动词,但多表示“严厉盘问”之义。又如“还归”在《五分律 》中用作动词,《卷第四 · 三十舍堕法》“跋难陀得衣还归所住”中“还归”是“返回、归回”之义;现代汉语中“归还”虽也用作动词,但多表示“退还,把人或物送回原主原地”之义。又如“反逆”在《五分律 》中用作动词,《卷第九 · 九十一堕法》“若王子中有反逆者,必复疑是比丘所教”中“反逆”是“谋反”之义;现代汉语中“逆反”多用作形容词,表示“与正常的、传统的或所预期的方向相反”之义。

第四,《五分律》中的同素异序词只有少数二者都流传至今,如“语言”和“言语”、“心中”和“中心”、“聚集”和“集聚”、“聚积”和“积聚”等。但有的词义、词性发生了变化,如现代汉语中“语言”只作名词,“心中”则成了偏正结构。BA 类流传下来的更为罕见，大部分同素异序词到现代汉语中都以AB语序固定下来了。那么，为什么BA被淘汰而AB被保留了下来？余嘉锡先生在《世说新语笺疏·排调》中指出：“凡以二名同言者，如其字平仄不同，而非有一定之先后，如夏商、孔颜之类。则必以平声居先，仄声居后，此乃顺乎声音之自然，在未有四声之前，固已如此。”[①] 董志翘先生也认为：“在选择、淘汰的过程中，两个音节的声调如有差别，那么调序往往起了决定性的作用。换句话说，就是其中符合调序的一式保留了下来，而不符合调序的一式常被淘汰。……只有一式的并列结构同素双音词，大多因两个音节不符合调序，后来渐调整成了符合调序的式。”[②] 语言是为交际服务的，在意义不变不影响沟通的前提下，符合平上去入声调顺序的AB式自然而然会更受到使用者的青睐，这样的演变也符合自然发音的规律。此外，也会有些同素异序词在语序的选择上明显不符合调序原则而更多地依赖于语义，如《五分律》中“树林、林树”这一组在现代汉语里只保留了“树林”，“毛羽”在现代汉语里则为“羽毛”。正如周荐所说：“并列结构内词语的顺序问题不是语法问题，而关涉语音、语意两个方面，多决定于言语习惯。”[③]

魏晋南北朝时期是民族大融合时期，是社会动荡变革最为突出的时期，也是语言演变最显著的时期。当时的汉语正经历着向中古汉语过渡的转变，复音词大量增加，形式愈趋多样，词序的灵活性

① 余嘉锡：《世说新语笺疏》，北京：中华书局，1983年，第658页。

② 董志翘：《〈入唐求法巡礼行记〉词汇研究》，北京：中国社会科学出版社，2000年，第185—186页。

③ 周荐：《并列结构内词语的顺序问题》，《天津师范大学学报》，1986年05期。

很强，这都促使了同素异序现象的出现和丰富。尤其是《五分律》中 AB、BA 的并存，更说明了人们是有意识构造的，它们是中古时期词汇复音化的体现。程湘清先生曾指出："同素异序词在一定程度上说明联合式结构的产生尽管通常不需要一个词组阶段（这里主要指相同意义联合词，而同素异序词绝大多数都是相同意义联合词），但语素的字序却有一个逐步稳定的过程。"[①]随着社会的变迁，语言也在不断地变化发展，这个过程中，在语言经济原则的作用下，同素异序词的字序开始逐步稳定，那些不必要的等义词即结构、意义完全相同的同素异序词会不断地简化，以至于在现代汉语中大多数都只存在 AB 式一种用法，个别甚至还出现了 AB、BA 式在现代汉语中都消亡的情况，如"悉皆、皆悉"，它们的消失也反映了语言内部因适应经济原则而缩略的语言事实。

以上我们从语义、词性和语序三个方面描绘分析了《五分律》中的联合式复音词。综合以上实例，我们可以看出联合式复音词的一些特点：

第一，同《论衡》《世说新语》《敦煌变文集》相比，从数量上看，联合式是《五分律》中数量最多、最能产的构词方式，平等联合词中相类意义联合和相反意义联合增加较多，不平等联合词表现出比较活跃的态势。从词性构成看，《五分律》中依然保持了构成复音词的单音语素词性同复音词词性相一致的特点。其中动动联合构成动词最多，这同《论衡》《敦煌变文集》的情形仿佛；语素同复音

① 程湘清：《〈论衡〉复音词研究》,《汉语史专书复音词研究》，北京：商务印书馆，2003 年，第 133 页。

词词性不一致的，结构方式有 14 种之多，较《论衡》《世说新语》《敦煌变文集》中的结构方式要更为繁复[①]。从语序构成看，《五分律》中 AB 和 BA 同时存在的略占少数，稍多的是只见 BA 的运用，这种 BA 占比多数的情况与《论衡》和《世说新语》相反，而与《敦煌变文集》一致[②]。

第二，同前代相比，《五分律》中联合式复音词又产生了一批新词新义，其中名词、动词、形容词都有。如：伴党、锦绮、儜困、吞忍、摧督、悭惜、击攊、雪拭、收捉、画治、轻倰、余长、璨丽、盈长、洪注、谛了、浓纤、瞋谤、淳昏、敬难、畦畔、形服、济理、嫌怪等。可参考王艳红《〈弥沙塞部和醯五分律〉中双音节新词新义研究》，我们这里不再展开。

第三，同现代汉语比较，一些联合式复音词的词义、词形、词性有所不同。也就是说，这些复音词流传到现在，在词义、词性、词形方面发生了一些变化。

首先，词义发生变化。有些词的义位古今有很大不同。略举一二：

【处分】现代汉语中主要指"处罚、惩罚"，在《五分律》中则具有"处置、安排"的义位。如：

有诸比丘未命过处分衣物，言："我死后以此衣物施某甲，以此衣物作如是如是用。"(《卷第二十一・衣法》)

① 据程湘清先生统计，语素同复音词词性不一致的，《论衡》中有 6 种结构方式，《世说新语》中有 12 种结构方式，《敦煌变文集》中有 9 种结构方式。

② 《论衡》《世说新语》中 AB 和 BA 同时存在的占多数，而变文中 AB、BA 同时存在的有 26 对，单独存在的 BA 有 66 个。见《变文复音词研究》，《汉语史专书复音词研究》，北京：商务印书馆，2003 年，第 289 页。

【颜色】现代汉语中主要指“色彩”，在《五分律》中则具有“容貌、脸色”的义位。如：

诸比丘见，问言：“汝先好颜色，今何憔悴？将无不乐梵行，犯恶罪耶？”(《卷第一·四波罗夷法》)

【消息】现代汉语中主要指“音信、讯息”，在《五分律》中则具有“调息、调养”的义位。如：

调达便谓已受其语，即效佛常法，告舍利弗、目连：“汝可为众说法，吾背小痛，当自消息。”(《卷第二十五·破僧法》)

有些词的适用范围古今有异。有适用范围变大的，也有适用范围缩小的。略举一二：

【劳动】现代汉语中可泛指“人类创造物质或精神财富的活动”，包括体力脑动和脑力劳动；在《五分律》中则表示“操劳，繁重的体力活”。如：

劳动故，病更困笃，或有死者。(《卷第十八·布萨法》)

【交会】现代汉语中可泛指“会合、交叉”，如列车交会、空间交会、角度交会等；在《五分律》中则特指“男女交会性交”。如：

尔时，诸比丘尼于有食家宿，闻彼夫妇交会时声，生爱欲心，不复乐道，遂有反俗、作外道者。(《卷第十三·二百零七堕法》)

【恩爱】现代汉语多指“夫妻之间的亲热和情爱”，在《五分律》中表佛教意义，指“父子、兄弟、夫妻之间互相执着的情爱”。如：

尔时，世尊因跋提而说偈言：“快哉阿罗汉，无复恩爱缚，已破欲恚痴，无复诸结网……”(《卷第三·十三僧残法》)

其次，词性发生变化。多数是《五分律》中为动词，现代汉语中为名词；也有少量《五分律》中是名词、形容词，现在变为动词的。

动→名：

【裁缝】《五分律》中“裁缝”只用作动词，现代汉语中是名词。如：

于是优陀夷取衣裁缝，经时不得，彼比丘尼来问：“大德！衣已成未？”优陀夷言：“先已有要，何故来催？”（《卷第七·九十一堕法》）

【贸易】《五分律》中“贸易”只用作动词，且可带宾语；现代汉语中常用作名词。如：

有居士欲与比丘尼贸易住处，诸比丘尼不敢。佛言：“听与贸易。”（《卷第二十九·比丘尼法》）

【教授】《五分律》中“教授”只用作动词，且可带宾语；现代汉语中常用作名词。如：

若一一问答，皆如法，教师应还坛上立，语羯磨师言：“我已教授某甲如法竟！”（《卷第十七·受戒法》）

【觉悟】《五分律》中“觉悟”只用作动词；现代汉语中常用作名词，且是个带政治色彩的常用词。如：

汝等愚痴，如怨家共住！云何而得和合安乐？我无数方便教汝等共住，当相诲诱，转相觉悟，以尽道业。（《卷第十九·自恣法》）

名→动：

【形容】《五分律》中用作名词，指“形象、身材”；现代汉语中常用如动词，指“描摹、描述”。如：

时，跋难陀在彼众中色貌姝长，而舍利弗形容短小。（《卷第十七·受戒法》）

形→动：

【破坏】《五分律》中用作形容词；现代汉语中只用作动词。如：

有诸比丘革屣、富罗及履破坏，不知令谁补治。(《卷第二十一·皮革法》)

再次，词形发生变化。这是由于构成复音词的单音同义词类聚体中发生不同组合导致词义、词性基本相同而词形不同。略举一二：

【澡浴、澡洗】“洗”“沐”“浴”“澡”是一个同义类聚体，现代汉语中“洗澡”较为常见，书面语中尚有“洗浴”“沐浴”。《五分律》中除组合成“洗浴”“沐浴”外，还组合成“澡浴”“澡洗”。如：

（1）譬如少年好喜净洁，澡浴涂身，着新净衣，忽以三尸婴加其颈，脓血逼身，虫流满体。(《卷第二·四波罗夷法》)

（2）尔时，世尊须水澡洗，尼连禅河自然曲流，经佛边过，令佛得用。(《卷第十六·受戒法》)

【求乞、乞索】“乞”“求”“索”是一个同义类聚体，现代汉语中“乞求”“索求”较为常见，“求索”则文言意味稍浓。《五分律》中除组合成“乞求”“求索”外，还组合成“求乞”“乞索”。如：

（1）复有外道男女千人、五百乞儿，皆随佛后，求乞残食。(《卷第八·九十一堕法》)

（2）诸比丘尼为作布萨堂故处处乞索，乃至今为诸比丘尼结戒，亦如上说。(《卷第十二·尼律三十舍堕法》)

二、偏正式

《五分律》中偏正式复音词共有1351个，占全书复音词数的38%，占语法造词数的38.5%，占运用词序方式造词数的39.2%。其构成特点和发展状况，我们分别从语义和词性两个方面进行描写和分析。

（一）语义构成

我们把偏正式复音词的中心语素叫做正语素，起限制修饰作用的语素叫做偏语素。从正语素看，可区别为有关人或事物的、有关动作行为的、有关性质状态的三类。

1. 正语素是有关人或事物的

▲表身份、职业。

《五分律》中有一大批近于大类名的正语素，如“人”“师”“女”“家”“士”“儿”“王”“主”“母”“客”“夫”等，构成了数量众多的表身份、职业的偏正式复音词。

【~人】

（1）晨出暮返，异于在昔，莲华色怪之，密问从人，从人答言：“外有少妇，是故如此。”（《卷第四·三十舍堕法》）

（2）离婆多言：“比是大人所行，何以故？空三昧是大人法。”（《卷第三十·七百集法》）

（3）佛言：“于我法中非人不生，不应与出家受具足戒，若已受具足戒应灭摈。受具足戒时，应问：‘汝是非人不？’”（《卷第十七·受戒法》）

（4）有一妇人夫行不在，傍通有身，从常供养比丘乞堕胎药，与之，儿死母不死，生疑问佛。（《卷第二十八·调伏法》）

（5）有一比丘次第乞食，到一贾人家，贾人问言：“欲须何等？”答言：“须食！”（《卷第七·九十一堕法》）

（6）王即立严制："若复有度官人者，当折其和尚肋骨，截其阿阇梨舌，与余僧重生革沙鞭八下，驱出国界。"（《卷第十七·受戒法》）

（7）时，诸居士入房观见，便大畏怖，谓是跋耆豪族游集，便问行人："此是何等贵人服饰？"（《卷第五·三十舍堕法》）

这里"行人"表示"修行之人"。

（8）家人自相谓言："若常为沙门作奴，我等便应各分生活！"邻人语言："汝信敬沙门方当穷困！"（《卷第十·九十一堕法》）

（9）有诸比丘得新革屣不敢受，以是白佛，佛言："听受。应令净人着行七步，然后着之。"（《卷第二十一·皮革法》）

（10）有诸比丘往斗战处取死人衣，军人讥呵言："此诸比丘欲令我等多杀人！"（《卷第二十一·衣法》）

（11）于是，弟子乘车载女，执如意弓，带五百发箭，受敕而去；正遇彼贼共分诸物，使人逻于要道。逻人遥见，驰白贼帅。（《卷第二十五·破僧法》）

（12）时，有外道母人抱一小女，阿难以其有儿，偏与二饼。（《卷第八·九十一堕法》）

（13）长者即问守门者："汝何以听乞人入？"（《卷第二十六·杂法》）

（14）我先结草庵，辄为樵人所坏；后作瓦屋，复违法王出家之体。（《卷第一·四波罗夷法》）

（15）即说偈言："欲得好心莫放逸，圣人善法当勤学。若有智慧一心人，乃能无复忧愁患。"（《卷第七·九十一堕法》）

（16）得衣比丘言："此是死尸，非生人也！"（《卷第二十·衣

法》)

(17)复有比丘于旁观死人，起尸鬼复入尸中，张眼吐舌，以手打之。(《卷第二十·衣法》)

(18)诸不信乐佛法者，种种讥呵："我等俗人犹耻捉宝，沙门释子何故复尔？无沙门行，破沙门法！"(《卷第九·九十一堕法》)

(19)于是居士便瞋骂言："沙门释子少欲知足，而今遍雇一切织师，无有厌足。与世贪人有何等异？无沙门行，破沙门法！"《卷第四·三十舍堕法》)

(20)此树有神，国人所奉，诸祈请者多得如愿；忽见斫伐莫不惊怪，不信乐佛法者皆呵骂言："沙门释子无道之甚，苟欲自利，伤害天人。"(《卷第三·十三僧残法》)

(21)婢言："我是下人，不知所以。"(《卷第三·十三僧残法》)

(22)其国界有二仙人，一名罗睺罗，常好坐禅；一名阿难，多闻无畏。(《卷第二十五·卧具法》)

(23)我比将汝所诣，皆是得美食处，而不得之。恐是汝先人所责，天神所忿，或复是汝罪业所致，勿怨于我！(《卷第九·九十一堕法》)

(24)便往语言："汝是下贱种姓，工师小人！汝曾作诸大恶，无仁善行！"(《卷第六·九十一堕法》)

(25)行人答言："此诸比丘造作房舍，乞求无厌。邑人患苦，所以见仁皆悉逃走。"(《卷第二·十三僧残法》)

(26)有比丘见主人田无水，决属他水浇之，生疑问佛。佛言："若直五钱犯。"(《卷第二十八·调伏法》)

(27)官收不得，知向舍卫城，便作移书与波斯匿王言："我国

女人犯罪应死，叛入彼国可送还我！若彼有罪人叛来我国，亦当送之。”（《卷第十一·十七僧残法》）

（28）时诸比丘为作人作食，不敢尝，或咸或淡，作人嗔恨不肯复作。（《卷第八·九十一堕法》）

【~师】

（1）如是三白已，语大众言：“吾之所知，下及神变，皆大师恩！”于是大众始知迦叶是佛弟子，便于佛所，喜敬无量。（《卷第十六·受戒法》）

（2）佛在舍卫城。尔时有法师比丘，名沙兰，聪明才辩，一切四众外道沙门婆罗门无能及者。（《卷第六·九十一堕法》）

（3）佛复前行，有一工师，其女善能作羹，请佛及僧，纯以羹施，用当后食。（《卷第二十二·食法》）

（4）教师应往将来，教礼僧足。（《卷第二十九·比丘尼法》）

（5）猎师寻至，问比丘：“见我所射猪不？”（《卷第二十八·调伏法》）

（6）时，波利国有贩马师，驱五百匹马，夏初来至，热时已到，见此邑清凉，水草丰茂，便共停止，养食诸马。时，诸比丘至马师所默然而立。（《卷第一·四波罗夷法》）

（7）过去世时，有一射师名拘和离。有人从学射法，六年教之，语言：“应作如是捉弓，如是批箭。”而未教放法。（《卷第二十五·破僧法》）

（8）毗舍佉见佛及僧忽然在座，衣服不湿，作是念：“我得善利，供养如是圣师及圣弟子，天雨洪注，而衣服不湿。”（《卷第五·三十舍堕法》）

（9）佛在苏摩国，自作钵坯以为后式，令陶师烧。（《卷第二十六·杂法》）

（10）诸比丘问卜相师，欲自知吉凶。佛言："不听，犯者突吉罗！"（《卷第二十六·杂法》）

（11）时，有居士诣一织师，雇织作衣，答言："我已许比丘，不得复作。"（《卷第四·三十舍堕法》）

（12）有一咒师，以羖羊咒，咒令出穴，不能令出。（《卷第二十六·杂法》）

【~女】

（1）二十亿白佛言："世尊！我舍二十亿钱，五百摩尼宝珠，一摩尼宝床，二十夫人，无量彩女。……"（《卷第二十一·皮革法》）

（2）尔时，波斯匿王年年与诸宫女出行国界，处处皆有离宫别观。（《卷第九·九十一堕法》）

（3）菩萨为诸妓女所娱乐已，便得暂眠，众妓女辈皆淳昏而寐。（《卷第十五·受戒法》）

（4）于是龙王语摩纳言："汝今何为须此龙女？龙女多恚，或以毒火共相伤害！随汝所须金银宝物，尽当相与！"（《卷第十五·受戒法》）

（5）有一比丘坐禅，魔女来至其前。比丘见生染着心，不觉起捉彼女。（《卷第二十八·调伏法》）

（6）阿难须臾便至，五百释女抱儿出迎，皆着阿难前地，儿即大啼。（《卷第二十八·调伏法》）

（7）此人先在忉利天，有五百天女，极相爱乐。（《卷第二十一·皮革法》）

（8）何处巷，有淫女、年长童女，及寡妇？（《卷第二十七·威仪法》）

（9）复有诸贼女、偷女、应死女，诸居士言："若能出家，我当活汝！"（《卷第十一·十七僧残法》）

（10）寡妇答言："汝岂不知，由此沙门使我稚女致此苦剧。"（《卷第二·十三僧残法》）

【~家】

（1）有一比丘，以成擘野蚕绵，倩诸比丘作卧具；绵少不足，便到绵家语言："我卧具绵少，少多布施。"（《卷第五·三十舍堕法》）

（2）佛在王舍城。尔时，有比丘名达尼迦是陶家子，于乙罗山作草庵住。（《卷第一·四波罗夷法》）

（3）有诸学家，僧作学家羯磨。若比丘于是学家受食，是比丘应向诸比丘悔过："我堕可呵法，今向诸大德悔过！"（《卷第十·四悔过法》）

（4）白衣见火从比丘尼住处来，便瞋呵言："我等供养此比丘尼，反成怨家！"（《卷第十二·二百零七堕法》）

（5）于是女家咸嗔恨言："由沙门释子使我女寡！"复种种骂詈，丑言溢口。（《卷第七·九十一堕法》）

（6）议已即便入城，到诸富家共相称赞，如上所说，语言："汝得大利，圣众福田依汝聚落。"（《卷第二·四波罗夷法》）

（7）尔时，诸比丘尼乘乘诣诸白衣，诸白衣讥呵言："此诸比丘尼如王夫人、贵家妇女，乘乘行来，无有仪法！"（《卷第十三·二百零七堕法》）

（8）时，大迦叶从贫家乞食，释提桓因作是念："今大德迦叶从

贫家乞，我今当作方便使受我食。”（《卷第八·九十一堕法》）

【～士】

（1）佛在王舍城。尔时有居士请二部僧食，六群比丘与六群比丘尼对坐，互教下食人令相益，余善比丘不复得食。（《卷第十·四悔过法》）

（2）于是莲华色比丘尼，如力士屈伸臂顷，从舍卫城往安陀园树上取之。（《卷第四·三十舍堕法》）

（3）佛言：“善哉，贫士！汝能见人作福，佣力慕及。……”（《卷第七·九十一堕法》）

（4）……诸女人言：“此是雄士。”（《卷第二十八·调伏法》）

（5）尔时，诸比丘到军中再三宿，观军着仗列阵，乃至战时，战士见之，咸瞋忿言：“此不吉人已复来此！王若不信乐佛法，我当先断其头，然后击贼！”（《卷第八·九十一堕法》）

（6）时，瓶沙王与其邻国，先闻其教尽杀沙门释子，恐入己界，敕诸杖士守护比丘，杖士受敕动止不离。（《卷第十八·布萨法》）

（7）时，自在天魔知其心念，譬如壮士屈伸臂顷，来至其前，从水踊出，立于水上。（《卷第二·四波罗夷法》）

【～儿】

（1）居士见，讥呵言：“此诸沙门着下衣，或似妇人或似伎儿，以此为好，无有风法！尚不知着衣，何况于理！”（《卷第十·百众学法》）

（2）诸居士见，讥呵言：“此诸比丘正似憍儿，又如狡戏。”（《卷第十·百众学法》）

（3）有比丘尼产一男儿，不知云何？以是白佛，佛言：“听白二

羯磨差一比丘尼伴之！”（《卷第二十九·比丘尼法》）

（4）复有外道男女千人、五百乞儿，皆随佛后，求乞残食。（《卷第八·九十一堕法》）

（5）有一比丘本是偷儿，语诸比丘：“可共至彼聚落取物。”（《卷第二十八·调伏法》）

（6）有诸比丘克木作男女像、鸟兽形；又作种种戏具，与白衣小儿。佛言：“不应作、与，犯者突吉罗！”（《卷第二十七·杂法》）

【~王】

（1）达尼迦言：“法王所坏，我复何言！”（《卷第一·四波罗夷法》）

（2）梵王光明倍于帝释，迦叶夜见，亦复不知是何等光？明日复来请佛，白食已办，并问光意。（《卷第十六·受戒法》）

（3）尔时，龙王日从水出，以身七匝围绕仙人，舒头在上，下向敬视。（《卷第二·十三僧残法》）

（4）时，王闻说贤人之偈，心大欢喜，即以牛王一头，及余千牛而施与之。（《卷第二·十三僧残法》）

（5）四天王知佛意，各取一自然香净石钵，以奉世尊，白言：“唯愿哀纳我等此器，受贾人施！”（《卷第十五·受戒法》）

（6）夫人白王言：“王试看我所事福田！”着衣已，以瓶水掷空中，飞而逐之，从楼上过，犹如雁王。（《卷第八·九十一堕法》）

【~主】

（1）五比丘言：“佛是法主，当开第一房令住。余处我等已分尽，是私物，不复属僧。自可于聚落中，随知识求其所安。”（《卷第二十五·卧具法》）

（2）尔时，有一家为非人所害，唯家主一人在，作是念："我今穷饿，当作何方救全性命？……"（《卷第十七・受戒法》）

（3）彼教诫师应行初法，先问和尚："此欲受具足戒人，学二岁戒日满不？衣钵具不？"若言不具，应语令具；若言具，复应问："为是已有？为是借？"若言借，应语借主舍与。（《卷第二十九・比丘尼法》）

（4）王舍大臣及所赁主，闻见此事，益怀欢喜，复各送百千两金，以结新好。（《卷第七・九十一堕法》）

（5）诸比丘见，语言："汝犯如是如是罪，汝应见罪悔过。莫不清净，修于梵行无得，长夜受诸苦恼；勿令施主失大功德。"（《卷第三・十三僧残法》）

（6）尔时，诸比丘度负债人与受具足戒，受具足戒已，入王舍城乞食。债主见，语言："汝负我债，谁听汝出家？"（《卷第十七・受戒法》）

【~母】

（1）佛言："纯黑色衣产母所着，犯者波逸提；余四色，突吉罗。"（《卷第二十・衣法》）

（2）乳母言："恨汝身相殊特，而意未亲佛法众僧！"（《卷第二十・衣法》）

【~客】

（1）时，有估客营住，诸比丘欲依安居。以是白佛，佛言："听依。"（《卷第十九・安居法》）

（2）阿那律即前入室结跏趺坐，坐未久，复有贾客来求宿，寡妇答言："我虽常宿客，今已与比丘，不复由我。"（《卷第八・九十一

堕法》)

【~夫】

(1)世尊视之,佛言:"此是难护之处,若使凡夫命过,便失大利。从今不听刀破隐处,犯者偷罗遮!"(《卷第二十二·药法》)

(2)即四出求索,见一壮夫,便语之言:"汝为我杀佛,当厚相报。"(《卷第三·十三僧残法》)

【~徒】

(1)彼有一邑名那罗陀,有故梵志名曰沙然,受学弟子二百五十。门徒之中,有二高足,一名优波提舍,二名拘律陀。(《卷第十六·受戒法》)

(2)尔时,世尊欲重宣此义,而说偈言:"愚人增其恶,由于利养生,痴断清白法,犹如身首分;不修清净行,而志招学徒,欲居众人上,望一切归宗……"(《卷第三·十三僧残法》)

▲表状貌、质地。

这是由表示状貌、质地的偏语素,修饰多属具体事物的正语素所构成的偏正式复音词。如:

(1)春夏八月日露坐,冬四月日住于草庵,若受人屋舍善法不生。(《卷第二十五·破僧法》)

(2)有诸比丘得风病应服牛驴骆驼鳣脂。诸比丘为乞不得,而得四种肥肉。(《卷第二十六·杂法》)

(3)时,毕陵伽便以杖叩王楼柱,即化成金楼。问言:"王,此高楼用何物作?"(《卷第五·三十舍堕法》)

(4)尔时,黑云大雨七日,佛所住林,及迦叶家浩成一水。(《卷第十六·受戒法》)

（5）去迦叶不远有一茂林，佛于中止，夜四天王来下侍卫，并欲听法。(《卷第十六·受戒法》)

（6）佛在舍卫城。尔时，诸比丘数入波斯匿王宫，见诸美女生染着心，不乐修梵行，或有反俗作外道者。(《卷第九·九十一堕法》)

（7）有诸比丘畜着木屐木屧，于僧坊内行作声，乱诸比丘坐禅。(《卷第二十一·皮革法》)

（8）时，目连闻琉璃王欲攻舍夷，白佛言："愿佛听我化作铁笼，笼彼大城！"(《卷第二十一·衣法》)

（9）议已，皆执杖诣僧坊，见比丘便围绕欲打，知非乃止；进前于狭路逢优波离，前后共遮，举杖欲打。(《卷第十三·二百零七堕法》)

（10）诸比丘患鱼骨臭。佛言："听以香泥泥之。"(《卷第二十五·卧具法》)

▲表用途、功能。

这是由表示用途、功能的偏语素，修饰多指用品、器物的正语素所构成的偏正式复音词。如：

（1）佛言："不应尔！听屏处掘地作厕屋，覆上，作上下道及栏格，厕满应除去。"(《卷第二十七·杂法》)

（2）彼有斑色犊子，跋难陀谛视生念，欲得此皮作敷具。(《卷第二十一·皮革法》)

（3）沙竭陀得已便差，即以白佛，佛言："已差，应渐渐断之；乃至嗅酒器，不复恶者，不得复嗅。"(《卷第九·九十一堕法》)

（4）彼是毕波罗延摩纳大姓之子，舍九百九十田宅、犁牛，出家学道。(《卷第二十六·杂法》)

（5）有诸比丘于温室讲堂食堂作食处、和尚阿阇梨上座前嚼杨枝。佛言："不应尔！"（《卷第二十七·威仪法》）

（6）从今若剃头师出家，不听畜剃刀，犯者突吉罗！（《卷第二十二·食法》）

（7）诸比丘言："此间多有蚊虻，不能得住！"诸居士复言："大德但住，当送蚊幮。"（《卷第二十·衣法》）

（8）诸比丘随知识与澡豆等，佛言："应等与。"（《卷第二十六·杂法》）

（9）佛在王舍城。尔时，诸比丘用骨牙角作针筒，便诸处求，若粪扫中拾用作之。（《卷第十·九十一堕法》）

（10）尔时，诸比丘尼作外道事火法，然火及诵其咒语。（《卷第十四·二百零七堕法》）

上述例（3）中"酒器"的"器"，充当正语素构词能力颇强，《五分律》中还可见"饭器""饮器""乐器""食器""烧器"等词。

▲表方位、时间。

这是由表示方位、时间的偏语素或正语素所构成的偏正式复音词。如：

（1）昔有贾客，从北方担一雌鸡到波旬国，波旬国无雄鸡，与乌共合生卵，伏乳既成大乌，作鸡鸣不成，作乌声亦不得。（《卷第二十四·羯磨法》）

（2）佛告阿难："汝可宣语诸比丘，如来今当游行南方，若欲从者任意同去。"（《卷第十七·受戒法》）

（3）若在界内食，食时应出界外自恣；若在界外食，食时应住界内自恣。（《卷第十九·自恣法》）

（4）时，有一人见生憎嫉，即白瓶沙王言："某村某家得好伏藏，其女所着华鬘天下无比，大王后宫之所未有。"（《卷第五・三十舍堕法》）

（5）梦见水中央浊，四边清者：尔时佛法中国先灭，边国反盛。（《卷第二十六・杂法》）

（6）佛在阿荼脾邑。彼诸居士以佛当去，皆来至比丘所，共诸比丘同屋坐禅或共经行，初夜后夜都不睡卧。（《卷第六・九十一堕法》）

（7）佛以是事集比丘僧，告诸比丘："此优婆塞不但今世，昔亦曾尔！"（《卷第二十五・卧具法》）

（8）于是，瓶沙王稽首，请佛及僧明日中食，佛默然受。欢喜还宫，敕办种种美膳，明旦于竹园敷座，自出白："食具已办！"（《卷第十六・受戒法》）

（9）瞿昙沙门昔日食一麻、一米，尚不得道；今既多欲，去道远矣！（《卷第十五・受戒法》）

（10）我等先时朝暮见诸比丘，今何以断绝不复见之？（《卷第七・九十一堕法》）

▲表领属关系。

这是由表示领属关系的偏正语素所构成的偏正式复音词，其中偏语素是正语素的领属主体。如：

（1）时，诸比丘尼暮至城门，城门已闭，扣门索入，守门者问："汝是谁？"答言："是比丘尼。"（《卷第七・九十一堕法》）

（2）时，舍利弗患风，有一呵梨勒果，着床脚边。（《卷第二十六・杂法》）

（3）不听如刀柄带着腰中，犯者突吉罗。（《卷第二十五·卧具法》）

（4）彼下上坐食已，便驰往问："何所患苦？"答言："骨节皆痛！"彼即为按摩。（《卷第十一·八波罗夷法》）

（5）夫人念言："我子虽长，才不及物；而彼四子并有威德，国祚所归，必钟此等。当设何计，固子基业？"（《卷第十五·受戒法》）

（6）诸比丘用马尾作拂，杀虫。佛言："不听用马尾作拂，犯者突吉罗！"（《卷第二十六·杂法》）

（7）有比丘于鼠穴中得千两金囊，盗心取，生疑问佛。（《卷第二十八·调伏法》）

（8）佛呵责言："汝等何以裸形见佛？岂不能得树叶及草以蔽身耶？"（《卷第四·三十舍堕法》）

（9）诸比丘不知云何随王法？以是白佛，佛言："听少一夜布萨。"（《卷第十八·布萨法》）

（10）诸佛世尊为示现事，善说譬喻：犹如人死，终不能以此身更生；如针鼻决，永不复得为针用。（《卷第十七·受戒法》）

▲表类属关系。

这是由表示类属关系的偏正语素所构成的偏正式复音词。其中偏语素表属，正语素表类。如：

（1）佛言："于房中次第敷卧具，足使容身满而止。若欲以衣遮前，听各各遮。若足者善；若不足，外有空处，听作庵屋，旧住比丘应为作之。"（《卷第二十五·卧具法》）

（2）我此正法亦复如是，有八未曾有，诸比丘皆共乐之。何谓八？……有种种法宝，所谓四念处，乃至八圣道分诸助道法。……

是为八。(《卷第二十八·遮布萨法》)

“法宝”指佛、法、僧三宝中之法宝。即佛所说之三藏十二部等一切教法。

（3）羖羊以角抄着咒师前，咒师语言：“汝还舐毒，不尔投此火中！”(《卷第二十六·杂法》)

（4）时，尊者目犍连在静处作是念：“今此国中乞食难得，我今当与得神通者到郁单越，食自然粳米。”(《卷第一·四波罗夷法》)

（5）时，长老目连语诸比丘言：“我见阿耨达池有莲华，大如车轮。”诸比丘不信，谓是虚说得过人法。(《卷第二十八·调伏法》)

（6）过去诸仙修梵行者，中后不食，而饮非时诸浆。所谓：庵婆果浆、阎婆果浆、周陀果浆、波楼果浆、蒲桃果浆、俱罗果浆、甘蔗浆、蜜浆。(《卷第二十二·食法》)

（7）时，诸比丘乞或得种种饭，或得种种麨，或得种种熟麦豆，或得种种烧麦及糯米，或得种种羹……(《卷第二十二·食法》)

（8）尔时，吉罗邑有二比丘，一名頞髀，二名分那婆，数行恶行污他家，作种种非威仪事：自结华鬘，亦教人结……蒱博、嬉戏、倒行、掷绝、弹指、眴眼……作如是等身口意恶，破于戒见威仪正命。(《卷第三·十三僧残法》)

“蒱博”泛指赌博。“蒱”，古代的一种博戏。

（9）时，彼城中彼婆罗门有一特牛，行疾多力；复有居士亦有一牛，与彼无异。(《卷第六·九十一堕法》)

▲表数量。

这是由表示数量的偏语素修饰多为抽象事物的正语素所构成的

偏正式复音词，其中偏语素多为数词、量词或表示数量概念的词。如：

（1）佛言："不听养爪令长，犯者突吉罗！听畜截爪刀，一头作挑耳物。"（《卷第二十六·杂法》）

（2）尔时，诸比丘尼度二根人，诸白衣讥呵言："云何比丘尼度二根人？无可度、不可度者！无沙门行，破沙门法！"（《卷第十四·二百零七堕法》）

（3）汝当忍易共语易受教诫！当学三戒，灭三毒，出三界成阿罗汉果。（《卷第二十九·比丘尼法》）

（4）四大增损，饮食不能，气息羸微，命在漏刻，故谓之病。（《卷第十五·受戒法》）

（5）何用诵习杂碎戒为？何不诵习五阴、六入等诸义经耶？（《卷第六·九十一堕法》）

（6）世尊服已，复白佛言："我为国王臣民治病，或得百千两金七宝无数，或得聚落，或得一邑。唯愿世尊与我微愿！"（《卷第二十·衣法》）

（7）复白阿难："愿更为我入白世尊云，我已顶受八法！于八法中，欲乞一愿，愿听比丘尼随大小礼比丘！如何百岁比丘尼礼新受戒比丘？"（《卷第二十九·比丘尼法》）

（8）若比丘，自不如法，恶嗔故，以无根波罗夷谤无波罗夷比丘，欲破彼梵行。是比丘后时，若问若不问，言："我是事无根，住嗔故谤。"僧伽婆尸沙。……恶嗔者，九恼也。（《卷第三·十三僧残法》）

（9）何谓八？大海渐渐深；潮不过限；不宿死尸；百川来会，

无复异称……是为八。(《卷第二十八·遮布萨法》)

2. 正语素是有关动作行为的

▲表动作情态。

正语素表示一种动作，偏语素则点出动作的情态加以修饰。如：

（1）诸比丘问言：“此牛何故悲鸣逐汝？”(《卷第二十一·皮革法》)

（2）于是彼人不觉舍刀，疾行趣佛，头面礼足，白佛言：“我今痴狂，欲害世尊。自知过重，愿听忏悔！”(《卷第三·十三僧残法》)

（3）诸女人辈自依于佛，在家剃头着袈裟衣，勤行精进，得获道果。(《卷第二十九·比丘尼法》)

（4）若比丘，于屏处默听他比丘所说，波逸提。(《卷第九·九十一堕法》)

（5）时，摩竭国、鸯伽国、迦夷国、拘萨罗国、跋耆国、满罗国、苏摩国，此诸国人闻佛出世有大威德，弟子亦尔，皆来云集毗舍离城。(《卷第二十二·食法》)

▲表动作程度。

（1）遂不与之，彼便大哭。(《卷第五·三十舍堕法》)

（2）诸白衣见，讥呵言：“我等白衣尚有不饮酒者，沙门释子舍累求道，而皆洪醉过于俗人，空着坏色割截之衣！无沙门行，破沙门法！”(《卷第九·九十一堕法》)

（3）二十亿从坐起，跣足至佛前稽首作礼，佛便微笑。(《卷第二十一·皮革法》)

（4）佛行房见，问彼比丘：“汝病小差，苦可忍不？”(《卷第

十·九十一堕法》)

（5）诸大臣见，作是言："王何以不深藏宫女，乃使种种异姓见之！"(《卷第九·九十一堕法》)

▲表行为方式。

（1）佛以常威仪，步行后至。(《卷第二十一·皮革法》)

（2）时，调达得安居施未分，破僧。诸比丘不知云何？以是白佛，佛言："若僧未破得物，应等分。若破后得物，应随所施分。"(《卷第二十·衣法》)

（3）尔时，诸比丘尼与白衣对坐，临身相近说法，似若私语，于中生染着心，遂致返俗、作外道者，诸白衣讥呵。(《卷第十四·二百零七堕法》)

（4）佛语陀婆："汝起自明，今非默时。汝当忆念，有当言有，无当言无。不得直言佛自知之！"(《卷第三·十三僧残法》)

（5）到已，具以白王，王即有令："若有于祇洹中通渠者，当族诛之。"(《卷第八·九十一堕法》)

3. 正语素是有关性质状态的

这类词在《五分律》中数量较少，除构成形容词外，也有构成的偏正式复音词用为名词的。如：

（1）龙即以偈答："我一切所须，皆由此珠得，汝今从吾乞，永绝不复来。如火急爆声，使人心恐惧。我今闻汝言，惶怖逾于是。"(《卷第二·十三僧残法》)

（2）迦叶复念："是大沙门极大威神，乃使四天王自来供养！虽然故，不如我已得阿罗汉道！"(《卷第十六·受戒法》)

（3）我常以五百釜羹日再供养五百婆罗门，此非福田不应受施！宁可更作极美饮食供养迦叶世尊。（《卷第二十六·杂法》）

（4）王舍大臣及所赁主，闻见此事，益怀欢喜，复各送百千两金，以结新好。（《卷第七·九十一堕法》）

“新好”用为名词，指“新结交的好友”。

（5）尔时，诸比丘尼以泽枯揩身，令有光润。（《卷第十四·二百零七堕法》）

“泽枯”用为名词，应该是如猪油渣滓一类的东西，虽性状干枯，但有油脂，以其涂抹能使皮肤光润。

（二）词性构成

从词性分布来看，在《五分律》的偏正式复音词中，名词占大多数，动词位于其次，此外还有少数的副词、形容词。

1. 名词

正语素主要为名词，也有动词、形容词；偏语素为名词、形容词、数词、动词、代词等。

▲名+名→名

（1）有诸比丘患壁虱，佛言：“听除却，密泥。”（《卷第二十六·杂法》）

（2）有诸比丘患眼，医言：“以人额骨磨着眼中。”（《卷第二十·衣法》）

（3）若见国王尊贵，乃至见父母亲戚苦乐，恐失道意，皆亦如是。（《卷第十九·安居法》）

（4）有一比丘以盛革屣囊盛杨枝，革屣粪污之。佛言：“应更以余物盛。”（《卷第二十七·威仪法》）

（5）佛既听受三分之一，诸比丘便尽往乞，家财竭尽，复甚于前。（《卷第十·四悔过法》）

（6）龙王即自复身，身体长大，眼如大钵，喘息如雷，口出火光，水中逆上，八万四千人皆亦随从。（《卷第十五·受戒法》）

（7）佛言：“听在隐避处眠，应语知识比丘：‘我在某处眠，若有僧事呼我！’”（《卷第十八·布萨法》）

（8）问阿难言：“彼是何屋？”阿难白佛：“是达尼迦身力所作。”（《卷第一·四波罗夷法》）

（9）其妇比丘尼嫉妬心发，即以水瓶打比丘头破。（《卷第十四·二百零七堕法》）

（10）有诸比丘虚说得过人法，作如是言：“我得天眼、天耳、他心智，诸漏已尽。”（《卷第二十八·调伏法》）

▲形＋名→名

（1）邻人闻之，咸来谏言：“汝女薄相，致此苦剧。何豫沙门，而苦咒骂？”（《卷第二十·衣法》）

（2）尔时，众多比丘得重病，有诸比丘来问讯言：“大德！病宁有损，苦可忍不？”（《卷第二·四波罗夷法》）

（3）迦叶事一毒龙，着别静室，无敢入者，唯除迦叶。（《卷第十六·受戒法》）

（4）时，婆罗门即便骂言：“沙门释子！云何乃作如此恶业？”（《卷第二·十三僧残法》）

（5）彼有一邑名那罗陀，有故梵志名曰沙然，受学弟子

二百五十。门徒之中有二高足，一名优波提舍，二名拘律陀。(《卷第十六·受戒法》)

（6）贼帅语众人言："我等作贼，未曾有人独将好妇于此路行。此必勇健，不畏强敌，宜共听过，勿得扰之！"(《卷第二十五·破僧法》)

（7）佛为耆域说种种妙法，遣还所住。(《卷第十七·受戒法》)

（8）诸白衣讥呵言："此等不舍邪见，何应得道？"(《卷第十四·二百零七堕法》)

▲动+名→名

（1）诸比丘言："佛制比丘畜三衣钵，譬如飞鸟与毛羽俱。汝岂不闻，而犹担此！"(《卷第五·三十舍堕法》)

（2）有一比丘安居，见伏藏作是念："此藏足我一生用，若久住此或能失意，而世尊不听破安居，我当云何？"(《卷第十九·安居法》)

（3）若有贼问，得语早晚；若贼将去放还，观星得知归路。(《卷第二十七·威仪法》)

（4）佛在王舍城。尔时耆域乳母洗浴耆域，谛观其身而有恨色。(《卷第二十·衣法》)

（5）彼比丘应弃此物着坑中火中流水中旷野中，不应记处；若捉着余处，不得更捉。(《卷第五·三十舍堕法》)

（6）时，偷罗难陀比丘尼着新染衣，摩拭身体，画治眉目，往多人处。(《卷第十一·八波罗夷法》)

（7）故夺命者：先有杀心，而断其命。(《卷第八·九十一堕法》)

（8）佛种种呵责虚者："汝等非法，不随顺道，出家之人所不应

作！宁啖烧石，吞饮洋铜，不以虚妄食人信施。……”(《卷第二·四波罗夷法》)

“洋铜”即“熔铜”。洋，用同“烊”。

▲数+名→名

（1）诸比丘便合声赞叹三宝，以是白佛，佛言：“不应尔！听请一人。”(《卷第十八·布萨法》)

（2）尔时，诸比丘长住王舍城，诸居士讥呵言：“外道尚知随时移止，沙门释子乐着一处，四时不动，与世人何异？”(《卷第十七·受戒法》)

（3）即入其室却坐一面，龙身便出烟，沙竭陀身亦出烟；龙举身火然，沙竭陀亦举身火然；龙火出五色，沙竭陀火亦出五色。(《卷第九·九十一堕法》)

（4）时，六群比丘见已，语诸比丘：“可差我等为教诫人。”诸比丘言：“如佛所说成就十法，汝等无有，云何求差？”(《卷第七·九十一堕法》)

（5）佛既降象，复说偈言：“象醉含瞋忿，来向天中天，百姓莫不观，敛钱赌胜负；其形如太山，力胜六十象，声响振人心，一吼破敌阵。……”(《卷第三·十三僧残法》)

▲数+动→名

何谓八？大海渐渐深；潮不过限；不宿死尸；百川来会，无复异称；万流悉归，而无增减；出珍珠、摩尼、珊瑚、琉璃、珂玉、金银、颇梨诸宝；大身众生皆住其中；同一咸味。是为八。(《卷第二十八·遮布萨法》)

▲数+形→名

何谓中道？所谓八正：正见、正思、正语、正业、正命、正方便、正念、正定。是为中道。(《卷第十五·受戒法》)

▲名＋动→名

佛复告诸比丘："汝等勿共斗争，更相诽谤，更相骂詈。应共和同集在一处，如水乳合，共宏师教。"(《卷第二十四·羯磨法》)

▲形＋形→名

王舍大臣及所赁主，闻见此事，益怀欢喜，复各送百千两金，以结新好。(《卷第七·九十一堕法》)

▲形＋动→名

逻将言："汝非沙门释子！必假此服来作细作！"(《卷第九·九十一堕法》)

▲副＋形→名

跋难陀遂失不净，偷罗难陀取内衣浣，以不净自内形中，遂有身。(《卷第十四·二百零七堕法》)

▲代＋名→名

尔时，诸比丘尼随知识白衣家敷卧具住，诸白衣讥呵言："云何出自家，住他家？我等不喜见此不吉利物！"(《卷第十四·二百零七堕法》)

2. 动词

正语素主要为动词；偏语素则有名词、形容词、动词、副词、数词等各种。

▲名＋动→动

（1）尔时，诸比丘尼与比丘独街巷中，共立耳语，遣伴比丘尼

令远去，诸居士讥呵。（《卷第十二 · 二百零七堕法》）

（2）摩纳胡跪，舒右手指佛处方，言："佛今在彼！"（《卷第十五 · 受戒法》）

（3）六群比丘便敷卧具在其中住；初夜后夜高声经呗，更相问难；中夜鼾睡，妨诸比丘坐禅行道。（《卷第六 · 九十一堕法》）

▲形 + 动→动

（1）有一住处下湿，时十七群比丘在一房中安居，去时不举僧卧具，悉皆烂坏。（《卷第六 · 九十一堕法》）

（2）若僧伽梨，应如僧伽梨法畜，不得以裹诸物；优多罗僧、安陀会，诸受持衣亦皆如是，应谨护如身薄皮。（《卷第二十七 · 威仪法》）

（3）有诸白衣送物为僧作房，久久来视，见房不成，问作房比丘："何不为我速成此福？"（《卷第九 · 九十一堕法》）

▲动 + 动→动

（1）佛言："害父母人于我法中不复生，不应与出家受具足戒，若已受具足戒应灭摈。"（《卷第十七 · 受戒法》）

（2）诸比丘共相负辇，还归所住，路人见之，亦大忿言："如此沙门正应射杀！何以无故观战阵为？无沙门行，破沙门法！"（《卷第八 · 九十一堕法》）

▲副 + 动→动

（1）尔时，十七群比丘至六群比丘住处，共相击攊。有一比丘众共击攊，不胜笑故，气绝而死。（《卷第八 · 九十一堕法》）

（2）舍利弗谏言："汝莫作是语！汝之所说非法、非律！"种种呵责言，彼比丘坚持不舍。（《卷第八 · 九十一堕法》）

▲数＋动→动

阿那律言："若王出家，吾愿乃果；贪着宠荣，吾则永沦。愿王三思，不违先誓！"（《卷第三·十三僧残法》）

3. 副词

正语素主要为名词、形容词、副词；偏语素有数词、动词、副词等。

▲副＋副→副

有诸比丘尼来比丘住处，或露胸胁或露髀腨，诸比丘见生染着心，不复乐道，遂致反俗。（《卷第二十九·比丘尼法》）

▲数＋名→副

王此四子并有威德，民各怀附已；一旦竞逐，必相殄灭，大国之祚何必王后？（《卷第十五·受戒法》）

▲副＋名→副

诸比丘便复一一从上座自恣，有诸白衣欲布施、听法，久不能得，便讥呵言："我等多务，废业来此；而诸比丘不时受施，为我说法。"（《卷第十九·自恣法》）

▲动＋名→副

有一比丘从坐起白佛言："伽伽比丘近得狂病，有时来，有时不来；亦复不忆来与不来，以是废行僧事。今复不来！"（《卷第十八·布萨法》）

▲副＋形→副

王闻是语，极大瞋怪："云何化草得成金鬘？"便敕有司收系着狱。（《卷第五·三十舍堕法》）

4. 形容词

正语素主要为形容词；偏语素为名词、副词、数词等。

▲名 + 形→形

龙即以偈答："我一切所须，皆由此珠得，汝今从吾乞，永绝不复来。如火急爆声，使人心恐惧。我今闻汝言，惶怖逾于是。"（《卷第二 · 十三僧残法》）

▲副 + 形→形

复诈慰喻言："汝今虽失一食，明当令汝得极美者！"（《卷第九 · 九十一堕法》）

▲数 + 动→形

如复有诸比丘欲异住、异布萨、共得施结界，以是白佛。佛言："听结！"告诸比丘："一切河一切湖池一切海，皆不得结作界。……"（《卷第十八 · 布萨法》）

《五分律》中的偏正式复音词，有以下几点值得注意：

第一，语义构成方面，首先，《五分律》中偏正式的正语素的意义类型，以有关人或事物的占大多数，有关动作行为的次之，少量存在有关性质状态的。这较之先秦两汉有了很大的变化，而与《世说新语》《敦煌变文集》的情况大体相似。其次，《五分律》中偏语素和正语素之间的意义关系在不断发展。比如，有关动作行为和性质状态的正语素，在数量比例上有了较大的增长。再比如，有关人或事物的正语素，《五分律》中可分为表身份职业、表状貌质地、表用途功能、表方位时间、表领属关系、表类属关系、表数量等七种，虽然这些大的种类看起来与先秦两汉似乎并没有什么变化，但实际上各种类里面的内容产生了不同。就有关人的可充当大类名的正语素而言，在具体的选择使用和出现频度上我们从各断代代表性的著作中可见一斑。如先秦时常见的有“人”“夫”“氏”“士”“师”“子”等，在《论衡》中除继续保留了“人”“士”外，新增加了“工”“匠”“家”等，到《世说新语》中除继续保留了“人、士、工、家”外，又新增加了“儿”“女”“母”“兄”“郎”“客”“主”“奴”等，在《五分律》中，除了继续保有《世说新语》中的“人”“士”“家”“儿”“女”“母”“客”“主”外，还有“师”“王”“夫”“徒”这几个比较活跃的大类名。①

第二，词性构成方面，首先，《五分律》中偏正式复音词以名词居多，这种情况早在先秦就是如此，这也与汉语各个历史阶段的情况相一致。董秀芳在谈到偏正短语的词汇化时曾说：“从古到今，都是定中式偏正双音词占多数，状中式偏正双音词占少数。状中式双音词出现时间比定中式双音词晚，其数量有一个慢慢增多的过程，但始终远远少于定中式双音词。”②喻遂生、郭力在研究《说文解字》复音词时对这一现象给出了自己的解释：“究其原因，可能与汉语名词和谓词的语法特点有关。汉语名词作修饰成分或被修饰都比较自由，很容易构成偏正式，并进而凝固成词。谓词构成修饰关系不如名词容易，它们在组合时，多采用联合式。”③其次，从内部形类构成

① 先秦、《论衡》和《世说新语》中的使用情况，参见程湘清：《变文复音词研究》，《汉语史专书复音词研究》，北京：商务印书馆，2003年，第314页。

② 董秀芳：《词汇化：汉语双音词的衍生和发展》，成都：四川民族出版社，2002年，第151页。

③ 喻遂生、郭力：《〈说文解字〉的复音词》，《西南师范大学学报》（人文社会科学版），1987年01期。

来看，结构方式更为丰富多样。先秦的偏正式主要是［名＋名］构成名词，《论衡》中增加了动词和形容词，但数量有限，依旧以［名＋名］构成的名词为大宗，《世说新语》中名词依旧占多数，结构方式达到了9种之多[①]；在《五分律》中，构成名词的结构方式有了明显增加，共有11种，同时还有5种方式构成动词，5种方式构成副词，3种方式构成形容词。无论是从历时还是共时来看，《五分律》中的偏正式复音词都呈现出了更加繁复的面貌。应当指出的是词性结构方式的多样化同偏正语素结合关系的复杂化是互为表里的，《五分律》中词性结构方式的多样化无疑也反映了这一时期汉语词义正在不断地长足发展。

第三，词义方面，《五分律》中有些偏正式复音词出现了一词多义的情况。如“不净”，一词三义。本为佛教语，是污秽、鄙陋、丑恶、过罪等的总称。五停心观中，有观自身、他身不净之观法，称为不净观。如《卷第二十・衣法》：“有诸比丘往冢间观死尸，从足至头作不净观。”“不净”也可直接表示“不干净”，如《卷第二十・衣法》：“诸比丘拾粪扫衣未浣着房中，臭秽不净。”《五分律》中“不净”还产生了这一时期的一项新义，表示“精液”，如《卷第十四・二百零七堕法》：“我以男子不净，自内形中，致此身耳！”此外，和现代汉语相比，《五分律》中有的偏正式复音词的词义发生了转变。如“妓女”，《卷第二十・衣法》：“即严四马车从五百妓女，出迎世尊。”此句中“妓女”指“女歌舞艺人”，同“伎女”，而现代

① 程湘清：《〈世说新语〉复音词研究》，《汉语史专书复音词研究》，北京：商务印书馆，2003年，第232页。

汉语中指“以卖淫为业的女子”。再如“电光”,《卷第八·九十一堕法》:“时，迦留陀夷着杂色衣，面黑眼赤暗中乞食。有一怀妊妇人电光中见，便大惊唤言:‘毗舍遮!毗舍遮!’”此句中“电光”指“闪电的电花”，而现代汉语中指“电所发出的光，电灯光”。再如“国界”,《卷第十六·受戒法》:“瓶沙王闻佛成道，度优为迦叶兄弟三人及千弟子，今来此邑，即敕国界四万二千聚落，一聚落出豪杰二人，出共迎佛。”此句中“国界”指“国土”，而现代汉语中指“国与国的分界”。

三、补充式

《五分律》中补充式复音词共有94个①，占全书复音词数的2.64%，占语法造词数的2.68%，占运用词序方式造词数的2.73%。其构成特点和发展状况，我们依然从语义和词性两个方面进行描写和分析。

（一）语义构成

从补语素所表示的意义上看，主要分为表结果和表趋向两类。

1.表结果

▲表示灭绝、破烂、倒断、除去等不幸消极义。补语素主要有“灭”“绝”“破”“裂”“烂”“断”“倒”“除”等。

① 对于动补组合究竟是词还是词组，学界有不同看法。如赵元任先生称之为“动词补足语复合词”，王力先生称之为“使成式仂语”，程湘清先生则认为是补充式复合词。这里，我们采用程湘清先生的观点。

（1）若野火来时，应打揵椎，若唱令僧同集，使净人刈左右草，以火逆烧，水土浇坌，湿衣扑灭。(《卷第二十七·杂法》)

（2）阐陀闻已，闷绝躄地，语阿难言："此岂不名杀于我耶？"(《卷第三十·五百集法》)

（3）昔有一人，于春末月着一重革屣，地热革燥啮破其脚；本欲护脚，而反更伤。(《卷第二十五·破僧法》)

（4）有诸比丘脚跟劈裂，以是白佛，佛言："听以熊膏涂，熊皮裹。"(《卷第二十一·皮革法》)

（5）后时房主檀越见，瞋呵诸比丘言："云何独使我房卧具，为水渍烂？"(《卷第二十五·卧具法》)

（6）有一大德比丘自斫神树，树神小儿时戏树间，斫断其指。(《卷第二·十三僧残法》)

（7）此沙门辈，为欲住寿一劫，为欲为子孙计？一两重覆，足以终身，何为过厚，致此崩倒？(《卷第六·九十一堕法》)

（8）我今何不于无为法中，剃除须发，出家学道。(《卷第二十一·皮革法》)

▲表示得到、见到、成为义。补语素主要有"得""见""为""作""成"等。

（1）诸外道辈皆悉惭愧，佛弟子众踊跃欢喜，敛得金钱七十余万。(《卷第三·十三僧残法》)

（2）菩萨自念未离老病死法，更增愁忧，即回车还，逢见一人，剃除须发，法服擎钵，视地而行。(《卷第十五·受戒法》)

（3）王语言："我不识天，可现本身。"即变为昔形，于王前立。(《卷第十八·布萨法》)

（4）尔时春末月，热已极盛，众人各念："愿得微阴！"时释提桓因知彼念，即化作云盖，凉风微起。(《卷第十六·受戒法》)

（5）咒师便于犊子前燃火咒之，化成火蜂，入蛇穴中，烧螯黑蛇。(《卷第二十六·杂法》)

（6）佛复唯念："若取一王钵，不可余王意！"便悉受四钵，累左手中，右手按之，合成一钵，以用受施。(《卷第十五·受戒法》)

▲表示给予义。补语素是"与"。

（1）有一婆罗门持麨寄比丘，比丘持着不净地经宿，明日来取，分与比丘。(《卷第二十二·食法》)

（2）佛种种呵责言："汝所作非法！云何赁与白衣剃头？从今若剃头师出家，不听畜剃刀，犯者突吉罗！"(《卷第二十二·食法》)

（3）优婆夷作是念："我昨已许，若不得者，彼或命过。"即持利刀入屋割髀里肉，与婢令煮，送与比丘。(《卷第二十二·食法》)

（4）时，王闻说贤人之偈，心大欢喜，即以牛王一头，及余千牛而施与之。(《卷第二·十三僧残法》)

2. 表趋向

充当表示趋向意义的补语素主要有"来""去""到""至""出""入""起""下""向"等。

（1）有一比丘起，白佛："有病比丘不来。"佛言："应差一比丘将来。"(《卷第十九·自恣法》)

（2）六群比丘即到其所语言："汝出去，我等当于中住！"(《卷第六·九十一堕法》)

（3）佛与比丘僧着衣持钵前后围绕，往到其舍次第而坐。(《卷

第二十五・卧具法》）

（4）吾昔一时在舍卫城，有比丘安居竟，来至我所。（《卷第二・十三僧残法》）

（5）时，自在天魔知其心念，譬如壮士屈伸臂顷来至其前，从水踊出，立于水上，赞言："善哉！汝得大利，断持戒沙门命，未度者度，福庆无量。天神记录，故来告汝。"（《卷第二・四波罗夷法》）

（6）去王舍城不远有大石，宾头卢坐其上，合石飞入王舍城。（《卷第二十六・杂法》）

（7）佛在王舍城。尔时，诸比丘满口食，两颊胀起。诸居士见，讥呵言："此诸比丘如猕猴食。"（《卷第十・百众学法》）

（8）调达见此，益瞋忿言："汝何儜困，速疾灭去！"即自捉大石推下害佛。（《卷第三・十三僧残法》）

（9）时，有诸比丘尼在路行，有疑恐怖，便走向聚落至亲里家。（《卷第十一・十七僧残法》）

（二）词性构成

在词性构成上进行深层分析，《五分律》中的补充式复音词仅有1个名词，"草束"，为名量补充式，见《卷第二十・衣法》："有诸老病比丘，不能自持取草束倚坐，污秽房中。"其余皆为动词。补充式复音动词中又可区分为动语素和补语素的主体一致和主体不一致两种情况。

1. 动语素和补语素的主体一致

▲及物动词＋及物动词

时，雨舍大臣案行诸处，遇见于道，即问典材令："何以乃持城防大材与彼比丘？"（《卷第一·四波罗夷法》）

▲不及物动词+不及物动词

时，波利邑有六十比丘皆是阿练若，三衣乞食粪扫衣常坐露地坐具足三明六通，悉是阿难弟子；俱共飞来，向毗舍离。（《卷第三十·七百集法》）

▲及物动词+不及物动词

有阿练若处比丘，见猎师得生鹿，系已舍去。（《卷第二十八·调伏法》）

▲不及物动词+形容词

梵达侵夺我国，我与汝母逃走至此，其日已久汝复长大，彼或得闻，父子便当一时并命。（《卷第二十四·羯磨法》）

2. 动语素和补语素的主体不一致

▲及物动词+不及物动词

复有诸比丘为衣故，掘出新死人。（《卷第二十·衣法》）

▲及物动词+形容词

摩纳念言："我为一国所宗，若言不能，便当为彼众人所弃；我虽未解，当作方便，保全此誉！"（《卷第十五·受戒法》）

《五分律》中的补充式复音词，有以下两点值得注意：

第一，语义构成方面，补语素所表示的意义依然沿袭了《论衡》《世说新语》中表结果、表趋向的两种用法。在表趋向的补语素中，《五分律》中主要有"来""去""到""至""出""入""起""下""向"

等，较之《论衡》中的“出”“入”“至”[①]，《世说新语》中的“入”“去”“来”“至”[②]，《五分律》中表趋向的补语素很明显有了进一步的发展。

第二，词性构成方面，首先，在补充式复音动词中，具体的结构方式和前代大致相当，基本上都有六、七种结构方式，不同的是，《五分律》中充当补语素的形容词数量稍有增加。其次，《五分律》的补充式复音词中出现了一个名量式补充式复音名词“草束”，同《论衡》《世说新语》比较，这是以前没有的现象。虽然在补充式复音词中仍以动词为大宗，但这个名量式补充式复音名词的出现，一定程度上反映了现代汉语中补充式的各种结构方式在此时大都已经具备了。

四、支配式

《五分律》中支配式复音词共有 458 个，占全书复音词数的 12.9%，占语法造词数的 13.1%，占运用词序方式造词数的 13.3%。其中绝大多数是动词，也有少量名词、形容词、副词。

（一）动词

（1）佛言：“汝不犯罪，无罪可见。汝便还去，安意住彼。”（《卷第二十四·羯磨法》）

① 程湘清：《〈论衡〉复音词研究》，《汉语史专书复音词研究》，北京：商务印书馆，2003 年，第 160 页。

② 程湘清：《〈世说新语〉复音词研究》，《汉语史专书复音词研究》，北京：商务印书馆，2003 年，第 235 页。

“安意”即安心、放心。

（2）时，彼居士语左右言：“此人无厌，难养难满。我发心所与，五倍六倍犹不惬意。先虽厚善，于今薄矣！”（《卷第四·三十舍堕法》）

（3）于是瓶沙王作是念：“佛已出我界，便应回还。”即合掌遥礼而归。（《卷第二十·衣法》）

（4）彼长者既差，即便还俗。耆域见，问言：“汝已出家，何以罢道？”（《卷第十七·受戒法》）

（5）弟子后次礼佛，衣囊堕佛膝上。（《卷第十六·受戒法》）

（6）夫家三催，答皆如初，便大瞋忿，谓有异意，遣使报言：“我已更求婚，不复用汝瞎女！”（《卷第七·九十一堕法》）

（7）念已，即自剃头作比丘，往比丘住处觅食。（《卷第十七·受戒法》）

（8）尸利踧常系念于偷罗难陀比丘尼，后请比丘尼僧，偷罗难陀托病不往，共一小沙弥尼坐守僧房。（《卷第十一·八波罗夷法》）

（9）婿自行水，佛不受之，语言：“呼须卑优婆夷令出！”（《卷第二十二·食法》）

（10）王立太子本为国嗣，志速为王故怀此逆，逊位与之其恶必息。（《卷第三·十三僧残法》）

有些支配语素，构词能力很强，可以构成三个以上的支配式复音词，如“得”“怀”“可”“如”“失”“受”“行”“作”等。略举一二：

【得～】

（1）有一家大富，贼常欲劫之而未得便，借问行人：“谁出入此

家者？”(《卷第十四·二百零七法》)

(2) 于是，世尊飞升虚空，告迦叶言：“汝非罗汉！何为虚妄自称得道？”(《卷第十六·受戒法》)

(3) 于是，世尊遍观众会，谁应得度；唯莲华色应得道果，即为说四真谛法，苦集尽道，便于座上远尘离垢，得法眼净。(《卷第四·三十舍堕法》)

(4) 若比丘知不满二十岁与受具戒，波逸提。是人不得戒，诸比丘亦可呵，是法应尔！(《卷第九·九十一堕法》)

(5) 彼人复闻，作是念：“我今于何得全性命？唯有沙门释子道中乃可济耳！”(《卷第十七·受戒法》)

(6) 时，观者四塞，各各议言：“今二龙斗，看谁得胜。”(《卷第三·十三僧残法》)

(7) 诸比丘请破戒、破见比丘，因此得势。以是白佛，佛言：“不应尔！应请学戒者。”(《卷第十八·布萨法》)

(8) 时，有闻者皆惊愕言：“达尼迦犯罪应死！云何呵责而便放遣？如此得脱，谁不为盗？”(《卷第一·四波罗夷法》)

【作～】

(1) 尔时，有一人为邑里所患，白王：“愿王赦之，勿复作恶！”(《卷第十七·受戒法》)

(2) 佛言：“应一比丘将至眼见耳不闻处，教作突吉罗悔过，还白僧：‘彼比丘已作法，僧应自恣。’”(《卷第十九·自恣法》)

(3) 今我财物、珍宝、奴婢、田宅无有限数，可恣意作福，受五欲乐。(《卷第二十一·皮革法》)

(4) 诸比丘共相语言：“今日贫人竭力作会，人人皆当为之稍

食。”（《卷第七·九十一堕法》）

（5）时，王在高楼上，见即作礼问言：“大德！以何故来？”（《卷第五·三十舍堕法》）

（6）时，六群比丘与其和尚阿阇梨不和合，便与受戒人作难。（《卷第十六·受戒法》）

（7）有比丘先在厕中，后有比丘不系念上厕，不弹指不謦欬，径入突之；先比丘羞惭恨责，后比丘悔谢；又上厕比丘虽弹指，而厕中比丘不作声，亦入致恨。（《卷第二十七·威仪法》）

此“作声”指“开口说话”。在《五分律》中“作声”用为两义，还可指“发出声响”，如《卷第十·百众学法》：“尔时，诸比丘吸食食，复有诸比丘嚼食作声。诸居士见，讥呵言：‘此诸比丘食如狗嗒水。’”

（8）时，诸居士共作议言：“我等当为诸比丘随力作食。”（《卷第八·九十一堕法》）

（二）名词

（1）尔时，长者语其妇言：“我有出息在优善那邑，不复债敛，于今八年，考计生长，乃有亿数。今欲往债，与汝暂乖。”（《卷第四·三十舍堕法》）

此“出息”指“收益、利息”，与现代汉语中指“发展前途、志气”不同。

（2）于是弟子乘车载女，执如意弓，带五百发箭，受敕而去。（《卷第二十五·破僧法》）

“如意”，器物名，有吉祥含义。《释氏要览》载曰：“梵云‘阿那律’，秦言‘如意’。《指归》云：‘古之爪杖也。’或骨、角、竹、木，刻作人手指爪。柄可长三尺许，或脊有痒，手所不到，用以搔抓，如人之意，故曰‘如意’。”“如意弓”指如意造型的弓。

（3）大臣后时，复更遣信问跋难陀：“我近遣使送衣直付某执事，大德为已着此衣未？”（《卷第四·三十舍堕法》）

“执事”指“执掌事务之人”。

（4）白父母言：“不能舍道，还就下贱。”如是至三，执心弥固。（《卷第一·四波罗夷法》）

“执心”指“怀有的想法、秉性”。

（三）形容词

（1）我所得法，甚深微妙，难解难见，寂寞无为，智者所知，非愚所及！（《卷第十五·受戒法》）

“无为”，佛教用语，“有为”的对称。指“无因缘造作的”。“无为法”即离因缘造作之法、寂然常住之法。

（2）佛以是事集比丘僧，种种赞叹少欲知足，告诸比丘：“自今以后，听食马分。”（《卷第一·四波罗夷法》）

（四）副词

（1）我今不能门到户至，当作一客舍，令在家、出家人任意宿止，于中择取。（《卷第八·九十一堕法》）

（2）王即放之，呵责断事人言：“若后复有如此断事，当如向治汝！”（《卷第九·九十一堕法》）

《五分律》中的支配式复音词，有以下几点值得注意：

第一，数量方面，支配式复音词比《论衡》《世说新语》有明显增加[①]。前两书中支配式复音词名词很少，且多属官名，形容词、副词更为罕见。《五分律》中不但动词较多，名词、形容词、副词的数量也有一定的发展。

第二，从具体用法来看，首先，《五分律》中的动词出现了带宾语的用例，如《卷第九·九十一堕法》"时舍利弗经行遥见，毗舍佉母前礼佛足，却住一面，佛为种种说法，示教利喜，须臾而退，系念所闻，忘所着宝还"中的"系念所闻"。而在《论衡》《世说新语》中的动宾关系构成的动词仅限于不及物动词。《五分律》中这种支配式复音动词带宾语的用例虽然不多，但却是一个很大的进步，已经同于现代汉语中支配式动词带宾语的用法。其次，词性构成上，可由［动＋名］构成动词，如"罢道""剃头"；［动＋动］构成动词，如"请代"；［动＋形］构成动词，如"取悦"；［动＋名］构成名词，如"执心"；［动＋动］构成形容词，如"无为"；［动＋形］构成形容词，如"知足"；［动＋名］构成副词，如"任意"；［动＋代］构成副词，如"如此"。词性组合方式显然比过去更复杂，而更接近现代汉语。

第三，《五分律》中出现了一些新词新义。新词如"行香"，这是始于南北朝的一种礼拜神佛的仪式。每燃香熏手，或以香末散行。见于《卷第十一·十七僧残法》："便托为兄作会，语言：'为汝夫作会，汝来行香！'"新义如"行房"，"行房"本谓"男女交合"，

---

① 据程湘清先生研究统计，《论衡》中有支配式复音词52个，《世说新语》中有支配式复音词77个。《汉语史专书复音词研究》，北京：商务印书馆，2003年，第105、182页。

如《公羊传·隐公元年》“国人莫知”何休注“男子年六十闭房”唐徐彦疏：“言闭房者，行房之事闭。”又如《素女经》：“素女论曰：‘五月十六日，天地牝牡日，不可行房。犯之，不出三年必死。’”而《五分律》中“行房”指“巡房”，如《卷第二十二·药法》：“佛在王舍城。尔时，诸比丘得秋时病，佛行房见，作是念：‘世人以酥油蜜石蜜为药，我今当听诸比丘服。’”再如“从事”，本谓“办事、处理事务”，如《诗经·小雅·十月之交》：“黾勉从事，不敢告劳。”而《五分律》中“从事”指“男女交合”，如《卷第二·十三僧残法》“尔时，长老优陀夷为欲火所烧……便于房内与女人种种粗恶语，作如是问：‘汝手脚髀髆、腰腹颈乳、头面爪发、大小便处何似？’……又教：‘汝若随我意，与汝珍宝。’又从乞愿：‘与我从事，一切天神皆证我心。’”此外，和现代汉语相比，《五分律》中有的支配式复音词的词义发生了转变。如“开房”，《卷第六·九十一堕法》：“佛在舍卫城。尔时，十七群比丘新作房舍，六群比丘后来，语旧住比丘言：‘为我次第开房！’”此句中“开房”指“安排房间”，而现代汉语中指“开房间入住，往往特指与女子同宿”。

五、主谓式

《五分律》中主谓式复音词共有51个，占全书复音词数的1.44%，占语法造词数的1.45%，占运用词序方式造词数的1.48%。这类词虽然数量不多，但名词、动词、形容词、副词都有，其中以动词居多。

（一）动词

（1）说是法时，六人漏尽，得阿罗汉。(《卷第三·十三僧残法》)

“漏尽”，佛教用语，指“烦恼断尽”。

（2）火神即以偈答：“卵生非所求，而今从吾乞，我今当施汝，四面各一寻。”(《卷第二十七·杂法》)

（3）有诸看病人，或为病人或为私，行去后病人命过，余人得其衣钵。(《卷第二十·衣法》)

（4）适起欲行，天复白言：“阿兰迦兰昨夜命终。”(《卷第十五·受戒法》)

（5）佛言：“不应受他作人，亦如上说。从今若度人，应房房礼僧，自称名字，令僧尽识。”(《卷第十七·受戒法》)

（6）比丘语言：“汝等已修生天福业，何用受此骨肉生离，忧悲之苦，而不自杀？”(《卷第二·四波罗夷法》)

（7）王复语言：“汝云囊中有千金钱，今何故不受？”彼人便自首言：“本实五百，我瞋故，诬比丘耳！”(《卷第九·九十一堕法》)

（8）尔时，有诸比丘住阿练若处，诸白衣饷食为贼所劫，便嫌呵言：“何以不语我？我若知之，当持杖自卫，亦可不来！”(《卷第十·四悔过法》)

（9）彼二比丘，后正顺于僧，改悔自责，求解呵责羯磨。(《卷第二十四·羯磨法》)

（二）名词

（1）彼女便往到已，饮酒令醉，共行不净，然后以爪掴伤其肉，

告官司言："黑离车女是我妇，今与外人私通！"(《卷第十一·十七僧残法》)

(2) 有虫水者：囊漉所得，肉眼所见。若浇泥、若饮食，虫虫波逸提。(《卷第六·九十一堕法》)

"囊漉"指"滤袋"。

(三) 形容词

(1) 时诸比丘常略说戒，诸年少比丘言："大德！广说，我等未曾闻。"(《卷第十八·布萨法》)

(2) 又问："何谓为老？"答曰："年耆根熟，形变色衰，坐起苦极，余命无几，故谓之老。"(《卷第十五·受戒法》)

"根熟"，佛教用语，指"根性圆熟"。

(3) 告诸比丘："一切河一切湖池一切海，皆不得结作界。若水中行，以众中有力人，水洒所及处，为自然界。"(《卷第十八·布萨法》)

(四) 副词

(1) 有诸比丘自行采华，从一聚落至一聚落；出聚落外，为贼所剥。(《卷第二十六·杂法》)

(2) 和尚自然生心爱念弟子如儿，弟子自然生心敬重和尚如父，勤相教诫，更相敬难，则能增广佛法使得久住。(《卷第十六·受戒法》)

《五分律》中的主谓式复音词，有以下两点值得注意：

第一，数量方面，主谓式复音词比《论衡》《世说新语》有明显增加[①]。虽然在《五分律》中，主谓式复音词在复音词总数中仅占少数，但从历时发展来看却呈现出显著增长的趋势。《五分律》中主谓式复音词发展到 51 个，数量上是《世说新语》的三倍。且有不少词出现频率较高，并一直流传到现代汉语中，尤其是用“自”构成的主谓式复音词，如“自杀”“自然”“自卫”“自首”“自称”“自责”“自由”“自在”“自行”等。

第二，从词性构成来看，有［名＋动］构成动词，如“卵生”“命过”；［代＋动］构成动词，如“自杀”“自责”；［名＋动］构成名词，如“官司”“囊漉”；［名＋形］构成形容词，如“年少”“根熟”；［代＋动］构成形容词，如“自然”；［代＋动］构成副词，如“自行”“自然”。其中，“自然”一词既有形容词用法，又有副词用法，已接近于现代汉语。

六、附加式

《五分律》中附加式复音词共有 63 个，占全书复音词数的 1.77%，占语法造词数的 1.8%。附加式复音词是由表示基本词汇意义的语素和表示附加意义的词缀联合构成[②]，可区别为附加前缀构词和附加后缀构词两类。

---

① 据程湘清先生研究统计,《论衡》中只有主谓式复音词 14 个,《世说新语》中有主谓式复音词 17 个。《汉语史专书复音词研究》，北京：商务印书馆，2003 年，第 334 页。

② 向熹先生把由词根和词缀合成的词称为“派生词”，认为“派生词也叫附加式合成词”。

（一）附加前缀

充当附加前缀的有“阿”“相”“第”等。如：

1.“阿”构成名词。

（1）于是释摩南到琉璃王所，琉璃王以为外家公，白言：“阿公！欲求何愿？”（《卷第二十一·衣法》）

（2）诸人若有官事，能为救解，莫不欢喜言：“我蒙阿姨恩得免罪厄，今有所须，当以相奉！”（《卷第十二·尼律三十舍堕法》）

2.“相”构成动词

（1）须臾俱至，咸言：“速与我食，当厚相报！”（《卷第七·九十一堕法》）

（2）主人见已问诸比丘：“此比丘尼有何相犯，齐声驱遣？”（《卷第十·四悔过法》）

（3）时，释种黑离车女丧夫，夫弟欲取为妇，彼女不从，如是三返，誓不相许，便作是念：“彼女必有外通意，我当杀之！”（《卷第十一·十七僧残法》）

（4）菩萨答曰：“位莫尊转轮王，吾已弃之，况四海乎！所以出家求道，欲度一切生死大苦！何不请我道成先度，乃反区区以此相要？”（《卷第十五·受戒法》）

“相要”即“相邀”。“要”通“邀”。

（5）彼即白言：“大德常料理我家，岂惜一犊而不相与！”即于犊母前杀而与之。（《卷第二十一·皮革法》）

3.“第”构成序数词

（1）集毗尼法时，长老阿若憍陈如为第一上座，富兰那为第二上座，昙弥为第三上座，陀婆迦叶为第四上座，跋陀迦叶为第五上座，大迦叶为第六上座，优波离为第七上座，阿那律为第八上座，凡五百阿罗汉不多不少，是故名为五百集法。(《卷第三十·五百集法》)

（2）离婆多言：“此是法！乃至非佛教！今下第九筹。”(《卷第三十·七百集法》)

（二）附加后缀

充当附加后缀的有“头”“子”“者”“取”“得”“然”“尔”“自”等。如：

1.“头”“子”“者”构成名词

（1）续方一磔手者，截作三分续长头；余一分帖四角，不帖则已。(《卷第十·九十一堕法》)

（2）琉璃太子与其眷属辄入游戏，诸释见之，瞋忿骂言：“下贱婢子，我不以汝为良福田！云何世尊未入中坐，而敢在先？”(《卷第二十一·衣法》)

（3）乃往过去时，有一黑蛇，螫一犊子，还入穴中。(《卷第二十六·杂法》)

（4）一切不得杀生，乃至蚁子。(《卷第二十九·比丘尼法》)

（5）时，诸比丘竞往看视，恼乱病者。以是白佛，佛言：“不应

尔！应两三人往，为料理病所宜事。”（《卷第二十·衣法》）

（6）时，迦叶佛于一园中住，御者至佛所住园，辄回车不入。（《卷第二十六·杂法》）

（7）守门者问：“夜何处来？”答言：“尊者般陀教诫我等，是以还晚。”（《卷第七·九十一堕法》）

（8）复有一长者，顿得七种重病，往语耆域：“为我治之。”（《卷第十七·受戒法》）

2.“然”“尔”构成形容词

（1）阿难闻已，为之怅然：“如何我亲友而不敬信佛法众僧？”（《卷第二十二·食法》）

（2）彼妇见已语其夫言：“不信我语！观彼比丘身之所出！”彼比丘须臾，举身洞然。（《卷第九·九十一堕法》）

（3）龙举身火然，佛亦举身出火，二火俱盛，龙室炯然。（《卷第十六·受戒法》）

（4）阿酬答言：“我是沙门、是释种子！自可依诸经律，共判此事。”阿难言：“此事居然，何须经律？”（《卷第二十八·调伏法》）

（5）彼婆罗门复白佛言：“唯愿世尊受我明日饯送供养！”佛便默然受之。（《卷第一·四波罗夷法》）

（6）六群比丘自相谓言：“彼诸比丘不复诵习毗尼，我等泰然，快得安乐！”（《卷第六·九十一堕法》）

（7）彼长者即大惶怖，下车扶起，谢言：“我不相犯，何以忽尔？”答言：“实不见犯，我饥乏故！”（《卷第十·四悔过法》）

（8）王言：“我等长者，如何便得率尔而去？当设方便，严驾出

游，因此微行，乃可得耳？汝今便可语阿难陀等，令知此意。”（《卷第三·十三僧残法》）

3.“取”“得”构成动词

“取”由获取义、“得”由获得义开始虚化为动词后缀，更多得的作用是用来凑足音节，使单音节动词双音化。

（1）阿难须臾便至，五百释女抱儿出迎，皆着阿难前地，儿即大啼。阿难果言：“何不抱取？”（《卷第二十八·调伏法》）

（2）即与逻人共议：“若王闻比丘在我等界遇贼，必当罪我。”便语比丘言：“大德！小住，我当逐取此贼。”（《卷第九·九十一堕法》）

（3）跋难陀便往织师所，语言：“汝知不？此衣为我作，汝好织令致广，自当少多，私相报。”织师言：“彼妇语我筹量令足，我今云何令得致广？”（《卷第四·三十舍堕法》）

此句中上文为“令致广”，下文为“令得致广”，语境和所叙之事皆相同，显然“得”已虚化为动词“令”的后缀。

（4）如是白竟，若有欲远行比丘听自恣便去；若有欲住其自恣者，僧应为如法检校，使得自恣而去。（《卷第十九·自恣法》）

4.“自”构成副词

（1）时，诸估客便瞋恚言：“我本自施住此安居，受物而去与偷何异？”（《卷第五·三十舍堕法》）

（2）毕陵伽婆蹉即便度之，与受具足戒。既受戒已，夜不能独至厕上，及洗手处，恒自送之。（《卷第九·九十一堕法》）

“恒自”指“常常、经常”。

（3）众生乐着三界窟宅，集此诸业，何缘能悟十二因缘，甚深微妙难见之法？又复息一切行，截断诸流，尽恩爱源，无余泥洹，益复甚难。若我说者，徒自疲劳，唐自枯苦！（《卷第十五·受戒法》）

（4）跋提王既得罗汉，心净无畏，若在树下露坐、经行，辄自庆言：“快哉！快哉！”（《卷第三·十三僧残法》）

《五分律》中的附加式复音词，有以下两点值得注意：

第一，《五分律》中共有附加式复音词63个，数量和《论衡》恰好一致，而略少于《世说新语》[①]。《五分律》中“第”“子”“者”“然”“尔”等附加成分，都是先秦两汉传下来的，尤以后缀“子”“者”“然”还继续保持着较强的构词能力。同时，《五分律》中也新产生了一些附加成分，如“阿”附于亲属称谓前构成名词，“头”附于形容词后构成名词，“自”附于副词后构成复音副词。需要特别指出的是后缀“得”和“取”，“得”原有获得义，在《五分律》中除保持原来的实词词义，继续充当补充式复音词的补语素外，还逐渐虚化为动词词缀，如“令得”“使得”；“取”原有获取义，在《五分律》中除保持原来的实词词义，用作动词外，也开始虚化为动词词缀，如“抱取”“逐取”。虽然后缀“得”和“取”的这种用法在《五分律》中十分罕见，但却是这一时期附加式发展的重要现象，均已接近现代汉语。

① 据程湘清先生研究统计，《论衡》中有附加式复音词63个，《世说新语》中有附加式复音词98个。《汉语史专书复音词研究》，北京：商务印书馆，2003年，第350页。

第二，从历时发展来看，在附加成分出现的种类上，先秦时期的附加成分无论前缀、后缀都比较丰富，是构成复音词的重要方式。到了汉代，先秦比较活跃的许多附加成分消失了，流传下来的只有少数个别，如“然”“子”“者”；同时也出现了一些新的附加成分，如“可”“第”；但总的来说，此时附加式并不是复音词的重要构词方式。到了魏晋南北朝，附加式又出现了新的发展，这时产生了一些新附加成分，如“阿”“畴”“相”“取”“得”“当”等，且其中有些附加成分一直流传到现代汉语。为了有一个更为直观的呈现，请见下表：

表 3–1　各时代文献中附加成分使用情况表

分类 文献	附加前缀				附加后缀			
	名词	形容词	动词	数词	名词	形容词	动词	副词
《诗经》	有、于	斯、思、有	遹、聿、爰、曰、言、于		子	斯、其、彼、而、若、然、尔		
《孟子》	子		爰、于		子、者	斯、然、尔		
《论衡》		可	相	第	子、者	然		
《五分律》	阿		相	第	头、子、者	然、尔	取、得	自
《世说新语》	有、畴、阿		相	第	子、者		当	自、而、尔、若、之

七、重叠式

《五分律》中重叠式复音词共有 25 个，占全书复音词数的 0.7%，占语音造词数的52.1%。关于重叠式复音词，赵克勤曾指出："这类词语共由两类组成。一类的意义与单字的意义基本相同，这一类词只是为了满足音节的需要，进而增加修辞效果，有"加强""持续"或"逐一"义，这类词属于合成词范畴。一类的意义与单字的意义毫无关系，即单独列举出来毫无意义，也不能单独成词，属于单纯词范畴。"[①]在《五分律》中，重叠式复音词也存在着单纯词和合成词两类。

（一）重叠式单纯词

（1）时跋难陀在彼众中色貌姝长，而舍利弗形容短小。彼作是念："此短小比丘才智若斯，而况堂堂者乎！"(《卷第十七·受戒法》)

（2）王欲试菩萨，语言："比丘族姓尊贵，世为王胄，圣德自然，应君四海。四海颙颙莫不企仰，若能降志，亦当称蕃北面相事。"(《卷第十五·受戒法》)

（3）又告比丘："龙王受自然业报，犹尚不喜闻于乞声。今诸居士营求孜孜，困苦所得，汝等云何数数从乞？"(《卷第二·十三僧残法》)

（二）重叠式合成词

《五分律》中重叠式合成词可区别为AA式的单音节重叠和AABB式的双音节重叠两种。

① 赵克勤:《古代汉语词汇学》，北京：商务印书馆，1994年，第61页。

1.AA 式

AA 式重叠合成词中以名词、副词为多，也有少数动词、形容词。

（1）尔时，波斯匿王年年与诸宫女出行国界，处处皆有离宫别观。(《卷第九·九十一堕法》)

（2）诸居士、居士妇闻已，各各减割，大得衣服，人人皆足。(《卷第四·三十舍堕法》)

（3）时，十七群比丘便往师所问如此事，师答："汝事事如法，我昔受戒亦复如是。谁为汝等作此疑悔？"(《卷第八·九十一堕法》)

（4）有诸外道食时来乞，诸比丘不敢与……复有比丘外道亲亲来乞，亦不敢与。(《卷第八·九十一堕法》)

"亲亲"指"亲属、亲戚"。《汉书·哀帝纪》："汉家之制，推亲亲以显尊尊。"颜师古注："天子之至亲，当极尊号。"

（5）沙竭陀得已便差，即以白佛，佛言："已差，应渐渐断之；乃至嗅酒器，不复恶者不得复嗅。"(《卷第九·九十一堕法》)

（6）妇既入房，优陀夷亦复如前，种种摩触，久久乃出。(《卷第二·十三僧残法》)

（7）时，诸比丘日日分僧卧具，佛言："不应尔！听春末日分卧具。"(《卷第二十五·卧具法》)

（8）优陀夷言："我能作耳！莫数数来催，随我意作，当为汝作。"(《卷第七·九十一堕法》)

（9）佛言："止止！汝虽有是神力，宿对因缘，欲置何所？又奈将来诸凡夫何？"目连受教，默然而止。(《卷第一·四波罗夷法》)

（10）有诸比丘多畜小小铜鏂，诸白衣讥呵言：“此沙门释子多畜此器，与我何异？”(《卷第二十六·杂法》)

2.AABB 式

《五分律》中双音节重叠词仅 1 见，“家家各各”。用例如下：

城中家家各各七宝车马、宾从，皆已侧塞，余有万二千乘车，城中不受，营住城外。(《卷第二十二·食法》)

此“家家各各”犹“家家户户”。

《五分律》中的重叠式复音词，有以下两点值得注意：

第一，从历时的角度来看，重叠式复音词在先秦数量较多[①]，且只有一类即 AA 式[②]，其中绝大多数是单纯词。到了《论衡》中已出现了 AABB 式[③],《五分律》和《世说新语》中 AA 式和 AABB 式皆可见，而到了敦煌变文中，出现了 AA 式、ABB 式、AABB 式、ABAB 式四类[④]，这体现了重叠式复音词构词法的发展。

第二，从共时的角度来看，整体上,《五分律》中重叠式复音词的数量不多，只有 25 个，其中以重叠式合成词居多，重叠式单纯词仅有 3 个，表现出了语音造词向语法造词的转化。与《世说新语》

① 早期汉语单音词的产生，可能主要依靠音节内部的曲折变化；上古双音词的产生也沿用了这种语音造词法。以《诗经》为例，其中出现了大量的重叠形式。程湘清在《先秦双音词研究——对〈尚书〉、〈诗经〉、〈论语〉、〈韩非子〉双音词的考察》中统计有 360 个。

② 马真：《先秦复音词初探（续完）》,《北京大学学报（哲学社会科学版）》, 1981 年 01 期。

③ 程湘清：《〈论衡〉复音词研究》,《汉语史专书复音词研究》，北京：商务印书馆，2003 年，第 169 页。

④ 程湘清：《变文复音词研究》,《汉语史专书复音词研究》，北京：商务印书馆，2003 年，第 352 页。

相比，不同的是，《世说新语》中在词性上主要构成形容词，而《五分律》中以副词和名词略占多数。

八、非重叠式单纯词

《五分律》的复音单纯词，除前面已经分析的重叠式单纯词外，还有非重叠式单纯词，共有23个，占全书复音词数的0.6%，占语音造词数的47.9%。其中以名词居多，其次是动词和形容词，副词最少。

（一）名词

（1）不知以何物簸米，佛言："听畜簸箕。"（《卷第二十六·杂法》）

（2）复有诸比丘持死人骨着僧坊中，有持死人髑髅着经行处，若床下。（《卷第二十·衣法》）

（3）复告诸比丘："芭蕉、竹芦以实而死；駏驉怀妊，亦丧其身。今调达贪求利养，亦复如是。"（《卷第三·十三僧残法》）

（4）脊栋栌栿榱柱桁梁绮疏牖户，巧妙若神；积薪烧成色赤严好，大风吹时作箜篌声。（《卷第一·四波罗夷法》）

（5）耶舍闻佛语声，一切忧厄豁然消除，即脱琉璃屐着于岸边，渡水诣佛。（《卷第十五·受戒法》）

（6）有诸比丘得长短毛及无毛杂色氍毹不敢受，以是白佛，佛言："听受，杂色者听浣坏色乃着；若不能令纯色坏者，听在僧坊内着。"（《卷第二十·衣法》）

"氍毹"指"毛织的地毯"。

（7）尔时，比丘尼着宝璎珞，生爱欲心，不乐修梵行，遂致反俗、作外道者。(《卷第十四·二百零七堕法》)

（二）动词

（1）乞食比丘应一心早起，下床着革屣，取内衣着，抖擞去尘；腰绳亦如是。(《卷第二十七·威仪法》)

（2）父母四向推求，络绎而追，兼募人言：“若知我子所在，即以其身所着宝衣与之！”(《卷第十五·受戒法》)

（3）时，诸住处无有篱障，牛马唐突，坏经行处。佛言：“听周围作篱，掘堑。”(《卷第二十五·卧具法》)

（4）诸聚落比丘比丘尼优婆塞优婆夷，或躄或踊，宛转于地，莫不哀号，叹速叹疾：“世间空虚，世间眼灭！”(《卷第三十·五百集法》)

（5）菩萨入城乞食，威仪庠序，视地而行，时未有钵，持莲华叶辗转道路，叶不离根。(《卷第十五·受戒法》)

（三）形容词

（1）佛在王舍城。尔时，诸比丘披衣，或太高或太下或参差。居士讥呵，乃至为诸比丘结应学法，皆如上说。(《卷第十·百众学法》)

（2）于是醉象遥见佛来，奋耳鸣鼻，大走向佛。阿难怖惧，恍惚不觉入佛腋下。(《卷第三·十三僧残法》)

（3）时，须提那犯此恶已，即自悔责：“我今失利，云何于佛正法出家，而不究竟修于梵行？”羸瘦憔悴，才有气息。(《卷第一·四

波罗夷法》）

（4）时，王与末利夫人同寝未起，夫人见阿难来，即便狼狈被衣下床，所被之衣极细而滑，不觉堕落惭羞蹲地。（《卷第九·九十一堕法》）

（四）副词

诸比丘同往一家，唯化比丘独至一处，须臾食五百人分尽。（《卷第十七·受戒法》）

《五分律》中的非重叠式单纯词，有以下两点值得注意：

第一，单纯词属语音造词，靠单音节的重叠或部分重叠构成，我们这里所讲的非重叠式单纯词即为部分重叠单纯词，也就是我们常说的连绵词。《五分律》中有许多单纯词都是从先秦继承下来的，而且，这一时期随着佛教的发展，出现了相当多的梵语音译词，虽然音译词也属于单纯词，但是由于《五分律》中的音译词大多是佛教词语，而佛教词语是在第二章专门进行研究的，所以这里讨论的非重叠式单纯词，是在一般复音词的范围内，并不包括佛教音译词。

第二，《五分律》中的非重叠式单纯词，从词性来看，不但有名词、动词、形容词，还有少量副词。从两个音节的语音关系来看，可分为双声词、叠韵词、双声叠韵词和非双声叠韵词 4 类。双声如“参差”“唐突”“恍惚”“琉璃”“犹豫”等；叠韵如“抖擞”“駏驉”“骆驼”“氍毹”“须臾”“宛转”等；双声叠韵如“辗转”；非双声叠韵如“簸箕”“狼狈”“狼藉”“络绎”“璎珞”等。

第二节 从意义看《五分律》中的复音词

《五分律》中复音词在意义上比较突出的是同义类聚和多义类聚。

一、同义类聚

魏晋南北朝时期，复音词大量产生，其中也形成了大量同义类聚的复音词。王小莘曾指出："魏晋南北朝处在从上古汉语向中古汉语过渡的连接轴上……复音词的数量不仅先秦作品远不可相媲，比东汉的《论衡》也有成倍的增长。……魏晋南北朝成词语素中同义语素的使用较灵活，同义类聚体中的语素常常可以更替。"[①] 向熹在讲到"中古汉语同义词的发展"时也曾说过："到了中古，随着新词的大量增加，古今词的并存，词义的引申交叉，一部分方言词进入普通词汇，汉语同义词进一步发展，同义词的构成方式更加多样化了。"[②] 在《五分律》中，存在着不少复音词同义类聚的现象，极大地丰富了语言的表现力。

在开始研究《五分律》中同义类聚的复音词之前，首先我们要搞清楚哪些是类聚的同义词？关于同义词的界定标准，据池昌海先生在上个世纪 80 年代对当时近 50 年大陆汉语同义词研究所作的疏理及归纳，当时主要有"意义同近"说、"概念同一"说、"对象同

① 王小莘：《魏晋南北朝词汇研究与词书的编纂》,《中国语文》，1997年04期。
② 向熹：《简明汉语史》(上)，北京：高等教育出版社，1993年，第560页。

一”说和“义位同一”说等四种提法[①]。这四种界定标准从不同的角度切入，都具有其合理性。随着时间的推进，学者越来越意识到应当把现代汉语同义词研究与古汉语同义词研究区别开来；而“语义成分分析法”的引进，使得学者更加关注义位对于同义词界定的重要性，关于古汉语同义词界定标准的讨论也渐趋统一。黄金贵坚持以词义而不是以词为辨析单位，指出：“同义词，是具有不同‘义象’（理性意义或附加意义的同中之异）、共同表示一个义位（词义）系统的词群。”[②]周荐也认为：“一个词语单位只能在某个意义上与其他一定的词语单位建立起一个同义关系。”[③]张联荣也提到：“在研究词的意义关系（比如同义关系、反义关系）和词义变化时，也必须以义位为基本单位，这一点已成为大家的共识。”[④]经过不断的论证，“一义相同”说得到了大部分学者的赞同。黄金贵在审视同义词近几十年纷争不一的“历史遗留问题”时，一语中的：“如果认同‘一义相同’说，那么，对于各家不同的表述就可以鉴别：凡是和同此说的，无论作什么表述，均不必以是非论。若此，池文所归纳的‘概念同一’说，‘对象同一’说，‘义位同一’说，大率都是‘一义相同’的不同表述，可容并存。”[⑤]

① 池昌海：《五十年汉语同义词研究焦点概述》，《杭州大学学报》（哲学社会科学版），1998 年 02 期。

② 黄金贵：《古代文化词义集类辨考》，上海：上海教育出版社，1995年，第 3 页。

③ 刘叔新、周荐：《同义词语和反义词语》，北京：商务印书馆，1992年，第 44 页。

④ 张联荣：《对古汉语词汇研究中义位归纳的几点思考》，《语言文字学论坛》第一辑，北京：中国社会科学出版社，2002 年，第 136 页。

⑤ 黄金贵：《论同义词之“同”》，《浙江大学学报》（人文社会科学版），2000 年 04 期。

我们对《五分律》同义类聚的研究，即主要采取“一义相同”说来进行系联构组；同时,《五分律》是一个封闭的语言系统，其中的复音词有该专书的特殊面貌，分析《五分律》中复音词同义类聚的现象离不开《五分律》的具体语言环境。徐正考在谈到古汉语专书同义词的研究方法时，曾指出：

> 确定同义关系的依据只能是词在专书中的应用情况。房德里耶斯说过：“确定词的价值的，是上下文。”“尽管词可能在意义上有各种变态，但是上下文给予该词语独一无二的价值；尽管词在人们的记忆中积累了一切过去的表象，但是上下文使它摆脱了这些过去的表象而为它创造一个现在的价值。”我们确定词与词之间是否具有同义关系，就要依据词在古书中那个“现在的价值”来确定,“记忆中积累”的“一切过去的表象”及其他文献材料、字典辞书只能起辅助作用——它们可以进一步印证专书，它们提供的情况经由专书的检验后才能体现出价值。[①]

黄晓冬在谈到同义词的确定依据时，也说过：“古汉语词义反映了古人对事物的认识和态度，我们今天只能从古人留下的文献中、从他们对词的运用中看出古人的认识，并看出古汉语词义。所以，确定同义词的外在依据应该是文献原文，原文中确定出的同义词才不是没有依据的空中楼阁。”[②]所以我们将紧密结合《五分律》中每一

① 徐正考:《古汉语专书词汇研究中同义关系的确定方法问题》,《吉林大学社会科学学报》，2002.02。

② 黄晓冬:《古汉语同义词的确定及辨析问题——兼论〈荀子〉单音节形容词同义词的形成原因》,《武汉大学学报》(人文科学版)，2003 年 03 期。

个词的上下文语言环境，深入分析每一个词在的思想内容表达及其与上下文语句、词汇的关系。

接下来略举一些《五分律》中词量较多的同义类聚。

（一）表示动作、行为的

1.“尊敬、敬重”义

“尊敬、敬重”义组同义类聚的有16个词，主要由语素“尊”“敬”“重”“恭”“畏”等组成。如：

（1）差摩得慈心三昧，有大威德，眷属成就，旃荼弟子皆共尊重，并欲随逐。（《卷第十四·二百零七堕法》）

（2）尔时，那罗摩纳为摩竭国人所共宗敬，皆言：“此摩纳有大知见，必能解之！”（《卷第十五·受戒法》）

（3）诸比丘便不敢于一切外道前嚼杨枝，彼便复言：“沙门释子恭敬我等，不敢于我前嚼杨枝。”（《卷第二十七·威仪法》）

（4）信乐佛法者便言：“此树有神，众人畏敬，夙夜虔恭，不敢堕慢；而诸比丘伐之无疑，一切色心晏安如故，可谓大神大贵可重。”（《卷第三·十三僧残法》）

（5）长者闻妇语已，内怀敬伏。（《卷第二十六·杂法》）

（6）和尚自然生心爱念弟子如儿，弟子自然生心敬重和尚如父，勤相教诫，更相敬难，则能增广佛法使得久住。（《卷第十六·受戒法》）

《礼记·儒行》：“儒有居处齐难，其坐起恭敬，言必先信，行必中正。”郑玄注：“齐难，齐庄可畏难也。”王引之《经义述闻·礼记下》："难，读为戁。《说文》：'戁，敬也。'徐锴传曰：'今《诗》作熯。'《小雅·楚茨》：'我孔熯矣。'毛传曰：'熯，敬也。'《尔雅》同。熯、戁、难声相近，故字相通，齐难与恭敬义亦相近也。"故，"敬难"亦与"恭敬"义相近。

（7）彼王先见罗睺罗甚敬重之，为其作房。（《卷第二十五·卧具法》）

（8）时，罗睺罗至那罗聚落，为一优婆塞深所敬信，为起房。（《卷第二十五·卧具法》）

（9）阿难闻已，为之怅然："如何我亲友，而不敬信佛法众僧？"即至佛所，白佛言："世尊！我愿此人信敬佛法！"（《卷第二十二·食法》）

（10）时，偷罗难陀比丘尼知优蹉心未调伏，不敬顺僧，便不随众，自与眷属，于界外为其解摈。（《卷第十一·十七僧残法》）

（11）时，王比丘作是念："我奉佛教而未见佛，今当往彼礼敬世尊。"（《卷第十八·布萨法》）

（12）若于和尚、阿阇梨、所敬畏人间覆藏，不名覆藏；于余人间覆藏，名为覆藏。（《卷第二十三·羯磨法》）

（13）佛在拘舍弥国。尔时，阐陀比丘常出入诸家，为说法料理官事疗治众病，国王大臣长者居士无不亲敬。（《卷第三·十三僧残法》）

（14）时，舍利弗、目连游行人间，为诸四众国王大臣沙门婆罗门之所师敬。（《卷第十八·布萨法》）

（15）时，有三兽住彼树下：一者雉，二者猕猴，三者象。虽为亲友，而不相推敬，后作是议："我等既为亲友，如何不相推敬？应

计年长者为尊，少者为卑。”（《卷第十七·受戒法》）

2.“爱惜、爱念”义

“爱惜、爱念”义组同义类聚的有11个词，主要由语素“爱”、“护”“怜”“惜”“念”“悯”等组成。如：

（1）彼比丘即应语言：“我今与某甲，长老若须，从彼取用，好爱护之！”（《卷第九·九十一堕法》）

（2）王又问：“颇有方便免斯灾乎？”答言：“有！而是王所爱念，必不能用。”（《卷第二十六·杂法》）

（3）须达答言：“佛出于世有大威德，其诸弟子亦复如是。我已请之，于此安居，是以倾竭，无所爱惜。”（《卷第二十五·卧具法》）

（4）诸比丘！罗咤波罗父母爱重，尚以出家不还求索；况诸居士于汝无亲，而多求乎？（《卷第二·十三僧残法》）

（5）昔有族姓子，名罗咤波罗，父母重爱；自以出家，不从父母有所求索。（《卷第二·十三僧残法》）

（6）王复说偈：“智者不恶乞，思闻来求声；况汝所亲爱，岂容有吝心！……”（《卷第二·十三僧残法》）

（7）诸比丘指示言：“在彼闭户大房中，汝可徐往，謦咳叩户。世尊怜悯汝故，当为汝开。”（《卷第二十二·食法》）

（8）王知佛意悯念诸释，即回军还，如是再反。（《卷第二十一·衣法》）

（9）父母即遣还师所，便作是念：“师既苦我，父母复不念惜。我今于何许，得脱此患？唯当出家受具足戒。”（《卷第十七·受戒法》）

（10）诸比丘尼种种呵责言："云何比丘尼护惜他家？"（《卷第十二·二百零七堕法》）

（11）佛种种呵责："汝等愚痴，所作非法！岂不闻我所说慈忍，护念众生；而今云何不忆此法？"（《卷第二·四波罗夷法》）

3."责骂、叱责"义

"责骂、叱责"义组同义类聚的有10个词，主要由语素"呵""骂""责""嫌"[①]"讥""詈"等组成。如：

（1）诸不信佛法者，种种呵骂："沙门释子行恶如此，云何自称净修梵行？"（《卷第二·十三僧残法》）

（2）于是调达生忿恨心："云何世尊于大众前，乃作如此底下呵辱？"（《卷第三·十三僧残法》）

（3）诸长老比丘闻，种种呵责六群比丘："汝等云何两舌斗乱！"以是白佛。（《卷第六·九十一堕法》）

（4）诸不信乐佛法者，便讥呵言："沙门释子行于非法，过于世间荡逸之人！无沙门行，破沙门法！"（《卷第六·九十一堕法》）

（5）主人瞋呵言："若此比丘尼不非时来，我不开门，不遭此难！供养望福，而反致祸，与养怨家有何等异？"（《卷第十四·二百零七堕法》）

（6）有诸外道食时来乞，诸比丘不敢与，便瞋骂言："沙门释子教人布施，而自悭惜！何道之有？"（《卷第八·九十一堕法》）

（7）诸比丘语言："日时垂过，何不下之？"答言："我本为跛

① 方一新曾以"嫌责""嫌怪"为例考释出"嫌"有"责怪"之义，见方一新：《东汉魏晋南北朝史书词语笺释》，安徽：黄山书社，1997年，第147页。

难陀，须来便下。”跋难陀竟不来，遂不得下。彼种种讥嫌跋难陀，诸比丘亦呵责。(《卷第十·九十一堕法》)

（8）主人以此嫌呵跋难陀言：“沙门释子有何急事？先受我请，而过诸家，逼中方来，令诸比丘不得食我所供养食，使我多办饮食，而成无用！”(《卷第十·九十一堕法》)

（9）诸比丘虽闻佛语，犹诤不息，便于食上高声骂詈，更相打击。(《卷第二十四·羯磨法》)

（10）汝等相骂辱，执而不舍者，怨祸无由息，日夜增根栽。(《卷第二十四·羯磨法》)

4.“说话、告诉”义

“说话、告诉”义组同义类聚的有9个词，主要由语素“说”“言”“语”“白”等组成。如：

（1）佛亦如上慰问，诸比丘白言：“安居和合，乞食易得，道路不疲。”(《卷第二·四波罗夷法》)

（2）菩萨语言：“汝闻此语，今何为忧？但速还归，启白父母：‘设我骸骨枯腐，不尽生老病死之原，终不还反！’”(《卷第十七·受戒法》)

（3）诸居士见，咸作是言：“此诸比丘从何处来？低头默然，状如孝子，不知与人交接言语。(《卷第三·十三僧残法》)

（4）言说者：说生过恶，赞叹死好。因此死者，波罗夷。(《卷第二·四波罗夷法》)

（5）比丘便自说言：“我非贼，是沙门释子！于王舍城安居竟，应问讯世尊，道路难险，故与共伴耳！”(《卷第九·九十一堕法》)

（6）投暮来还，于所住处与守园人诸沙弥辈复更语说；乃至夜暗，方觅房舍。（《卷第六·九十一堕法》）

（7）时，彼贼帅信乐佛法，闻此不悦，即作是念："此诸人等，必当恼乱诸比丘尼，我当密遣一人，先往告语。"（《卷第四·三十舍堕法》）

（8）佛告阿难："汝可宣语诸比丘，如来今当游行南方，若欲从者任意同去。"（《卷第十七·受戒法》）

5．"诬蔑、毁谤"义

"诬蔑、毁谤"义组同义类聚的有8个词，主要由语素"毁""谤""诬""訾"等组成。如：

（1）复有婆罗门请诸比丘与粥，诸比丘歠粥作声，有一比丘言："今诸比丘食如寒战时！"作是语已，心生疑悔："我今毁訾僧。"（《卷第十·百众学法》）

（2）或有言："已入无畏城，应放使去。何以故？瓶沙王有令，若国内有毁辱比丘比丘尼者，当与重罪。"（《卷第十七·受戒法》）

（3）（庐夷）受教即往陀婆所，头面礼足，手捉其脚，白言："我愚痴故信于人言，诽谤大德。愿受我悔过！"（《卷第二十六·杂法》）

（4）应一比丘唱言："大德僧听！庐夷力士子虚谤陀婆淫通其妇，僧与作覆钵羯磨，不听一切四众来往共语。某已辞谢陀婆，从僧乞解覆钵羯磨，僧今与解。若僧时到僧忍听。白如是。"（《卷第二十六·杂法》）

（5）六群比丘不自改过，反更诬谤："长老比丘犯种种罪。"（《卷第十九·自恣法》）

（6）于是慈地不复得在人前诬说，便独处诬说陀婆比丘随欲恚痴畏。(《卷第六・九十一堕法》)

（7）尔时，世尊因说偈言："如人着革屣，本欲护其足，得热燥急时，而更反自伤；世间愚恶人，不念恩在己，从师学技术，而反凌诬之。"(《卷第二十五・破僧法》)

（8）有二比丘同意更相着衣，后相瞋谤以为偷。(《卷第二十八・调伏法》)

6."消除、消灭"义

"消除、消灭"义组同义类聚的有8个词，主要由语素"消""除""灭""去"等组成。如：

（1）莲华色见众多人往反出入，谓是节会当有饮食，便入精舍。见佛世尊为众说法，闻法开解，饥渴消除。(《卷第四・三十舍堕法》)

（2）佛慧无不鉴，消灭阴谋情。能施世间眼，决断诸疑惑。(《卷第二十・衣法》)

（3）若和尚犯粗恶罪，弟子应勤作方便，令速除灭；若不作方便，突吉罗。(《卷第十六・受戒法》)

（4）佛按行房见，自为洗浴，浣濯其衣，除去不净，扶卧床上，在边安慰："汝莫恐怖！汝今终不以此命过。"(《卷第二十・衣法》)

（5）王此四子并有威德，民各怀附已；一旦竞逐，必相殄灭，大国之祚何必王后？(《卷第十五・受戒法》)

（6）调达见此，益瞋忿言："汝何儜困，速疾灭去！"即自捉大石推下害佛。(《卷第三・十三僧残法》)

（7）诸比丘尼语言："汝莫如是！一切有为悉皆磨灭，如佛所

说，恩爱别离无长存者。若有为法不坏不散，无有是处！”（《卷第十一·八波罗夷法》）

（8）我以智慧力，用之杀此毒，味毒无味毒，破灭入地去。（《卷第二十六·杂法》）

7.“观看、观察”义

“观看、观察”义组同义类聚的有8个词，主要由语素“看”“观”“察”“视”“瞻”“顾”“伺”等组成[①]。如：

（1）尔时，诸比丘尼在有人处浴，众人见之，观看戏弄。（《卷第十四·二百零七堕法》）

（2）尔时，世尊从三昧起，在露处坐，大众围绕；观视僧众，告阿难言：“今日僧众何故减少？”（《卷第二·四波罗夷法》）

（3）时，目连作是念：“今此众中谁不清净，乃使世尊作如是语？”便遍观察。（《卷第二十八·遮布萨法》）

（4）何谓在前？所谓若行若立若坐若卧若睡若觉若去若来、若前后视瞻、若屈伸俯仰、若着衣持钵、若食饮便利、若语若默，常一其心，此是我教。（《卷第二十·衣法》）

（5）佛在王舍城。尔时，诸比丘左右顾望食，诸白衣讥呵：“此诸比丘如狗、如鸟，自食并视人食！尚不知食法，况余深理！”诸长老比丘闻，以是白佛。佛以是事集比丘僧，问诸比丘：“汝等实尔

① 《五分律》中“看视”“瞻视”不属于“观看、观察”义组，均表“看护、照顾”之义。如《卷第二十·衣法》：“有一比丘懒惰，初不佐助众事，亦不给侍和尚阿阇梨，得病无人看视，屎尿污身，不净臭秽。”《卷第十六·受戒法》：“复有一病比丘，无瞻视者，由此命过。”

不？”答言：“实尔。世尊！”佛种种呵责已，告诸比丘：“不应左右顾视食。”（《卷第十·百众学法》）

（6）若比丘住阿练若处，有疑恐怖，先不伺视，在僧坊内受食。是比丘应向诸比丘悔过：“我堕可呵法，今向诸大德悔过！”（《卷第十·四悔过法》）

（7）诸比丘共作是语：“观此猕猴必当有故，共伺察之，其状必现。”（《卷第一·四波罗夷法》）

8.“掠夺、抢夺”义

“掠夺、抢夺”义组同义类聚的有8个词，主要由语素“剥”“夺”“抄”“掠”“劫”等组成。如：

（1）尔时，众多比丘随估客行，失道，遇劫剥夺，赤肉裸形而还，向舍卫城。（《卷第四·三十舍堕法》）

（2）佛在舍卫城。尔时，众多比丘共伴行入拘萨罗国，遇贼剥脱，衣钵都尽，到一逻所。（《卷第九·九十一堕法》）

（3）尔时，诸比丘尼度属人妇女，诸白衣讥呵言：“此诸比丘尼无可度不可度者！”诸居士有言：“应夺取衣钵，将付官者。”（《卷第十三·二百零七堕法》）

（4）有诸比丘在无救护处安居，为贼劫夺；复有诸比丘在冢间安居，为非人所恼。（《卷第十九·安居法》）

（5）王之四子并有威德，我子虽长，才不及物，承系大业必为凌夺！（《卷第十五·受戒法》）

（6）乃往过世，拘萨罗有王名曰长寿，所统处少兵众寡弱；邻国迦夷王名梵达，所统处广兵众强盛，渐渐侵夺，遂吞其国。（《卷

第二十四·羯磨法》)

（7）复有众多比丘尼渡河取牛屎，既渡，水涨不得还，为贼抄掠。(《卷第十一·十七僧残法》)

（8）诸比丘闻，便往语诸释妇女："此中有贼，欲抄取汝，汝等莫来！"(《卷第十·四悔过法》)

9."轻视、轻贱"义

"轻视、轻贱"义组同义类聚的有8个词，主要由语素"轻""贱"等组成。如：

（1）尔时，诸比丘不教诫比丘尼，不为说法，由此故空无所得，而反呵骂："由汝辈故，令佛正法减五百岁！使一切人不敬沙门，轻贱比丘，不加供养！"(《卷第六·九十一堕法》)

（2）婆罗门言："此四依世所薄贱，我等不能依此！"(《卷第十六·受戒法》)

（3）有诸白衣恶贱比丘，不肯亲授，以食着比丘前地，语令自取。(《卷第八·九十一堕法》)

（4）彼调象师白王言："此人是我弟子，我先教之都无所隐；未能尽知，便见轻忽。……"(《卷第二十五·破僧法》)

（5）佛言："彼象师者，我身是也！弟子者，调达是也！世世从吾受学，而反轻慢于我。"(《卷第二十五·破僧法》)

（6）众贼复言："此人转见轻蔑，不可复忍！"(《卷第二十五·破僧法》)

（7）二比丘尼言："我等不作恶行，亦不触恼众僧。僧见我等羸弱，轻易我故，作如是语！"(《卷第十一·十七僧残法》)

（8）有言："波斯匿王有令：若轻凌比丘尼者，当与重罪。应速放去，莫令人闻！"（《卷第十三 · 二百零七堕法》）

10."修建、修缮"义

"修建、修缮"义组同义类聚的有7个词，主要由语素"营""理""建"等组成。如：

（1）时，彼比丘闻佛当来，作是念："此诸居士不信乐佛法，无大讲堂，佛与大众当于何住？"即集共议，便自斫伐草木，而营理之。（《卷第六 · 九十一堕法》）

（2）四子见之，呼婆罗门长者居士住，共议言："所经诸处，无胜此者！可以居乎？"咸无异议。即便顿止，营建城邑。（《卷第十五 · 受戒法》）

（3）今宁可更求好材，建立大屋，必得久住，无复苦恼。（《卷第一 · 四波罗夷法》）

（4）汝等皆当共安顿处，修治道路及诸桥梁，预办供俱以待世尊。（《卷第二十五 · 卧具法》）

（5）作是制已，五百罗汉至王舍城，于夏初月，补治房舍卧具。（《卷第三十 · 五百集法》）

（6）时，舍利弗为毗舍佉母经营作新大堂，彼持谷米来施四方僧，诸比丘不敢食。（《卷第二十五 · 卧具法》）

（7）行人答言："此诸比丘造作房舍，乞求无厌。邑人患苦，所以见仁皆悉逃走。"（《卷第二 · 十三僧残法》）

11.“聚集、集合”义

“聚集、集合”义组同义类聚的有7个词，主要由语素“聚”“集”等组成。如：

（1）寒时诸比丘聚集，患寒。佛言：“听作温室。”（《卷第二十五·卧具法》）

（2）大雨时，诸比丘无集聚处。佛言：“听作大堂。”（《卷第二十五·卧具法》）

（3）即便集僧，遣人语六群比丘：“汝等可来，僧今集会。”（《卷第六·九十一堕法》）

（4）吾闻其语，倍复忧毒，佛虽泥洹，毗尼现在，应同勖勉共结集之；勿令跋难陀等别立眷属，以破正法。（《卷第三十·五百集法》）

（5）从今是戒应如是说：“若比丘尼，安居竟，不从比丘僧请见闻疑罪，波逸提。”若僧不和集，若八难时，不犯。（《卷第十三·二百零七堕法》）

（6）时，摩竭国、鸯伽国、迦夷国、拘萨罗国、跋耆国、满罗国、苏摩国，此诸国人闻佛出世有大威德，弟子亦尔，皆来云集毗舍离城。（《卷第二十二·食法》）

（7）上座应令遍语诸比丘：“今受某甲檀越请。”皆当齐集，整持威仪。（《卷第二十七·威仪法》）

12.“寻找、寻求”义

“寻找、寻求”义组同义类聚的有6个词，主要由语素

“求”“索”“推”[①]、“访”等组成[②]。如：

（1）诸居士还入僧坊求觅，问诸比丘：“我失如是如是宝，比丘见不？”(《卷第九·九十一堕法》)

（2）王即令人国中遍觅，悉不能得。王语六群比丘：“诸处求索，绝不可得。”六群比丘便语王言：“王自请佛及僧四月给药，而今不能与我一种！”王言：“大德！非不欲与，亦非无物，但访索此药，绝不可得！又四月已过，何为相苦？”(《卷第九·九十一堕法》)

（3）父母四向推求，络绎而追，兼募人言：“若知我子所在，即以其身所着宝衣与之！”(《卷第十五·受戒法》)

（4）王甚爱重，访问国中，与同日生女取给左右。(《卷第二十六·杂法》)

（5）去家日久，思室转深，作是思维：“我当云何不违先誓，而遂今情？”复作是念：“我若邪淫，乃负本誓；更取别室，不为违要。”于是推访，遇见一女。(《卷第四·三十舍堕法》)

---

① 蔡镜浩《魏晋南北朝词语拾零》中举《贤愚因缘经》中的“推觅”“推求”用例，说明“推”为“寻觅、查找”义。见《苏州大学学报》(哲学社会科学版)，1988年03期。

② 汪维辉在研究“寻找”这一概念常用词的演变时曾指出：“上古汉语用‘求’、‘索’等，现代汉语用‘找’。在魏晋南北朝，则常用‘觅’和‘寻’。”见汪维辉：《东汉—隋常用词演变研究》，南京：南京大学出版社，2000年，第130页。在《五分律》中,“寻”多用做副词，表示“顷刻，不久”，或用如名词，表示长度单位，用作“寻找”义非常罕见，如《卷第四·三十舍堕法》：“到时持钵入城乞食，一婆罗门见生乐着，心作是念：‘此比丘尼今不可得，唯当寻其住处，方便图之。’”“觅”表示“寻找”有23例，但绝大多数为单用，构成复音词仅见“求觅”。

13.“惭愧、羞愧”义

“惭愧、羞愧”义组同义类聚的有6个词，主要由语素“惭”“愧”“羞”“耻”等组成。如：

（1）难陀有三十二相，虽不及佛，诸比丘遥见谓是世尊，恒为之起。难陀惭愧，不知云何？以是白佛，佛言：“听难陀作衣与佛衣异相。”（《卷第九·九十一堕法》）

（2）佛在毗舍离。尔时，世尊告诸比丘修不净观得大果利。时，诸比丘即皆修习，深入厌恶，耻愧此身。（《卷第二·四波罗夷法》）

（3）复有诸比丘尼至长者家，长者闻啖蒜臭，便语言：“阿姨远去，口中蒜臭！”诸比丘尼羞耻。（《卷第十二·二百零七堕法》）

（4）时，王与末利夫人同寝未起，夫人见阿难来，即便狼狈被衣下床，所被之衣极细而滑，不觉堕落惭羞蹲地。王便讥呵言：“我王事鞅掌，昏夜寝息，起不得早。如何比丘晨朝径来？”阿难惭耻，即还佛所，具以诸比丘入宫及己事白佛。（《卷第九·九十一堕法》）

（5）有绳床未有绳，以衣覆上，比丘不知，坐时反倒，露形羞惭。佛言：“若欲坐时，先以手按，然后坐。”（《卷第二十七·威仪法》）

此外，还有表“愤恨、怨恨”义的“瞋忿”“嗔恨”“忿恨”“忿恚”“瞋恚”“恼恨”；表“哭泣”义的“啼哭”“啼泣”“涕泣”“泣涕”“哭啼”“流泪”；表“毁坏、破坏”义的“撤坏”“毁坏”“毁败”“破坏”“损毁”“损坏”；表“积聚、聚敛”义的“藏积”“畜积”“积畜”“积聚”“积敛”“聚积”；表“通晓、了解”义的“得知”“觉知”“觉悟”“解了”“了达”；表“死亡”义的“死亡”“没命”“命过”“命终”“寂灭”；表

"性交、交配"义的"共合""合会""交会""构合""从事"；表"慰问、抚慰"义的"安慰""慰问""讯问""慰喻""慰劳"；表"教导"义的"教化""化导""教授""教诫""教学"；表"饥饿"义的"饥饿""饥羸""饥乏""饥渴""饥穷"；表"悲痛号哭"义的"哀号""悲哭""悲鸣""悲泣"；表"欺骗、迷惑"义的"欺诳""虚诳""诳惑""迷昧"；表"戏谑、取笑"义的"调笑""戏笑""笑弄""戏弄"；表"帮助、援助"义的"救护""救解""救免""救助"；表"装饰、修饰"义的"庄饰""庄严""严饰""修饰"；表"洗澡"义的"沐浴""洗浴""澡浴""澡洗"；表"争论"义的"纷诤""斗诤""诤讼""言讼"；表"诵读"义的"诵读""诵习""读诵""诵修"；表"救济、超度"义的"济拔""拔济""济度""度脱"；表"通奸"义的"私通""淫通""傍通"；表"存活"义的"生存""存在""生活"；表"充满、塞满"义的"充塞""侧塞""充满"；表"分开"义的"别离""分离""分张"；表"惊讶、惊异"义的"惊惋""惊怪""惊愕"；表"赞美"义的"称赞""赞叹""叹伏"；表"贪恋"义的"贪着""染着""乐著"①；表"隐藏"义的"藏隐""覆藏""掩藏"；表"怀孕"义的"有身""受胎""怀妊"等。

---

① "著"（着）的"贪嗜、爱恋"义，张相、蒋礼鸿、郭在贻、梁晓虹、李维琦等先生都有过详细的分析。郭在贻先生考《一切经音义》，证"著"有"耽、玩"之义；见郭在贻《训诂丛稿》，上海：上海古籍出版社，1985 年，第 168 页。梁晓虹考《生经》，指出早期的译经中"著"或单用或组成双音词表"贪恋"的用法就已经比较普遍了；见《口语词研究的宝贵材料》，《福建师范大学学报》（哲学社会科学版），1990 年 08 期。

（二）表示性质、状态的

1.“惶恐不安”义

“惶恐不安”义组同义类聚的有11个词，主要由语素“怖”“惶”“恐”等组成。如：

（1）尔时，波斯匿王左右人及诸比丘尼，于恐怖处游看，为贼所剥，或破梵行，或虏将去。（《卷第十四·二百零七堕法》）

（2）从今是戒应如是说：“若比丘尼，与男子暗处共立共语，波逸提。”……若疑怖处，若灯卒灭，不犯。（《卷第十三·二百零七堕法》）

（3）太子见之即大惶怖，问言：“汝为是天？为是鬼神？”（《卷第三·十三僧残法》）

（4）时，诸居士入房观见，便大畏怖，谓是跋耆豪族游集，便问行人：“此是何等贵人服饰？”（《卷第五·三十舍堕法》）

（5）调达惊起，骂言：“是恶欲比丘！始有善意，如何忽生恶心，以方便将我比丘去？”便大怖惧，热血从鼻孔出，即以生身堕大地狱。（《卷第二十五·破僧法》）

（6）陶师便多作合烧，开灶口视，皆成金钵，惧怖言：“此是大沙门神力！若王闻者，必当谓我多有金宝。”（《卷第二十六·杂法》）

（7）佛在舍卫城。尔时，有八月贼常伺捕人，杀以祠天，一切人民及诸比丘无不惊怖。（《卷第五·三十舍堕法》）

（8）太子后时，蜜带利剑向于王门，内怀恶逆，不觉战怖，于王门前倒地复起。（《卷第三·十三僧残法》）

（9）弥多罗言："兄欲令我云何相助？"答言："汝若助我，可到佛所白言：'世尊！无恐惧中反致怖畏，我今无处而得安稳；本谓陀婆是梵行人，忽来污我，犯波罗夷。'"（《卷第三·十三僧残法》）

（10）六群比丘于是夜暗中，作种种恐畏相，明旦问十七群比丘："汝等昨夜得安眠不？"（《卷第九·九十一堕法》）

2."欢喜、愉悦"义

"欢喜、愉悦"义组同义类聚的有9个词，主要由语素"欢""乐""喜""悦""欣"等组成。如：

（1）尔时，毗舍佉母着极上宝严身之具，与诸亲里游戏园林，林近祇洹，观察众人欢畅未已，作是念："我今不宜同此放逸，幸可因此问讯世尊。"（《卷第九·九十一堕法》）

（2）王问御者："太子今出乐不？"答言："始出不悦，还时甚乐！"又问："何故？"答曰："出逢死人，是故不悦。还见比丘，是故欢乐。"（《卷第十五·受戒法》）

（3）佛见有虫不受，猕猴谛视见虫，即便拾去复以上佛，佛为受之，于是猕猴欢喜踊跃，却行而退。（《卷第八·九十一堕法》）

踊跃：高兴；欣喜；欢快异常。[①]

（4）尔时，世尊为说妙法，示教利喜。闻法欢悦，即白佛言："愿佛及僧受我安居三月供养！"（《卷第一·四波罗夷法》）

（5）时，太子与诸婆罗门在高楼上见出林去，语新王言："王比丘今已去矣！"太子欣悦。（《卷第十八·布萨法》）

① 王云路、方一新：《中古汉语语词例释》，吉林：吉林教育出版社，1992年，第390页。

（6）时，毗舍佉取小床于佛前坐，佛为说随喜偈：“欢喜施饮食，佛及圣弟子，设福破悭贪，受报常欣乐；生天寿命长，还此离染尘，行法之大果，长处净天乐。”（《卷第五・三十舍堕法》）

（7）去后，旧住比丘向诸居士说言：“汝等应生欣庆心，有如是如是好比丘住此安居！”（《卷第二十七・威仪法》）

（8）佛以此象离众快乐，亦自乐静，而说偈言：“二龙自同心，俱患群众恼，皆已舍独游，今乐此空林。”（《卷第二十四・羯磨法》）

3. 饮食“美好、甘美”义

饮食“美好、甘美”义组同义类聚的有6个词，主要语素是“美”，其他语素有“甘”“香”“上”等。如：

（1）诸人言：“我实欢喜作诸供养！务令饮食种种甘美，亦当以衣布施众僧。”（《卷第五・三十舍堕法》）

（2）善饭知已，便生是念：“此等恶人无清净行，云何受我上美供养？”（《卷第三・十三僧残法》）

（3）时，跋难陀主人次至监食，跋难陀众中食已，复就其家索美好食。（《卷第八・九十一堕法》）

（4）太子通夜办多美饮食，明日自送至彼讲堂，其家内外皆敷杂色之衣。（《卷第十・百众学法》）

（5）佛言：“汝适去后，我至阎浮提树，取其果还，香美可食。今以与汝，可试食之！”（《卷第十六・受戒法》）

（6）又问：“何故乃办奇妙饮食？”答言：“佛出于世有大威德，其诸弟子亦皆如是。我今请之，故设此供，所以不获出相迎耳！”（《卷第二十五・卧具法》）

4. 容颜形貌“美好、妙丽”义

容颜形貌“美好、妙丽”义组同义类聚的有6个词，主要由语素“妙”“姝”“好”等组成。如：

（1）尔时，有王名优陀延，善知相法，有一夫人名月光，容颜姝妙音伎兼人。(《卷第十八·布萨法》)

（2）彼女须阇陀，见佛威相殊妙，前取佛钵盛满美食，以奉世尊。(《卷第十五·受戒法》)

（3）复为四方僧作一房，地敷卧具，皆悉妙好。(《卷第二十一·皮革法》)

（4）于是推访，遇见一女，颜容雅妙，视瞻不邪，甚相敬爱，便往求婚。(《卷第四·三十舍堕法》)

（5）汝行步周正，形体姝好，闲挽百车上于峻坂。(《卷第六·九十一堕法》)

（6）时，跋难陀在彼众中色貌姝长，而舍利弗形容短小。(《卷第十七·受戒法》)

5.“疲倦、疲乏”义

“疲倦、疲乏”义组同义类聚的有6个词，主要语素是“疲”，其他语素有“顿”“委”“极”[①]等。如：

（1）复有诸被羯磨执事比丘，不得眠疲乏，身不得安。(《卷第

① “极”有“疲倦、疲乏”义，王小莘《魏晋南北朝词汇研究与词书的编纂》中指出：“极，作疲倦讲魏晋时期习见。……疲、极互文见义。”见《中国语文》，1997年04期。

十八·布萨法》）

（2）有一比丘山居，惯乐担负羊毛，道路疲极，既至僧坊庭中倒地。诸比丘见，谓是鬼着，即以小便洒之。彼言："长老！何以见洒？"答言："恐见鬼着，是以洒耳！"彼言："我非鬼着，担羊毛重，道路疲顿，热闷故耳！"（《卷第五·三十舍堕法》）

（3）尔时，世尊默然受之……而说偈言："先恐徒疲劳，不说甚深义，甘露今当开，一切皆应闻。"（《卷第十五·受戒法》）

（4）佛在舍卫城。尔时，诸比丘春夏冬一切时游行，蹈杀虫草，担衣物重，疲弊道路。（《卷第十九·安居法》）

（5）彼比丘作是念："我今委顿，不任进路，当入火光三昧，以自消息，使身有力，然后前进。"（《卷第九·九十一堕法》）

6."安详、稳重"义

"安详、稳重"义组同义类聚的有5个词，主要由语素"安""庠"等组成。如：

（1）有诸比丘为利养故，坐起行立言语安详，以此现得道相，欲令人知。（《卷第二十八·调伏法》）

（2）若用水时，应先看水有虫无虫。不得多用水，然要使周事，以器捲水极令安徐，不得使器相撑以致破损。（《卷第二十七·威仪法》）

（3）佛在王舍城。尔时，頞鞞比丘侍佛左右，后时着衣持钵入城乞食，威仪庠序视地而行。（《卷第二十五·卧具法》）

关于"安详""安徐""庠序"，张联荣曾进行过分析："佛经中多有'威仪庠序'这样一种说法。……从语音上看，序、徐都是邪母鱼部字，二字同音。庠（详）是邪母阳部字，和序字可以构成对转关系。……从意义上看，安详就是安徐。《说文》：'徐，安行也。'安徐、安详本指人的步态动作而言，由人的步态动作进而引申指人的仪态、仪容。"[①] 蒋礼鸿认为"庠序"具有"举动安详肃穆"的意义[②]。

（4）长者闻已倍生欢喜，叹言："威仪庠雅，所师已胜，乃复住止如斯之处！"（《卷第二十五·卧具法》）

（5）有一比丘安居，闻有比丘欲破僧，作是念："若有破僧事，僧不和合，不得安乐，而世尊不听破安居，我当云何？"（《卷第十九·安居法》）

（6）我时问言："何处安居，安居安稳，乞食易得，道路不疲耶？"（《卷第二·十三僧残法》）

7."愚昧、浅薄"义

"愚昧""义组同义类聚的有6个词，主要由语素"愚""暗"等组成。如：

（1）尔时，诸比丘尼度长病女人，不堪学戒，愚暗无知。（《卷第十三·二百零七堕法》）

（2）诸比丘白佛言："世尊！我等愚痴，既作是事，皆生悔心，今来悔过。唯愿哀悯受我悔过！"（《卷第二十四·羯磨法》）

---

① 张联荣：《汉魏六朝佛经释词》，《北京大学学报（哲学社会科学版）》，1988年05期。

② 蒋礼鸿：《敦煌变文字义通释》，《蒋礼鸿集》（第一卷），杭州：浙江教育出版社，2001年，第361页。

（3）吾虽短暗，不至此乱。(《卷第四·三十舍堕法》)

（4）佛在王舍城。尔时，有二比丘共为亲友，一人聪明，一人暗钝。(《卷第八·九十一堕法》)

（5）第一夫人有子，名曰长生，顽薄丑陋，众人所贱。(《卷第十五·受戒法》)

（6）时，一大臣聪睿远略，白王言："臣观古今，未曾闻见人王之女与下贱兽。臣虽弱昧，要杀此狐，使诸群兽各各散走。"(《卷第三·十三僧残法》)

此外，还有表"不同寻常"义的"殊特""殊绝""挺特""绝异""奇特"；表"丰富充足"义的"丰多""丰长""丰乐""丰足""多饶"；表"衰弱、弱小"义的"羸弱""羸瘦""羸微""软弱""寡弱"；表"茂盛"义的"丰茂""茂好""茂盛""美茂"；表"聪慧"义的"聪明""聪睿""智慧""机辩"；表衣食"粗陋"义的"粗弊""粗恶""弊恶""弊坏"；表"狭窄"义的"狭短""狭浅""狭小""迮狭"；表"贫乏"义的"短乏""乏短""乏少"；表"贫苦"义的"贫穷""穷困""苦困"；表"静寂无声"义的"寂静""寂寞""寂默"；表"坚定"义的"坚固""牢固""坚正"等。

（三）表示人或事物的

1."形貌"义

"形貌"义组同义类聚的有14个词，主要由语素"形""貌""容""颜""色"等组成。如：

（1）时，跋难陀在彼众中色貌姝长，而舍利弗形容短小。(《卷

第十七·受戒法》)

（2）我诸龙等有大神力，作种种形色游行世间。(《卷第二十二·食法》)

（3）菩萨久后复敕御者严驾游观，出南城门，逢见病人，形体羸瘦，倚门喘息，问御者曰："此为何人？"答曰："病人也！"(《卷第十五·受戒法》)

（4）汝家大富可以树德，道由于心，不在形服。(《卷第一·四波罗夷法》)

（5）母子相见，不复相识，后因沐头谛观形相，乃疑是女。(《卷第四·三十舍堕法》)

（6）向于女人角戾面目吐舌张口，作如是等身口意恶，破于戒见威仪正命。(《卷第三·十三僧残法》)

（7）阿那律先好容貌，既得道后，颜色倍常。(《卷第八·九十一堕法》)

（8）净饭王出迎，遥见世尊容颜殊特，犹若金山，前礼佛足。(《卷第二十九·比丘尼法》)

（9）便着新衣往至佛所，遥见世尊容仪挺特，有三十二大人之相，圆光一寻，犹若金山，即生信敬，前礼佛足，却坐一面。(《卷第二十·衣法》)

（10）夫人即饮，长养于胎，月满生子，颜貌殊妙，字曰"长生"。(《卷第二十四·羯磨法》)

（11）成罗汉已，游戏诸禅解脱，颜容光发，倍胜于昔。(《卷第四·三十舍堕法》)

（12）众人欢喜，即和麨蜜，俱诣树下，遥见世尊姿容挺特，

诸根寂定，有三十二大人之相，圆光一寻，犹若金山。（《卷第十五·受戒法》）

2.“财物”义

“财物”义组同义类聚的有10个词，主要由语素“财”“钱”“宝”等组成。如：

（1）尔时，诸比丘度阿练若贼与受具足戒，后入王舍城乞食，诸居士见言：“此人先杀我如是如是亲里，劫我财物。”（《卷第十七·受戒法》）

（2）有比丘嗔他故，或烧其家，或烧其田谷财货。（《卷第二十八·调伏法》）

（3）二十亿作是念：“佛弟子中精进无胜我者，而今未得尽诸苦源。我家幸多财宝，亦可反俗快作功德。”（《卷第二十一·皮革法》）

（4）时，有婆罗门财富无量，语寡妇言：“与我儿婚，汝女可得长处安乐。”（《卷第二·十三僧残法》）

（5）贫人答言：“我今设食，不为财利；但当速来，莫论价直。”（《卷第七·九十一堕法》）

（6）彼婆罗门牛即便得胜，于是居士耻失金钱，更得一牛倍胜前者，重断倍赌。（《卷第六·九十一堕法》）

（7）有诸比丘欲远行，从索道粮，长者即使人赍金银钱物送之。（《卷第二十二·食法》）

（8）于是龙王语摩纳言：“汝今何为须此龙女？龙女多恚，或以毒火共相伤害！随汝所须金银宝物，尽当相与！”（《卷第十五·受戒法》）

（9）何故不惜金宝，而买此园？（《卷第二十五·卧具法》）

（10）梦见牛头栴檀卖与腐草同价者：尔时，释种沙门贪利养故，与白衣说法。(《卷第二十六·杂法》)

3.“亲属”义

“亲属”义组同义类聚的有7个词，主要语素是“亲”，其他语素有“亲”“眷”“属”等。如：

（1）尔时，诸比丘着粗弊衣，诸亲里见，语言：“何以着此坏衣，不从我取？”(《卷第四·三十舍堕法》)

李维琦在《佛经词语汇释》中指出，佛经中的“亲里”一词仅表示父系或母系的亲戚，并不表示邻里。[①]

（2）若见国王尊贵，乃至见父母亲戚苦乐，恐失道意，皆亦如是。(《卷第十九·安居法》)

（3）有一外道弟子于佛法律中出家，其诸亲族咸作是言：“云何舍我阿罗汉道，于沙门释子中出家？当还取之！”(《卷第二十·衣法》)

（4）时，有一人字“卢夷”，是阿难白衣时亲友，问诸比丘：“阿难今在何许？”(《卷第二十二·食法》)

（5）毕陵伽后时复至彼村，见先女人方大啼哭，问言：“汝今何故复大啼哭？”答言：“家亲在狱。”(《卷第五·三十舍堕法》)

（6）佛种种呵责已，告诸比丘：“今为诸比丘结戒，从今是戒应如是说：“若比丘，与女人同室宿，波逸提。”……若同覆异隔，若

① 李维琦：《佛经词语汇释》，长沙：湖南师范大学出版社，2004年，第242页。

大会说法，若母姊妹近亲疾患，有有知男子自伴，不卧，皆不犯。(《卷第八·九十一堕法》)

（7）昔王舍城有一织师，织师有妇，妇有一儿，儿又有妇，其家正有一奴、一婢，一时共食。……尔时织师眷属，今汝等是!(《卷第二十二·食法》)

4.“奴仆、仆从”义

“奴仆、仆从”义组同义类聚的有6个词，主要语素是“从”，其他语素有“奴”“婢”等。如：

（1）于后火起，有人见之，语毗舍佉母言：“汝所作比丘尼精舍，为火所烧！”彼便遣奴婢往救，得不烧尽。(《卷第十三·二百零七堕法》)

（2）琉璃太子与其眷属辄入游戏，诸释见之，瞋忿骂言：“下贱婢子，我不以汝为良福田！云何世尊未入中坐，而敢在先？”(《卷第二十一·衣法》)

（3）婢言：“我是下人，不知所以。”(《卷第三·十三僧残法》)

（4）晨出暮返，异于在昔，莲华色怪之，密问从人，从人答言：“外有少妇，是故如此。”(《卷第四·三十舍堕法》)

（5）时彼长者重着好衣，将诸傧从，从城中出，问讯世尊及诸比丘。(《卷第四·三十舍堕法》)

（6）世尊说此偈已，即以神力飞到波罗聚落，住跋陀婆罗树下，无诸翼从。(《卷第二十四·羯磨法》)

5.“名声、名誉”义

“名声、名誉”义组同义类聚的有5个词，主要由语素“名”“声”“闻”等组成。如：

（1）尔时，修休摩比丘尼婆颇比丘尼，共作恶行，有恶名声，更相覆罪，触恼众僧。（《卷第十一·十七僧残法》）

（2）此尼揵为摩竭国人之所宗敬，若我以一句义问，不能通者，必失名闻，不归大法。今当与之七日论议。（《卷第十七·受戒法》）

（3）王即斥逐第一议者、第二议者，免所居官，称第三议者加其名位。（《卷第三·十三僧残法》）

（4）复有二法不应净施：一者，不能赞叹人；二者，不能与人作好名称。（《卷第九·九十一堕法》）

（5）阿难、阿酬二众于是各别，不复和合六年之中共安居，住处皆不布萨自恣。声闻遐迩，彻于梵天。（《卷第二十八·调伏法》）

此外，还有表“道路”义的“衢道”“道径”“道路”“径路”；表“街道”义的“街巷”“里巷”“市里”；表“过失、错误”义的“过谬”“过失”“过罪”“恶逆”；表“疾病”义的“病苦”“病瘦”[①]“疾病”“疾患”；表“烦恼”义的“尘垢”“盖缠”“烦恼”“诸漏”；表“灰尘”义的“灰土”“尘土”“尘坌”；表“村庄”义的“村落”“聚落”“邑里”；表“家乡”义的“乡土”“乡居”“乡邦”；表“朋友”义的“友

① 朱庆之曾从佛经翻译的角度对“病”“瘦”同义进行过说明：“印度人是以‘瘦’为‘病’的，译者在使用汉语‘瘦’一词的时候可能认为也应当有与梵语相同的病弱的意思，所以将‘瘦’作为‘病’的同义词来看待。”见朱庆之：《论佛教对古代汉语词汇发展演变的影响》，《21世纪的中国语言学》（二），北京：商务印书馆，2006年，第255页。

人”“知识”“同友”；表“商贾”义的“贾客”“贾人”“估客”等。

以上《五分律》中的同义类聚，从各类数量来看，表动作行为的最多，表性质状态的次之，表人或事物的最少。其次，从每组词量来看，少的只有3个，多的16个，比现代汉语仍然少得多。如“尊敬”义，在《五分律》中共有“尊重”“宗敬”“恭敬”“畏敬”“虔恭”“敬伏”“敬难”“敬重”“信敬”“敬信”“敬顺”“礼敬”“敬畏”“亲敬”“师敬”“推敬”等16个，而现代汉语中表“尊敬”义的双音词则有“崇敬”“尊重”“推重”“敬重”“爱戴”“崇拜”“敬爱”“推崇”“爱慕”“敬仰”“敬服”“恭敬”“恭顺”“看重”“尊崇”“敬佩”“敬畏”“爱重”“尊敬”“钦佩”“景仰”“佩服”“敬奉”“敬慕”“钦敬”“仰慕”等26个。这说明《五分律》中的同义类聚现象虽然比较突出，但词量还不像现代汉语那样丰富多彩。再次，在同义类聚中，最为常见的是同义的单音语素组合构成联合式复音词，但也可见其他结构的复音词，如表“奴仆、仆从”义的“奴婢”“婢子”“下人”“从人”“傧从”“翼从”，表“死亡”义的“死亡”“没命”“命过”“命终”“寂灭”等。此外，在《五分律》的同义类聚中，有不少是同素异序的等义词，如“敬畏”和“畏敬”，“啼哭”和“哭啼”，“涕泣”和“泣涕”，“惧怖”和“怖惧”，“畏怖”和“怖畏”，“容颜”和“颜容”等，其意义和用法完全相同，而仅仅词形不同，出于语言交际的经济原则，其中有些到后世就逐渐消亡了。

二、多义类聚

多义类聚是同一个词的不同义位的聚合。周生亚认为：“多义词的形成和复音词的产生，两者之间绝对有密切关系……应当说，这是汉语复音词产生的一个重要途径。”[①] 多义类聚的现象在《论衡》《世说新语》中已经出现，但主要表现在联合式复音词中。《五分律》中的多义词不仅有联合式，而且还有偏正式、支配式、主谓式、附加式、重叠式等。

（一）联合式复音词的多义类聚

《五分律》中联合式复音词一词多义的使用不仅在数量上要多于《论衡》《世说新语》，而且不但有一词两用，还出现了一词三用、四用的情况。悉数如下：

【便利】《五分律》中有两义，一是指“利益、好处”，二是指“大小便”。

（1）若人百年之中，右肩担父，左肩担母，于上大小便利极世珍奇衣食供养，犹不能报须臾之恩。(《卷第二十·衣法》)

（2）有诸比丘着僧衣，入温室及作食处，入僧中食及左右便利，烟熏污泥。以是白佛，佛言：“不应尔！”(《卷第二十一·衣法》)

【姊妹】《五分律》中有两义，一是指“同生姐妹”，二是用于对同辈女性的泛称。

（1）时四子母及同生姊妹，咸求同去；又诸力士、百工、婆罗门、长者、居士，一切人民，多乐随从，王悉听之。(《卷第十五·受戒法》)

（2）有诸女人同来游观，语优陀夷言：“我等故来欲看房舍。”答言：“姊妹！随意看之。”(《卷第二·十三僧残法》)

① 周生亚：《〈搜神记〉语言研究》，北京：中国人民大学出版社，2007年，第48页。

【眷属】《五分律》中有两义，一是指“家眷、家属”；二是表佛教意义，凡闻道受教者均为佛之眷属。

（1）昔王舍城有一织师，织师有妇，妇有一儿，儿又有妇，其家正有一奴、一婢，一时共食。……尔时织师眷属，今汝等是！（《卷第二十二·食法》）

（2）尔时，诸比丘尼未满十二岁畜眷属，不能教诫，不能摄取，弟子愚暗无知不能学戒。（《卷第十三·二百零七堕法》）

【寒热】《五分律》中有两义，一是指“冷和热”，二是指“身体发冷发烧的一种疾病”。

（1）佛便为说《随喜咒愿偈》：“为遮风寒热，及障诸恶兽。蔽防雨露尘，亦除蚊虻患。以施持戒人，坐禅诵说法。若闻解其义，得尽诸苦源。”（《卷第二十五·卧具法》）

（2）长病者，长患寒热，发作有常。（《卷第十三·二百零七堕法》）

【声闻】《五分律》中有两义，一是表佛教意义，指“弟子”；二是指“声名”。

（1）时，四大声闻迦叶、目连、阿那律、宾头卢共议：“今王舍城有不信乐佛法僧者，我等当共令其信乐。”（《卷第二十六·杂法》）

（2）阿难、阿酬二众于是各别，不复和合六年之中共安居，住处皆不布萨自恣。声闻遐迩，彻于梵天。（《卷第二十八·调伏法》）

【唱言】《五分律》中有两义，一是指“宣扬”，二是指“高呼”。

（1）时，婆罗门即便骂言：“沙门释子，云何乃作如此恶业？”入舍卫城，四衢道中、街巷、市里，处处唱言：“沙门释子摩触我妇。”（《卷第二·十三僧残法》）

（2）时，彼贫人食具已办，唱言时到。于是诸比丘皆集就坐，唯佛住房。（《卷第七·九十一堕法》）

【颠倒】《五分律》中有两义，一是指“上下次序颠倒”，二是指“反反复复、重复”。

（1）诸比丘一向着衣，下易坏。佛言：“听颠倒着衣，上下皆安钩纽及带。”（《卷第二十六·杂法》）

（2）若比丘得新衣，应先浣，舒张度量，然后裁截。截已应缝，缝已应染，颠倒晒燥。（《卷第二十七·威仪法》）

【疑畏】《五分律》中有两义，一是指“迟疑担心”，二是指“疑忌畏惧”。

（1）有诸比丘于阿练若处住，去时不举僧卧具，致使烂坏。以是白佛，佛言：“应寄聚落中。若无寄处，应还作房主。若有疑畏聚落人民皆悉移去，亦应运持至安稳处。”（《卷第二十一·衣法》）

（2）佛以是事集比丘僧，告诸比丘：“今听诸比丘若险难处有疑畏处，与比丘尼共道行。……”（《卷第七·九十一堕法》）

【视瞻】《五分律》中有两义，一用如动词，指“观看瞻望”；二用如名词，形容“顾盼的神态”。

（1）何谓在前？所谓若行若立若坐若卧若睡若觉若去若来、若前后视瞻、若屈伸俯仰、若着衣持钵、若食饮便利、若语若默，常一其心，此是我教。（《卷第二十·衣法》）

（2）于是推访，遇见一女，颜容雅妙，视瞻不邪，甚相敬爱，便往求婚。（《卷第四·三十舍堕法》）

【住止】《五分律》中有两义，一用如动词，指“居留、住宿”；二用如名词，指“住处”。

（1）此诸外道沙门婆罗门尚知三时，夏则安居；众鸟犹作巢窟，住止其中；而诸比丘不知三时，应行不行。（《卷第十九 · 安居法》）

（2）从今是戒应如是说："若比丘尼，同学病，不自看、不教人看，波逸提。"同学者：同和尚、阿阇梨，及常共伴。式叉摩那、沙弥尼，突吉罗。若住止不同，不犯。（《卷第十三 · 二百零七堕法》）

【虚空】《五分律》中有两义，一用如名词，指"空中、空界"；二用如形容词，指"无分别"，即无亲疏、远近、爱憎的差别。《大般涅槃经》卷十六载："譬如虚空，无有父母兄弟妻子，乃至无有众生寿命。一切诸法亦复如是。无有父母乃至寿命，菩萨摩诃萨见一切法亦复如是，其心平等如彼虚空。"

（1）诸天欢喜，雨种种华，皆有光明，如星坠地；于虚空中作天伎乐。（《卷第十五 · 受戒法》）

（2）时，彼众中有长者迦兰陀子，名须提那，闻法欢喜，即作是念："如我解佛所说，夫在家者，恩爱所缚，不得尽寿广修梵行；出家无着，譬如虚空。我今宁可以家之信，出家修道。"（《卷第一 · 四波罗夷法》）

【知识】《五分律》中有两义，一用如名词，指"朋友"；二用如动词，指"了解、辨识"。

（1）尔时，诸比丘尼为知识家作，诸居士讥呵言："此等舍本家作，为他家作！无沙门行，破沙门法！"（《卷第十四 · 二百零七堕法》）

（2）时，有跋耆邑比丘名孙陀罗难陀，众所知识供养恭敬，不乐修梵行，作外道仪法、白衣仪法；行杀、盗、淫种种恶事。（《卷第一 · 四波罗夷法》）

【日月】《五分律》中有三义，一是指“日和月”；二是指“时日、时光”；三是指“每天每月”。

（1）于是，婆罗门心大欢喜，取小床于佛前坐，佛复为说随喜之偈：“一切天祠中，奉事火为最；一切异学中，萨婆帝为最；一切众人中，转轮王为最；一切众流中，大海水为最；一切照明中，日月光为最；天上天下中，佛福田为最。”（《卷第一·四波罗夷法》）

（2）尔时，彼估客复作是念：“我先以食诱彼比丘尼，日月浅近是以不果，今当更以食诱引，久意或回！”（《卷第十一·十七僧残法》）

（3）迦留后时以信出家，诸咨问者日月更甚，乃至波斯匿王亦自亲诣咨问国事，喜怒之声转倍于前。（《卷第二·十三僧残法》）

【左右】《五分律》中有三义，一是表方位，指“左和右”；二是指“侍从之人”；三是指“附近、周围”。

（1）若比丘上厕时应一心，看前后左右，至厕前謦欬弹指，令厕中人非人知；厕中人亦应弹指謦欬。（《卷第二十七·威仪法》）

（2）太子惶怖，便敕左右：“汝速往杀！凡是沙门释子亦尽杀之！”（《卷第十八·布萨法》）

（3）汝今劝我助非法人，非我弟子！从今勿复在我左右，我亦不复共汝语言！（《卷第三十·七百集法》）

【庄严】《五分律》中有三义，一是指“修饰打扮”；二表佛教意义，指“布列诸种众宝、杂花、宝盖、幢幡、璎珞等，以严净道场佛殿寺院，表示对佛的崇敬，使敬拜者生起虔敬之心”；三用如形容词，指“庄重典雅”。

（1）父母闻之，敕其妇言：“汝可庄严，如吾子在家所好服饰。”

庄严既毕，父母将之同诣彼林。(《卷第一·四波罗夷法》)

（2）诸比丘欲庄严布萨堂，悬缯散华，兼施僧过中饮，亦因施衣物；又欲以偈，赞叹佛法僧。(《卷第十八·布萨法》)

（3）佥曰：“正当简一好婢，有姿色者，极世庄严，号曰释种，而以与之。”(《卷第二十一·衣法》)

【游戏】《五分律》中有三义，一是指“嬉戏游乐”；二是指“游逛”；三表佛教意义，指“佛菩萨随心所欲地度化众生，毫无障碍的能力”。

（1）彼王后时严四种兵，将诸宫人、群臣、太子，畋猎游戏，兵众四散，竞逐诸鹿。(《卷第二十四·羯磨法》)

（2）尔时，毗舍佉母着极上宝严身之具，与诸亲里游戏园林。(《卷第九·九十一堕法》)

（3）成罗汉已，游戏诸禅解脱，颜容光发，倍胜于昔。(《卷第四·三十舍堕法》)

【料理】《五分律》中有三义，一是指“照顾、照料”；二是指“整治、整理”；三是指“处理、安排”。

（1）彼学家妇女，诸比丘尼亦应如是料理。(《卷第十·四悔过法》)

（2）罗睺罗言：“我先扫除，敷置卧具，暂至佛所，听受法教。如何便欲不复还我？”彼比丘言：“汝虽料理，我是上座应得此住。”(《卷第六·九十一堕法》)

（3）佛在舍卫城。尔时，跋难陀常出入一居士家为说法，疾病官事皆为料理。(《卷第四·三十舍堕法》)

【方便】“方便”原为佛教用语，本指佛普度众生时以灵活方式因人施教而所采用的各种启发、引导方法，即“方便法门”。《大方等大集经》曰：“能调众生悉令趣向阿耨多罗三藐三菩提，是名方便。”《五分律》中“方便”有四义，一是佛教用语；二是指“方法、手段”；三是指“设计，采用不正当手段”；四是指“乘便”。

（1）佛种种呵责：“汝等愚痴，如怨家共住！云何而得和合安乐？我无数方便教汝等共住，当相诲诱，转相觉悟，以尽道业。于今云何而行哑法？从今若复立不共语法，得突吉罗罪。”（《卷第十九·自恣法》）

（2）时，拘舍弥城诸优婆塞咸作是言：“我等今失大利，由诸比丘好斗争故，世尊不住。当作方便令其远去。”（《卷第二十四·羯磨法》）

（3）尔时，长老优陀夷为欲火所烧，作是念：“故出不净，世尊已制，今当方便与女人相触，取细滑乐。”（《卷第二·十三僧残法》）

（4）到时持钵入城乞食，一婆罗门见生乐着，心作是念：“此比丘尼今不可得，唯当寻其住处，方便图之。”（《卷第四·三十舍堕法》）

（二）其他结构复音词的多义类聚

【白衣】《五分律》中有两义，一是指“白色之衣”；二是指“着白衣之人”，即“在家人”。

（1）尔时，众多比丘共伴行入拘萨罗国，遇贼剥脱，衣钵都尽，到一逻所。……便出追逐，须臾及之，即便重围，索诸衣物，皆悉得之，染衣白衣各着一处。（《卷第九·九十一堕法》）

（2）尔时，诸比丘尼以比丘尼衣与白衣及外道女。彼便着行，余白衣见，向作礼，彼言："我是白衣！我是外道！"诸白衣便讥呵言："云何比丘尼，以比丘尼衣与白衣及外道女？"（《卷第十二·二百零七堕法》）

【何方】《五分律》中有两义，一是指"什么地方"，犹"哪儿"；二是指"什么方法"，犹"怎样，如何"。

（1）时，有一比丘避住止处，往到佛所，头面礼足，却坐一面。佛问："汝从何方来？"答言："从某方来。"（《卷第十七·受戒法》）

（2）尔时，舍利弗得风病，目连往问："汝在家时，曾有此病不？"答云："有！""何方治差？"答言："食藕！"于是目连到阿耨达池取藕与之。（《卷第八·九十一堕法》）

【小住】《五分律》中有两义，一是指"稍停、稍等"；二是指"暂时居住"。

（1）彼家主还，见比丘恐怖疾出，作是念："此比丘于我家内必有事衅！"即看家中见妇露形仰卧，便谓已通其妇，急追比丘语言："小住！汝于我家作如是如是事。"（《卷第二十七·威仪法》）

（2）作依止比丘应问："汝和尚阿阇梨是谁？先住何处？诵何经？"答若如法，应与作依止；若不如法，应语言："汝不识我我不识汝，汝可往识汝处求依止。"若疑，应语："小住。"受依止人应小住，乃至六宿观之，合意者应与依止，若不合意应语如上。（《卷第十七·受戒法》）

【小却】《五分律》中有两义，一是指"稍后，过些时候"；二是指"稍稍后退"。

（1）若比丘，白衣家请食，有比丘尼教益食人言："与是比丘饭，与是比丘羹。"诸比丘应语是比丘尼："姊妹！小却，待诸比丘

食竟。”（《卷第十·四悔过法》）

（2）时，王舍城一住处有五百比丘，十五日集，语令小却：“我欲布萨。”杖士答言：“我等受敕不得暂离，岂敢公违大王之令？”（《卷第十八·布萨法》）

【不净】《五分律》中有三义，一是佛教用语，是污秽、鄙陋、丑恶、过罪等的总称；既可用作名词，也可用作形容词，如“不净行、不净观”等。二是形容“不干净，肮脏”。三是特指“精液”。

（1）复有一比丘至冢间，从足至头观新死女人，生欲心，便行不净。以是白佛，佛言：“不应先从足观。”（《卷第二十·衣法》）

（2）诸比丘尼食还，入门遥见，咸疑已共偷罗难陀作不净行，问言：“汝已破梵行耶？”（《卷第十一·八波罗夷法》）

（3）有诸比丘从外还，徒跣上僧卧具，污泥不净。以是白佛，佛言：“听着出入革屣。”（《卷第二十一·皮革法》）

（4）跋难陀遂失不净，偷罗难陀取内衣浣，以不净自内形中，遂致有身。诸比丘尼见，问言：“汝不修梵行耶？”答言：“非不修梵行！我以男子不净，自内形中，致此身耳！”（《卷第十四·二百零七堕法》）

【一时】《五分律》中有四义，一是指“同时，同一时刻”；二是指“短时间”；三是指“即时、立刻”；四是指“突然、偶然”。

（1）复有一婆罗门将妇游观，次到优陀夷房语言：“我欲与妇同看房舍。”优陀夷言：“不得一时，可前后入。”（《卷第二·十三僧残法》）

（2）琉璃王闻佛此教，心念：“佛无空言，余苦尚可，唯畏火烧！”即与眷属乘船入阿夷河，七日期至，水忽暴涨，于是覆没，

一时死尽。(《卷第二十一·衣法》)

(3)军锋欲交，野狐果令狮子先吼，野狐闻之，心破七分，便于象上坠落于地，于是群兽一时散走。(《卷第三·十三僧残法》)

(4)阐陀于是求于屋地，得一好处便起高基，以墼薄累作于四壁，极重覆之；覆重壁圮一时崩倒，填押伤杀婆罗门麦。(《卷第六·九十一堕法》)

【有事】《五分律》中有三义，一是指“有事情”；二是指“有战事，即用兵”；三是指“惹事，出现变故”。

(1)时，诸比丘有僧事塔事和尚阿阇梨事，及以他事须出界外，为衣故不敢出。以是白佛，佛言：“若有事要须自出界外，听离衣一宿。”(《卷第五·三十舍堕法》)

(2)佛在舍卫城。尔时边境有事，波斯匿王严四种兵，欲往讨伐。(《卷第八·九十一堕法》)

(3)有比丘斗争，诸比丘作是议：“此比丘好斗争，数有事。我等宁可和合，与作如法呵责羯磨。”(《卷第二十四·羯磨法》)

【自然】《五分律》中有两义，一用作形容词，指“天然的，非人为的”；二用作副词，犹“当然”。

(1)相师言：“此女生，着自然金华鬘，应字为‘摩梨尼’。”(《卷第二十六·杂法》)

(2)阿阇梨自然生心视弟子如儿，弟子自然生心视阿阇梨如父，事事如和尚中说。(《卷第十六·受戒法》)

【自为】《五分律》中有两义，一是指“自己做主，自作决定”；二是指“为自己”。

(1)若比丘尼自为是事，从一居士乞，自作余用者，尼萨耆波

逸提。(《卷第十二・尼律三十舍堕法》)

（2）诸比丘便不敢为病比丘索益食，以是白佛，佛以是事集比丘僧，告诸比丘："听为他比丘索益食，不应自为。"(《卷第十・百众学法》)

【第一】《五分律》中有两义，一是指"等第、次序居于首位"；二是形容"程度最深，最首要、最好的"。

（1）问言："汝各有几财，得为居士？"第一人言："我钱有十三亿。"第二人言："我有十四亿。"第三人言："我有十四亿，又有一无价摩尼珠。"(《卷第二十一・皮革法》)

（2）于是耆域即以一贵价衣，价直半国，奉上于佛，白佛言："此衣于诸衣中最为第一，愿哀悯受！又愿听诸比丘受家衣施！"(《卷第二十・衣法》)

【小小】《五分律》中有两义，一用作副词，指"稍微"；二用作形容词，指"很小、最小"。

（1）有诸比丘作木床绳床置房中，或泥地或小小治护，便求随意住。(《卷第二十五・卧具法》)

（2）有诸比丘小小因缘须上树。佛言："听上，不得上过人处。"(《卷第二十六・杂法》)

上述《五分律》中一词多义的例证说明，汉语词义在魏晋南北朝时期有了新的演变、发展，这是词汇发展的重要标志。

第三节 《五分律》中复音词的特点

通过上述对《五分律》中复音词分门别类地进行穷尽式地描述和分析，我们对于《五分律》中复音词的特点有如下结论：

1. 联合式复音词数量仍居各类结构复音词之首。同《论衡》《世说新语》相比，就语义构成而言，相类意义联合和相反意义联合均有了明显发展。在相类意义联合词中，形容词和动词的数量与日俱增，名词、形容词、动词这三类词性的相类意义联合词在数量上已是相差无几；此外，还出现了少量相类意义联合数词。在相反意义联合词中，仍以名词为主，包括语义相反的一般并列复词和偏义复词两类。不平等联合词继续保持活跃势头。就词性构成而言，仍然保持着构成复音词的语素同该复音词词性一致的特点，但是和《世说新语》相比，构词方式上有些许增加，词性不一致的情况达 14 种之多。从语序构成看，同素异序现象仍然较多，且还存在着语序颠倒后词性和词义发生变化的情形，这已同现代汉语接近。在《五分律》中，联合式仍然是非常能产的构词方式。

2. 偏正式复音词数量仅次于联合式，位居第二。同《论衡》《世说新语》相比，虽然位次没有发生变化，但占全书复音词数的比例，却由《论衡》的 22.48%、《世说新语》的 26.95%[①] 提高到了 37.9%，这表明《五分律》中的偏正式与联合式相比虽然不是最突出的，但

① 程湘清：《〈世说新语〉复音词研究》,《汉语史专书复音词研究》，北京：商务印书馆，2003 年，第 263 页。

在历时演变的角度，偏正式的发展却是十分迅速的，构词能力上有着相当的潜力。在语义构成方面，正语素和偏语素的结合关系更加错综纷繁了。表示动作行为和性质状态的正语素在数量、比例上都有了明显增长，而有关人的可充当大类名的正语素也有数量的增加和实质内容的变化，出现了一些新的构词能力强的正语素。在词性构成方面，呈现出更加丰富多彩的面貌，不但有 11 种方式构成名词，还有多种方式构成动词、副词、形容词。从历史比较看，除了数量的增加，还出现了一些新词新义，同现代汉语比较，大多数偏正式复音词流传至今，其比例远高于《论衡》和《世说新语》。

3. 补充式复音词数量不多，占全书复音词总数的 2.64%，较之《论衡》《世说新语》，在占比上有一定的减少[①]，是非能产的构词方式。从语义构成看，补语素所表示的意义依然沿袭了《论衡》《世说新语》中表结果、表趋向的两种用法，其中表结果分为表不幸消极义，得到、见到、成为义，给予义等，表趋向的补语素则有了进一步的发展。从词性构成来看，有 6 种述补式构成方式，基本上都是从前代流传下来的；值得注意的是，《五分律》的补充式复音词中还出现了一个名量式补充式复音名词“草束”，这是《论衡》《世说新语》中没有的现象。

4. 支配式复音词在《五分传》中的比重为 12.9%，占比虽不多，但是却由《论衡》《世说新语》中不足 5% 发展到了超过 10%；同时，

① 据程湘清先生研究统计，《论衡》中有补充式复音词 101 个，占全书复音词总数的 4.39%；《世说新语》中有补充式复音词 93 个，占全书复音词总数的 4.37%。见《汉语史专书复音词研究》，北京：商务印书馆，2003 年，第 158、233 页。

魏晋南北朝小说中的支配式复音词占比达到了10.9%[①]，由此可见，这一时期支配式复音词的发展趋势显而易见，已从前代的多属官名扩及普通名词、动词、形容词，甚至副词，如“任意”。较之于《论衡》《世说新语》中动宾关系构成的动词仅限于不及物动词，《五分律》中的支配式动词出现了带宾语的用法，所指语义范围进一步扩大。有些支配语素，构词能力非常强，在《五分律》中可以构成三个以上的支配式复音词。在词性构成方面有8种词性构成方式，也比过去更复杂多样化，更接近现代汉语。

5. 主谓式复音词数量较少，但从历时发展来看却呈现出逐步增长的态势，数量上已是《世说新语》的3倍，是《论衡》的3.6倍。同时，《五分律》中充当主语成分的语素较多，构词较为丰富的有“自”“年”“日”“缘”“命”等，有些词的出现频率较高，词性构成也比较接近于现代汉语，尤其是用“自”构成的主谓式复音词，到后世越来越成为构词的一种能产方式。

6. 附加式复音词在《五分律》中的数量和占比均要略逊于《论衡》《世说新语》。从附加式复音词的构成类型来看，《五分律》中仍然分为附加前缀和附加后缀两种，且附加后缀在数量上和词缀种类都比附加前缀显得更为丰富。整体上，《五分律》中的词缀种类达到了11种，包括前缀“阿”“相”“第”，后缀“头”“者”“子”“然”“尔”“取”“得”“自”。《五分律》中的词缀种类之所以如此之多，和其作为佛教戒律而口语化程度较高有密切关系。这些词缀大部分是从先秦继承下来的，当然《五分律》中也

① 陈琳：《魏晋南北朝小说复音词研究》，湖南师范大学硕士论文，2006年。

有一些魏晋南北朝时期新产生的词缀，如“头”“阿”等；尤为一提的是，“得”和“取”在《五分律》中除继续保持原来的实词词义用法，还逐渐虚化为动词词缀，这可以说是反映了这一时期附加式发展的重要现象。

7. 重叠式复音词在《五分律》中分为单纯词和合成词两类，整体上占比不到1%，和先秦先比，明显地体现了语音构词能力衰退的这个事实。从分布来看，以重叠式合成词居多，重叠式单纯词仅有3个，合成词的数量远远超过单纯词的数量；而且合成词在《五分律》中除AA式外，还出现了一个AABB式。这足以说明，在同类结构的发展中，合成词的组合使用比单纯词更为灵活，其发展要优于单纯词。同时，尽管语音造词在向语法造词转化，语音造词的数量比例下降了，但这种结构方式却照样流传了下来，并且有了新的结构形式的发展。从词性上看，《五分律》稍有不同，以副词和名词略占多数，而非形容词。

8. 这一章里所讨论的非重叠式单纯词，是在一般复音词的范围内，并不包括佛教音译词。《五分律》中的非重叠式单纯词在所有结构类型中数量最少，占比最低，基本上是沿袭的先秦两汉的旧词。从两个音节的语音关系来看，可分为双声词、叠韵词、双声叠韵词和非双声叠韵词4类，形式上仍然保留着前代“双声”“叠韵”的基本结构。从词性来看，不但有名词、动词、形容词，还有少量副词。

9. 从《五分律》复音词的意义上看，作为同义词或近义词聚合出现的同义类聚的现象非常显著，其中表动作行为的最多，其次是表性质状态的，再次是表示人或事物的，但每个聚合的同义词量却不如现代汉语丰富多彩。作为同一个词的不同义位相聚合的多义类聚也比较突出，过去主要出现在联合式复音词中，在《五分律》中则不仅有联合式，还有偏正式、支配式、主谓式、附加式、重叠式等多种结构方式。

从词义发展的角度而言，同义类聚的形成基本都是词义引申的结果，而多义类聚的形成，也是词义引申或词义发展造成的。因此，同义类聚和多义类聚之间的关系十分密切。如“委”，通“萎”，本义指“植物枯槁凋谢”，引申指“衰颓、衰弱”。“顿”，本义指“以头叩地”，相似引申为“以足叩地的行为”，即“跺、踏”，联系到跺踏草木后也能会造成的后果，相因引申为“僵仆、倒下”，再以此引申为“疲倦、疲乏”。“弊”，字本作“獘”，从犬，敝声；从犬，表示被狗扑倒或遭狗咬而倒下；讹变为“弊”。“弊”的本义指“扑倒，倒下”，引申指“疲倦、疲乏”。“极”，本义指“房屋的正梁”，引申为“顶点、最高处”，再以此引申出“尽头、极限”之义，而身体处于极限即为“乏力、疲劳”。由此，构成了表“疲倦、疲乏”义的同义类聚“委顿”“疲乏”“疲劳”“疲极”“疲顿”“疲弊”。再如“启”，《说文》中可见“启”和“啟”。《说文·口部》：“启，开也。从户，从口。”段注：“后人用‘啟’字训开，乃废‘启’不行矣。……此字不入户部者，以口户为开户也。”可见，“启”的本义是“开户、开门”，后写作“啟”。《论语·述而》“不愤不啟”，朱熹集注：“啟，谓开其意。”《资治通鉴·晋纪十三》“子远啟曜”，胡三省注：“啟，开也；开陈其事以白于上谓之啟。”表“禀告”实际上是“启”的引申义，由此“启”和“语”“言”“说”“白”等形成同义系列，构成了表“说话、告诉”义的同义类聚“白言”“启白”“言语”“告语”“语说”等。

此外，关于多义类聚，还值得注意的是，《五分律》有些多义词其中的某些义位到今天现代汉语里已不再使用，如“便利”表“大小便”，“颠倒”表“反复、重复”，“知识”表“了解、辨识”，“庄严”表“装饰打扮”，“不净”表“男子精液”等。相比之下，这些词在现代汉语中的义位量更加简约。从词义与外部世界的联系来看，既有的词义是为完成语言表达的实际需要而应运而生的，那么后世同样出于完成语言功能的目的，词义当然也自会应时而变。这也反映了汉语词义随着时代的发展，既不断丰富又逐步规范，从而更加有效地满足各种交际需求的特点和规律。

第四章 《五分律》中的古白话词

王力先生认为古代汉语是一个比较广泛的概念，古代汉语的书面语即有“文言”和“古白话”两个系统[①]。汉语语言学界较早使用“古白话”这一术语的是黎锦熙先生的《国语运动史纲·序》(三)[②]，也有人称为“早期白话”“近古白话”“旧白话”，这些提法主要是为了与现代语体的白话文相区别。“古白话”虽说是白话，但不同于我们今天所说的白话文[③]，即使“古白话”与口语接近，但由于区域性和时代性的差异，与现代汉语相较，二者仍有不小的差距。

什么是古白话呢？这涉及汉语的历史分期问题。江蓝生曾指出：“古代白话跟汉语史的分期有直接关系。长期以来大学里教汉语只有古代汉语与现代汉语之分，把‘五四’时期以前的语言统统称为古代汉语。这种分期忽略了文言与白话的区别，没有正确地反映汉语

---

① 王力：《古代汉语》(第一册)，北京：中华书局，1999年，第1页。

② 黎锦熙：《论“大众语文学”》，《国语运动史纲·序》(三)，北京：商务印书馆，1934年，第105页。

③ 茅盾在《文艺大众化问题》中指出，五四时期的白话不同于古白话，是欧化的白话。胡敕瑞认为“白话”和“白话文”是两个不同的概念，“白话文”是指在现代汉语口语的基础上产生的现代汉语书面语。这里胡敕瑞所谓的“白话”即为“古白话”。

发展的历史阶段，因而是不太科学的。”[①]吕叔湘先生也认为：“如果我们能知道，什么时候人们的说话从接近书面语变成跟书面语大不相同，我们就能把这个定为古代汉语和近代汉语的分界线。”[②]而关于汉语史的分期，历来纷繁复杂，迄今没有定论。这里，我们不打算展开讨论汉语史的分期，只想谈谈有关“古白话”的问题。

目前学界对“古白话”的看法略有不同。如太田辰夫认为：“通常认为到后汉时口语和文言之间的差别似乎已经产生，这从后汉的文章中有一些跟后世的口语（即所谓的白话）一致，相反跟文言不一致的成分上面可以推测出来。这样一来，口语和文言渐渐地分离开了。”[③]胡敕瑞认为：“古白话是在汉魏六朝的口语基础上形成的一种新兴书面语。”[④]李峻锷认为：“古白话是在南北朝时代北方方言口语基础上形成的一种书面加工形式。”[⑤]郭锡良认为古白话是“六朝以后在北方话基础上形成的”[⑥]，卢芸生也认为古白话是“六朝以后在北方话口语基础上形成的”[⑦]。江蓝生认为：“白话的产生有悠久的历史，

---

① 江蓝生：《古代白话说略》,《著名中年语言学家自选集》(江蓝生卷)，合肥：安徽教育出版社，2002年，第248页。

② 吕叔湘：《近代汉语读本·序》,《近代汉语读本》(刘坚)，上海：上海教育出版社，1985年，第2页。

③［日］太田辰夫：《汉语史通考》，江蓝生、白维国译，重庆：重庆出版社，1991年，第187页。

④ 胡敕瑞：《汉译佛典所反映的汉魏时期的文言与白话——兼论中古汉语口语语料的鉴定》,《汉语书面语的历史与现状研究》(冯胜利主编)，北京：北京大学出版社，2013年。

⑤ 李峻锷：《古白话界说与近代汉语上限的探索》,《上海师范大学学报》，1988年03期。

⑥ 郭锡良、唐作藩、何九盈、蒋绍愚、田瑞娟：《古代汉语》(修订本上)，北京：商务印书馆，1999年，第2页。

⑦ 卢芸生：《试论古代白话词汇研究的几个问题》,《广西师院学报》(哲学社会科学版)，1995年01期。

比较保守地说，它是以东汉末年佛教的传入和汉译佛经的大量出现为契机而发展起来的。”[①]颜世熹认为：“在魏晋以后，虽然文言文仍在书面语中占统治地位，但因其严重脱离口语，脱离人民大众，加之外族语言和佛教禅语的渗入，使这时期的书面语言发生了一些与先秦两汉的典范文言文不同的显著变化，这就是‘古白话’的暂露端倪，此后经过五六个世纪的发展演变，才产生了与古代汉语完全不同质的‘近代汉语’。”[②]张中行指出：“我们可以把白话分为三期。先谈谈上限问题。两汉时期，文言定了形，可以作为上限。……第一期的下限是隋唐之际。这第一期的白话，特点是处于‘附庸’地位，或说是藏于文言的大海之中。”[③]徐时仪从古白话系统的角度，将古白话的发展分为“露头、发展、成熟”三个时期，即“秦汉到唐的早期白话（白话挤入书面语）、唐到明的中期白话（白话书面语系统形成）和明到清的晚期白话（白话与文言并存）”，认为“古白话系统是在秦汉以后的口语基础上形成的，秦汉以后口语中产生了大量新词新义和新句式”[④]。许威汉认为：“从汉末魏晋以后到‘五四’前，还有一种与口语基本一致的书面语，这就称为古白话。……至于成片的系统的白话书面语的形成，汉代已发其端绪，往后的《世说新语》之类的‘半文不白’，则继其端绪而益滋，呈过渡状态，逮

① 江蓝生：《古代白话说略》，《著名中年语言学家自选集》（江蓝生卷），合肥：安徽教育出版社，2002 年，第 247 页。

② 颜世熹：《“古白话”的特点及其与“近代汉语”的关系》，《济南大学学报》，1992 年 02 期。

③ 张中行：《文言和白话》，《张中行作品集 1》，北京：中国社会科学出版社，1995 年，第 198—199 页。

④ 徐时仪：《汉语白话发展史》，北京：北京大学出版社，2007 年，第 18—21 页。

及唐宋以降，蔚为大观之势。要之，古白话语体，始自汉魏，渐渐成熟于汉唐五代。”[①]王力认为古白话是“唐宋以来以北方话为基础而形成的”[②]。凡此种种，不一而足。虽然在“古白话”的界定上有一定的分歧，但我们发现有些学者着眼于古白话的起源，有些则着眼于古白话这一语言形式的成熟。基本上，汉魏时期古汉语已经出现了文白的区别是毋庸置疑的。“古白话”作为汉语发展史上的一种语言现象，它是客观存在的，是汉魏以来随不同时代实际语言的发展变化而逐渐形成的，是一种经过加工的带有当时方俗口语特色的古代书面语言。

然而，即便弄清楚了什么是古白话，文言与古白话的界限也很难截然划分，做到泾渭分明。正如刘坚所说：“古代白话从什么时候开始，这个问题很难用简单的话说清楚，因为在文言占统治地位的古代，很少有人用真正的白话来写文章。”[③]许多文献在很长一段时间内在语言上都是文白夹杂、互有交叉。罗杰瑞曾指出：“唐朝以前，很少看到完全是白话的文献，人们所能看到的都是以文言文为基础，夹杂某些口语成分的文献，这种白话的成分，因人而异，因著作而异，没有人能指出哪个著作是确凿无疑的纯粹白话文体。所有的著作都表现了不同程度的文言和白话的混合。”[④]郭锡良也曾指出：“魏晋以后，也有一些吸收口语成分较多的著作，主要是东汉以后的佛

① 许威汉：《汉语白话发展史·序》，《汉语白话发展史》（徐时仪），北京：北京大学出版社，2007 年，第 2 页。

② 王力：《古代汉语》（第一册），北京：中华书局，1999 年，第 1 页。

③ 刘坚：《古代白话文献简述》，《语文研究》，1982 年 01 期。

④ ［美］罗杰瑞：《汉语概说》，张惠英译，北京：语文出版社，1995年，第100 页。

经翻译，唐末五代的敦煌变文、《祖堂集》以及禅家语录等。它们大量地采用口语的语法成分、句式和俗语词，又还沿用先秦的虚词或句法结构，形成一种文白夹杂的书面语。……这种文白夹杂的文体是古白话的源头。它随着口语的发展而有变化，但是在宋代以前很难找到纯粹白话的文献。”[①]吕叔湘先生也说：“事实是，语言总是渐变的，言文分歧是逐渐形成的，此其一。另一方面，言文开始分歧以后，书面语也不是铁板一块，在不同时期，用于不同场合，有完全用古代汉语的，有不同程度地掺和进去当时的口语的。……从汉魏到隋唐都有夹杂一些口语成分的文字。”[②]“从三国到唐末……这个时期的口语肯定跟秦汉以前有很大差别，但是由于书面语的保守性，口语成分只能在这里那里露个一鳞半爪，要到晚唐五代才在传统文字之外另有口语成分占上风的文字出现。”[③]可见，语言的发展变化不是一蹴即至，文白演变经历了方言俗语跟通语融汇发展的漫长过程，那些“一鳞半爪”的口语成分也应该是我们关注的重点，就像刘坚的《近代汉语读本》中选入了《世说新语》的三段、《百喻经》的五段和《奏弹刘整》，其《古代白话文献选读》中也选收了《世说新语》的八段、王羲之的一些书札以及《奏弹刘整》。刘坚指出：

“《世说新语》的语言是比较接近当时的实际语言的。虽然还不是语体文章，但是用了不少口语语汇，也有一些

① 郭锡良：《汉语历代书面语和口语的关系》,《汉语史论集》(增补本)，北京：商务印书馆，2005 年，第 619 页。

② 吕叔湘：《近代汉语读本 · 序》,《近代汉语读本》(刘坚)，上海：上海教育出版社，1985 年，第 2 页。

③ 吕叔湘：《魏晋南北朝小说词语汇释序》,《魏晋南北朝小说词语汇释》(江蓝生)，北京：语文出版社，1988 年，第 1—2 页。

不同于传统的文言的句法。”①

“翻译佛经与白话的兴起有密切的关系。佛教要以一般群众为宣传对象，自然不能纯用脱离群众口语的文言来译述佛经。六朝的译经，文章比较通俗，其中包含不少口语成分，原因即在于此。更由于译经文章的语法可能受梵文或巴利文的影响，因此与其他典籍的文体也有所不同。我们大概可以说，古代白话文正是从译经文字以及同时期比较接近实际语言的作品（如《世说新语》等）一步步发展起来的。”②

蒋绍愚对刘坚的观点表示赞同，他着眼于古白话和近代汉语或现代汉语的继承和发展关系，“把反映中古汉语实际语言的文献称为‘古白话’”，并根据这种关系，认为“《世说新语》和东汉、南北朝的汉译佛典都是‘古白话’”③。

我们认为，刘坚、蒋绍愚等先生的论断是有理有据的，东汉和魏晋南北朝时期的一些汉译佛经，其语言显然与传统文言不同，的确更接近当时的口语，是从中古汉语的实际语言演变而来的。虽然刘坚在《古白话文献简述》中是从敦煌文献说起，但他也同时指出：

晚唐五代的“变文”已经比较接近口语，敦煌所出的一些话本和俗赋也是如此，这都可以说是古代白话作品的滥觞。如果再往上追溯，六朝时翻译佛经，译经的文章里

① 刘坚：《近代汉语读本》，上海：上海教育出版社，1985 年，第 1 页。
② 刘坚：《近代汉语读本》，上海：上海教育出版社，1985 年，第 5 页。
③ 蒋绍愚：《也谈文言和白话》，《清华大学学报》（哲学社会科学版），2019年 02 期。

就有不少口语成分。……这些作品为通篇语体的白话文章的产生准备了条件。……从敦煌文献说起，也只是一个大概的分期，因为从这以后，古代白话作品才逐渐多了起来。

徐时仪的《古白话词汇研究论稿》是一部系统介绍古代白话语料文献的著作，在其第二章第三节中介绍了“古白话重要文献概貌”，分门别类列举了古白话的重要语料，首先提到的就是“汉译佛经”，包括“汉译佛典”“敦煌吐鲁番文献”等十一类，把进行白话词汇史研究的语料网罗殆尽。徐时仪的另外一部著作《汉语白话发展史》，系统地探讨了汉语白话的发展历程，其第二章《古白话系统概述》中第三节《古白话的文献》，也依次介绍了从汉魏到明清各种体裁的古白话作品，排在最前的即为“汉译佛典”。可见，汉译佛经是研究古白话很重要的资料。

历史上，大部分佛经翻译是在东汉至唐这一段时期，这也是汉语发展史上的一个重要阶段。从汉语史研究的角度来看，中古汉语确实是一个独立的阶段，它上承上古汉语，下接近代汉语，和两者都有联系，但又都有区别。而汉译佛经的语言为中古时期的重要语料，必然对这一时期语言的演变有所反映。一般而言，书面语往往排斥口语，但佛经的翻译和传播则使得一大批口语进入书面语中。胡适在谈到“佛教的翻译文学”时曾说：“宗教的经典在传真，重在正确，而不重在辞藻文采；重在读者易解，而不重在古雅。故译经大师多以‘不加文饰，令易晓，不失本义’相勉。”[①]从整体上看，汉译佛经的语言是一种文白夹杂的既非纯粹口语又非一般文言的特殊

① 胡适：《白话文学史》，上海：上海古籍出版社，1999 年，第 98 页。

语言变体，一方面佛经语料中包含了许多口语成分，另一方面，佛经语料反映新兴常用词往往比中土文献要早一个节拍。汉译佛经在一定程度上反映了中古汉语的实际情况，古白话中的许多词语正源于这些语料。正如罗杰瑞曾指出的那样："宗教文献在白话语言的研究中起着重要作用，这一点绝不是偶然的。……佛教文献（几乎包括所有的翻译，和对印度原文的解释）就具有强烈的白话味儿，这种白话性质，延续了几个世纪，直到宋代都是这样。"①

《五分律》正是魏晋南北朝时期的汉译佛经，且作为四部广律之一，《五分律》记载了僧尼在日常生活和精神修养等方方面面的行为准则，包括僧尼的衣食住行乃至七情六欲，有时为了说明制定戒律的理由，还穿插了举例性的小故事；其中反映日常事物、行为的词汇非常丰富，提供了研究中古汉语实际变化的宝贵材料。有些词语在一般典籍中不多见，历来争议较大，难以论断，然而可能在《五分律》中不仅有用例，而且还意义分明。如代词"他"，先秦是指示代词，主要指事物也可指人，后又用作第三人称。关于"他"何时成为第三人称代词，学界大概有两种看法：一种意见认为"他"作第三人称代词始于六朝；一种意见则认为始于唐代。②徐时仪在《汉语白话发展史》中举《中本起经》中的用例说明"他"此时可以表示"别人"，是一个指代对象不明确的人称代词；又举《百喻经》中的用例说明"他"此时已可以明确地表示定指，用来指称第三人称。

① ［美］罗杰瑞：《汉语概说》，张惠英译，北京：语文出版社，1995年，第100页。

② 郭锡良：《汉语第三人称代词的起源和发展》，《汉语史论集》，北京：商务印书馆，2005年，第16页。

我们发现，在《五分律》中这两种用法皆可见，且和《百喻经》相比，早在《五分律》中就已经出现了“他”用于指第三人称的例子。如：

> 尔时，有一估客丧妇，作是念：“我今当于何处求索好妇？”时，旃荼修摩那比丘尼有弟子名修摩，色貌殊特，彼见生染着心，作是念：“以食诱之，或可得果。”便语言：“汝若须酥油、蜜石、蜜蒲、阇尼、佉阇尼，皆从我取。”彼比丘尼即便往取。既相狎习，便问比丘尼言：“汝知我与汝食意不？”答言：“汝为求福故，与我食。”彼言：“不以此事！我丧失妇，见汝清修，甚相贪乐，能降意不？”答言：“不能！”其人复言：“与我作妇，当以奇珍相与，衣服极丽，饮食随时，要令无乏。”亦答如初。余估客见，便助迫胁言：“汝若不欲为他作妇，何故受他饮食？若必不能，当夺汝衣钵！”

以上出自《五分律》第十一卷第二分十七《僧残法》，经文中的对话问答是在当时口语的基础上加工而成的书面语，较为通俗，具有故事性。讲述了一位丧妇估客因属意于修摩比丘尼而对其食诱，修摩比丘尼虽接受馈赠但却并不同意与之作妇，而遭其他估客胁迫苛责之事。文中，丧妇估客自称“我”，在其他估客指责修摩比丘尼的这句“汝若不欲为他作妇，何故受他饮食”中，“汝”指代修摩比丘尼，“为他作妇”实际上指的就是丧妇估客与修摩比丘尼所说的“与我作妇”。下文“若必不能”也照应了上文修摩比丘尼回答丧妇估客的“答言：‘不能。’”显然，这里“他”再解作“别人”就太勉强了，此例中“他”指代的就是上文中丧妇的估客，已是一个明确的第三人称代词。由此可见《五分律》在研究汉语白话发展中的价值之一斑。

《五分律》的语言基本上是文白夹杂，这种文白夹杂是反映了当时的口语正处在一种过渡时期呢，还是由于摆脱不了前一时期书面语言的影响所致？这是值得我们去思考和研究的。卢芸生在《试论古代白话词汇研究的几个问题》中提到了当前古白话词汇研究还需努力的几个方面，首先就是“在取材范围上还需要进一步拓宽”。我们无意于一定非要把《五分律》纳入“古白话”的范围，应该看到“文言”和“白话”只是一种大的区分，只是《五分律》中对话较多，的确采用了一些方俗口语，具有较强的口语色彩，我们认为《五分律》的语料可以作为研究古白话词汇的重要资料。

本章拟从方俗口语、常用词的文白演变、双音化与口语化这三个方面对《五分律》中的古白话词汇进行描写和分析。

第一节　方俗语词

郭在贻指出：

> 训诂学作为一种古代文献语言学，它应该而且必须冲破为经学服务的樊篱，去扩大自己的研究范围，开辟新的研究领域。这个新领域，主要指的是汉魏六朝以来方俗语词的研究。因为汉魏六朝以后的文言词语，基本上是承袭了先秦两汉的书面语词，没有多少新的发展变化，而汉魏六朝以后的方俗语词，则出现了许多新的情况，而又为传统训诂学所不甚措意的。今天我们研究训诂学，必须对方

俗语词的研究予以充分的重视。[①]

虽然训诂学和词汇学不能简单地混而同之，但二者关系密切，正如郭在贻《训诂学》中的很多内容本身就是词汇学的。蒋绍愚也认为："在我国古代，对词汇的研究是属于训诂学的范围的。……我们要研究古汉语词汇，首先必须继承这一份宝贵的遗产。"[②]既如此，我们对《五分律》中古白话词的研究，当然也就必须对《五分律》中的方俗语词予以充分的重视了。

方言概念最早大约出现在我国周代，应劭《风俗通义序》载曰："周秦尝以岁八月遣輶轩之使求异代方言，还奏籍之，藏于秘室。""方言"一词大概最早出自汉扬雄的《輶轩使者绝代语释别国方言》一书。所谓"方言"，是"言语或话，带有地方色彩的活的口语。……从历史发展上看，方言这个术语只是对共同语说的"[③]。历古以来，虽然存在着雅言和通语，但由于我国土地辽阔，汉族社会在发展过程中出现了程度不同的分化和统一，使得汉语逐渐产生了众多的方言。与雅言、通语相比，方言最主要的特点就是地方性和通俗性，也就是"方"和"俗"，往往更能直接地反映口语。因此，分析《五分律》中的方言词语对研究和整理古白话词汇就具有重要的意义。

俗语概念古已有之，但不称之为俗语，如《荀子》中的"民语"，《尹文子》中的"古语"，《庄子》中的"野语"，《子华子》中

---

① 郭在贻：《训诂学》，北京：中华书局，2005 年，第 144 页。

② 蒋绍愚：《从"反训"看古汉语词汇的研究》，《著名中年语言学家自选集》（蒋绍愚自选集），郑州：大象出版社，1999 年，第 19 页。

③ 袁家骅等：《汉语方言概要》，北京：语文出版社，2001 年，第 6 页。

的“常言”,《战国策》中的“鄙语”,《韩非子》中的“鄙谚”等,所指都是民间俗语。“俗语”一词较早用例见于司马迁《史记·滑稽列传》“民人俗语曰‘即不为河伯娶妇,水来漂没,溺其人民’云”。此后“俗语”常见于文献,既可以表示民间流传的说法或通俗定型的语句,如《汉书·贾邹枚路传》:“故俗语曰:‘画地为狱议不入,刻木为吏期不对。’此皆疾吏之风,悲痛之辞也。”也可表示方言土语或当地的习惯称呼,如《史通·杂说中》:“所以晋楚方言、齐鲁俗语,六经诸子载之多矣。”可见,俗语是具有口语性和通俗性的语言单位,这个语言单位可以是词也可以是短语或语句。在此,我们将要讨论的《五分律》中的“俗语”主要是指俗语中的词,而不是作为一个完整句子的俗话。蒋绍愚专门谈及过这个问题:

> “近代汉语词汇”和“近代汉语口语词汇”都是现代使用的术语,在20世纪以前,人们经常使用的术语是“俗语”“俚语”等。这些概念大致和“口语词”相当。但以前因为没有“词”的概念,所以“俗语”“俚语”有时指的不仅是口语中的词或词组,而且包括一些谚语之类的句子。这些术语的使用由来已久,人们比较熟悉,所以今天的研究者有时还沿用这些术语。但为了把句子排除在外,在谈及口语词汇时,一般已不再使用“俗语”这一名称,而称之为“俗语词”。①

那“口语词”就是“俗语词”吗?与“方言词”又是什么关系

① 蒋绍愚:《近代汉语词汇研究》,《著名中年语言学家自选集》(蒋绍愚自选集),郑州:大象出版社,1999年,第172页。

呢？郭在贻在谈到“误解俗语词”时曾指出：“所谓俗语词，一般是指魏晋六朝以后出现于载籍中的一些古代口头语词，这些词往往具有某种特殊的义训，用张相先生的话说，就是‘字面普通而义别’。”[①]似乎“俗语词”和“口语词”二者大致相当。持此观点的还有徐复、徐时仪等，如徐时仪在讨论有关古白话词汇的几个术语时，认为“以现代语言学的通常看法而论，俗语词就是古白话系统中的白话词，也就是口语词”[②]。但郭在贻后来在讲到“俗语词研究的历史与现状”时又指出“这里所说的俗语词，包括方言词和口头语词（方言词有时就是口头语词，二者不宜截然分开）”[③]。很明显，这里郭在贻认为“俗语词”比“口语词”外延更大，还包括“方言词”。朱庆之则有不同看法，他指出：“口语词和俗语词本是两个互有区别的概念：口语词是相对于书面语词而言的，主要是指只用于日常口语（包括方言）而不用于书面语的那些词；俗语词是相对于雅语（文雅的）而言的，主要指口语中那些粗俗鄙俚难登大雅之堂的词。”[④]各家说法不一，主要在于各自有不同的着眼点。陈明娥在研究敦煌变文词汇的宏观聚合时，对各家观点进行了综合比较和分析，认为：“对口语词和俗语词进行过细的区分并没有多大的实践意义，因此，为了分析和研究的方便，我们不妨把二者笼统地称之为‘口语俗语

① 郭在贻：《训诂学》，北京：中华书局，2005 年，第 142 页。

② 徐时仪：《古白话词汇研究论稿》，上海：上海教育出版社，2000年，第26页。

③ 郭在贻：《训诂学》，北京：中华书局，2005 年，第 158 页。

④ 朱庆之：《佛典与中古汉语词汇研究》，台北：文津出版社，1992年，第58页。

词'。"[①]这里,"口语俗语词"并没有明确说明方言词的情况。事实上，方言词是俗语词的重要来源，具有鲜明的地域来源特征，如雷汉卿就认为："俗语词就是在历史上某一时期进入书面语的方言词，或者说俗语词的前身就是在某一地区日常口语中使用的方言土语。"[②]我们深以为然。一方面，俗语词的产生和发展与方言词密不可分，俗语的生成原因、变化过程往往可以在方言中找到线索；另一方面，俗语词具有典型的口语性特征，而方言词有时候就是口语词，要把三者完全区分开来存在着现实难度。诚如周俊勋所言："在语言中，书面语词、口语词以及方言词存在纠缠不清的情况。"[③]既如此，考虑到现实的操作性，我们在对《五分律》古白话词的研究中，就不具体纠结于哪些是方言词、哪些是俗语词、哪些是口语词，正如方一新、王云路在《元明方俗语词琐记——以〈老乞大〉为中心》中所称谓的一样，我们也把它们统称为方俗语词。

下面聊举数例，对《五分律》中的部分方俗语词加以讨论。

一、【差】

"差"作"病愈"解是方言。《方言》卷三："差、间、知，愈也。南楚病愈者谓之差，或谓之间，或谓之知。知，通语也。"戴震疏证："差、瘥古通用。"钱绎笺疏："瘥与差通。"《广韵·卦韵》："差，病除也。"《资治通鉴·梁纪十六》："痴势小差未"胡三省注："差，

① 陈明娥：《敦煌变文词汇计量研究》，南昌：百花洲文艺出版社，2006年，第35—36页。

② 雷汉卿：《禅籍方俗词研究》，成都：巴蜀书社，2010年，第160页。

③ 周俊勋：《中古汉语词汇研究纲要》，成都：巴蜀书社，2009年，第285页。

本作瘥。疾稍愈谓之差。"《说文·疒部》:"瘥,瘉也。"徐锴系传:"瘥,今人病差字。"段注:"通作差。凡等差字皆引伸于瘥。"可见,"差"的疾病见好义应该是来自于"瘥"。值得注意的是,"瘥"古已有之,《尔雅·释诂》:"瘥,病也。"《左传·昭公十九年》"札瘥夭昏"杜预注"小疫曰瘥"。"瘥"表"病"义是昨何切,而"瘥"表"病愈"义与"差"同是楚懈切,歌部初纽。

《五分律》中"知"没有表示"病愈"的用例,"愈"表"病愈"仅2例。"差"在《五分律》中共出现241次,除表"分派"义外,有46例表示"治愈"。这些用例不尽相同,多表示"病愈",也可表示"状态的好转";表"病愈"时,所指的治愈程度也不一样,多数情况下表示病情彻底治愈。如:

(1)复有病比丘求依止,彼比丘作是念:"佛教比丘应如是如是视弟子。今此人病,我不能看。"便不与依止。病比丘不知云何?以是白佛,佛言:"今听病时不受依止,病差然后受。"(《卷第十七·受戒法》)

(2)时,沙竭陀佛制戒已不敢复饮;以先习故,气绝欲死,饮食不消,不知云何?以是白佛。佛言:"令嗅酒器!"嗅酒器不差,佛言:"以酒着饼中,若羹粥中令啖。"啖不差,佛言:"听以酒与之。"沙竭陀得已便差,即以白佛,佛言:"已差,应渐渐断之;乃至嗅酒器,不复恶者,不得复嗅。"(《卷第九·九十一堕法》)

(3)复有诸比丘在路行疲极,欲洗浴而不敢,作是念:"佛听行路时,数洗浴者,疲极得差。"(《卷第九·九十一堕法》)

上例(1)中"病时"和"病差"对举,显然,这里"病差"表示病情彻底治愈。例(2)中提到"已差,应渐渐断之",这里的

“渐渐”说明了病情恢复有一个过程，下文“乃至嗅酒器，不复恶者，不得复嗅”也说明了病情还恐有反复，并未完全治愈，也非立刻依戒而远离酒器。例（3）中“疲极得差”显然指的不是病愈，而表示“疲劳过度后的体力恢复”，可见“差”也可引申为状态的好转。

有时在“差”的前边加上程度副词，表示病情一定程度地好转。如：

（4）尔时，毗罗荼比丘体生痈疮，脓血流溢；衣服着疮，脱时剥痛。佛行房见，问彼比丘：“汝病小差，苦可忍不？”（《卷第十·九十一堕法》）

依《方言》可知，西汉时期，“差”表示“病愈”是南楚地区的方言词。我们发现西汉时期对经文的注疏中也出现了“差”的这种用法，如《论语注疏》载：“子疾病，子路使门人为臣。病间，曰：‘久矣哉，由之行诈也！无臣而为有臣。吾谁欺？欺天乎？’孔曰：‘少差曰间。言子路久有是心，非今日也。’”何晏正义：“‘子疾病’者，疾甚曰病。……少差曰间。当其疾甚时，子路以门人为臣，夫子不知。及病少差，知之，乃责之。”孔安国用南楚方言“差”释“间”，而非用当时的通语“知”释之。《史记·货殖列传》载：“衡山、九江、江南、豫章、长沙，是南楚也。”而孔安国汉代鲁国人，显然不是南楚所属，可知此时“差”的使用已有相当的范围。三国时期，何晏正义沿用了孔安国的注解。到了东晋和南北朝时期，除了医籍文献，在口语色彩较浓的文献中都能看到“差”表治愈的用例，如《齐民要术·卷六》载治马疥方：“研芥子涂之，差。六畜疥，悉愈。”《搜神记·卷二·夏侯弘见鬼》：“弘曰：‘治此病有方否？’鬼曰：‘以乌鸡薄之，即差。’”《世说新语·文学》：“卫思‘因’，经日不得，遂成病。乐闻，故命驾为剖析之，卫既小差。”这足以说明当时“差”表“病愈”的用法已通行于口语之中。

二、【濽】

“濽”同“灒”。《字汇·水》：“濽，俗灒字。”《玉篇·水部》：“灒，相污洒也。”《广韵·翰韵》：“灒，水溅。”《玄应音义》卷十四“浇灒”注引《说文》：“灒，又作溅，子旦反。《说文》‘灒，相污洒也。’……江南行此音，山东音湔，子见反。”《玄应音义》卷十五“水湔”注引《通俗文》：“傍沾曰湔，山东名也。江南曰灒。”可见，“灒”本是一个江南方言词。

《五分律》中“濽”仅2例，均见为“浇濽”。李维琦在《佛经词语汇释》中释“浇濽”有“（以液体）拌和”义和“淋洒、泼洒”义[①]。《五分律》中“浇濽”都只表示“泼洒”义。如：

（1）佛在舍卫城。尔时，十七群比丘至阿夷罗河中取水，即因洗浴，泅戏沐没，互相浇濽。（《卷第八·九十一堕法》）

（2）佛种种呵责已，告诸比丘：“今为诸比丘结戒，从今是戒应如是说：‘若比丘，水中戏，波逸提。若水中戏，乃至器盛水，共相浇濽，皆波逸提。”（《卷第八·九十一堕法》）

三、【下】

李明龙认为“‘下食’一词是《世说新语》的一个熟语，‘下’

① 李维琦：《佛经词语汇释》，长沙：湖南师范大学出版社，2004年，第169页。

是‘盛’义，‘下食’应该是‘盛食’”[①]。张万起认为“下”有“设置、放置”义，释“下食”为“准备饭菜、上菜”[②]。江蓝生、曹广顺释“下食”为“端上饭菜、摆上食物”[③]。蔡镜浩释“下食”为“供设饭菜、端饭菜上桌”[④]。《汉语大词典》释“下食”为“准备食物”。

《五分律》中“下”共出现399次，用作动词除多表示“降落”义外，有38例类于“下食”的用法。这些用例在搭配上不尽相同，“下”可带宾语也可不带宾语；带宾语时，可是代词“之”，也可以是各种食物，组合上不仅限于“下食”。《五分律》中可见“下之”“下种种食”“下异食”“下粥饼”“下非时浆”等。如：

（1）二国中间有王舍城，长者名象行，乘五百乘车，从毗舍离来，遥见世尊容颜殊特犹若金山，发欢喜心前到佛所，头面礼足白佛言：“世尊！有少石蜜欲奉世尊及比丘僧。”佛默然受，即便自下。（《卷第二十二·食法》）

（2）鬼神手自下食，诸比丘不敢受，以是白佛。佛言：“今听诸比丘从鬼受食。”（《卷第八·九十一堕法》）

（3）后时跋难陀主人自担熟食诣僧坊，供养僧及跋难陀。跋难陀食先，竟便去，行到余家。使更集僧欲下异食，以跋难陀不在，久不下之。（《卷第十·九十一堕法》）

（4）明日食时，以所得食为长老优波斯那及跋难陀设供。时至

① 李明龙：《“下食”新解》，《学术探索》，2011年03期。
② 张万起：《世说新语词典》，北京：商务印书馆，1993年，第63—64页。
③ 江蓝生、曹广顺：《唐五代语言词典》，上海：上海教育出版社，1998年，第379—380页。
④ 蔡镜浩：《魏晋南北朝词语例释》，南京：江苏古籍出版社，1990年，第353页。

皆往，下种种食，食讫行水，取小床于众前坐，请说妙法。（《卷第四 · 三十舍堕法》）

（5）阿难受教，将婆罗门看供食家，见无有粥及油蜜煎饼。彼便作七种粥、二种饼，晨朝白佛，饼粥已办。佛语阿难："汝助下之。"阿难受教，助下粥饼。（《卷第八 · 九十一堕法》）

（6）梵志便下非时浆，诸比丘不敢受，念言："佛未听我饮非时浆。"以是白佛，佛言："听饮！"（《卷第二十二 · 食法》）

上述诸例中，"下"不仅与"食"组合，还和其他词搭配，尽管如此，在《五分律》中"下食"仍是最常见的组合方式，有26见。而从"下种种食""下异食"能明显感知"下食"或许正处于一个凝固过程。"下"的这种用法，将其作为由"下"加名词所构成的一个支配式结构似乎更为合适。如徐震堮先生就曾指出"此字有种种用法。上菜曰'下食'。……设茶、送茶曰'下饮'。……设果品曰'下果'。"[①] 李明龙认为"下"是"盛"义，如此，对于"下饮""下果"似乎搭配不当，我们认为可能"下"并不强调于"盛"的动作，就算是"下食"，在有的语境中若理解为"盛"义也非常牵强，对"下"的理解应该更宽泛一些，结合语境和上下文，或表示"端出食物"，或表示"放置食物"，或表示"分配、给予食物"。如：

（7）众僧着衣持钵，往诣其家就坐而坐，行水下食。六群比丘言："何以无有乳酪酥油鱼肉？"答言："假贷不果，市买不得。"六群比丘便倒钵而去。（《卷第八 · 九十一堕法》）

（8）复有一沙弥，僧罚断其食。彼主人后请僧食，诸比丘往次

① 徐震堮：《世说新语校笺》，北京：中华书局，1984年，第519—520页。

第坐，主人不下食。诸比丘言："日时已至，何故不下食？"答言："须僧集！"诸比丘言："僧已集！"主人言："我所供养沙弥未至。"(《卷第十七·受戒法》)

（9）有诸比丘于钵中歠粥，苦热不可捉。佛言："听别作歠粥器。"诸比丘擎食患重。佛言："听安机。"诸比丘便作种种形脚机。佛言："不听作。"诸比丘至白衣舍，白衣以种种形脚机下食，诸比丘不敢食。佛言："白衣家听受，但不听自畜。"(《卷第二十六·杂法》)

（10）有比丘下食未遍便食，白衣讥呵言："此诸比丘不待等，得食便食，甚于小儿！"佛言："不应尔！要须等得，然后听食。"(《卷第二十七·威仪法》)

上例（7）中，后文"倒钵而去"与前文"行水下食"互为照应，先盛食因嫌弃食物粗鄙而后倒钵，这里"下食"义为"盛食"。例（8）中，主人原意请僧食，只因所供养的沙弥因被罚断食未至而人不齐，所以主人迟迟没有上菜，这里"下食"义为"端出食物"。例（9）中，因比丘端着食物嫌太重，佛听其放置于机案之上，由前文"于钵中歠粥"可知，食物是置于钵中的，然后再将钵放置于机案之上，这里"下食"义为"放置食物"。例（10）中，由后文"诸比丘不待等，得食便食"可知，前文"有比丘下食未遍便食"是指有比丘还未等到所有人都分到食物就已经开始食用自己已分到的那份了，这里"下食"义为"分配食物"。

值得注意的是，在"下"的这种用法中，绝大部分做主语的都是备办食物的一方，在《五分律》中即请僧食的白衣、居士为多，上述诸例中只有例（1）和例（7）的主语是接受食物的一方，即佛及僧。

四、【对】

《五分律》中“对”共16见，多见于“对曰”“对坐”“宿对”，用以表示“回答”“面对”或“报应”。值得一提的是，其中有1例“对”表示“配偶”[①]，见“良对”。如：

时，有一年少妇人夫丧，作是念：“我今当于何许，更求良对。”（《卷第八·九十一堕法》）

《汉语大字典》中，“对”表“配偶”义所收书证两例，分别是《后汉书·逸民列传》：“同县孟氏有女，状肥丑而黑，力举石臼，择对不嫁，至年三十。”和《世说新语·贤媛》：“王浑妻钟氏生女令淑，武子为妹求简美对而未得。”我们检索了《后汉书》之前的文献，笔者尚未发现有“对”表“配偶”义的用例；而比丘、比丘尼、沙弥、沙弥尼、式叉摩那尼必须严格遵守佛家戒律，是不能结婚的，由于“对”表“配偶”义的意义范畴限制，在佛典文献中也鲜见“对”的这一用法。应该说“对”表“配偶”义是魏晋南北朝时期新产生的新义，而许多新词新义往往最先产生于口语。《世说新语》的口语化特点和古白话性质已毋庸置疑；《后还书》虽是史书，但其中收录了大量的信札文章，保存了许多民谣传语，更有浅显的对话和生动的叙事，不乏方俗语词。考虑到“良对”一词也未收于《汉语大词典》，我们认为这是魏晋南北朝时期流行的口语词。

---

① 李维琦《佛经词语汇释》中有释“对”，但只举例说明了“对”的四种意义：（一）通“怼”，意思是怨；（二）报应；（三）面向对象而生的感知；（四）特指无常之对。其中并没有提到“对”的配偶义。

五、【起】

“起”表示“兴建”《汉语大字典》首引《汉书·郊祀志下》：“起步寿宫。”汪维辉曾经专门研究过“建、筑、作、立/起、盖（戴）、架”，其中重点讨论了“起”，认为：“起”当“兴建、建造”讲，在先秦文献中就已冒头，进入东汉“起”就用得很多了，魏晋以后“起”的使用极为频繁，而且用法灵活，“起”的对象可以是各种建筑物，凡是跟动土有关的几乎都可以用“起”，“起”是东汉魏晋南北朝时期表示“兴建”的一个最常用的口语词。[①]如今，在吴方言区不少地方仍然用“起”。

《五分律》中“起”表示“兴建”共17例，可单用也可带宾语，“起”的对象多为高基、房、屋、佛塔等。如：

（1）阐陀于是求于屋地，得一好处便起高基，以墼薄累作于四壁，极重覆之。（《卷第六·九十一堕法》）

（2）有比丘净地取土，不净地起屋；比丘持食着中，谓以为净。以是白佛，佛言：“本依地为净，不净不得食！”（《卷第二十二·食法》）

（3）时，罗睺罗至那罗聚落，为一优婆塞深所敬信，为起房。（《卷第二十五·卧具法》）

（4）于是，诸比丘欲于所泥处，为迦叶佛起塔。佛言：“听起。”即便共起。是时于阎浮提地上最初起塔。（《卷第二十六·杂法》）

① 汪维辉：《东汉—隋常用词演变研究》，南京：南京大学出版社，2000年，第258—268页。

六、【鞾】

鞾，靴、袜的筒儿。《集韵·钟韵》："鞾，靴靿。或作䩍。亦作鞾。"《五音集韵》："鞾，袜靿，吴俗语。或从邕。"《玄应音义》"作靿"条曰："一豹反，靴靿也。律文作鞾，俗语也，书无此字。"《行事钞》下一："鞾亦作鞥，即靴靿也。"《广韵·东韵》："鞥，吴人靴靿曰鞥。"可见，"鞾"是当时的俗语词，或作"䩍""鞾""鞥"等。"鞾"这个俗语词有几种不同的文字书写形式。徐时仪曾指出："古白话反映口语，口语中有许多词又是文言中没有的，因而古白话作品中记录口语成分的部分往往同音通假字较多，民间所造的俗字也多。"①

《五分律》中"鞾"共有3例，不见"䩍""鞾""鞥"。如：

诸比丘作鞾大深，诸居士讥呵言："此比丘所着富罗，如我等靴。"以是白佛，佛言："不应深作鞾，听至踝上。"有诸比丘作鞾如靴，诸居士讥呵如上。以是白佛，佛言："应开前。"（《卷第二十一·衣法》）

七、【蒱博】【蒲博】

"蒱博""蒲博"即"摴蒱"，是继六博戏之后，汉末盛行于古代的一种棋类游戏，犹后世掷色子。后作赌博的通称。

《资治通鉴·隋纪六》"乃至蒱搏"胡三省注："蒱，摴蒱也。"《广韵·模韵》："蒱，摴蒱，戏也。"《说文新附·手部》："摴，舒

① 徐时仪：《汉语白话发展史》，北京：北京大学出版社，2007：27。

也。又摴蒲戏也。”郑珍新附考：“按：《博物志》言老子入胡作摴蒲，其技本非古有。宋本《御览》引《博物志》作樗蒲，他书亦多用二字，唐、宋人诗尚然，摴字最俗，蒲亦改作蒱。”《集韵·鱼韵》：“摴，摴蒲，戏也。”《晋书·王羲之传附王献之》：“年数岁，尝观门生摴蒱。”由于用来掷采的投子最初是用樗木制成，故“摴蒱”也作“樗蒲”“樗蒱”。如马融《樗蒲赋》：“昔玄通先生游于京都，道德既备，好此樗蒲。”《世说新语·忿狷》：“桓宣武与袁彦道樗蒱，袁彦道齿不合，遂厉色掷去五木。”又作“摴博”，如《新唐书·卷一百四十一》：“崔光远，系出博陵，后徙灵昌。祖敬嗣，嗜酒摴博。”又作“蒲搏”，《太上感應篇·卷二十四》：“又能练丹乾汞，与人蒲搏，无能胜者。”又作“摅蒲”，《慧琳音义》“摅蒲”条曰：“上来猪反，《广雅》：摅，张也。老子制摅蒲。案：摅蒲者，赌财戏也，摊钱棋陆等是也。《古今正字》云：摅，舒也。从手虑声。经作‘樗’，俗字也。”“蒱”也可单用。如《南史·卷二十一》：“有人就弘求县，此人尝以蒱戏得罪，弘诘之曰：君得钱会戏，何用禄为？”

可见，“蒱博”作为一种博戏，此词存于口头，没有统一的书写形式。人们往往采用同音替代字记录，我们在文献中可见的就有“蒱博”“蒲博”“蒲搏”“摴蒱”“樗蒲”“樗蒱”“摴博”“摅蒲”等。这是一个从汉代就流传下来的俗语词。

《五分律》中仅见“蒱博”“蒲博”，二者各 1 例。如：

（1）尔时，吉罗邑有二比丘，一名頞髀，二名分那婆，数行恶行污他家，作种种非威仪事：自结华鬘，亦教人结……蒱博、嬉戏、倒行、掷绝、弹指、眴眼……作如是等身口意恶，破于戒见威仪正命。(《卷第三·十三僧残法》)

（2）有比丘蒱博，赌取人物，生疑问佛。佛言："不犯，得突吉罗罪。"(《卷第二十八·调伏法》)

八、【鞅掌】

"鞅掌"指"谓职事纷扰烦忙",《五分律》中可见1例，如：

王便讥呵言："我王事鞅掌，昏夜寝息，起不得早。如何比丘晨朝径来？"(《卷第九·九十一堕法》)

"鞅掌"一词早在先秦即已有之,《诗经·小雅·北山》"或栖迟偃仰，或王事鞅掌"。毛传："鞅掌，失容也。"郑玄笺："鞅犹何也，掌谓捧之也。负何捧持以趋走，言促遽也。"孔颖达疏："传以鞅掌为烦劳之状，故云失容，言事烦鞅掌然，不暇为容仪也。今俗语以职烦为鞅掌，其言出于此。郑以鞅掌为事烦之实，故言鞅犹荷也。鞅读如马鞅之鞅，以负荷物则须鞅持之，故以鞅表负荷也。"马瑞辰《毛诗传笺通释》云："鞅掌叠韵，即秧穰之类，禾之叶多曰秧穰，人之事多曰鞅掌，其义一也；传训失容，亦状事多之貌；笺分二字释之，失其义矣。由此可见鞅掌为繁多之意，与传训合，唯笺则异。"孔颖达既疏"今俗语以职烦为鞅掌"，可见至迟在唐初"鞅掌"已是一个俗语词。

我们检索了魏晋南北朝时期的文献，发现这一时期口语较强的中土文献和一部分汉译佛经中"鞅掌"均可见。如《世说新语·俭啬》："司徒王戎既贵且富，区宅僮牧、膏田水碓之属，洛下无比。契疏鞅掌，每与夫人烛下散筹筭计。"《六度集经·卷第二》："愿捐重思，保宁玉体，国事鞅掌愿数慈谏。"汪维辉曾指出："每一个词都有其时代性和地域性。……有些词，前代是通语词，后代降格为方言词，或者相反。”[①]“鞅掌”即是这样的一个词，在上古是通语而在中古变成了俗语词。

九、【秃头】【秃婢】

“秃头”是对比丘的骂詈之语，“秃婢”是对比丘尼的骂詈之语。骂詈语一般是市井生活中的俚俗语言，往往用于口语交际，“秃头”“秃婢”显然都是当时的口语。

《五分律》中“秃头”有3见，“秃婢”1见。如：

（1）诸比丘于彼得食，食不能尽，房中殷积无处不有，来致虫鼠穿坏屋壁。诸居士见，问言：“谁积此食？”有人言：“沙门释子！”即皆讥呵：“此秃头辈，唯知贪受，不计损费！无沙门行，破沙门法！”（《卷第八·九十一堕法》）

（2）时，有婆罗门大臣，被冕斋洁清净，晨朝洗浴着香熏衣，欲至天祠求复其官，裹头行路，恐见剃发割截衣人；至比丘尼墙外，遇值掷屎灌其头上，举体流漫，便大恚言：“我畏见此不吉人，而今乃为掷屎所灌，必是我命不吉祥事。然我要当至波斯匿王所，言杀秃婢！”（《卷第十三·二百零七堕法》）

十、【母人】

“母人”既可泛指女人，如西晋竺法护译《无垢贤女经》：“是时，此女及九百七十五亿母人闻佛所说，踊跃欢喜，不复贸身，便立佛前化成男子。各各脱璎珞珠宝用散佛上。”这里显然“母人”与

① 汪维辉：《论词的时代性和地域性》，《语言研究》，2006年02期。

“男子”对应，泛指女子。“母人”亦可特指已育妇人。朱庆之在《佛典与中古汉语词汇研究》中释“母人”为“亦特指成年妇女”[①]，李维绮在《佛经词语汇释》中释“母人”为“妇女”[②]。我们认为,“母人”指已育妇女，应突出“已育”二字。如东晋竺昙无兰译《五苦章句经》:“王曰:‘谛听！当为汝曹说五使者。一曰世间母人，怀妊十月，临当产时日，父母怖危。既得娩身，从死得生。……’”这里从“怀妊十月”“临”“娩身”都能明确“母人”指已育妇人。

《五分律》中“母人”2见，都表示已育妇人。如:

时，有外道母人抱一小女，阿难以其有儿，偏与二饼。诸外道言:“此比丘染着母人，偏与二饼。”复有言:“政当以其抱儿，非偏之谓！”共争纷纭，遂乱座席。(《卷第八·九十一堕法》)

上例中“母人”即其怀里抱着的小女孩的母亲。

查阅文献，我们发现，“母人”常见于佛经，除了面列举的《无垢贤女经》《五苦章句经》外，在《阿閦佛国经》《阿阇世王经》《过去世佛分卫经》《老母女六英经》《阿阇世王受决经》《须摩提菩萨经》《优波离问佛经》《大爱道般泥洹经》《摩诃迦叶度贫母经》《贤首经》《大比丘三千威仪》《大般若波罗蜜多经》《方等泥洹经》《鬼子母经》《摩诃般若波罗蜜经》《中本起经》《付法藏经》《普曜经》《大庄严论经》《佛本行集经》等诸经中均可见。而在同期的中土文献中笔者未见“母人”的用例。宋后的中土文献中也只检索出两例，一例出

① 朱庆之:《佛典与中古汉语词汇研究》，台北：文津出版社，1992年，第112页。

② 李维琦:《佛经词语汇释》，长沙：湖南师范大学出版社，2004年，第215页。

自于《太平御览》引《淮南子》文时标注的注文,《太平御览·卷四百四十七·人事部八十八》:"《淮南子》曰:……子产绢染也,美而不尊。(子产相郑,以乘车济朝涉者。《孟子》曰:'惠而不知为政。'绢染者,以子产喻母人。《月令》曰:'命妇宫染绢,温暖其民。'如人之母也。)"但其中并未标明是许慎注或是高诱注。据《太平御览》书前"图书纲目"所载,《太平御览》引用文献达1690种之多,且《淮南子》许注和高注辗转千年,到北宋时期出现了散逸。我们不排除《太平御览》在编撰的时候对引文进行了重新注释。所以对于《太平御览》中所引《淮南子》的注文并不能确定究竟是什么年代的。另一例出自于宋·遵式《注肇论疏》:"《道经》云:'无名天地之始,有名万物之母。'母者母人,有生育义故。"而遵式为宋僧,可能是受到了佛典文献的影响,并不能以此说明"母人"是遵式所在时代的常见用语。

从现有掌握的情况来看,"母人"多见于魏晋南北朝时期的译经,而同期的中土文献中我们都未见用例,只在较晚时代的宋《太平御览》和《注肇论疏》中略见两例,而《汉语大词典》中也并未收录此词。由此,"母人"的口语色彩基本上可以确定。朱庆之认为,"母人"可能是一个方言词,他在"佛典口语词和俗语词例释"一节中提到:"其中应当有相当一部分来自方言,比如'地了''母人''久如''久近''形相'等比较特殊的表达方式,但是尚没有充分的证据。"[①]

① 朱庆之:《佛典与中古汉语词汇研究》,台北:文津出版社,1992年,第120页。

现代汉语中也可见“母人”，适用于打游戏时遇到的奇葩坑队友的女玩家和极端女权等，是一种骂人的网络语言，不适用于日常生活。

十一、【大行】【小行】

“大行”指大便，“小行”指小便，此种用法《五分律》中很是少见，用例悉数如下：

（1）比丘与人男、非人男、畜生男二处行淫：大行处、口中。眠时，乃至啖半时，波罗夷；过半时骨时，出不净僧伽婆尸沙，不出不净偷罗遮。(《卷第一・四波罗夷法》)

（2）比丘与人女、非人女、畜生女三处行淫：大小行处、口中。眠时醉时狂时散乱心时病坏心时死时啖半时，波罗夷；过半时骨时，出不净僧伽婆尸沙，不出不净偷罗遮。(《卷第一・四波罗夷法》)

上例中，“大行处”即指肛门，“大小行处”即指肛门和女子阴户。李维琦曾释“大小行处”为“厕所”[①]，《五分律》中不见此种用法。

指称大小便，《五分律》中更多的还是直接使用的“大便”“小便”，其中“大便”可见45例，“小便”可见56例。如：

（4）有诸比丘大便竟，无物雪拭，污身衣服。佛言：“听用厕草。”(《卷第二十七・威仪法》)

（5）有一比丘在不应小便处小便，鬼神捉其男根，牵至屏处，语言：“大德！应在此处小便。”(《卷第二十七・杂法》)

（6）尔时，长老优陀夷为欲火所烧……便于房内与女人种种粗

① 李维琦：《佛经词语汇释》，长沙：湖南师范大学出版社，2004年，第65页。

恶语，作如是问："汝手脚髀膊、腰腹颈乳、头面爪发、大小便处何似？"(《卷第二·十三僧残法》)

上例（5）中"小便处"差不多是"厕所"之义；例（6）中"大小便处"同于例（1）中"大小行处"，指身体部位。

十二、【傍通】

《汉语大词典》"傍通"条收录两义，其一表示"四方通达，畅通"，如《文选·郭璞〈江赋〉》"爰有包山洞庭，巴陵地道，潜逵傍通，幽岫窈窕"李善注："潜行水底，云无所不通，号为地脉。"其二表示"学问广博通达"，谓通晓各种技艺，如《文选·嵇康〈与山巨源绝交书〉》"足下傍通，多可而少怪"李善注："言足下傍通众艺。"

《五分律》中"傍通"仅 1 见，但均不是上述两种用法，《五分律》中"傍通"表示"私通、通奸"，此义并未被《汉语大词典》所收录。如：

有一妇人夫行不在，傍通有身，从常供养比丘乞堕胎药，与之，儿死母不死，生疑问佛。(《卷第二十八·调伏法》)

上例中，后文的"有身""乞堕胎药"足以说明"傍通"这里就是"私通"之义。我们考察文献发现，"傍通"表示"私通、通奸"可能是当时口语中新产生的新义，同期的中土文献中，并未发现"傍通"表示"私通、通奸"的用例；即便是这一时期的佛典文献，"傍通"的这种用法也甚为罕见，仅见《经律异相·卷第二十八》："牸牛随犊求乳者，当来众生非法欲行，常怀贪嫉与邪法相应。母守门女傍通，以自存活也。"在佛典文献中"傍通"更多的是表示“学问广博通达”之义，如《高僧传·卷第八》：“释法珍，姓杨，河东人。少而好学寻问万里，宋景平中来游兖豫。贯极众经，傍通异部。”《阿毗达磨大毗婆沙论》：“通达文义分别解说，又能傍通世俗诸论。”尽管如此，我们却找到了一个佐证“傍夫”，如《百喻经·卷第一》：“昔有愚人，其妇端正，情甚爱重。妇无直信后于中间共他交往，邪淫心盛欲逐傍夫舍离己婿。”《玉耶经一卷》：“若持宝物雇人害之，或使傍夫伺而杀之，怨枉夫命。是为夺命妇。”显然，例中“傍夫”指的就是私通对象，即“奸夫”是也。虽然佛典文献中“傍夫”并不多见，但这一用法足以说明“傍通”确有“私通”义。

十三、【靳固】

“靳固”表示“舍不得、吝惜固守”之义，是个同义联合复词。《玉篇·革部》：“靳，固也。”《广韵·焮韵》：“靳，靳固。”《集韵·焮韵》：“靳，吝也。”《慧琳音义》卷八十六引《考声》：“靳固，悭惜也。”《后汉书·崔骃列传》：“悔不小靳，可至千万。”李贤注：“靳，固惜之也。”

《五分律》中“靳固”仅1见。如：

佛在王舍城。尔时，六群比丘为十七群比丘于请家取食分，六群比丘靳固十七群比丘不早还。日逼中，十七群比丘上树望之。(《卷第十·百众学法》)

吴金华先生曾指出，“汉刘熙《释名·释形体》：‘筋，靳也，肉中之力，气之元也，靳固于身形。’刘熙用‘靳固’解释‘靳’字，说明这已是当时常语。”[①]而大型辞书诸如《汉语大词典》并未收录此词，我们仅见于张万起《世说新语词典》[②]。可见，“靳固”应该是一个口头常语，自汉代就已流行于口语之中，魏晋得以沿用。如《世说新语·雅量》：“曲终，曰：‘袁孝尼尝请学此散，吾靳固不与，《广陵散》于今绝矣！’”

十四、【早晚】

“早晚”表示“何时，什么时辰”，蒋礼鸿曾指出：“早晚，这是唐人常语。”并以《魏书》《颜氏家训》《洛阳伽蓝记》为例，认为“北朝已经以‘早晚’为何时了”[③]。实际上，在《五分律》中“早晚”已用来表示“何时，什么时辰”了，时间上可以再往前推溯百年左右。

《五分律》中“早晚”共出现5次，有4例用来表示“何时”。如：

复有阿练若处比丘不别星宿，诸贼寄宿语比丘言：“我等小眠，欲晓语我。”贼小眠已，问比丘早晚。……若阿练若处比丘，应善知四方相，应善知机宜，应善别星宿知时节早晚，应记月、半月日数，亦应记岁月日数。……以何利故，应善知星宿？应知初夜星相、中夜星相、后夜星相，得以自知今是眠时，今是行道时；若有贼问，得语早晚；若贼将去放还，观星得知归路。(《卷第二十七·威仪法》)

---

① 吴金华：《世说新语考释》，合肥：安徽教育出版社，1994年，第100页。

② 张万起：《世说新语词典》，北京：商务印书馆，1993年，第300页。

③ 蒋礼鸿：《敦煌变文字义通释》,《蒋礼鸿集》第一卷，杭州：浙江教育出版社，2001年，第362—364页。

上例中贼告诉比丘“欲晓语我”，然后“问比丘早晚”，显然这里的“早晚”是问什么时辰，是否快天亮了，而不是问是早上还是晚上，早上还是晚上贼无需问比丘也会自知的。“善别星宿知时节早晚”，这里“早晚”显然也指的不是早上和晚上，早上和晚上是不用通过“别星宿”来获知的。接着具体解释了“善知星宿”是指“应知初夜星相、中夜星相、后夜星相”，也即通过别星宿而知初夜、中夜、后夜。印度分一昼夜为六时，即昼三时、夜三时，初夜、中夜、后夜即为夜三时。初夜为午后八时顷，中夜为子夜十二时顷，后夜为晨四时顷。后文“若有贼问，得语早晚”，这里“早晚”所指应该就是前文所提到的“初夜、中夜、后夜”，表示“何时，什么时辰”。

十五、【将无】【将不】

“将无”“将不”都是表示怀疑、揣测的语气词，犹莫非。《五分律》中出现更多的是“将无”，共有 24 例，“将不”仅有 2 例。如：

（1）尔时，诸比丘不一其心，梦失不净，觉作是念：“我梦中亦有心亦动身，失不净。将无犯僧伽婆尸沙耶？”（《卷第二·十三僧残法》）

（2）有诸比丘先敷卧具竟，暂出；后来比丘不知，复敷卧具；先敷卧具比丘还，后敷卧具比丘便生疑：“我将不犯波逸提耶？”（《卷第六·九十一堕法》）

上例中，“将无”“将不”所使用的语言环境如出一辙，二者在意义和用法上别无二致。余嘉锡先生在《〈世说新语〉笺疏》中曾对“将无”有严谨而细致的考证：

《黄生义府》下云：“将无者，然而未遽然之辞。谢太傅云‘将无归’，晋人语度舒缓，类如此。后人妄意生解，总由不悉当时口语耳。”嘉锡案：此与《演繁露》之说合。《演繁露》续集卷五云：“不直云同而云将毋同者，晋人语度自尔也。庾亮辟孟嘉为从事，正旦大会，褚裒问嘉何在？亮曰：‘但自觅之。’裒历观指嘉曰：‘将毋是乎？’将毋者，犹言殆是此人也。意以为是而未敢自主也。其指孔、老为同，亦此义也。”王若虚《滹南遗老集》亦曰：“瞻意盖言同耳。将无云者，犹无乃、得无之类。荀晞从母子求为将，晞拒之曰：‘吾不以王法贷人，将无后悔耶。’刘裕受禅，徐广攀晋帝车泣涕，谢诲谓之曰：‘徐公得无小过？’皆是类也。”嘉锡案：雅量篇：“谢太傅泛海戏，风急浪猛。公徐云：‘如此，将母归？’”任诞篇：“谢安戏失车牛，便杖策步归，道逢刘尹曰：‘安石将无伤？’”并可与此互证。盖“将毋”者，自以为如此，而不欲直言之，委婉其辞，与人商榷之语也。王若虚曰：“盖欲真言其同，而不必疑也。”……李慈铭云：“案‘将不’者犹言‘将毋’也。”

可见，“将无”“将不”是当时的口语。《五分律》中未见“将毋”。

方俗语词是语言词汇系统中重要的组成部分，其中有些通过适当的媒介和途径逐渐进入书面语，成为书面语词汇得以不断丰富的重要来源。上述所举语词，有着不同的历时层级。既有上古遗留下来的，如“差”“蒱博”“靳固”等，也有中古时期新产生的，如“下（食）”“鞴”“母人”“将无”等；也有上古是通语中古变成俗语的，如“鞅掌”。这说明方俗语词本身也是一个不断变化的系统，值得我们不断研究和探索。

第二节 常用词的文白演变

“词，特别是常用词，是在不知不觉中改变了意义的。”[①]尽管如此，常用词的演变也自有其规律[②]。马提索夫曾说：“常用词的行为方式与非常用词、文学词不同。说词汇以同样的速度变化，这是不确实的。”[③]王力先生在《汉语史稿》第四章“词汇的发展”中专门分了两节“词是怎样变了意义的”和“概念是怎样变了名称的”对这个问题进行了讨论，并以“怕”替代上古的“畏”或“惧”、“喝”替代上古的“饮”、“吃”替代上古的“食”等为例，具体分析了一些常用词在汉语词汇系统中的演变情况。

作为一个历史时期内词汇系统的核心部分，常用词因其具有的常用性，往往会出现于各个不同的文体之中，这跟方俗语词多出现在一些口语性强的通俗文体中就很不相同。从某种程度上来讲，常用词的更替演变更能从词语的新旧形态上体现词汇中文白此消彼长的情形。汪维辉在谈到“常用词演变的若干问题”时，指出：“就

---

① 王力：《研究古代汉语要建立历史发展观点》，《王力文集》（第十六卷），济南：山东教育出版社，1990 年，第 196 页。

② 这里我们所说的“常用词”，主要指那些与人们的生产生活密切相关且涉及词汇历时更替的词，并不以使用频率来作为主要依据，跟词汇学上所用的“常用词”的概念有所区别。即汪维辉在《东汉—隋常用词演变研究》中所说的，“从训诂学的立场看基本上没有考释必要和价值的那一部分词”。

③ 见徐通锵《美国语言学家谈历史语言学》中第二部分“马提索夫教授谈历史语言学和汉藏系语言的研究”，《语言学论丛》（第十三辑），北京：商务印书馆，1984 年，第 217 页。

中古汉语而言，旧词一般都是承自上古汉语的固有的词。新词的来源则大概有这么几种途径：1）来自方言。这是新词最主要的一个来源。”[①]周生亚在谈到《搜神记》里的古语词和新生词时，也指出：“这些古语词和新生词，如果从另一个角度来观察一下，它们往往也就是文言词和口语词。”[②]而方言词和口语词是我们在研究古白话时不可忽视的重要语料。常用词的古今演变大多是文白的兴替，随着古白话中新的口语常用词的不断产生和使用的频繁，文言中的一些常用词就会被逐渐替代。因此，探明常用词的文白演变，有益于揭示古白话词汇的渐变过程和发展概况。

下面略举数例，对《五分律》中涉及的部分常用词的文白兴替演变加以讨论。

一、目—眼

《说文·目部》：“目，人眼。”“眼，目也。”戴侗《六书故》：“眼，眼是珠子。”徐灏《说文解字注笺》“眼”字下引戴侗曰：“眼，目中黑白也。《易》曰：‘为多白眼。’合黑白与匡谓之目。”

王力先生认为：“战国以前是没有‘眼’字的。战国时代也还少见，汉代以后才渐渐多见。‘眼’在最初的时候，只是指眼球。……后来由于词义的转移，‘眼’就在口语里代替了‘目’。”[③]王力先生在《汉语史稿》中还列举了秦以前文献中“眼”所出现的3例，分别是

---

① 汪维辉：《东汉—隋常用词演变研究》，南京：南京大学出版社，2000年，第400页。

② 周生亚：《〈搜神记〉语言研究》，北京：中国人民大学出版社，2007年，第24页。

③ 王力：《汉语史稿》，北京：中华书局，2004年，第567—568页。

《战国策》《庄子》《周易》中各1例；汪维辉在《东汉—隋常用词演变研究》中“目、眼”条又补充了《韩非子》和《吕氏春秋》中各1例。就我们目前所掌握的材料来看，这里再补充1例：

日月为天下眼目，人不知德；山川为天下衣食，人不能感。(《慎子·逸文》)

关于“目”“眼”的历时更替，很多学者做过研究，除上述的王力、汪维辉外，余如王凤阳《古辞辨》“目、眼、睛、眸、瞳”条，黄金贵《古代文化词义集类辨考》“眼·目”条，管锡华《〈史记〉单音词研究》“目、眼”条，王云路、方一新《中古汉语语词例释》“眼”条，方一新《“眼”当“目”讲始于唐代吗？》，陈秀兰《魏晋南北朝文与汉文佛典语言比较研究》“目/眼”条，施真珍《〈后汉书〉核心词研究》“目”条等，都对“眼”“目”进行过细致的辨析，我们不再赘述。窃以为，东汉以后，“眼”已在口语中广泛使用，势头强劲，但“眼”表眼球与“目”在词义上的这种区别，小范围内仍然存在[①]；魏晋南北朝时期，“眼”已在口语中代替“目”。

下面我们具体看看《五分律》中“目”“眼”的使用情况。《五分律》中“目”共90见，表示“眼睛”之义的“目”仅有10例[②]；

① 在《后汉书》中，“眼”虽然多表示眼睛，但仍有表示“眼球”的用法。如《后汉书·皇甫嵩朱俊列传》“大眼者为大目”。汪维辉认为：“西汉以前‘眼’和‘目’在词义上是有区别的：‘眼’多指眼球；东汉以后这种区别不复存在。”对此，我们有不同看法。见施真珍：《〈后汉书〉核心词研究》，成都：巴蜀书社，2011年，第170页。

② 《五分律》中“目”多用于人名或植物名。其中，音译人名“目连”69例、“目揵连”6例、“大目揵连”和“摩诃目揵连”各1例，意译人名“照目”“聪目”各1例，音译植物名“阿提目多伽”花1例。

“眼”共100见，全部表示“眼睛”之义，显然在使用频率上“眼”占绝对优势。在用法上，“眼”的自由度要大于“目”，能和名词、动词、形容词、方位词有各种组合搭配，如眼识、眼触、法眼、眴眼、天眼、肉眼、眼暗、眼赤、左眼、右眼、普眼、佛眼、睐眼、眼见、举眼、张眼、眼中、眉眼、眼药、画眼、眼明等，也常单独使用，与“耳”或“口”对举。而“目”的组合形式较少，仅有：面目、闭目、开目、眉目、目泪、王目；且“目”没有独用的例子。如：

（1）尔时，厕中有一黑蛇，佛天眼见，念言：“我若不往，罗睺罗须臾之间为蛇所杀。”（《卷第六·九十一堕法》）

（2）有不信罪福者，答言：“欲杀！”即取其弹，语诸人言：“欲弹何处？”有言：“可弹左眼！”即着左眼而死；又言：“可弹右眼！”即着右眼而死；如是须臾，乃至数十。（《卷第八·九十一堕法》）

（3）复有比丘于旁观死人，起尸鬼复入尸中，张眼吐舌，以手打之。以是白佛，佛言：“莫于旁观，应在头前观。”（《卷第二十·衣法》）

（4）龙王即自复身，身体长大，眼如大钵，喘息如雷，口出火光，水中逆上，八万四千人皆亦随从。（《卷第十五·受戒法》）

（5）佛言：“不应度此等人！若度，得名受具足戒；师僧，突吉罗。从今截手、截脚、截手脚、截耳、截鼻、截耳鼻、截指、截男根头、挑眼出、得鞭坏好相、遭官罪、挛躄、失声、内外瘿身、内曲身、外曲身、内外曲、睐眼、一臂偏长、一臂偏短、左手作、哑、

聋、盲、干痟病、癫狂、极老、无威仪、极丑，毁辱众僧者，如是比皆不得度。”(《卷第十七·受戒法》)

（6）有诸比丘欲内着贯头衣外披劫贝衣，或欲作苏摩衣斑劫贝衣，或欲着指镮画眉眼着杂色革屣。(《卷第二十·衣法》)

（7）时，偷罗难陀比丘尼着新染衣，摩拭身体，画治眉目，往多人处。(《卷第十一·八波罗夷法》)

（8）时，诸比丘便不敢顾视，闭目而食，不见益羹饭；六群比丘取其可食物，开目问言：“谁取我食？”(《卷第十·众学法》)

从词义上看，“眼”基本上都表示眼睛，“目”的部分搭配“眼”也具备，如例（6）中“眉眼”和例（7）中“眉目”，例（2）中“张眼”实际上也同于例（8）中“开目”。尽管如此，仍有“眼”表示“眼球”的用法，如上例（5），具体列举了佛不可度之人，包括身体残疾、五官不端正者，我们从上下文中可知“挑眼出”者指的是被挖眼的人不可度，显然这里“挑眼出”的“眼”表示“眼球、眼珠”。所以我们认为，东汉以后，“眼”虽逐步对“目”的用法进行渗透，但二者在词义上的区别小范围内依然存在。

汪维辉曾考察了现存安世高和支娄迦谶两家所有译经共 29 部，“眼”和“目”的出现次数是 247：21，其中“眼目”连文 4 次。[①] 我们也简单考察了《四部广律》和《大正藏》中律部的其他诸经，具体使用情况见下表：

① 汪维辉：《东汉—隋常用词演变研究》，南京：南京大学出版社，2000年，第 28 页。

表 4–1 《大正藏》“律部”诸经中“目”“眼”使用频度统计

朝代	律部文献	目	眼
后秦	《四分律》	15	201
后秦	《十诵律》	21	182
东晋	《摩诃僧祇律》	28	142
刘宋	《弥沙塞部和醯五分律》	10	100
刘宋	《萨婆多部毗尼摩得勒伽》	0	11
萧齐	《善见律毗婆沙》	7	88
唐	《根本说一切有部毗奈耶》	60	71

“眼”在上述律部诸经中表现出了很强的构词能力，有如下一些组合：佛眼、开眼、入眼、眼花、合眼、四眼、瞋眼、睐眼、瞷眼、拔眼、天眼、肉眼、瞑眼、法眼、羊眼、人眼、裹眼、举眼、治眼、碧眼、瞎眼、青眼、反眼、庄眼、眼病、眼患、瞬眼、眼目、二眼、眼力、眼根、眼中、凸眼、张眼、黄眼、赤眼、烂眼、红眼、盲眼、斜眼、眼泪、两眼、眼见、伤眼、熏眼、眼睑、明眼、眼睛、慧眼、眉眼、面眼、眼膜、道眼、闭眼、深眼、小眼、泡眼、圣眼、三角眼、水晶眼等。其中，“碧眼”“青眼”“斜眼”等这些组合中“眼”都表示“眼球、眼珠”，甚至现代汉语中常见的“眼泪”“眼睛”“眼睑”这些组合方式均已出现。在上述译经中，除了唐义净译《根本说一切有部毗奈耶》外，其余诸经中“眼”明显占据优势。而见之于《根本说一切有部毗奈耶》的“两目、张目、目睹、慧目、眉目、右目、举目”，在其他诸经中都作“两眼、张眼、眼见、慧眼、眉

眼、右眼、举眼"，联系到我们后面考察"舟""船"使用频度时，《根本说一切有部毗奈耶》中"舟"的次数也明显多于其他诸经，我们认为这可能和此经语言的趋雅风格有关。

在同期的中土文献中，虽然"目""眼"并用，但明显地在口语性强的文献中"眼"比"目"使用更为频繁。如《世说新语》中，"眼"15例，"目"表"眼睛"12例，"眼"已占优势，"目"在《世说新语》中更多的是用作"品评""看"或是表示"节目"之类的其他引申义。"目"的语义开始向其他方向发展，于是在表示"眼目"意义上，文学语言中的"目"也逐步被"眼"所替代。如《楚辞·大招》："嫮目宜笑，娥眉曼只。"《文选·张衡〈思玄赋〉》："咸姣丽以蛊媚兮，增嫮眼而蛾眉。"《后汉书·张衡列传》："咸姣丽以蛊媚兮，增嫮眼而蛾眉。"《楚辞》中的"嫮目"在张衡《思玄赋》和《后汉书》中已是"嫮眼"。如《韩非子·喻老》："臣患智之如目也，能见百步之外而不能自见其睫。"《颜氏家训·涉务》："人每不自量，举世怨梁武帝父子爱小人而疏士大夫，此亦眼不能见其睫耳。"此例里《韩非子》中的"目"在《颜氏家训》中已是"眼"。如《荀子·王霸》："譬之是由好声色，而恬无耳目也，岂不哀哉！"《南齐书·卷二十二》："太祖崩，嶷哀号，眼耳皆出血。"《荀子》中的"耳目"在《南齐书》中已是"眼耳"。再如《列子·汤问》："王试废其心，则口不能言；废其肝，则目不能视。"曹植《谏取诸国士息表》："兮部曲皆年耄，卧在床席，非糜不食，眼不能视，气息裁属者，凡三十七人。"《列子》中的"目不能视"在曹植《谏取诸国士息表》中已是"眼不能视"，而"表"是封建社会下臣对帝王上书陈情言事的一种特殊的公文文体，在语言风格上往往要求庄重、规范，具有较强的避俗意识，曹植《谏取诸国士息表》中所出现的“眼不能视”足可见“眼”的迅猛发展。

以上对举的例子和译经中的用例都表明，魏晋南北朝时期“眼”口语色彩较浓，且具有更强的构词能力，而这恰恰是常用词最显著的特征之一。不过在“目”“眼”的文白兴替中，“目”并未退出文言词汇系统，而是跟“眼”长期并存，尤其多见于那些典雅意味很浓的诗文赋颂。现代汉语中，双音词“眼睛”更通行常见，有时也单说“眼”，但也有个别方言至今仍说“目”而不说“眼”，如文昌话、泉州话。

二、舟—船

“舟”“船”都是水上主要交通工具的统称，均见于先秦典籍。“舟”使用较早，且最初“舟”很可能指的是独木舟。如《周易·系辞下》：“刳木为舟，剡木为楫。舟楫之利，以济不通，致远以利天下。”孔颖达疏：“舟必用大木刳凿其中，故云刳木也。”这里的“刳木为舟”显然是独木舟。后来“舟”就是泛称了，如《荀子·王制》：“君者舟也，庶人者水也。水则载舟，水则覆舟。”“船”的出现要晚于“舟”。《说文》中“舟”“船”互训。《说文·舟部》：“船，舟也。”“舟，船也。”段玉裁注：“古人言舟，汉人言船。”朱骏声《通训定声》曰：“按舟之始，古以自空大木为之，曰俞；后因集板为之，曰舟；又以其沿水而行曰船也。”然《方言》卷九指出“舟”“船”乃方言之别：“自关而西谓之船，自关而东或谓之舟。”

汪维辉曾专门考察过“舟”“船”的新旧更替，认为“‘舟’与‘船’从先秦起就是等义词，但产生有先后。在先秦西汉，他们之间可能是方言与通语之别；至迟从西汉后期起，它们之间的关系变成文白之别。”[①]王凤阳认为,“舟”“船”是古今词，并举《史记》对先秦《左传》中殽之战的转录记载，说明汉代“船”的使用已非常普遍，并提出“船”的流行和秦的扩张有关。[②]我们查阅文献发现，汉代口语中盛行“船”，由训诂也可见一斑，如《尔雅·释水》“天子造舟，诸侯维舟，大夫方舟，士特舟”，郭璞注曰：“造，比船为桥也。维，连四船也。方，并两船也。特，单船也。”

《五分律》中“舟”仅 1 见，出现于偈言之中；用例更多的是“船”，共有 44 例，且用法灵活，有多种组合，可与动词搭配，如乘船、行船、通船、上船、下船等；也可与名词组合，如船师、船主、桥船、船车、船物、皮船、瓶船、木船等；也可与形容词、数词、方位词组合，如一船、满船、船中、船上等。从语法功能来看，除了在上述结构中充当偏语素或是中心语外,“船”还可单独作主语，或用作介词宾语。如：

（1）佛度彼岸而说偈言：“精进为舟筏，能济深广河；孰有睹若斯，不发信敬心。”(《卷第二十·衣法》)

（2）迦叶恐佛为水所漂，乘船来视，乃见世尊在尼连禅河水上经行。(《卷第十六·受戒法》)

（3）船者，皮船瓶船木船箄筏尽名为船。比丘作念：“我当盗是船。”(《卷第一·四波罗夷法》)

（4）时，跋耆诸比丘闻耶舍往拘舍弥离婆多所，便载满船沙门

① 汪维辉:《东汉—隋常用词演变研究》，南京：南京大学出版社，2000年，第 80 页。

② 王凤阳:《古辞辨》，长春：吉林文史出版社，1993 年，第 223 页。

衣、钵，诸所须物，亦欲往彼行货求助。其船中伴有一持律比丘名沙兰……”(《卷第三十·七百集法》)

（5）有一比丘尼在阿夷罗河边，待船欲渡。后有一比丘来，比丘尼语言：“大德！此间险难，可共俱渡。”比丘答言：“佛制不听我等与比丘尼共载一船。”船师复言：“但俱上船，各在一头。”比丘不听。比丘尼言：“若不得者，大德先渡。”比丘即在前渡，船未到岸，比丘尼被剥赤肉。(《卷第七·九十一堕法》)

（6）诸比丘以船乘载饮食，无净人御乘、行船。以是白佛，佛言：“若无净人，听比丘自御乘、自行船。”(《卷第二十二·食法》)

总体来看，《五分律》中“船”在使用频率、语法功能、语义范围、搭配能力等方面都比“舟”明显活跃，组合能力强，各种组合关系已近乎于现代汉语。

汪维辉曾考察了东汉和三国译经，发现只有康僧会译的《六度集经》中“舟”“船”并用，其余诸经“船”皆在使用上占绝对优势。[①] 我们也简单考察了《四部广律》和《大正藏》中律部的其他诸经，同样发现基本上只用“船”而绝少用“舟”。具体使用情况见下表：

表 4–2 《大正藏》“律部”诸经中“舟”“船”使用频度统计

朝代	律部文献	舟	船
后秦	《四分律》	0	99
后秦	《十诵律》	0	103
东晋	《摩诃僧祇律》	0	161

① 汪维辉：《东汉—隋常用词演变研究》，南京：南京大学出版社，2000年，第78页。

朝代	律部文献	舟	船
刘宋	《弥沙塞部和醯五分律》	1	44
刘宋	《萨婆多部毗尼摩得勒伽》	0	13
萧齐	《善见律毗婆沙》	0	29
唐	《根本说一切有部毗奈耶》	6	81

上述律部诸经中，“舟”在少有的用例中所出现的组合都是承袭先秦的惯用之法，如轻舟、舟楫、维舟、吞舟；而“船”的组合甚多，如乘船、离船、合船、船头、船尾、小船、大船、戏船、船筏、盗船、系船、舍船、行船、触船、船主、船师、船物、船上、船中、船内、船底、上船、下船、挽船、牵船、漂船、好船、载船、轻船、通船、台船、木船、舫船、橹船、龟形船、鳖形船、皮船、浮瓠船、果船、悬船、筏船、树船、法船、桥船、放船、推船、买船、破船、流船、船处、单槽船、瓶船、浮囊船、板船、回船、出船、龙船、捉船、瓮船、贼船、一船、船艚、船人、雇船、修船、船舶、摇船、支船等。值得注意的是，《摩诃僧祇律》中出现了“轻船”的用法，在“轻舟”这个从先秦沿袭下来的固定组合中“舟”被“船”置换了，足以表明“船”对“舟”的渗透，而“船”在实际口语中的活跃程度由此也可见一斑。

在同期的中土文献中，虽然“舟”“船”并用，但明显地在口语性强的文献中“舟”少而“船”多，而在史书文赋中“舟”的数量大为增加，甚至有的文赋中“舟”多而“船”少。这也反映了当时的口语真相。

表 4-3　中土文献中“舟”“船”使用频度统计

文献 词目	搜神记	世说新语	后汉书	三国志	宋书	南齐书	魏书	水经注	昭明文选
舟	10	8	39	56	140	37	157	67	96
船	47	33	60	175	128	37	145	62	10

“舟”“船”在中土文献特别是史书文赋中的用法可以说与这一时期的汉译佛经形成了鲜明的对比。“舟”带有强烈的文言意味，魏晋南北朝时期，“舟”在口语中已不太使用，成为了一个文言词；而“船”由于口语的活跃性在词语的演变中逐渐替代了文言书面语系统中的“舟”，原先的方言差别变成了文白差别。

三、詈一骂

《说文·网部》：“詈，骂也。”《说文·言部》朱骏声通训定声：“詈，言之触罪网者也。”《正字通》：“詈，罗织其言以相谤也。”《说文·网部》：“骂，詈也。”徐锴系传：“骂，谓以恶言加网之也。”《慧琳音义》卷四十一“呵骂”注引《考声》：“骂，以恶言相辱也，骂詈也。”从释义本身来看，似乎“詈”倾向于通过细数罗列其罪状过失来责骂对方，而“骂”主要是用难听的、无礼的言语侮辱、中伤对方。

关于“詈”“骂”的具体辨析，史上不同的韵书、注家也各有说明，如《慧琳音义》卷二十七“骂詈”注：“恶言及之曰骂，诽谤咒诅曰詈。”即用无礼恶言迫人叫“骂”，用不实之言诋毁名誉、诅咒降祸叫“詈”。又《韵会》：“正斥曰骂，旁及曰詈。”即直接了当、看门见山的骂叫“骂”，而拐弯抹角、指桑骂槐的骂叫“詈”。又

《说文·言部》王筠句读："詈，见《诗》《书》，是周语也；骂，见《史记》，是汉语也。"即认为"詈"是周秦时期的用语，"骂"是汉时的用语。但从语例用法来看，"詈""骂"语义区别并不明显，二者最大的不同还是在于使用时代的不同。"詈"早见于先秦典籍，而"骂"是在汉后才开始逐渐流行开来，两者常常结合使用。王凤阳认为，"骂"可能是后起的方言词[①]。

《五分律》中"詈"共7见，均为"骂詈"连用，没有单用的例子；"骂"共61例，数量上占绝对优势，且用法灵活。既可单用，也可与动词、形容词组合，如呵骂、咒骂、瞋骂、骂詈、骂辱、苦骂等。"骂"形成组合形式后往往与"言"连用，后接具体呵骂之语；单用时偶尔可带受事宾语，此时"骂"的对象非常明确。举例如下：

（1）诸比丘虽闻佛语，犹诤不息，便于食上高声骂詈，更相打击。佛复告言："不应相骂，不应食上高声，犯者皆突吉罗！若相打者，偷罗遮！"（《卷第二十四·羯磨法》）

（2）国中不信乐佛法长者、居士、婆罗门等，遥见沙门辄种种骂。（《卷第一·四波罗夷法》）

（3）有诸外道食时来乞，诸比丘不敢与，便瞋骂言："沙门释子教人布施，而自慳惜！何道之有？"（《卷第八·九十一堕法》）

（4）彼人即于比丘前煮茧，蛹动作声。比丘教言："按着汤中！"彼人即呵骂言："汝常说不杀生法，而今教人杀生。无沙门行，破沙门法！"（《卷第五·三十舍堕法》）

（5）有比丘粗恶语骂诸白衣。诸比丘作是议："此比丘粗恶语骂

① 王凤阳：《古辞辨》，长春：吉林文史出版社，1993年，第784页。

诸白衣，我等宁可和合与作如法下意羯磨。”（《卷第二十四·羯磨法》）

我们也简单考察了《四部广律》和《大正藏》中律部的其他诸经，具体使用情况见下表：

表 4–4 《大正藏》“律部”诸经中“詈”“骂”使用频度统计

朝代	律部文献	詈	骂
后秦	《四分律》	51	126
后秦	《十诵律》	8	146
东晋	《摩诃僧祇律》	7	88
刘宋	《弥沙塞部和醯五分律》	7	61
刘宋	《萨婆多部毗尼摩得勒伽》	1	18
萧齐	《善见律毗婆沙》	6	14
唐	《根本说一切有部毗奈耶》	9	49

上述抽样的律部诸经中，“詈”基本上全以“骂詈”的形式出现，仅仅只有 1 例单用[①]，见《十诵律·卷第十七》：“佛在王舍城。尔时，六群比丘与十七群比丘常共斗争相骂相詈。”此例中虽是“相骂相詈”，但仍不同于“骂詈”。相比之下，“骂”已占绝对优势，不仅有多种组合形式，如逆骂、呵骂、瞋骂、骂辱、咒骂、遥骂、嫌骂、恶骂、面骂、喻骂、自比骂、恚骂、骂打、数骂、骂谤、粗骂、细骂、骂人、轻骂、传骂、讥骂等，同时“骂”带宾语的用法有了进一步发展，受事宾语范围扩大，可见骂佛、骂法、骂僧、骂白衣、骂比丘、骂我、骂汝、骂妇、骂道、骂畜生等。

① 陈秀兰《魏晋南北朝文与汉文佛典语言比较研究》“詈/骂”条指出，在汉文佛典中（包括三国佛典、晋朝佛典、南北朝佛典），“詈”单用根本没有出现。此处结论不实。

我们也考察了同期的一些中土文献，见下表：

表 4–5 中土文献中“詈”“骂”使用频度统计

文献 词目	搜神记	后汉书	三国志	宋书	南齐书	水经注	颜氏家训	洛阳伽蓝记	世说新语
詈	3	10	6	13	2	0	0	0	1
骂	4	21	16	20	5	2	2	3	5

明显地在口语性强的文献中更倾向于用“骂”，即使有“詈”的出现，也仅仅是作为构词语素以“骂詈”而存在；而在史书中“詈”虽有用例，但在绝对数量上仍不敌“骂”，且史书中“詈”的其用法十分有限，基本上只见：忿詈、詈之、怨詈、肆詈、詈辱等这几种组合，都是对上古汉语中“詈”的用法和搭配的沿袭。

可见，“詈”“骂”虽都见于《说文》，且二者互训，但在后世的实际使用中，“詈”一般只用于文言书面语，即使在口语中出现，往往也是以构词语素出现在“骂詈”中；而“骂”则通行于口语，即使在史书书面语中，从使用数量上看“骂”也占据优势。这足以说明，魏晋南北朝时期，常用词“詈”“骂”的文白演变已经完成。

四、视—看

《玉篇·见部》：“视，看也。”《玉篇·目部》：“看，睎也。”《广雅·释诂一》：“睎，视也。”这是类义互训。“视”多用于泛称。先秦“视”语义场分割较细，成员结构复杂，还包括“见、示、察、相、省、眙、眄、睇、睆、观、览、阅、窥、觇、伺、侦、觌、瞥、瞻、临、顾、盼、望、眺、瞰”等[①]，它们之间存在着细微的词义差别[②]，但就表示“用眼睛看”这一动作，先秦两汉一般用“视”，可以说基本类似于现代汉语中的“看”。王凤阳认为，“‘看’其实应是‘视’的后起的方言词”[③]，但并没有展开进一步的说明。汪维辉曾对“视、看”的历时更替进行了翔实的研究，他认为：“‘看’最早见于《韩非子》，但先秦仅此一例……从汉末起例子才逐渐增多，到三国时，在各类文体中已用得较为普遍，可以推断，当时的口语早已是说‘看’而不说‘视’了。晋代以后，‘看’的词义和用法又有了新的发展，用例继续猛增，在文学语言中也逐步取代‘视’而占据了主导地位。”[④]

《五分律》中“视”共97见，可单用，也可带宾语。“视”前常有状语修饰，如敬视、高视、谛视、舒视、熟视、仰视、往视、住视等。此外，类义连用的现象普遍，“视”可与其他表特称的词连用，如观视、视瞻、伺视、顾视、看视、瞻视。“看”在《五分律》中共122例，数量上较“视”稍占优势，用法上基本同于“视”，可单用，也可带宾语，既可有状语修饰，也存在类义连用的组合，如共看、谛看、住看、观看、看视、看见等。举例如下：

（1）尔时，有夫妇二人俱时出家，彼夫比丘乞食持还，至妇比

---

① 施真珍：《〈后汉书〉核心词研究》，成都：巴蜀书社，2011年，第301页。

② 参见王凤阳《古辞辨》“目动”篇，王政白《古汉语同义词辨析》“看、视、见、望”条。

③ 王凤阳：《古辞辨》，长春：吉林文史出版社，1993年，第736页。

④ 汪维辉：《东汉—隋常用词演变研究》，南京：南京大学出版社，2000年，第130页。汪文所提到先秦关于“看”的首例，即《韩非子·外储说坐下》“梁车为邺令，其姊往看之”，此例中“看”应指“看望”，非单纯表示“视线接触人或物”。

丘尼住处食；其妇比丘尼捉水瓶立前，以扇扇之，与水，辄问冷暖。彼夫比丘低头食，不视不共语。（《卷第十四·二百零七堕法》）

（2）有诸比丘于街巷中视地而行，诸白衣见，或言觅钱，或言觅粪扫衣。（《卷第二十一·衣法》）

（3）时，跋难陀常出入一牧牛家，着衣持钵往到其舍。彼有斑色犊子，跋难陀谛视生念，欲得此皮作敷具。主人问言："何故谛视此犊？"（《卷第二十一·皮革法》）

（4）尔时，世尊从三昧起，在露处坐大众围绕，观视僧众告阿难言："今日僧众何故减少？"（《卷第二·四波罗夷法》）

（5）时，王遥见六群比丘，亦复不喜，即遣人问："诸大德何以在此？"答言："我等闻灌顶王出军之时，军容严饰，未曾所见，故来看耳！"（《卷第八·九十一堕法》）

（6）有诸女人同来游观，语优陀夷言："我等故来欲看房舍。"答言："姊妹！随意看之。"（《卷第二·十三僧残法》）

（7）时，有白衣于街巷中脱衣大小便，诸比丘谓是粪扫衣便取。……佛言："应谛看之，若尘坌日曝有久，故相顾视问人，然后取之。"（《卷第二十·衣法》）

（8）彼有神庙是游戏处，众人竞赍美食，就中观看。（《卷第八·九十一堕法》）

以上诸例中，"视""看"的意义用法均别无二致，可以互相替代。

根据汪维辉的考证，译人明确的东汉佛经中"看"只出现了1例，而在所谓"失译"的东汉佛经中"看"明显数量增多。我们也简单考察了《四部广律》和《大正藏》中律部的其他诸经，具体使用情况见下表：

表 4-6 《大正藏》"律部"诸经中"视""看"使用频度统计

朝代	律部文献	視	看
后秦	《四分律》	118	306
后秦	《十诵律》	62	526
东晋	《摩诃僧祇律》	74	373
刘宋	《弥沙塞部和醯五分律》	97	122
刘宋	《萨婆多部毗尼摩得勒伽》	3	54
萧齐	《善见律毗婆沙》	19	70
唐	《根本说一切有部毗奈耶》	31	175

上述我们考察的诸经都是魏晋南北朝时期的译经，在数量上"看"已明显占据优势，情况已经和东汉译经发生了很大的变化，这也正验证了汪文所说"晋代以后，'看'的使用频率急速上升"[①]。同时，我们也发现，在上述诸经"看"的用例中，除了表示"用眼睛看"这一观看的动作外，"看"的引申义众多，还可表示"照看、看护、看望、看待、看管、诊断、阅读、语助词"等义[②]，基本上具有了现代汉语中"看"的主要义项；在组合搭配上有观看、看见、往看、出看、试看、看病、看视、细看、望看、顾看、游看、相看、眼看、嗅看、伺看、窥看、瞻看、遍看、仰看、看食、看贼、巡看、看守、看侍、看物等，尤以"观看"出现频率最高。这表明魏晋南

① 汪维辉：《东汉—隋常用词演变研究》，南京：南京大学出版社，2000年，第 124 页。

② 汪维辉在《东汉—隋常用词演变研究》"视/看"条中分义项列举了汉魏时期译经中的"看"的 9 个义项，举了很多有代表性的例子；朱庆之在《佛典与中古汉语词汇研究》中讲到"从佛典语料看中古汉语词义的演变及其过程"时，把魏晋南北朝时期译经中的"看"细分为 15 个义项，并结合图示和具体用例进行了说明；蔡镜浩《魏晋南北朝词语例释》"看"条中也详细举例分析了"看"的"观看、看视"两个义项。所以对于"看"的诸多引申义在这里我们就不再逐一举例展开说明了。

北朝时期“看”发展较快，已在口语中广泛使用，也正因为此，“看”的各种引申义才应用而生。

我们也考察了同期的中土文献，明显地在口语性强的文献中“看”更受青睐，而在史书中“看”较为少见。见下表：

表 4–7 中土文献中“视”“看”使用频度统计

文献 词目	搜神记	后汉书	三国志	宋书	南齐书	水经注	颜氏家训	洛阳伽蓝记	世说新语	齐民要术
视	103	247	128	163	67	46	8	4	40	7
看	10	1	5	10	11	7	4	6	53	20

在上表中，《后汉书》中“视”共247见“看”仅1见，而《搜神记》中“看”却有10例，尽管《搜神记》比《后汉书》时代更早，但其口语性更强，而《后汉书》中“看”仅1例可能是囿于史书性质出于行文风格的反映。与此同时，我们也能明显看到随着时代的推进，即使在史书中，在“看”和“视”的数量比例上也在逐步地增加，这也说明口语词进入书面文学语言是需要一定时间和一定过程的。而在南北朝时期口语性强的文献中，如《世说新语》《齐民要术》等，“看”在数量上已经超过了“视”。

汉译佛经的口语性强于同期俗世文，这可以说是汉语史研究者的共识，上述数据表明了“看”“视”在实际语用中的明显分化。

五、寝/寐—卧/眠/睡

《释名·释姿容》：“寝，权假卧之名也。”《说文·㝱部》：“寐，卧也。”段注：“寐，俗所谓睡着也。”朱骏声《通训定声》：“眠而无知曰寐。”在表示“睡觉”这一概念上，秦汉时期“寝”“寐”经常使用，且可互训。如《诗经·周南·关雎》“寤寐求之”毛传：“寐，寝也。”《淮南子·墬形》“寝居直梦”高诱注：“寝，寐也。”但严格来说，“寝”“寐”并不是等义词[①]，《增修互注礼部韵略》：“寐者，昧也，目闭神藏，《庄子》：其寐也魂交。”可见，“寐”与“昧”同源，表示进入梦乡。而“寝”表示躺倒去睡，只是舒展身体躺着却并不一定睡着。如《春秋公羊传·僖公二年》：“寡人夜者寝而不寐，其意也何？”这里“寝而不寐”有力地说明了“寝”“寐”在词义上的区别。

“寝”“寐”具有较浓郁的文言特点，先秦时期“寝”在“睡觉”义语义场内占据优势，两汉后“寝”在语义场中地位逐步降低。[②]《五分律》中“寝”“寐”出现的次数都非常有限，“寝”只6例，“寐”仅3例。其中“寐”只见单用，而“寝”在组合搭配上几乎都是对先秦时期词语的沿用，并没有新的组合形式。如：

（1）离婆多独往上座房中敷卧具宿，离婆多夜作是念：“此一切去羸老上座，犹尚克厉，竟夜坐禅。我今何宜而得安寝？”一切去亦作是念：“此客比丘行路疲极，复兼洗浴，犹尚竟夜坐禅行道。我今云何而得安卧？”二人相推，遂竟夜坐禅。(《卷第三十·七百集法》)

（2）王便讥呵言：“我王事鞅掌，昏夜寝息，起不得早。如何比

① 任学良认为“寝、卧、眠、寐”这四个词是文言词，且在先秦就没有什么区别，可以看成等义词。见《〈古代汉语·常用词〉订正》，杭州：浙江大学出版社，1987年，第118—120页。此观点我们并不赞同，尚可商榷。

② 施真珍：《〈后汉书〉核心词研究》，成都：巴蜀书社，2011年，第341页。

丘晨朝径来？”(《卷第九 · 九十一堕法》)

（3）菩萨为诸妓女所娱乐已，便得暂眠，众妓女辈皆淳昏而寐。(《卷第十五 · 受戒法》)

上例（1）中，“我今何宜而得安寝”与“我今云何而得安卧”义同，“安寝”即“安卧”，可见“卧”在这一时期对“寝”用法的渗透。

《说文 · 卧部》：“卧，休也。从人臣，取其伏也。”杨树达《积微居小学述林》：“余谓古文臣与目同形，卧当从人、从目。盖人当寝卧，身体官骸与觉时皆无别异，所异者独目尔：觉时目张，卧时则目合也。”这里“卧”与“觉”对举，显然是“睡觉”之义。《玉篇 · 卧部》：“卧，眠也。”《广韵 · 过韵》：“卧，寝也。”据汪维辉的抽样调查，两汉指“睡觉”用得最多的就是“卧”，“卧”从战国后期逐渐战胜了“寝”，西汉以后以“卧”为主。[①]

《五分律》中“卧”共245见，使用频率最高。其中，“卧具”有171见，均表示寝具之义[②]；其他“卧”表示“睡觉”的组合搭配可见卧褥、卧床、睡卧、醉卧、眠卧、偃卧、安卧等，也可单用。而由于睡、躺两个动作联系密切,《五分律》中也有“卧”表示“躺”的用法，如坐卧、仰卧、立卧等。汪维辉曾指出：“‘卧’在上古主要指睡觉，且多指‘睡着了’，到了中古，除指‘睡觉’外（不再强调睡着），还多指‘躺着’，这是‘卧’字词义从上古到中古的一个

① 汪维辉：《东汉—隋常用词演变研究》，南京：南京大学出版社，2000年，第145页。

② 参看第二章第一节“《五分律》中的佛教术语”中“卧具”条。

明显变化。”[①]从《五分律》来看确实如此，只不过“卧”表“睡觉”义用例更多，“卧”的词义演变正在进行中。如：

（4）佛语阿难：“汝为此客比丘敷卧具！”阿难念言：“佛欲与此比丘共宿，故令我为敷卧具。”（《卷第二十一·皮革法》）

（5）佛在阿荼脾邑。彼诸居士以佛当去，皆来至比丘所，共诸比丘同屋坐禅，或共经行，初夜后夜都不睡卧。（《卷第六·九十一堕法》）

（6）长生时御王车，逸出军前三由旬，人无觉者。王体疲极语长生言：“我欲小卧，汝能护我不？”答曰：“王但安眠，我能护王。”（《卷第二十四·羯磨法》）

（7）佛种种呵责已，告诸比丘：“今为诸比丘结戒，从今是戒应如是说：若比丘，僧重阁上，尖脚绳床木床，用力坐卧，波逸提。”（《卷第六·九十一堕法》）

上例（4）中，由前文“共宿”，可知所敷“卧具”即为床榻被褥帏帐枕等之类。例（5）中“睡卧”显然是“睡”“卧”同义连用，中古时期复音化的一种体现。例（6）中，“我欲小卧”和“王但安眠”互为照应，可知此“卧”即指“眠”。例（7）中，由“用力坐卧”可知这里“卧”并不表示睡觉，而指躺这一动作。

《释名·释姿容》“眠，泯也”王先谦疏证补引苏舆曰：“御览人事三十四引正作瞑。”王凤阳指出，“‘眠’与‘瞑’同源，最初与睡无关，只表闭上眼睛……因为人都是闭上眼睛睡觉的，所以‘眠’

① 汪维辉：《东汉—隋常用词演变研究》，南京：南京大学出版社，2000年，第148页。

连带地也表示睡觉了。”[①]因表示睡觉是“眠”的后起之义，故而在秦汉时期，“眠”用来表示睡觉义的例子极少；到了魏晋南北朝时期，“眠”发展快速，表示睡觉义的用例迅速增多,《慧琳音义》卷三“睡眠”注引王逸注《楚辞》云：“眠，卧也。”

《五分律》中“眠”共86见，在数量上仅次于“卧”位居第二，虽远超出“寝”“寐”“睡”，但与“卧”仍有一定的差距。在用法上，“眠”多见单用，也可组合搭配，如睡眠、熟眠、安眠、覆眠、眠卧、眠人等。

（8）有诸比丘尼有缘事欲入僧坊，诸比丘或坐禅或眠，不能得白。(《卷第十三・二百零七堕法》)

（9）六群比丘于是夜暗中，作种种恐畏相，明旦问十七群比丘：“汝等昨夜得安眠不？”(《卷第九・九十一堕法》)

（10）复有阿练若处比丘不别星宿，诸贼寄宿语比丘言：“我等小眠，欲晓语我。”(《卷第二十七・威仪法》)

（11）佛在舍卫城。尔时，诸比丘与和尚阿阇梨同和尚阿阇梨共勤学问，初夜后夜未曾睡眠。(《卷第六・九十一堕法》)

上例（9）中,“安眠”即例（1）中的“安寝”“安卧”。例（10）中，“小眠”即例（6）中的“小卧”。《五分律》中“眠”在语义和搭配上与“寝”“卧”没有明显区别。

《说文・目部》：“睡，坐寐也。”段注：“知为坐寐者，以其字从垂也……此以会意包形声也。”秦汉以前，“睡”表示“坐着打磕睡”，相当于现代汉语中的“打盹”，如《晏子春秋・内篇杂下》“夜

① 王凤阳:《古辞辨》，长春：吉林文史出版社，1993年，第792页。

犹早，公姑坐睡”。此后“睡”逐渐泛指睡眠，如《广韵·寘韵》：“睡，眠睡。”《慧琳音义》卷第二十九“睡寤”注：“睡，眠也。”由此，一方面我们可以看出中古时期“睡”与“眠”既能互训又能连用，而“眠睡”“睡眠”同素异序的产生也促进了“睡”语义的进一步泛化；另一方面，用“眠”释“睡”，也说明唐时“眠”应该是处于通语的位置。

《五分律》中“睡”有13例。其中，“睡眠”一词频见，出现8次；余5例中3例单用，2例见组合“睡卧”“鼾睡”。如：

（12）龙法二时不能变形，行欲时、睡眠时。(《卷第十七·受戒法》)

（13）时，六群比丘作是念：“此诸比丘有惭愧，学戒法，初夜后夜不睡不卧，必见我罪，不宜共住。”(《卷第六·九十一堕法》)

（14）六群比丘便敷卧具在其中住；初夜后夜高声经呗，更相问难；中夜鼾睡，妨诸比丘坐禅行道。(《卷第六·九十一堕法》)

据汪维辉的研究：“东汉三国时期，‘卧’‘眠’‘睡’三者混用，但‘睡’始终处于次要的地位。晋代以后，‘眠’渐占上风，到南北朝后期基本取代‘卧’，口语和书面语都以用‘眠’为主了。”[①]《五分律》中表示睡觉义可见“寝”“寐”“卧”“眠”“睡”。从用例数量上看，“卧”所占比重最大；“眠”位居其次，还未能取代“卧”；“睡”并不多见；“寝”“寐”数量最少不足10例。从语义上看，“卧”“眠”“睡”并没有明显的不同，在有的语境搭配中可以互相替换。从语法功能

① 汪维辉：《东汉—隋常用词演变研究》，南京：南京大学出版社，2000年，第157页。

上看，“卧”“眠”既能作谓语，也可作定语；“寝”“寐”“睡”则基本上只作谓语使用。我们也简单考察了《四部广律》和《大正藏》中律部的其他诸经，详见下表：

表 4-8 《大正藏》“律部”诸经中“寝”“寐”“卧”“眠”“睡”使用频度统计

朝代	律部文献	寝	寐	卧	眠	睡
后秦	《四分律》	1	0	193	115	36
后秦	《十诵律》	0	1	544	58	122
东晋	《摩诃僧祇律》	3	0	120	154	22
刘宋	《弥沙塞部和醯五分律》	6	3	245	86	13
刘宋	《萨婆多部毗尼摩得勒伽》	0	0	93	56	8
萧齐	《善见律毗婆沙》	1	1	36	113	13
唐	《根本说一切有部毗奈耶》	13	2	228	50	50

从以上数据对比中，我们可以发现，“寝”“寐”文言色彩浓，这一时期已经沉寂，仅作为语言的遗存依稀可见。“卧”“眠”“睡”三者混用，仅从上表中的抽样数据来看，“眠”并未取代“卧”；然而从意义和用法上看，我们发现，“卧”表睡觉义多出现于“卧具”“卧褥”这些前代已出现的成词之中，虽然上述诸经中“卧”的数量最多，但其中有相当一部分是表躺义，“坐卧”“倚卧”“卧起”等并不少见；“眠”虽在绝对数量上不敌“卧”，但却在不断发展和完善，新产生了其他不同的组合方式，如眠息、眠睡、眠觉、眠卧具、眠宿、一眠、独眠、失眠、眠梦、坐眠等，同时“眠”在适用对象上表现出了新的活力，不仅限于人，还能用于动物，可以是鳖、猕猴、牛、鸟、羊、蛇等。如《摩诃僧祇律·卷第六》：“时池水中有一鳖，出池求食，食已向日张口而眠。”《善见律毗婆沙·卷第

十二》："修多罗中说，佛告大王：'世间人梦，如猕猴眠，是故有梦。'"这些都反映了魏晋南北朝时期"眠"在口语中迅速发展的特点。

我们也抽样考察了同期一些中土文献，整体上以"卧"为常，仍占有相当优势；而在口语性强的文献中"眠"明显数量更多。详见下表：

表 4–9　中土文献中"寝""寐""卧""眠""睡"使用频度统计

词目＼文献	搜神记	肘后备急方	世说新语	后汉书	南齐书	洛阳伽蓝记
寝	12	1	5	30	36	0
寐	4	6	1	22	5	0
卧	23	60	15	36	24	1
眠	11	10	19	5	10	5
睡	1	7	1	1	3	1

在上表中，由于《后汉书》和《南齐书》的正史性质,"寝""寐"仍较多的沿用古语而存在，但我们并不认为在口语里也如此大量使用；同时，较之先秦两汉,《后汉书》《南齐书》中"眠"正处于快速发展时期。而在口语性强的文献中，如《搜神记》《世说新语》《肘后备急方》等，"眠"在数量和比例上均显著增加。值得一提的是《洛阳伽蓝记》，作为一部较为典雅的文言作品，"眠"在表睡觉义语义场中的占比超过了 70%，这在一定程度上更能表现出在常用词新旧形态的选用方面所反映的文白新旧更迭的某些规律。"睡"的用例虽然相对较少，在南北朝时期的中土文献中还比较弱势，但较之同

期的汉译佛经，又可以发现有显而易见的差别。到了近代汉语阶段，“睡”才成为了表睡觉义的唯一口语词。《字汇·目部》：“睡，今睡眠通称。”现代汉语口语中，所有和睡觉相关的词，大都可以通过“睡”的组合形式来表示①。

以上列举的数例常用词的兴替中，我们既考量了不同的时代变迁又结合了同期的其他文献，从历时角度也从共时角度反映了常用词文白演变的基本状貌。除上述列举的5组以外，《五分律》中涉及常用词的文白演变还包括：吾—我、犬—狗、木—树、肌—肉、膏—油、羽—毛、齿—牙、首—头、足—脚、领—颈、道—路、冠—帽、侧—边、牖—窗、食—吃、嗅—闻、与—给、曰/言—说、沐/浴/浣—洗、焚—烧、击—打、呼—唤、曝—晒、入—进、居—住、寒—冷、良—好、燥—干、寡—少、悉/皆—都、何—那等，这些常用词的文白演变历程各不相同。有的更替已经完成，如“头”替代“首”、“狗”替代“犬”、“树”替代“木”、“肉”替代“肌”、“少”替代“寡”、“烧”替代“焚”等，其中名词占多数，这很可能和名词之间在语义和语法功能上差别较小有关系；有的正在进行，如“眠”替代“卧”、“看”替代“视”、“吃”替代“食”、“闻”替代“嗅”、“那”替代“何”等。

中土文献与汉译佛经各有自己的词汇系统，而常用词在词汇系统中具有重要地位，文献的口语化程度不同，必然会在常用词的使用上体现出来，通过考察它们的变化往往能够反映出这一时期词汇

① 这是就普通话而言，在吴语、赣语、江淮官话东南部、胶辽官话胶东话等方言词汇中多见“困觉”，相当于普通话的“睡觉”。

的特点。汉译佛经多使用白话词汇，尤其和中土文献相比；《五分律》中常用词的选用就体现了这种文白演变。

第三节　双音化与口语化

复音词的大量涌现是中古时期汉语词汇发展最显著的特点之一，也是古白话词汇的重要特点。既如此，那么双音化与口语化有没有什么关系呢？梁晓虹曾在《佛经音义与汉语词汇研究》第三章第二节“佛经音义与汉语双音化研究之——考察双音化的表现形式”中专门谈到了“应时产生的口语新词为双音化奠基”，以“新词”为媒介来联通口语化和双音化，他指出：“口语和新词当然是两个不同的概念，但是它们之间有时又有着密不可分的关系。一般来说，新词是作为口语而出现的，而且新词又是多以双音的形式出现的。”[①] 朱庆之在谈到“佛典对中古汉语词汇双音化的影响”时也曾指出：“佛典的词汇系统一开始就表现出了异常强烈的双音化乃至多音化倾向，其双音节形式的含有量当远远超过同时期中土文献语言的词汇系统……佛典不但把许多当时口语里使用的双音词以文学的形式固定下来，而且还创造了一大批双音节的新词。”[②] 以上二位先生都认为双音化与口语化是存在关联的。

中古时期，古白话中的一部分仍承袭上古而来，另一部分则是

① 梁晓虹、徐时仪、陈五云：《佛经音义与汉语词汇研究》，北京：商务印书馆，2005 年，第 140 页。

② 朱庆之：《佛典与中古汉语词汇研究》，台北：文津出版社，1992年，第129—130 页。

新产生的大量带有语体色彩的词语，而其中双音节已占多数。这些新产生的复音词大多少见于文言文，而在口语中则大量存在。口语本身丰富生动，具有时代的气息，口语的不断与时俱进是词汇得以发展的重要方式，在口语基础上发展形成的古白话显然就反映了口语的这种与时俱进的双音化的变化。汉语复音化之初肯定产生于当时的口语，像汉译佛经这样口语性越强的文献中双音化的程度可能就会越高。汉译佛经中的古白话双音常用词有许多沿用至现代汉语，而这些恰恰就是来自于当时口语中的时语新词。

下面结合《五分律》中的实例，对双音化和口语化的关系略加讨论。

首先，《五分律》作为中古律部译经，其汉译佛经的特殊文体性质本身就与中古汉语词汇复音化有着千丝万缕的联系。关于这一事实，已有不少前人学者做过专门研究，我们在第三章里也就这个问题作过说明，足资参证，这里不再过多讨论。《五分律》不但着意吸收了汉语词汇系统已有的双音节词，而且还有一些多音节的表义形式。如：

（1）其王强取五百童女，破其当世，以此因缘无数百千万岁堕大地狱，苦毒烧煮，余报受此五百痈疮。(《卷第二十八・调伏法》)

（2）如人着革屣，本欲护其足，得热燥急时，而更反自伤。(《卷第二十五・破僧法》)

（3）佛因此事取一抟泥，而说偈言："虽得阎浮檀，百千金宝利，不如一团泥，为佛起塔庙。"(《卷第二十六・杂法》)

（4）时，偷罗难陀比丘尼着新染衣，摩拭身体，画治眉目，往多人处。有诸男子捉其手，捉其衣言："汝手柔软好，汝衣细滑

好！”（《卷第十一・八波罗夷法》）

（5）汝若不作此大恶者，佛正法中必得无量诸善功德。（《卷第一・四波罗夷法》）

（6）乞者人不喜，不与致怨憎；所以默无求，恐离亲爱情。（《卷第二・十三僧残法》）

显然，上述所举仅仅表示单一意义的多音节词语是为了更好地满足音节需要以便上口。至于双音节的例子，那就更多了。有的是因为常用词的文白演变，白话中新的口语常用词表现出了相当的活跃性，构词能力较强，组成了一批新的双音节词。有的是因为中古时期复音化的趋势，原来单音节词所表示的概念，在口语中或同义类义连用，或进一步点明修饰成分或宾语成分，或加上这一时期新产生的附加词缀，从而双音化了。有的是因为中古时期产生了一些新词新义，一方面新的概念主要是由双音节形式表示的，另一方面新词新义往往是在口语中不断涌现的。朱庆之曾讨论过《中本起经》中的新词新义①，其中，147个新词它们无一例外都是双音节词，而在49个词的52条新义中，双音节词有30个，占比61.2%，由此可见一斑。《五分律》中的这几类双音词不在少数，以下举例稍作说明。

表示“洗澡”，文言多用“浴”，《说文・水部》：“浴，洒身也。”如《左传・文公十八年》：“二人浴于池，歜以扑挟职。”《论衡・讥日》：“洗，去足垢；盥，去手垢；浴，去身垢。皆去一形之垢，其实等也。”又《说文・水部》：“洗，洒足也。”“澡，洒

① 朱庆之：《佛典与中古汉语词汇研究》，台北：文津出版社，1992年，第61—101页。

手也。”“沐，濯发也。”可见，“浴”专指洗澡，“洗”专指洗脚，“澡”“盥”专指洗手，“沐”专指洗头发。先秦时期，在适用范围上，“浴”“洗”“澡”“沐”在文言中的分工是非常明确的。到了晋代，“洗”与“手、面”等自由结合的现象已经相当普遍，在口语性强的文献中更是如此。[①]“洗”的结合能力逐渐增强，适用范围不断扩大，“洗”成为魏晋南北朝时期口语中的常用词，而“澡”“沐”“浴”的使用发展受到了抑制。随着文白的演变，再加上中古时期汉语词汇的复音化演变，出现了“澡洗”“洗浴”“沐浴”等表示洗澡的双音词。《五分律》中洗身体的各部分都可以叫“洗”，“洗”已经用于泛指了，可见“洗手”“洗足”“洗脚”“洗菜”“洗烧器”“洗铁钵”“洗浣”“揩洗”等复音形式；同时，表示“洗澡”，还出现了双音词“洗浴”“澡洗”“沐浴”“澡浴”。如：

（1）诸比丘使净人于非净处洗菜，未竟，明相已出，生疑以是白佛，佛言：“无犯。”（《卷第二十二·食法》）

（2）有诸下座比丘先洗脚，上座后来，洗脚未竟驱令去。佛言：“若下座先已洗，应听竟。”（《卷第二十五·卧具法》）

（3）尔时，诸比丘尼裸形洗浴，诸白衣见，围绕调笑。（《卷第十二·二百零七堕法》）

（4）尔时，世尊须水澡洗，尼连禅河自然曲流，经佛边过，令佛得用。（《卷第十六·受戒法》）

（5）犹如年少男女净洁自喜沐浴身体，着新净衣。（《卷第

① 张生汉：《对“盥、沐、沫、浴”一组词的考察》，《汉语史研究集刊》（第二辑），成都：巴蜀书社，2000 年。

二十九·比丘尼法》）

（6）譬如少年好喜净洁，澡浴涂身，着新净衣，忽以三尸婴加其颈，脓血逼身，虫流满体。（《卷第二·四波罗夷法》）

表示“脑袋”，文言多用“首”，如《周易·未济》：“初六，濡其首。”《说文·首部》：“首，百同。古文百也。”又《说文·百部》：“百，头也。象形。”“百”早在甲骨刻辞中就用作头讲。魏晋时期，白话中的“头”已基本替代了“首”，《广雅·释亲》：“首谓之头也。”《急就篇》卷三“头頟頞頔眉目耳”颜师古注“头者，首之总名也。”《五分律》中“首”“头”的文白演变更替已经完成。“首”共出现17次，除用作人名、地名外，多见“稽首”。“头”共出现232次，表“脑袋”义既可单用，也可用作语素组成双音词“秃头”“头面”“头足”“牛头”“剃头”“断头”“叩头”“梳头”等；同时还可表抽象义“顶部、顶端”，如“树头”“柱头”等，还可用做后缀如“长头”，还可用做量词如“一头”等。白话的“头”和文言的“首”相比，“头”在使用频率上差不多是“首”的20倍；具体用法上，“首”较多地沿袭了先秦文献的固定搭配，而“头”用法灵活，引申义更多，使用范围更广，具有更强的构词能力，出现了一批先秦未见的由“头”作为语素组成的双音词。如：

（1）此中有一秃头沙门名曰迦叶，不宜见之，是故不入。（《卷第二十六·杂法》）

（2）梦见牛头栴檀卖与腐草同价者：尔时，释种沙门贪利养故，与白衣说法。（《卷第二十六·杂法》）

（3）时，彼有剃头师，父子出家，闻世尊欲至，作是议：“此诸居士不敬三宝，佛若至此必无人设粥，我等当共为人剃头，取直作

之。”（《卷第二十二·食法》）

（4）庄严者：为其梳头，乃至插一华，着一钏，一一波逸提。（《卷第十四·二百零七堕法》）

（5）复问猕猴，猕猴言：“忆我平立，啮此树头时。”（《卷第十七·受戒法》）

有些白话常用词因其使用频繁，一批双音词就以这些词作为共同语素，组成了一些意义相似或相关的词群。如由“树”组成的双音词有“树上、树下、树心、树枝、树根、树叶、大树、小树、果树、种树、缘树、堕树、毒树、树神、林树”等；由“肉”组成的双音词有“骨肉、啖肉、赤肉、割肉、肥肉、酒肉、食肉、伤肉、乞肉、生肉、买肉、肉色、人肉、狗肉、象肉、虎肉、豹肉、熊肉”等；由“油”组成的双音词有“酥油、灯油、油囊、香油、油色、煎油、作油”等；由“毛”组成的双音词有“毛羽、毛毡、羊毛、短毛、鸟毛、驼毛、无毛”等；由“脚”组成的双音词有“手脚、脚趾、脚跟、申脚、舒脚、裹脚、刺脚、洗脚、护脚、螯脚、一脚、两脚、床脚、脚下”等；由“眼”组成的双音词有“眼识、眼触、法眼、眴眼、天眼、肉眼、眼暗、眼赤、左眼、右眼、普眼、佛眼、睐眼、眼见、举眼、张眼、眼中、眉眼、眼药、画眼、眼明”等；由“边”组成的双音词有“河边、边地、岸边、水边、四边、两边、池边、堑边、井边、海边、边境、边界、边国”等；由“清”组成的双音词有“清白、清和、清洁、清净、清凉、清明、清修”等；由“好”组成的双音词有“妙好、茂好、姝好、细好、严好、新好、美好、善好”等；由“干”组成的双音词有“干草、干姜、干饭、干枣、干缩、干痟”等；由“烧”组成的双音词有“火烧、烧铁、烧器、烧鳌、烧石、烧衣、烧屋、烧尽”等；由“看”组成的双音词有“观看、看视、看见、看戏、游看、共看、聚看、遍看、谛看、看病”等；由“骂”组成的双音词有“呵骂、咒骂、瞋骂、骂詈、骂辱、苦骂”等；由“打”组成的双音词有“打杀、打衣、打驴、打相、打鼓、自打、打击、打掷、打杙”等；由“住”组成的双音词有“住处、共住、别住、久住、长住、住止、住家、安住、寄住、露住、住房”等。

此外，为了使单音节词表义更加明确，词义的表达也逐渐由综合趋向于分析。当人们认识到某一事物的特点，在指称这一事物之时，往往就会力图反映该事物的特征。顺应中古时期复音化的趋势，于是这些单音节词或是同义近义连用构成联合式复音词，或是加上修饰成分构成偏正式复合词，或是点明宾语构成支配式复合词。如：

表示“全部包括在内”的总括副词，文言多用单音复词，如皆、尽、悉、咸、毕、总、凡、共、都等。它们基本上沿自于上古汉语。其中，总括副词“都”大约见于东汉，一般以《论衡·讲瑞》“然则凤凰、麒麟都与鸟兽同一类，体色诡耳，安得异种！”为始见例[①]。《广韵·模韵》：“都，都犹总也。”《广雅·释训》：“都，凡也。”陈宝勤《汉魏南北朝时期的副词“都”》一文，考察了口语性较强的东汉译经和《世说新语》，发现《道行般若波罗蜜经》等24部37卷汉译佛经共有副词“都”16例（不含重例），《世说新语》共有副词“都”37例。在这些用例中，“都”多与“悉、俱、尽、皆”互文见义，并出现了“都皆、都悉、都并、一都”等双音词。可见，“都”

① 如李宗江、武振玉、杨伯峻、何乐士，即如是说。

在当时的口语中可能已非常活跃，且明显具有双音化的趋势。《五分律》中有副词“都”43例，双音词“都共”1见。如：

时，诸比丘啖之都尽，以是白王。王左右诸臣共讥呵言：“沙门释子无有厌足，王虽无惜，受者自应筹量。云何一园之果，都共啖尽？”（《卷第二十六·杂法》）

此例中，上文“啖之都尽”在下文变成了“都共啖尽”，“都共”一词并没能流传下来，应该是翻译佛典时的临时创造，由此我们可明显感知在口语里非常活跃的“都”的这种双音化倾向。

表示“于是，就”，文言多用“遂”。《集韵·至韵》：“遂，因也。”“遂”的此种用法先秦很是多见，如《左传·僖公四年》“遂伐楚”杜预注：“遂，两事之辞也。”《仪礼·乡饮酒礼》“遂拜降盥”贾公彦疏：“因事曰遂。”“乃”用作副词表示“于是，就”是后起的口语词，《经词衍释·补遗》：“遂，犹乃也。”显然是用通俗口语词释文言词。《五分律》中不仅可见单用的“遂”“乃”，还可见“遂乃”3例，这是一个文言词和一个同义的口语词的结合[①]。

时，观者四塞，各各议言：“今二龙斗，看谁得胜。”外道辈言：“象龙力大，必胜于人。”佛弟子言：“人龙道尊，象必降伏。”空辩无征，遂乃积敛金钱，共赌胜负。（《卷第三·十三僧残法》）

表示“显示、显现”，文言多用“见”，《广韵·霰韵》：“见，露也。”《集韵·霰韵》：“见，显也。”《周易·乾》：“九二，见龙在田。”《汉书·元帝纪》“天见大异”颜师古注：“见，显示。”南北朝时期，

① 徐时仪：《古白话词汇研究论稿》，上海：上海教育出版社，2000年，第172页。

表“显示、显现”的“见”俗语作“现”,《广韵·霰韵》:“见,露也。现,俗。”“现”既为俗语,显然在口语中广泛流行。《五分律》中表示“显示、显现”义的“现”共有53例,除单用外,还可见双音词“露现”“出现”“示现”。如:

(1)有诸比丘不着僧祇支入聚落,露现胸臆,诸女人见,笑弄。诸比丘以是白佛,佛言:“不应尔!入聚落应着僧祇支,犯者突吉罗!”(《卷第二十·衣法》)

(2)佛言:“当来过百千亿万岁,有弥勒佛出现于世,汝于尔时得脱龙身,出家受戒,广修梵行,得尽苦源!”(《卷第十五·受戒法》)

(3)佛知其心,便告迦叶:“汝起扇佛!”即受教起扇。又语迦叶:“现汝神变!”即复示现种种神化。(《卷第十六·受戒法》)

表示“疑惑、怀疑”,文言多用“疑”,如《礼記·檀弓下》:“殷人作誓而民始畔,周人作会而民始疑。”先秦单音词“疑”魏晋时期多用双音词“生疑”“怀疑”表示。《五分律》中“生疑”可见72例,“怀疑”可见1例。如:

(1)时,离婆多非时食石蜜,阿那律语言:“莫非时食!我见作石蜜时,捣米着中。”彼即生疑,以是白佛。(《卷第二十二·药法》)

(2)彼比丘以亲厚故,都不怀疑,即便为食。食已语言:“汝食非残食,犯罪应悔!莫不修梵行,长夜受苦!”(《卷第八·九十一堕法》)

表示“道路、行程”,文言多用“道”,如《诗经·小雅·大东》:“周道如砥,其直如矢。”《孙子·军争》:“日夜不处,倍道兼行。”先秦单音词“道”魏晋时期多用同义连用的双音词“道路”表示。《五分律》中“道路”可见35例。如：

（1）佛在舍卫城。尔时，拘萨罗、摩竭二国互相抄掠，二国中间道路断绝。（《卷第九·九十一堕法》）

（2）世尊常法，慰问客比丘言：“汝等安居和合，乞食易得，道路不疲耶？”答言：“安居和合，乞食不乏。道路遇泥雨，担重衣，极大疲极。”（《卷第二十二·迦絺那衣法》）

表示“侍奉”，文言多用“事”，如《论语·学而》：“事父母，能竭其力；事君，能致其身。”先秦单音词“事”魏晋时期多用同义连用的双音词“奉事”表示。《五分律》中“奉事”可见6例。如：

佛食已，还彼林中。尔时迦叶明日节会，念言：“今不请佛，若众人见者，必当舍我，竞奉事之！”便止不请。（《卷第十六·受戒法》）

表示“灭掉、除去”，文言多用“消”，《广雅·释诂》：“消，灭也。”如《孟子·滕文公下》：“险阻既远，鸟兽之害人者消，然后人得平土而居之。”赵岐注：“水去，故鸟兽害人者消尽也。”先秦单音词“消”魏晋时期多用双音词“消灭”“消除”表示。《五分律》中可见“消灭”1例，“消除”2例。如：

（1）佛慧无不鉴，消灭阴谋情，能施世间眼，决断诸疑惑。（《卷第二十·衣法》）

（2）耶舍闻佛语声，一切忧厄豁然消除，即脱琉璃屐着于岸边，渡水诣佛。（《卷第十五·受戒法》）

表示“衣服”义的通称，文言多用“衣”“裳”“服”，如《诗经·秦风·无衣》：“岂曰无衣，与子同袍。”白话多用“衣服”“衣裳”等。《五分律》中“衣服”可见35例。如：

尔时，世尊三月安居竟，便告阿难："汝来，阿难！共至毗兰若所。"阿难受教，整衣服，从佛至其门下。（《卷第一·四波罗夷法》）

表示"树叶"，文言多用"叶"，如《诗经·唐风·杕杜》："有杕之杜，其叶菁菁。"先秦作为名词包含定语成分"树的"的单音词"叶"魏晋时期用双音词"树叶"表示。《五分律》中"树叶"可见3例。如：

佛呵责言："汝等何以裸形见佛？岂不能得树叶及草以蔽身耶？"告诸比丘："从今裸形至佛前者，突吉罗。"（《卷第四·三十舍堕法》）

表示"含水荡洗口腔"，文言多用"漱"，《说文·水部》："漱，盪口也。"如《楚辞·九章·悲回风》："吸湛露之浮源兮，漱凝霜之雰雰。"先秦作为动词包含宾语成分"口"的单音词"漱"魏晋时期用双音词"漱口"表示。《五分律》中"漱口"可见1例。如：

时，诸比丘不受杨枝及水，便不敢嚼及漱口，口臭眼暗；共人语时，人闻其气，问言："大德！口何以臭？"（《卷第八·九十一堕法》）

表示"向远处看"，文言多用"望"，《玉篇·亡部》："望，远视也。"如《诗经·卫风·河广》："谁谓宋远，跂予望之。"郑玄笺："跂足则可以望见之。"先秦作为动词包含状语成分"远"的单音词"望"魏晋时期用双音词"远望"表示。《五分律》中"远望"可见1例。如：

时，诸比丘不知外人当来，以是白佛。佛言："应恒远望，若见人来，驰往说之。有食为取，速遣令反。"（《卷第十·四悔过法》）

此外，有些双音词的产生还涉及语法化现象，中古时期词缀化的发展，使得口语中一些单音节词逐渐加上词缀，这在一定程度上影响了词汇的构词方式。如：

表示“用手臂围住”，文言多用单音词“抱”，如《庄子·天地》：“抱瓮而出灌。”《战国策·韩策》：“聂政直入，上阶刺韩傀，韩傀走而抱哀侯，聂政刺之，兼中哀侯。”《五分律》中除见先秦单音词“抱”以外，还可见双音词“抱取”2例。南北朝时期，“取”由获取义开始虚化为动词后缀，可以用来凑足音节，使单音节动词双音化。张相指出：“取，语助词，犹着也；得也。其可作‘着’字解者。”[①]“取”的这种附加用法最先出现于口语之中，“抱”在口语中可双音化为“抱取”。如：

阿难须臾便至，五百释女抱儿出迎，皆着阿难前地，儿即大啼。阿难果言：“何不抱取？”（《卷第二十八·调伏法》）

上例中，上文“抱儿出迎”和下文“何不抱取”中的“抱”和“抱取”的语义和动作指向皆相同。

此外，《五分律》中也有相当一批新词新义，它们基本上都是双音节词。如：伴党、锦绮、儜困、吞忍、摧督、悭惜、击攊、雪拭、收捉、画治、轻倰、余长、瑑丽、盈长、洪注、谛了、浓纤、瞋谤、淳昏、敬难、畦畔、形服、济理、嫌怪等。这里酌举一部分用例：

（1）佛告舍利弗：“汝当听彼二众语，若如法如律如佛所教者，善待遇之，与为伴党。”（《卷第二十四·羯磨法》）

（2）调达见此，益瞋忿言：“汝何儜困，速疾灭去！”（《卷第三·十三僧残法》）

① 张相：《诗词曲语辞汇释》，北京：中华书局，1977年，第318页。

（3）时，婆罗门恐牛不如，便毁訾摧督：“曲角！痛挽，薄领痛与！汝今行步何以不正？”（《卷第六·九十一堕法》）

（4）有诸比丘大便竟，无物雪拭，污身衣服。佛言：“听用厕草。”（《卷第二十七·威仪法》）

（5）时，彼村人至节会日，男女庄饰，衣服璨丽，出行游戏。（《卷第五·三十舍堕法》）

（6）毗舍佉见佛及僧忽然在座，衣服不湿，作是念：“我得善利，供养如是圣师及圣弟子，天雨洪注，而衣服不湿。”（《卷第五·三十舍堕法》）

（7）后时池水涸竭，二雁作是议：“今此池水涸竭，亲厚必授大苦！”议已语龟言：“此池水涸竭，汝无济理。……”（《卷第二十五·破僧法》）

（8）以此小物，乃使同梵行人致此嫌怪。我已弃之，终不复取！（《卷第二十六·杂法》）

以上《五分律》中的语言事实表明，双音化和口语化有着密切的联系。在我们考察《五分律》古白话词汇的过程中，明显感受到了双音化的倾向。正如梁晓虹所说。“佛经虽是作为佛家的经典而保存下来的，但大多数实际上却是极通俗的。……通俗的白话文体的必备因素，是有较多的俗语、方言、成语。一般说来，它们多以复音的形式存在，而又自然以双音者居多。翻译佛经作为早期的白话文体作品，自然拥有这个特色。”①

① 梁晓虹：《汉魏六朝译经对汉语词汇双音化的影响》，《南京师大学报》（社会科学版），1991年02期。

这一章以《五分律》中的古白话词作为研究对象，主要分析了《五分律》中含有当时口语成分的一些古白话词。这个过程不仅仅是单纯地、零散地分析《五分律》中客观存在的关于古白话词的一些语料，同时也历时探索了某些词义的文白演变，探讨了口语化和双音化的关系问题。我们希望能够突破“只见树木不见森林”的局限，通过解剖《五分律》古白话词这只“麻雀”，为古白话词汇发展演变的深入研究提供更多的依据，以更好地探明其发展变化之所以然。

第五章　结语

事物都应是一分为二的。任何研究课题往往不会取得完美无缺的成果，在研究过程中我们总会遇到种种艰难曲折、产生种种困惑，在总结成绩、回顾研究成果的同时，也会看到客观存在的种种不足。因此，我们必须认真反思，以理性的思维去认识这些曲折、困惑、不足乃至问题，以便清晰地看到进一步探索的方向和空间，激发起进一步研究、创新的动力。这才标志着一个学者型研究者的成熟。

魏晋南北朝时期是中国语言学发展史上的关键时期，也是词汇研究进一步发展的阶段。就条件而言，当时佛教的盛行，汉译佛经的繁荣，都对中古汉语词汇系统的发展演变产生了积极的影响。汉译佛经中包含了大量当时的口语成分，较为真实地反映了当时语言的实际情况，是研究中古汉语不可多得的宝贵材料。《五分律》作为中古时期一部重要的佛教律典，它的语言在汉译佛经中具有相当的代表性，遗憾的是一直以来《五分律》却鲜少引起学者的关注，对于《五分律》的研究稍显冷清和寂寞，目前的研究成果并不多。基于这样的认识，我们以《五分律》的词汇为研究对象，通过穷尽性地整理和细致地分析描写，力图呈现整个《五分律》词汇的概貌，希望能在探讨佛经词汇的汉语史研究价值方面略尽绵薄之力。

研究过程中，我们选取了3个切入点进行了尝试。首先分门别类地描绘分析了《五分律》中的佛教词语，将其中1357个佛教词语分成佛教术语和专名用语两大类，并于每类中选择了一些有代表性的词语进行了例释，在对《五分律》中的佛教词语进行穷尽性梳理的基础上，总结了《五分律》中佛教词语的特点和发展规律。其次非常深刻地研究了《五分律》中的复音词，从结构、意义两方面对《五分律》中出现的复音词进行了详细的静态描写。在结构上按联合式、偏正式、补充式、支配式、主谓式、附加式、重叠式、非重叠式单纯词等八种结构方式进行分类，并统计出了各类复音词所占的比例。在意义上从同义类聚和多义类聚两个层面进行了系联构组，这是汉语复音词产生的一个重要途径。复音词的部分是此次研究所花精力最多的地方，也是着笔最多的部分。最后简单考察了《五分律》中的古白话词，有针对性地对我们认为有价值的词进行了历时考察，在总结前人成果的基础上，采用定性分析和定量分析的方法，同时辅以其他律部文献和同期中土文献，客观地展现了《五分律》中一部分古白话词的存在状态及演变过程。

纵观全书，《〈弥沙塞部和醯五分律〉词汇研究》是一个专书描写性质的研究，属于中古汉语词汇研究的范畴。通过研究我们发现，一方面，《五分律》的词汇有其特定的使用范围，呈现出某些烙有佛典特色印记的特殊用法，其佛教词语中存在大量音译词、意译词以及合璧词，带有浓厚的宗教语义色彩和表述特点；另一方面，《五分律》的词汇也符合汉语词汇的构成性，融入了中古汉语的特质，其中存在着一大批双音节的同素异序词及新词新义，体现了中古汉语鲜明的复音化趋势；再一方面，《五分律》的词汇文白夹杂，包含着一些含有当时口语成分的古白话词，除了方俗语词以外，《五分律》中往往更多见口语化倾向的常用词，这种常用词的文白演变在一定程度上反映了中古时期汉语词汇呈现出的新旧质要素的交替共融，与此同时，我们也明显感受到了口语化与复音化的密切关联。

我们对《五分律》的词汇研究，仅仅在有限的几个问题上做了一点尝试，期间参考了许多先贤学者的丰富研究成果，有些精辟的分析我们在文中直接做了引用，虽不免有拾人牙慧之嫌，但正是它们往往让我在思绪混乱、茫然无措时大受启发、茅塞顿开。尽管如此，《〈弥沙塞部和醯五分律〉词汇研究》的价值也不仅体现在《五分律》这一本书，更为汉语史和佛学研究提供了宏观和微观两方面的材料和证据。《五分律》作为中古汉语的重要语料，反映了汉魏六朝时期的语言词汇面貌。在研究中古汉语词汇时，应将汉译佛经与中土文献放在同等重要的位置，只有这样，才更有利于考察汉语史发展的轨迹，进而揭示其演变发展规律。《〈弥沙塞部和醯五分律〉词汇研究》或许还不成熟，但我们希望能够昭示一些问题，能够起到抛砖引玉的作用。我们相信，本次课题的探索是有益的；同时我们也认识到，今后的工作会是一项非常艰巨的任务。“路漫漫其修远兮，吾将上下而求索！”

主要参考文献

［美］布龙菲尔德：《语言论》，北京：商务印书馆，1997 年。

蔡镜浩：《魏晋南北朝词语拾零》，《苏州大学学报》，1988 年 03 期。

蔡镜浩：《魏晋南北朝翻译佛经中的几个俗语词》，《中国语文》，1989 年 01 期。

蔡镜浩：《魏晋南北朝词语例释》，南京：江苏古籍出版社，1990 年。

曹伯韩：《字 · 词 · 短语》，《语文学习》，1954 年 08 期。

陈宝勤：《汉魏南北朝时期的副词“都”》，《沈阳大学学报（哲学社会科学版）》，1995 年 03 期。

陈嘉映：《简明语言哲学》，北京：中国人民大学出版社，2013 年。

陈嘉映：《论名称》，《中国现象学与哲学评论》第一辑，上海：上海译文出版社，1995 年。

陈琳：《魏晋南北朝小说复音词研究》，湖南师范大学，2006 年。

陈明娥：《敦煌变文词汇计量研究》，南昌：百花洲文艺出版社，2006 年。

陈祥明:《从语言角度看〈撰集百缘经〉的译者及翻译年代》,《语言研究》,2009 年 01 期。

陈秀兰:《魏晋南北朝文与汉文佛典语言比较研究》,北京:中华书局,2008 年。

程湘清:《汉语史断代专书研究方法论》,《汉字文化》,1991 年 02 期。

程湘清:《汉语史专书复音词研究》,北京:商务印书馆,2003 年。

池昌海:《五十年汉语同义词研究焦点概述》,《杭州大学学报(哲学社会科学版)》,1998 年 02 期。

储泰松:《中古汉译佛经与汉语“父亲”称谓的来源》,《中国语文》,2016 年 05 期。

丁庆刚:《〈五分律〉疑难字词考辨四则》,《汉语史研究集刊》(第二十三辑),成都:巴蜀书社,2017 年。

丁庆刚:《中古律部汉译佛经词语考释四则》,《励耘语言学刊》,2019 年 02 期。

董秀芳:《词汇化:汉语双音词的衍生和发展》,成都:四川民族出版社,2002 年。

董志翘:《〈入唐求法巡礼行记〉词汇研究》,北京:中国社会科学出版社,2000 年。

董志翘:《〈高僧传〉词语通释——兼谈汉译佛典口语词向中土文献的扩散》,《汉语史研究集刊》第二辑,成都:巴蜀书社,2000 年。

董志翘:《汉译佛典的今注今译与中古汉语词语研究——以〈贤

愚经〉〈杂宝藏经〉译注本为例》,《古籍整理研究学刊》,2002 年 01 期。

董志翘:《中古汉语中的“快”及与其相关的词语》,《古汉语研究》,2003 年 01 期。

董志翘:《汉译佛典中的“形容词同义复叠修饰”》,《语文研究》,2007 年 04 期。

杜翔:《支谦译经动作语义场及其演变研究》,北京大学博士论文,2002 年。

方一新:《东汉魏晋南北朝史书词语笺释》,合肥:黄山书社,1997 年。

方一新:《〈高僧传〉词语考释》,《中古近代汉语研究》(第一辑),上海:上海教育出版社,2000 年。

方一新:《〈兴起行经〉语词札记》,《福州大学学报》(哲学社会科学版),2000 年 01 期。

方一新:《东汉六朝佛经词语札记》,《语言研究》,2000 年 02 期。

方一新:《南朝人撰三种〈观世音应验记〉词义琐记六则》,《中国语文》,2001 年 02 期。

方一新:《〈大方便佛报恩经〉语汇研究》,《浙江大学学报》(人文社会科学版),2001 年 05 期。

方一新、郭晓妮:《近十年中古汉语词汇研究的回顾与展望》,《古汉语研究》,2010 年 03 期。

冯胜利:《汉语书面语的历史与现状研究》,北京:北京大学出版社,2013 年。

冯志伟:《现代术语学引论》,北京:商务印书馆,2011 年。

郭锦桴：《汉语与中国传统文化》，北京：商务印书馆，2010 年。

郭锡良、唐作藩、何九盈、蒋绍愚、田瑞娟：《古代汉语》（修订本上），北京：商务印书馆，1999 年。

郭锡良：《汉语史论集》（增补本），北京：商务印书馆，2005 年。

郭在贻：《训诂丛稿》，上海：上海古籍出版社，1985 年。

郭在贻：《读江蓝生〈魏晋南北朝小说词语汇释〉》，《中国语文》，1989 年 03 期。

郭在贻：《友朋函札选录》，《郭在贻文集》（第四卷），北京：中华书局，2002 年。

郭在贻：《训诂学》，北京：中华书局，2005 年。

韩小荆：《佛经音义同形字辑释》，《汉字汉语研究》，2019 年 04 期。

韩小荆：《佛经中的“蚖”和“虺”》，《中国语文》，2019 年 05 期。

何九盈：《中国古代语言学史》，广州：广东教育出版社，2000 年。

何亚南：《汉译佛经与后汉词语例释》，《古汉语研究》，1998 年 01 期。

何亚南：《汉译佛经与传统文献词语通释二则》，《古汉语研究》，2000 年 04 期。

胡适：《白话文学史》，上海：上海古籍出版社，1999 年。

胡文仲：《文化与交际》，北京：外语教学与研究出版社，1994 年。

黄金贵：《古代文化词义集类辨考》，上海：上海教育出版社，1995年。

黄金贵：《论同义词之“同”》，《浙江大学学报》（人文社会科学版），2000年04期。

黄晓冬：《古汉语同义词的确定及辨析问题——兼论〈荀子〉单音节形容词同义词的形成原因》，《武汉大学学报》（人文科学版），2003年03期。

季琴：《从语法角度看〈撰集百缘经〉的译者及成书年代》，《语言研究》，2009年01期。

季琴：《支谦译经中二字式同义连用探析》，《佳木斯大学社会科学学报》，2013年03期。

江蓝生：《魏晋南北朝小说词语汇释》，北京：语文出版社，1988年。

江蓝生、曹广顺：《唐五代语言词典》，上海：上海教育出版社，1998年。

江蓝生：《著名中年语言学家自选集》（江蓝生卷），合肥：安徽教育出版社，2002年。

蒋冀骋：《论近代汉语的上限》，《古汉语研究》，1991年02期。

蒋礼鸿：《蒋礼鸿集》（第一卷），杭州：浙江教育出版社，2001年。

蒋绍愚：《著名中年语言学家自选集》（蒋绍愚自选集），郑州：大象出版社，1999年。

蒋绍愚：《也谈文言和白话》，《清华大学学报》（哲学社会科学版），2019年02期。

劳政武:《佛教戒律学》，北京：宗教文化出版社，1999 年。

雷汉卿:《禅籍方俗词研究》，成都：巴蜀书社，2010 年。

黎锦熙:《国语运动史纲》，北京：商务印书馆，1934 年。

李晶:《从梵汉对勘和同经异译再谈汉译佛典中的“叉手”与“合掌”》,《宁夏大学学报（人文社会科学版）》，2018 年 Z1 期。

李峻锷:《古白话界说与近代汉语上限的探索》,《上海师范大学学报》，1988 年 03 期。

李明龙:《“下食”新解》,《学术探索》，2011 年 03 期。

李仕春:《从复音词数据看上古汉语构词法的发展》,《北京化工大学学报（社会科学版）》，2007 年 01 期。

李仕春:《从复音词数据看中古汉语构词法的发展》,《宁夏大学学报（人文社会科学版）》，2007 年 03 期。

李叔同:《索性做了和尚》，上海：上海三联书店，1995 年。

李维琦:《隋以前佛经释词》,《古汉语研究》，1992 年 02 期。

李维琦:《佛经释词》，长沙：岳麓书社，1993 年。

李维琦:《〈六度集经〉词语例释》,《古汉语研究》，1995 年 01 期。

李维琦:《佛经续释词》，长沙：岳麓书社，1999 年。

李维琦:《佛经词语汇释》，长沙：湖南师范大学出版社，2004 年。

［日］镰田茂雄:《简明中国佛教史》，上海：上海译文出版社，1986 年。

梁启超:《翻译文学与佛典》,《梁启超全集》（第十三卷），北京：北京大学出版社，1999 年。

梁晓虹：《佛经词语札记》,《南京师范大学学报（社会科学版）》, 1984 年 02 期。

梁晓虹：《谈佛经词语与训诂》,《学术论坛》, 1986 年 05 期。

梁晓虹：《汉译佛经与汉语辞书》,《辞书研究》, 1990 年 01 期。

梁晓虹：《〈六度集经〉语词札记》,《古汉语研究》, 1990 年 03 期。

梁晓虹：《口语词研究的宝贵材料》,《福建师范大学学报》（哲学社会科学版）, 1990 年 08 期。

梁晓虹：《汉魏六朝译经对汉语词汇双音化的影响》,《南京师大学报》（社会科学版）, 1991 年 02 期。

梁晓虹：《佛教词语的构造和汉语词汇的发展》, 北京：北京语言学院出版社，1994 年。

梁晓虹、徐时仪、陈五云：《佛经音义与汉语词汇研究》, 北京：商务印书馆，2005 年。

刘坚：《古代白话文献简述》,《语文研究》, 1982 年 01 期。

刘坚：《近代汉语读本》, 上海：上海教育出版社，1985 年。

刘叔新、周荐：《同义词语和反义词语》, 北京：商务印书馆，1992 年。

刘叔新：《汉语描写词汇学》, 北京：商务印书馆，2005 年。

卢芸生：《试论古代白话词汇研究的几个问题》,《广西师院学报》（哲学社会科学版）, 1995 年 01 期。

陆志韦等：《汉语的构词法》, 北京：科学出版社，1964 年。

陆宗达、王宁：《训诂与训诂学》, 太原：山西教育出版社，1994 年。

吕建福:《佛教起源于汉藏语系民族文化》,《五台山研究》,2018 年 04 期。

吕叔湘:《汉语语法分析问题》,北京:商务印书馆,1979 年。

吕叔湘:《语文常谈》,北京:三联书店,1980 年。

吕叔湘:《语言和语言学》,《吕叔湘语文论集》,北京:商务印书馆,1983 年。

吕叔湘:《南北朝人名与佛教》,《中国语文》,1988 年 04 期。

[美]罗杰瑞:《汉语概说》,北京:语文出版社,1995 年。

罗美珍:《有关建立汉藏语系的几个认识问题》,《民族语文》,1996 年 04 期。

马莲:《20 世纪以来的两汉词汇研究综述》,《南都学坛(人文社会科学学报)》,2005 年 06 期。

马真:《先秦复音词初探》,《北京大学学报(哲学社会科学版)》,1980 年 05 期。

马真:《先秦复音词初探(续完)》,《北京大学学报(哲学社会科学版)》,1981 年 01 期。

马祖毅:《中国翻译简史——五四以前部分》(增订版),北京:中国对外翻译出版公司,2007 年。

聂志军:《西晋以前汉译佛经中“说类词”连用情况研究》,《乐山师范学院学报》,2007 年 06 期。

钱群英:《魏晋南北朝佛经词语考释》,《杭州师范大学学报(人文社会科学版)》,1999 年 05 期。

钱群英:《佛教戒律文献释词》,《语言研究》,2004 年 02 期。

丘光明:《中国历代度量衡考》,北京:科学出版社,1992 年。

冉云华：《佛教中的“多闻”概念——佛学与学佛问题的展开》，《中华佛学学报》，1992 年 07 期。

任学良：《〈古代汉语 · 常用词〉订正》，杭州：浙江大学出版社，1987 年。

邵东方：《崔述与中国学术史研究》，北京：人民出版社，1998 年。

施真珍：《〈后汉书〉核心词研究》，成都：巴蜀书社，2011 年。

苏宝荣：《词汇学研究对语义辞书编纂的两大贡献》，《辞书研究》，2010 年 01 期。

孙常叙：《汉语词汇》，长春：吉林人民出版社，1956 年。

孙银琼：《论专名的语言性质》，《西南大学学报（社会科学版）》，2015 年 03 期。

［瑞士］索绪尔：《普通语言学教程》，北京：商务印书馆，2003 年。

［日］太田辰夫、江蓝生：《〈生经 · 舅甥经〉词语札记》，《语言研究》，1989 年 01 期。

［日］太田辰夫：《汉语史通考》，重庆：重庆出版社，1991 年。

［日］太田辰夫：《中国语历史文法》，北京：北京大学出版社，2003 年。

谭代龙：《汉译佛经人名研究初论》，《汉语史研究集刊》（第七辑），成都：巴蜀书社，2005 年。

谭代龙：《从义净译经看“至”和“到”在初唐时期的关系》，《汉语史研究集刊》（第九辑），成都：巴蜀书社，2006 年。

谭代龙：《义净译经卧睡概念场词汇系统及其演变研究》，《语言科学》，2007 年 03 期。

谭宏姣：《古汉语植物命名研究》，浙江大学，2004 年。

汤用彤：《汉魏两晋南北朝佛教史》，北京：北京大学出版社，2011 年。

汪维辉：《先唐佛经词语札记六则》，《中国语文》，1997 年 02 期。

汪维辉：《东汉—隋常用词演变研究》，南京：南京大学出版社，2000 年。

汪维辉：《佛经词语考释四则》，《浙江大学学报》（人文社会科学版），2005 年 05 期。

汪维辉：《论词的时代性和地域性》，《语言研究》，2006 年 02 期。

汪维辉：《佛经“齐”字解诂》，《汉语史学报》（第七辑），上海：上海教育出版社，2008 年。

汪维辉：《〈百喻经〉与〈世说新语〉词汇比较研究》（上），《汉语史学报》（第十辑），上海：上海教育出版社，2010 年。

王凤阳：《古辞辨》，长春：吉林文史出版社，1993 年。

王力：《中国语法理论》，北京：中华书局，1954 年。

王力：《我的治学经验》，《语言学论文集》，北京：商务印书馆，1985 年。

王力：《研究古代汉语要建立历史发展观点》，《王力文集》第十六卷，济南：山东教育出版社，1990 年。

王力：《古代汉语》第一册，北京：中华书局，1999 年。

王力：《汉语史稿》，北京：中华书局，2004 年。

王小莘：《魏晋南北朝词汇研究与词书的编纂》，《中国语文》，1997 年 04 期。

王云路、方一新：《中古汉语语词例释》，长春：吉林教育出版社，1992年。

王云路、方一新：《中古汉语研究》，北京：商务印书馆，2000年。

王云路：《试说翻译佛经新词新义的产生理据》，《语言研究》，2006年02期。

王云路、吴坚：《再论汉译佛经新词、新义的产生途径》，《汉语史学报》（第九辑），上海：上海教育出版社，2010年。

吴碧云：《〈生经〉同义词研究》，湖南师范大学，2009年。

吴金华：《佛经译文中的汉魏六朝语词零拾》，《语言研究集刊》（第二辑），南京：江苏教育出版社，1988年。

吴金华：《世说新语考释》，合肥：安徽教育出版社，1994年。

向熹：《简明汉语史》（上册），北京：高等教育出版社，1993年。

［日］辛岛静志：《〈正法华经〉词典》，日本：创价大学国际佛教学高等研究所，1998年。

［日］辛岛静志：《〈妙法莲华经〉词典》，日本：创价大学国际佛教学高等研究所，2001年。

［日］辛岛静志：《〈道行般若经〉和"异译"的对比研究——〈道行般若经〉与异译及梵本对比研究》，《汉语史研究集刊》（第四辑），成都：巴蜀书社，2001年。

熊十力：《佛家名相通释》，《熊十力全集》第二卷，武汉：湖北教育出版社，2001年。

徐朝红、吴福祥：《从类同副词到并列连词——中古译经中虚词

“亦”的语义演变》,《中国语文》,2015 年 01 期。

徐时仪:《古白话词汇研究论稿》,上海:上海教育出版社,2000 年。

徐时仪:《古白话专书研究的一个楷模——评〈入唐求法巡礼行记〉词汇研究》,《汉语史研究集刊》(第六辑),成都:巴蜀书社,2003 年。

徐时仪:《汉语白话发展史》,北京:北京大学出版社,2007 年。

徐通锵:《美国语言学家谈历史语言学》,《语言学论丛》(第十三辑),北京:商务印书馆,1984 年。

徐震堮:《世说新语校笺》,北京:中华书局,1984 年。

徐正考:《古汉语专书词汇研究中同义关系的确定方法问题》,《吉林大学社会科学学报》,2002 年 02 期。

徐正考、李美妍:《菩提留支译经中的言说类词语》,《求是学刊》,2009 年 05 期。

许里和相关专著,南京:江苏人民出版社,1998 年。

颜洽茂:《南北朝佛经复音词研究——〈贤愚经〉〈杂宝藏经〉〈百喻经〉复音词初探》,辽宁师范大学学位论文,1984 年。

颜洽茂:《利用六朝佛典编写汉语语文辞书》,《辞书研究》,1988 年 05 期。

颜洽茂:《佛教语言阐释——中古佛经词汇研究》,杭州:杭州大学出版社,1997 年。

颜洽茂:《试论佛经语词的“灌注得义”》,《汉语史研究集刊》(第一辑上),成都:巴蜀书社,1998 年。

颜世熹:《“古白话”的特点及其与“近代汉语”的关系》,《济南大学学报》，1992 年 02 期。

杨继光：《中古佛经常用词组合关系考察》，《集美大学学报》（哲学社会科学版），2008 年 02 期。

杨建忠：《东汉佛经中的反义聚合初探》，《安庆师范学院学报》（社会科学版），2003 年 06 期。

杨森：《"婆姨"与"优婆姨"称谓刍议》，《敦煌研究》，1994 年 03 期。

杨同军：《语言接触与文化互动》，北京：中华书局，2011 年。

姚红卫：《从佛经 X 然双音词看〈玄应音义〉的训诂价值》，《杭州师范大学学报（社会科学版）》，2012 年 06 期。

易熙吾：《汉语中的双音词》（下），《中国语文》，1954 年 01 期。

殷寄明：《汉语语源义初探》，上海：学林出版社，1998 年。

余嘉锡：《世说新语笺疏》，北京：中华书局，1983 年。

于谷：《禅宗语言和文献》，南昌：江西人民出版社，1995 年。

俞理明：《汉魏六朝佛经在汉语研究中的价值》，《四川大学学报（哲学社会科学版）》，1987 年 04 期。

俞理明：《佛经文献语言》，成都：巴蜀书社，1993 年。

俞理明：《汉译佛经用语研究的深入——读朱庆之教授〈论佛教对古代汉语词汇发展演变的影响〉》，《普门学报》，2004 年 05 期。

喻遂生、郭力：《〈说文解字〉的复音词》，《西南师范大学学报（人文社会科学版）》，1987 年 01 期。

袁家骅等：《汉语方言概要》，北京：语文出版社，2001 年。

曾绍聪、朱惠仙：《中古佛经词语与辞书书证溯源》，《台州学院学报》，2003 年 02 期。

张建勇：《中古汉译佛经反义词研究》，浙江大学，2007 年。

张洁：《再探〈现代汉语词典〉专名释义》，《学术交流》，2013 年 09 期。

张联荣：《汉魏六朝佛经释词》，《北京大学学报（哲学社会科学版）》，1988 年 05 期。

张联荣：《汉语词汇的流变》，郑州：大象出版社，1997 年。

张联荣：《对古汉语词汇研究中义位归纳的几点思考》，《语言文字学论坛》第一辑，北京：中国社会科学出版社，2002 年。

张生汉：《对"盥、沐、沫、浴"一组词的考察》》，《汉语史研究集刊》第二辑，成都：巴蜀书社，2000 年。

张世禄：《词汇讲话》，《语文知识》，1956 年 02 期。

张双棣：《〈吕氏春秋〉词汇研究》，济南：山东教育出版社，1989 年。

张万起：《世说新语词典》，北京：商务印书馆，1993 年。

张伟：《〈弥沙塞部和醯五分律〉助动词研究》，成都：四川师范大学，2010 年。

张相：《诗词曲语辞汇释》，北京：中华书局，1977 年。

张永言：《词汇学简论》，武汉：华中工学院出版社，1982 年。

张中行：《张中行作品集》，北京：中国社会科学出版社，1995 年。

赵长才：《"并"在中古译经中的时间副词用法及其来源》，《中国语文》，2017 年 02 期。

赵克勤：《古代汉语词汇学》，北京：商务印书馆，1994 年。

赵礼淑贤：《中古佛经中的谦敬词演变探究》，《汉字文化》，

2019年21期。

赵元任、吕叔湘:《汉语口语语法》，北京：商务印书馆，1979年。

赵振铎:《论先秦两汉汉语》,《古汉语研究》，1994年03期。

钟棂:《谈怎样分别词和短语》,《中国语文》，1954年12期。

周长青:《术语工作的原则与方法》,《科技术语研究》，1999年04期。

周法高:《中国古代语法·构词编》，台北：“中央研究院”历史语言所，1961年。

周荐:《并列结构内词语的顺序问题》,《天津师范大学学报》，1986年05期。

周荐:《汉语词汇结构论》，上海：上海辞书出版社，2004年。

周生亚:《〈搜神记〉语言研究》，北京：中国人民大学出版社，2007年。

周淑敏:《汉语与佛教文化》,《北京联合大学学报》，2000年02期。

周一良:《论佛典翻译文学》,《申报》，1947年03期。

周永军:《从东汉汉译佛经代词看〈汉语大词典〉疏失》,《宁夏大学学报（人文社会科学版）》，2012年06期。

周俊勋:《中古汉语词汇研究纲要》，成都：巴蜀书社，2009年。

周有光:《文化传播和术语翻译》,《外语教学》，1992年03期。

朱德熙:《语法讲义》，北京：商务印书馆，1982年。

朱庆之:《从魏晋佛典看中古“消息”词义的演变》,《四川大学学报（哲学社会科学版）》，1989年02期。

朱庆之:《释“悲”、“哀”》,《文史知识》, 1989 年 04 期。

朱庆之:《佛典与中古汉语词汇研究》, 台北: 文津出版社, 1992 年。

朱庆之:《佛教汉语的“时”和“时时”》,《汉语史研究集刊》(第一辑), 成都: 巴蜀书社, 1998 年。

朱庆之:《中古汉语研究》(二), 北京: 商务印书馆, 2005 年。

朱庆之:《论佛教对古代汉语词汇发展演变的影响》,《21 世纪的中国语言学》(二), 北京: 商务印书馆, 2006 年。

朱庆之:《佛教汉语研究》, 北京: 商务印书馆, 2009 年。

竺家宁:《佛经语言研究综述——词汇篇》,《佛教图书馆馆刊》, 1995 年 44 期。

竺家宁:《西晋佛经词汇之并列结构》,《中正中文学术年刊》, 1998 年 02 期。

后 记

这本书的写作，起自2019年立项的教育部人文社会科学研究一般项目:《弥沙塞部和醯五分律》词汇研究。其实，在这个教育部课题立项之前，我对中古佛经文献一直多有关注，只不过多年来，我对中古汉语词汇的研究更多地侧重于中土文献。但我逐渐发现，在研究中古汉语遇到诸多麻烦的时候，不妨参考参考同时期的佛经文献语料，经过对比分析，也许问题会迎刃而解。竺家宁先生认为南北朝汉译佛经文献给汉语词汇库增加了一大批新词，开始打破正统文言对词汇禁锢，成为唐宋古白话直接源头，并加速了汉语复音化进程，以及证明汉语词汇系统是与外界进行能量交换的开放系统。老实说，这就是我最初萌生研究《弥沙塞部和醯五分律》词汇的初衷。

这本书的写作是异常艰苦的，不仅仅在于课题研究本身要付出体力上的辛苦，还在于从内心深处来说，我好像没有十分高昂的著书立说的激情。我的第一本专著《〈后汉书〉核心词研究》是在博士论文的基础上修改而成的，那个时候一直在学校，从本科一直读到博士，现在回想起来，当年写博士论文之时，虽然经常挑灯夜战到凌晨两三点，但当时的我乐在其中，并不觉得难挨。可写这本书的时候，我已经毕业十一年，体验过了“灯红酒绿”的生活，一下子要再回到坐冷板凳的“苦行僧”的研究状态，对我来说是一个莫大的挑战。“由俭入奢易，由奢入俭难”，古人诚不欺我。大概有差不多整整一年的时间，除了上课，我基本上足不出户，一方面是阅读文献、整理搜集语料的需要，另一方面也是在自我调整，以适应新的状态。

书稿勉力完成之际，我深知自己所做的工作只是一个开端，我虽奋力“披沙”，可能结果未必“拣金”，沿着学术研究这条道路前行，还会有更多的艰难跋涉。书中所运用的理论、方法和素材，得益于前辈学者与当今学人的为数颇多，这里无法逐一道谢，偶有不同见解，也完全从学术争鸣的愿望出发，唯愿没有在引述观点时误解他们的原意。

本书出版的过程中，曾得到昆明理工大学素质教育中心领导的大力支持，得到了宗教文化出版社编辑老师的鼎力相助，这是我要特别感谢的。

饮水思源。此时此刻，我想起了我年逾六旬的老母亲，本该安享晚年，却仍在为我默默付出，每天换着花样给我做好吃的。我的爱人工作繁忙，闲暇里帮我梳理思路、排版文稿，还要包容我偶尔的坏脾气，给予了我极大的精神支持。我更深切缅怀谆谆教我真诚做人勤勉治学的父亲，谨以此书纪念知我爱我的父亲，希望您泉下有知，也为我感到欣慰自豪。

一个作者对自己的劳动成果怀有期待是理所当然的，书中的缺漏自然难免，有些地方甚至可能还有孤陋与妄议之嫌，我期盼这本书能够映入同行同好的法眼，并恳请各位前辈与读者诸君批评指正。

谨以此书

献给我的爱人柳戟！

今离别，你亦长处心灵上；

唯遗憾，此生未能共白头；

愿余生，岁月无恙不悲欢。

施真珍

2023 年 8 月 28 日